物业纠纷调解工作一本通

上海慕轩律师事务所　主编

文汇出版社

图书在版编目(CIP)数据

物业纠纷调解工作一本通 / 上海慕轩律师事务所主
编. — 上海：文汇出版社，2016.12
ISBN 978 - 7 - 5496 - 1941 - 2

Ⅰ. ①物⋯　Ⅱ. ①上⋯　Ⅲ. ①物业管理-民事纠纷-
调解(诉讼法)-案例-上海市　Ⅳ. ①D927.510.218.15

中国版本图书馆 CIP 数据核字(2016)第 281438 号

物业纠纷调解工作一本通

主　　编 / 上海慕轩律师事务所

责任编辑 / 黄　勇
特约编辑 / 刘非非
封面装帧 / 张　晋

出版发行 / 文匯出版社
　　　　　上海市威海路 755 号
　　　　　(邮政编码 200041)
经　　销 / 全国新华书店
排　　版 / 南京展望文化发展有限公司
印刷装订 / 江苏省启东市人民印刷有限公司
版　　次 / 2016 年 12 月第 1 版
印　　次 / 2016 年 12 月第 1 次印刷
开　　本 / 720×960　1/16
字　　数 / 460 千字
印　　张 / 29.5
印　　数 / 1-10000

ISBN 978 - 7 - 5496 - 1941 - 2
定　　价 / 68.00 元

《物业纠纷调解工作一本通》
编委会成员

李凝末(上海慕轩律师事务所律师)

张　杭(上海慕轩律师事务所律师)

曾　嵘(上海慕轩律师事务所律师)

路　遥(上海慕轩律师事务所律师)

陈　嘉(上海慕轩律师事务所主任)

黄珏东(上海市龙华律师事务所律师)

李　宇(上海财经大学法学院)

前　言

随着我国公民法律意识的日益提高，房地产市场的快速发展，全国各地物业纠纷数量逐年增多，案件类型日益复杂。物业纠纷关系到千家万户，广泛涉及人民群众切身利益，处理结果妥当与否，与社会和谐稳定息息相关。同时，物业纠纷中往往交织着物权、合同、侵权等多种民事法律关系，法律适用复杂，对法律实务工作者提出了更高的要求。

人民调解是一项具有中国特色的法律制度，作为我国宪法规定的基层民主自治的重要环节，在化解矛盾纠纷、优化基层社会治理方面具有突出的优势。物业纠纷往往当事人众多，为顾及邻里和睦与社区和谐、避免激化矛盾，不宜以诉讼为主要解决方法，而人民调解的独到优势正可以在物业纠纷处理中得到充分的发挥，这已为物业纠纷调解实践所证明。调解工作的顺利开展，调解案件的顺利办结，不仅需要调解工作人员具有勤恳负责、耐心细致的工作态度，更需要调解员具备对法律法规的深入掌握和准确适用能力。以依法析理为后盾，调解工作才不致异化为"和稀泥"、"捣糨糊"，才能够尽量做到案结事了，防止酿成"二次纠纷"。

为此，上海慕轩律师事务所组织律师团队编写本书，结合最新颁布施行的相关法律法规，系统地梳理了物业纠纷解决过程中的常见问题。本书密切结合人民调解工作实际，坚持规范化、专业化、标准化、信息化的工作思路，深入阐述物业纠纷法律关系，结合心理学理论完善调解解决思路。本书的一大亮点是坚持实用导向,紧密结合物业法律理论与司法实务案例,选取近年来上海市不同类型的物业纠纷案件百余件,综合归纳分析,提炼处理规则,拓宽物业调解的法院视角,使物业纠纷调解工作建立在更坚实的基础之上。全书既可为人民调解员提供合法合理的调解思路和工作参考,又可供普通读者了解物业纠纷法律知识、处理物业法律事务。

由于编著者水平有限,错漏之处在所难免,恳请各位读者不吝批评指正。

编 者

2016 年 10 月于上海

目　　录

下篇　物业纠纷实务指引

附录　相关法律法规、司法解释

上　篇

物业管理法律原理

第一章　物业及物业管理

一、物 业 的 概 念

"物业"一词译自英语 property 或 estate,其含义为财产、资产、地产、房地产、产业等。该词自 20 世纪 80 年代引入国内,现已形成了一个完整的概念:物业是指已经建成并投入使用的各类房屋及其与之相配套的设备、设施和场地。

物业可大可小,一个单元住宅可以是物业,一座大厦也可以作为一项物业,同一建筑物还可按权属的不同分割为若干物业。物业含有多种业态,如办公楼宇、商业大厦、住宅小区、别墅、工业园区、酒店、厂房仓库等多种物业形式。

根据使用功能的不同,物业可分为以下五类:居住物业、商业物业、工业物业、政府类物业和其他用途物业。不同使用功能的物业,其管理有着不同的内容和要求。

1. 居住物业

居住物业是指具备居住功能、供人们生活居住的建筑,包括住宅小区、单体住宅楼、公寓、别墅、度假村等,也包括与之相配套的共用设施、设备和公共场地。

2. 商业物业

商业物业有时也称投资性物业,是指那些通过经营可以获取持续增长回报或者可以持续升值的物业,这类物业又可大致分为商服物业和办公物业。商服物业是指各种供商业、服务业使用的建筑场所,包括购物广场、百货商店、超市、专卖店、连锁店、宾馆、酒店、仓储、休闲康乐场所等。办公物业是从事生产、经营、咨询、服务等行业的管理人员（白领）办公的场所，它属于生产经营资料的范畴。这类物业按照发展变化过程可分为传统办公楼、现代写字楼和智能化办公建筑等，按照办公楼物业档次又可划分为甲级写字楼、乙级写字楼和丙级写字楼。商业物业市场的繁荣与当地的整体社会经济状况相关，特别是与工商贸易、金融保险、顾问咨询、旅游等行业的发展密切相关。这类物业由于涉及物业流通与管理的资金数量巨大，所以常以机构（单位）投资为主，物业的使用者多用所有者提供的空间进行经营活动，并用部分经营所得支付物业租金。

3. 工业物业

工业物业是指为人类的生产活动提供使用空间的房屋，包括轻、重工业厂房和近年来发展起来的高新技术产业用房以及相关的研究与发展用房及仓库等。工业物业有的用于出售，也有的用于出租。一般来说，重工业厂房由于其设计需要符合特定的工艺流程要求和设备安装需要，通常只适合特定的用户使用，因此不容易转手交易。高新技术产业（如电子、计算机、精密仪器制造等行业）用房则有较强的适应性。轻工业厂房介于上述两者之间。

4. 政府类物业

随着机关后勤管理社会化的实施，机关单位后勤管理工作转交由物业公司进行管理，随着后勤社会化规模的增加，政府物业逐步成为主流物业形式。由于政府物业的特殊性，对工作人员的综合素质要求较高，尤其在人员的保密意识上尤为重视。政府物业除居住物业包含的服务内容外，还涉及餐饮、会议、客房及康体等多种、综合类的服务。

5. 其他用途物业

上述物业种类以外的物业，称为其他物业，有时也称为特殊物业。这类物业包括赛马场、高尔夫球场、汽车加油站、飞机场、车站、码头、高速公路、桥梁、隧道等物业。特殊物业经营的内容通常要得到政府的许可。特殊物业的市场交易很少，对这类物业的投资多属长期投资，投资者靠日常经营活动的收益来回收投资、赚取投资收益。这类物业的土地使用权出让的年限，国家规定最高为 50 年。

6. 附属设施

附属设施,是指建筑物内和建筑物外的各类共用设备、共用设施及相关的场地、绿化、道路等,包括建筑物的公共部位,如基础、承重墙体、柱、梁、楼板、屋顶以及户外的墙面、门厅、楼梯间、走廊通道等,以及公共设施设备,如电梯、天线、照明、消防设施、绿地、道路、路灯、沟渠、池、井、非经营性车场车库、公益性文体设施和共用设施设备使用的房屋等。

二、物业管理概述

物业管理是指业主自行或委托物业服务企业对物业进行管理的活动。这是从港澳地区引进并推广开来的一个概念。近年来国际上许多国家采用的术语 Facility Management(FM)。我国第一家专业物业管理公司诞生于 1981 年 3 月,即深圳市物业管理公司,也即物业服务行业在我国已有了 35 年的发展历史,是一个既年轻又富有挑战的行业。

(一)物业管理的概念在理论上有广义和狭义之分

广义的物业管理,是指在物业的寿命周期内,为发挥物业的经济价值和使用价值,管理者采取多种科学技术方法与管理手段,对各类物业实施全过程的管理,并为物业所有者或使用者提供有效周到的服务。

狭义的物业管理,是指专业组织或机构,受业主委托,按合同或契约,运用现代经营手段和修缮技术对已建物业及其业主或用户进行管理和服务。根据我国《物业管理条例》,物业管理是指业主通过选聘物业服务企业,由业主和物业服务企业按照物业服务合同约定,对房屋及配套的设施设备和相关场地进行维修、养护、管理,维护物业管理区域内的环境卫生和相关秩序的活动。

(二)物业管理的性质

物业管理属于第三产业,是一种服务性行业。它要为业主、租住户以及居民提供高标准、高质量的服务。物业管理的性质主要是"服务性"的,寓管理、经营于服务之中。其经营方针是"保本微利、服务社会",不以牟取高额利润为目的,其经营对象是物业,其服务对象是物业产权人和物业使用人(含租住户)。物业管理是顺应房地产综合开发的延续和完善,是在房地产开发经营中为完善市场机制而逐步建立起来的一种综合性的经营服务方式。

物业管理将分散的社会分工汇集起来统一办理,如清洁、保安、水电、绿化等,每个产权人或租住人只需面对物业管理企业一家,就能将所有关于房屋和居住环境的日常事宜办妥,而不必分别面对各个不同部门。

随着社会的发展,社会分工渐趋于专业化,物业公司可将各种专业管理以经济合同方式交予各类专业经营服务企业。例如,环境卫生承包给专业清洁公司;环境绿化承包给专业绿化企业;机电设备维修承包给专业工程维修企业;向专业保安公司雇聘保安人员等。这里,物业公司充当"大管家"的角色,在"大管家"的管理下,业主或租住户只需根据物价部门批准的收费标准按时交付管理费或租金,就可以获得周到的服务,既方便产权人和租住人,也便于统一管理,充分发挥物业的各种效益。

(三)物业管理的特点

物业管理具有社会化、专业化、企业化、经营型的特点。

1. 物业管理的社会化

物业管理的社会化是指物业管理将分散的社会分工汇集起来统一管理,诸如房屋、水电、清洁、保安、绿化等等。每位业主只需面对物业管理企业一家,就能将所有关于房屋和居住(工作)环境的日常事宜办妥,而不必分别面对各个不同部门,犹如为各个业主找到了一个"总管家";而对政府职能部门来说,则犹如找到了一个"总经理"。业主只需根据物业管理部门批准的收费标准按时缴纳管理费和服务费,就可以获得周到的服务。既方便业主,也便于统一管理,有利于提高整个城市管理的社会化程度,以充分发挥各类物业的综合效益和整体功能,实现社会效益、经济效益、环境效益、心理效益的统一和综合改善。

2. 物业管理的专业化

物业管理是由专业的管理企业——物业公司实施对物业的统一管理。

这种管理是将有关物业的各专业管理都纳入物业管理企业的范畴之内,物业管理企业可以通过设置专业的管理职能部门来从事相应的管理业务。随着社会的发展,社会分工渐趋于专业化,物业管理企业也可以将一些专业管理以经济合同的方式交予相应的专业经营服务公司。

3. 物业管理的企业化

物业管理单位是企业,不是事业单位,也不具备政府行为职能。物业管理企业作为一个独立的法人,应按照《中华人民共和国公司法》的规定运行,不受任何干扰,政、事、企完全分离。物业管理企业必须依照物业管理市场的运行规则参与市场竞争,依靠自己的经营能力和优质的服务在物业管理市场上争取自己的位置和拓展业务,用管理的业绩去赢得商业信誉。

4. 物业管理的经营性

物业管理企业的服务性质是有偿的,即推行有偿服务,合理收费。物业管理的经营目标是保本微利,量入为出,不以高额利润为目的。物业管理企业可以通过多种经营,使物业的管理走上“以业养业、自我发展”的道路,从而使物业管理有了造血功能,既减少了政府和各主管部门的压力和负担,又使得房屋维修、养护、环卫、治安、管道维修、设备更新的资金有了来源,还能使业主受到全方位、多层次、多项目的服务。物业管理是一种和房地产综合开发的现代化生产方式相配套的综合管理,是随着住房制度改革的推进而形成的产权多元化格局相衔接的统一管理,是建设社会主义市场经济体制相适应的社会化、专业化、企业化、经营型的管理。

5. 物业管理的内容

物业管理的主要对象是住宅小区、高层与多层住宅楼、综合办公楼、商业大厦、旅游宾馆、标准化工业厂房、仓库等。它的管理范围相当广泛,服务项目多元化,除房屋的使用及出租的管理,房屋及附属设备、设施的维修养护外,还有房屋室外即住宅小区内的清扫保洁、治安保卫、交通及车辆管理、环境绿化以及居民生活方面的多种服务,如送奶送报、接送儿童、医疗保健、家庭看护等,并代表各产权人与租住人就有关事宜与政府各部门或各公共事业单位交涉。

概括地讲,物业管理可包括以下内容:

第一,日常维修养护。对一个物业来说,机电设备、供水供电系统、公共或共用设施等,都必须处于一个良好的工作状态,不能等出了故障后再去处理,防患于未然。经常性的维修养护,可使物业延长使用寿命。

第二,治安保卫。不管是住宅区还是其他类型的物业,安全是不可忽视的方面。良好的治安保卫可消除业主或租用者的后顾之忧,确保他们的生命财产安全。

三、我国物业管理发展现状

(一)我国物业管理发展现状

随着我国经济发展和城市开发,物业管理已形成规模,其效益也越来越明显。在经济效益对地方政府而言,主要体现为:减少了大量的财政补贴,对住宅区开发企业而言,能提高物业市场竞争力,使开发企业的房产畅销,加速资金周转。同时,完善的物业管理能为开发商树立良好的企业形象,吸引更多的房地产交易商和消费者。在环境效益上,住宅区内的环境和布局、治安等与整个建设风貌融为一体,提高了房地产业的综合效益。目前在物业管理的实践过程中还存在着如下问题:

1. 物业管理架构不完善

目前,我国物业管理存在的首要问题是架构不完善,体制需进一步理顺和重新构建。其中,政府、管委会、物业管理公司责、权、利关系需要进一步明确。例如,成都市近年来已竣工的住宅小区中,房屋及物业管理有三种基本形式:一是政府房地产管理部门管理的,二是房地产开发商以企业管理的,三是产权单位自管的,这三种物业管理模式大约各占1/3。而且其中不少物业管理往往是局部的或单一的,一些物业管理单位企业忽视自身建设,把物业管理看成只是收费服务和简单生产活动,对企业发展和专业管理水平提高,一无规划,二无措施,没有明确管理目标责任制,企业既无压力也无动力,管理不计成本,年终无核算,对该建立哪些规章制度和管理标准,心中无数,照搬照抄了别人的规章制度,使这些规章制度流于形式。

2. 配套设施运作不理想

目前,小区的投资建设与物业管理脱节,没有从物业的生产、流通与消费的全过程来通盘设计和全方位运作,配套设施运作不理想,物业管理滞后于住房消费使用。其公用设施本来已很少,商店、学校、银行、娱乐设施等本来不足,而这些商业性网点还因种种原因"名存实亡"。

3. 维修保养不得力

小区或写字楼一旦发生故障性事件而向物业管理公司反映(诸如电梯损坏、水管泄漏、电闸破坏、防盗门失灵、墙灰剥落等),往往不能得到及时解决。原因是物业管理公司在这些方面无能为力。他们一不具备各方面的专业知识,二无配备必要的维修队及设施,一旦接获维修投诉,只能向其他相关单位报告或申请维修,这显然不符合专业物业管理规范。

4. 物业管理经费难以为继

物业管理和建设一样,也需要资金的投入,在物业管理中,应该贯彻"谁受益,谁投入"的原则,形成物业管理资金的源泉。但是,传统的福利住房消费观还有相当的惯性,不少住户往往把物业管理理解为无偿服务或低偿服务。这有悖于社会主义市场经济条件下住宅消费原则,也是影响物业管理工作顺利开展的一大症结所在。

5. 物业管理法制不健全

全国性小区物业管理方面的法规很不健全,诸如物业管理体制、物业管理经费、住宅小区物业管理公司的资质审查、住宅小区的物业验收交接等关于住宅小区的物业管理中的重大问题都有待于进一步的明确规定。为此造成了物业管理很难纳入依法管理的法制轨道,实行住宅小区物业管理的规范化和标准化等缺乏法制的根本保障。

6. 物业管理公司与社会相关方面关系不顺

物业管理公司在其经营管理服务过程中与街道、居委会、公安、交通、环保、卫生、市政、园林、教育、公用事业、商业及文化娱乐等部门都有密切关系。由于工作范围不明确,关系不协调,已成为小区物业管理中一大突出矛盾。

7. 物业管理不到位

目前有物业管理公司不以"物业管理"为主业，而着重于多种经营，或只限于收租金和一般养护维修，而对于如何保养好建筑物的外貌、公用部位、周围环境，主动维修设备，提高物业的使用功能和经济价值则未能很好顾及，更谈不上特约服务了。

8. 地区间发展不平衡

各个省(市、区)申报参评全国优秀管理住宅小区，不足全国小区总数的30％，参评城市不到全国城市的1％，有6个省会城市拿不出小区参评。这里既有南北经济发展差异的客观因素，也有主管部门"重建轻管"的倾向。

(二)中国物业管理业对策

国家应尽快完善物业管理专业性法规，规范政府、业主委员会、物业管理公司、房产开发商、居住者各自的责、权、利，以及相互之间的法律关系，为物业管理公司提供一个宽松、公开、公平的竞争环境，使我国物业管理向社会化、专业化、企业化经营轨道上迈进一步。

1. 国家尽快颁布针对物业管理的专业性法律

物业是涉及房地产、市政、公安、工商、商业、规划、通讯等多个部门的综合经济行为，单一的部门法规在具体执行的其权威性和规范作用受到限制，且上述单行法规自身存在各种局限性。国家亟需制定一部专业性的法律，对现代市场经济条件下的物业管理行为进行引导、规范和制约，包括对业主委员会的组织运作、业主管理规约、房屋使用规约的鉴定、规格、专业性物业公司的资质管理、业主委员会、物业公司、政府职能部门之间的关系界定等等。

2. 建立业主规约和业主委员会制度

房地产行政管理部门应尽快着手这方面的工作。以前建成已投入使用的大楼，可以帮助拟定完善、公正的业主合约(或房屋使用规约)，并促使业主们签署，进一步指导协助大楼各业主成立健全的业主委员会组织。对于尚未竣工销售的房地产，必须指令和辅导开发商在销售之前拟定业主规约，为未来业主进行自主管理创造必要条件。

3. 加强物业公司的资质管理

房地产行政管理部门应对物业公司进行严格的资质管理,实施注册和许可证制度,扶持市场化、社会化的专业性物业管理公司,引导专业性物业公司向大型化发展,创造规模效益,并将业绩优良的物业管理公司向业主委员会进行推荐。

4. 设置机构,规范管理

国家有必要设置专门的物业管理机构,利用国家和地方政府制定的一些法规、政策对业主委员会、物业管理公司、开发商实施综合管理,并尽快编制物业管理劳动定额,各物业各工种的工作量、材料消耗,及以机械台班损耗等做出明确的测定,使物业在竞争中一方面即可双向选择,又可防止物业行业不正当竞争。

5. 实行由业主委员会管理并自主选择物业公司的制度

由业主委员会选择物业管理公司,将会对物业公司的服务质量以直接的监督效果,促使物业公司提高自身综合管理水平,另一方面,业主委员会和业主公约在交纳管理费、遵守秩序和公德方面也对内部成员具有强制约束力。

6. 加大监管力度,提高物业管理水平

政府部门应对开发商按国家有关规定支付的各项费用如维修、养护费、绿化养护费等实行全过程、全方位监督,保证能及时到位,并科学合理地使用。业主委员会和房地产开发商有权对物业管理公司的日常管理,各项收费,房屋及公共设施,设备的养护、维修和搭乱建、改变房地产和公用设施用途,以及不履行物业服务合同、管理办法、规定的行为进行严格监督。

第二章　物业管理法律关系

一、物业管理法律关系概述

（一）物业管理法律关系概念

法律关系,是指法在调整社会关系的过程中所形成的人们之间的权利义务关系。物业管理法律关系作为法律关系的一种,是指物业管理法律规范在调整物业管理活动过程中形成的权利义务关系。物业管理法律关系包括三个要素,即主体、内容和客体。简单来说,物业管理法律关系的主体应当是业主与物业服务企业。但是由于在前期物业管理中,房地产开发企业作为业主的代言人,代替业主行使了诸如选聘物业服务企业、制定临时业主规约、与物业服务企业签订前期物业管理合同等权利。因此,物业管理法律关系的主体应当包括物业服务企业、业主(或物业使用人)以及房地产开发企业。在前期物业管理合同终止后,物业管理法律关系的主体则主要是业主与物业服务企业二者。诸如业主委员会、房地产行政主管部门等从严格意义上说都不是物业管理法律关系的主体。

物业管理法律关系的内容是物业管理各主体之间的权利与义务关系。物业管理法律关系是在有关物业管理法律规范的范围内,调整人们行为过程中在法律上的权利和义务关系。即业主作为物业的所有权人,依法享有按照物业服务合同约定接受服务的权利,并承担按时缴纳物业费以及对物业服务企业的职责行为予以配合的义务。而物业服务企业则享有通过物业管理行为获得商业利润的权利,并负有按照合同约定提供质价相符的服务义务。

物业管理法律关系的客体主要包括两类，一个是物，即物业，在物业管理法律关系中具体指小区业主依法享有的物业建筑物本体、附属设备、公共设施及相关场地。二是行为，比如物业服务企业提供的服务、业主参与物业管理的行为等。

（二）物业管理法律关系主体

法律关系主体是法律关系的参加者，是指参加法律关系，依法享有权利和承担义务的当事人。在每一具体的法律关系中，主体的多少各不相同，在大体上都有相对应的双方：一方是权利的享有者，为权利人；另一方是义务的承担者，为义务人。在中国，根据各种法律的规定，能够参与法律关系的主体包括以下几类：自然人；法人；非法人组织。

物业法律关系的主体，是指在物业法律关系存续的过程中，参与或涉及的各方权利义务主体，通俗而言，就是物业管理中，可能涉及的相关方，涉及非常广泛，包括物业所有权人、物业使用人、开发商、物业管理公司、各专业服务公司、相关行政主管部门等，大致可分为物业所有权和使用权人、物业管理企业、行政管理部门及社会组织、相关公共服务提供方四类。

1. 物业所有权和使用权人

即取得物业的所有权，并通过物业服务合同取得物业管理服务的业主。其派生主体是业主大会和业主委员会。以及通过合法途径获得实际使用权的非业主使用权人，还有某些特殊案例中的开发商。具体而言，有以下几大概念：

（1）业主

每一个物业的所有权人被称为业主，每一个业主对其物业的独立部位享有专有权，对物业的共用部位享有共有权，对整个物业还享有管理权，众多业主因共同生活在一起而形成社区。

（2）非业主使用人

非业主使用人是指物业的承租人和其他实际使用物业的人。该类主体由于对物业不享有所有权，因此不能成为业主大会和业主委员会的成员，但由于是物业的实际使用者，因而要受物业管理规范的约束，同时也享有一定的接受物业服务的权利。

关于非业主使用人作为物业管理法律关系的主体,在最高人民法院2009年《关于审理物业服务纠纷案件具体应用法律若干问题的解释》中有两条规定:

第七条 业主与物业的承租人、借用人或者其他物业使用人约定由物业使用人交纳物业费,物业服务企业请求业主承担连带责任的,人民法院应予支持。

第十二条 因物业的承租人、借用人或者其他物业使用人实施违反物业服务合同,以及法律、法规或者管理规约的行为引起的物业服务纠纷,人民法院应当参照本解释关于业主的规定处理。

(3)业主大会

物业管理区域内全体业主第一次大会,在物业已交付使用的建筑面积达到一定比例时召开。业主大会会议分为定期会议和临时会议。业主大会定期会议,应当按照业主大会议事规则的规定召开。业主大会的临时会议,经20%以上业主提议,由业主委员会组织召开。业主大会的法定人数,应当有物业管理区域内持有1/2以上投票权的业主参加。

(4)业主委员会

业主大会由物业管理区域内全体业主组成,一个物业管理区域成立一个业主大会。而业主委员会则是物业区域内全体业主对物业实施自治管理的组织,由业主大会选举产生,是业主大会的常设执行机构,对业主大会负责。

(5)开发商

由于开发商是物业的投资者,是物业原始所有权人,因而也具有业主的资格,特别在前期物业管理中因其大业主的身份,更具有特殊的职能。但随着物业销售的进展,开发商将逐步失去其在前期物业管理中的地位,最终成为普通业主或退出业主的行列。但实践中,也有因开发商,对所开发的物业进行区别处理,而产生例外情况:比如,开发商出售了开发楼盘的全部或部分普通住宅,但仍继续持有楼盘底层临街商铺,对外出租而获取收益。在这种情况下,开发商将长期作为小区业主,而存在于物业管理法律关系中。相关的权利义务,适用"业主"的相关规定。

2. 物业服务企业

物业管理企业是指根据物业服务合同,接受开发商或业主的委托,对物业进行专业化管理,提供有偿物业服务的企业。物业管理企业具有双重职能,一方面作为民事主体为业主提供有偿物业管理服务;另一方面承担了部分政府对城市管理的职能,包括治安、环卫、交通、绿化等,并接受有关部门的行政管理。

国家对物业管理企业的管理主要体现在两个方面:一是资质管理。国家对从事物业管理活动的企业实行资质等级管理制度,一般分为一、二、三级,每两年核定一次;从事物业管理的人员应当按照国家有关规定取得职业资格证书。二是行为监督。物业管理企业的权利与义务由《物业管理条例》和《城市新建住宅小区管理办法》等规章予以规定,此外由物业服务合同予以明确。

3. 行政管理部门及社会组织

物业行政管理部门是指物业管理法律关系中的业务管理部门,包括建设、房地、公安、消防、环保、市政等行政管理部门。

社会组织。包括社区党组织、社区居委会等。

4. 相关公共服务提供方

包括:供水、电力、供气、供热、通信、网络、道路、市政等服务提供者。

《物业管理条例》第四十五条　物业管理区域内,供水、供电、供气、供热、通信、有线电视等单位应当向最终用户收取有关费用。

物业服务企业接受委托代收前款费用的,不得向业主收取手续费等额外费用。

《物业管理条例》第五十二条　供水、供电、供气、供热、通信、有线电视等单位,应当依法承担物业管理区域内相关管线和设施设备维修、养护的责任。

(三)物业管理法律关系客体

法律关系客体是指法律关系主体之间的权利和义务所指向的对象。它是构成法律关系的要素之一。法律关系客体是一定利益的法律形式。任何外在的客体，一旦它承载某种利益价值，就可能成为法律关系客体。法律关系建立的目的，总是为了保护某种利益、获取某种利益，或分配、转移某种利益。所以，实质上，客体所承载的利益本身才是法律权利和法律义务联系的中介。

这些利益，从表现形态上可以分为物质利益和精神利益、有形利益和无形利益、直接利益和间接利益（潜在利益）；从享有主体的角度，利益可分为国家利益、社会利益和个人利益，等等。法律关系客体是一个历史的概念，随着社会历史的不断发展，其范围和形式、类型也在不断地变化着。

总体来看，由于权利和义务类型的不断丰富，法律关系客体的范围和种类有不断扩大和增多的趋势。归纳起来，民事法律关系主要客体主要包括：

第一，物。物是存在于人体之外，能够为人力所支配并且能满足人类某种需要，具有稀缺性的物质对象。现代意义的物业属物类客体范畴，它包括传统法律规定的不动产或房地产之实物及其围括的空间和环境。物业既是设置于物业上的物权法律关系的客体，又是物业所有权的客体，同时还是物业管理公司代管物业权的客体。

第二，行为。作为民事法律关系客体的行为是专指为满足他人利益而进行的活动，主要是提供劳务、提供服务一类行为（如运送货物、完成工作等）。保管、运输、加工承揽、演出等合同关系的客体是行为。物业管理法律关系客体的行为主要是指基于法律规定或当事人约定所设定的债权，与物业所有权相关的场地使用权、物业相邻权、公共秩序维护权、物业代管权、与物业管理行为相关的一些人身性或精神性权利（如人身自由权、人格尊严权、住宅安全权等）而进行的行为。

第三，智力成果。智力成果是脑力劳动创造的精神财富，如发明创造、文学作品等。智力成果是一种无形财产，是知识产权法律关系的客体。

第四，人身利益。人身利益包括生命健康、姓名、名誉、荣誉等等。人身利益是人身权法律关系的客体。

（四）物业管理法律关系内容

民事法律关系的内容是民事主体在民事法律关系中享有的权利和负担的义务,亦即当事人之间的民事权利和义务。民事法律关系的内容包括权利和义务两个方面,权利和义务相互对立,又相互联系。权利的内容是通过相应的义务来表现的,义务的内容是由相应的权利来限定的。权利义务是一对表征关系和状态的范畴,是法学范畴体系中的最基本的范畴。从本质上看,权利是指法律保护的某种利益;从行为方式的角度看,它表现为要求义务人怎样行为。义务指人们必须履行的某种责任,它表现为必须怎样行为和不得怎样行为两种方式。在法律调整状态下,权利是受法律保障的利益,其行为方式表现为意志和行为的自由。义务则是对法律所要求的意志和行为的限制,以及利益的付出。权利和义务是法律调整的特有机制,是法律行为区别于道德行为最明显的标志,也是法律和法律关系内容的核心。

物业法律关系,既然是法律关系的一种,其法律关系的内容,也与其他类型的法律关系内容一样,是该法律关系中各个主体之间具体的权利义务关系。即物业管理法律关系的内容是指物业管理法律关系的主体在物业管理法律关系中所享有的权利和负担的义务。

物业管理法律关系主要包括以下的内容:一是业主、非业主使用人的权利与义务;二是业主大会、业主委员会的权利与义务;三是物业管理公司依据物业服务合同所享有的权利和所承担的义务;四是开发商在物业管理活动中的权利与义务;五是政府及其相关部门的职权与职责;六是物业管理协会的基本权利义务。

这些关系,依据其法律性质的不同,可以是基于物权的法律关系,如相邻关系、建筑物区分所有权关系等,也可以是基于债权的法律关系,如合同关系、侵权赔偿关系等等。同时,物业法律关系,在其权利义务的内容清晰、稳定之时,体现出的是一个稳定的法律关系。如果该稳定被打破,也即权利义务的内容发生争议之时,便以另一种方式体现出来——那就是各种形式、各种类型的物业法律纠纷。

二、物业管理法律关系基本类型

物业管理法律关系的具体种类很多,可按不同标准划分出多种类型。按规范法律关系的法律部类不同,物业管理法律关系可分为民事法律关系、行政法律关系、刑事法律关系三大类。其中刑事法律关系一般不在物业管理规范性法律文件中直接作出规定,只是指出物业管理行为涉及犯罪的按《刑法》相应规定处理,因此本节不对物业管理刑事法律关系作论析。

（一）物业管理民事法律关系

物业管理民事法律关系是指根据民事法律规范调控所确立的以民事地位和民事权利义务为内容的物业管理社会关系。民事法律关系主要有三个特点：第一,民事法律关系参与者的法律地位是平等的,当事人之间不存在不平等的命令与服从、管理与被管理的关系;第二,民事法律关系大多是由当事人自愿设立的,是否建立和以何种形式建立何种民事法律关系,一般是由当事人的意思决定的;第三,民事法律关系中当事人的权利义务一般是对等的,权利义务对等是指当事人双方之间互相享有权利和负有义务。另外也有只是一方享有权利,另一方仅负有义务的民事法律关系。

物业管理法律关系中民事法律关系占多数,如物业产权行使法律关系、物业服务合同关系、不动产相邻关系、民事违约和侵权关系等。

物业管理民事法律关系具有一些自身的特色：一是物业管理民事法律关系的基本主体为业主、业主团体组织和物业管理企业。国家虽然作为城市土地所有者而成为物业的最大业主,但并不以土地业主的身份直接参与物业管理民事法律关系,只是在国有土地使用权出让合同期限届满时,才依法出面收回出让的地块及地上物业。二是物业管理民事法律关系的客体主要是物业和基于物业管理发生的服务效果。三是物业管理民事法律关系的内容即权利义务的设定,受国家意志制约性较强。鉴于物业管理涉及的公共利益较为重大,物业管理法规在尊重民事法律关系当事人自愿的前提下,对当事人的民事权利义务特别是义务作出了较多的指导性和强行性规定。

例如,业主公约的订立、物业管理项目委托合同的订立在行为形式上都要求采用书面形式,以及通过《物业管理服务等级标准》规范服务行为等。

（二）物业管理行政法律关系

物业管理行政法律关系是指因与物业管理相关的行政法律调控而在政府、物业管理归口主管行政部门、其他有关职能部门之间及其与业主、物业使用人、业主团体组织、物业管理企业、其他与物业管理有关的社会组织和单位之间形成的行政管理事务方面的地位、权利义务关系。

物业管理行政法律关系是物业管理法规中规定内容最多的部分。中国物业管理行政法律关系具有一些自身的特色:一是物业管理行政法律关系不仅包含物业经济管理的关系内容,而且涉及人居环境文明建设管理的内容关系。二是物业管理行政法律关系中代表国家对物业管理事业执行归口管理的机关,不是一般的综合经济管理部门(如国家计委、国家工商行政管理局等),而是国务院房地产行政主管部门(国家建设部)和由县级以上地方政府确定的负责物业管理的相关部门。三是物业管理行政法律关系还涉及经济法律规范所调控的各种经济关系,包括规划、计划、财政、物价、工商、税收、金融、会计、劳动、环境保护、反不正当竞争、产品和服务质量监督、消费者权益保护等法律关系。

三、物业管理法律关系中存在的主要问题

法律关系是法律规范调整一定社会关系过程中形成的人们之间的权利义务关系,是法律规范调整社会关系的结果。物业管理法律关系是法律关系中的一种,即调整人们在物业管理行为过程中形成的权利义务关系。在物业管理日益规范化、业主权利意识日益增强的今天,原有经济体制下所形成的物业管理法律关系中隐藏的问题也日益突出,主要表现在以下几个方面:

（一）主体地位存在事实上的不平等现象

《民法通则》第3条规定"当事人在民事活动中的地位平等",第4条规定

"民事活动应当遵循自愿原则"。这两条规定是平等自愿原则的法律表现形式。民法中的平等自愿原则,是最集中反映民法所调整的社会关系的本质特征,是民法区别于其他部门法的主要标志。我国民法中的平等自愿原则还是宪法中公民在法律面前一律平等原则的具体体现。在具体的民事法律关系中,无论一方为法人另一方为自然人的情况下,当事人双方都是平等的,在权利义务的分配上必须平等协商,不得以强凌弱,以上压下,强迫他方服从自己意志,签订"霸王合同",否则将背离民事法律关系的本质。特别应该指出的是,我国存在的国有、集体、个人三种所有制形式,在民事上处于平等的地位,无高低优劣之分。自愿是主体的意志自由,即国际通行的意思自治。意思自治原则要求保障当事人从事民事法律活动时的意志自由,不受国家权力和其他当事人的非法干预。任何一个当事人都是其自身利益的最佳判断者,他利用自己的和他人的能力和知识进行活动,对自己的行为负责,享受自己行为带来的福利,承担自己行为的风险。任何人的判断和选择都不能取代当事人自己的判断和选择,因此一切不法干预当事人自由意思的行为都是对意思自治原则的违反。平等和自愿的原则体现了民事活动中主体的独立性和主体意志自由的要求,它们共同规定了活动主体方面的前提条件,因此具有密不可分的联系。平等是自愿的前提条件,自愿是平等的必然体现。既然民事关系中双方当事人的地位是平等的,谁也不能以自己的意志强加于对方,那么就只有双方自愿才能体现出双方的平等。如果一方屈从于另一方的意志,那就很难体现平等。

物业管理法律关系既然是民事法律关系之一种,那么有关民事活动必须遵循的基本原则,物业管理活动也概莫能外。考察现实中存在的诸多物业管理的纠纷,物业管理法律关系中的主体地位不平等是导致物业管理企业与业主之间发生矛盾的主要原因,换言之,生活中我们所遇到物业管理企业与业主诸多矛盾和冲突是双方法律地位不平等的表现形式。简单理解,物业管理就是业主委托物业公司管理物业的行为,这种行为可以分为两个阶段或两种情况,但不论在哪种情况下,双方的法律地位往往难以体现平等和自愿的原则。以住宅小区物业管理为例,一般情况下,房地产开发商在房子竣工出售前都会委托一个物业公司做管理,严格来讲物业管理公司本身是一个独立的企业组织,在接受开发商委托物业管理这个民事活动中双方的法律地位是平等的,在是否接受以及其他相关问题的协商方面双方的意志也是自由的。但事实上在"应然"与"实然"之间总是有这样或那样的脱节或缺口。独立的物业管理企业才是真正意义上的物业管理企业,遗憾的是由于经济体制转轨等客观原因的限制使得这种独立的物业管理企业模式在我国并不是很多。目前我国物业管理企业有一部分主要是由房管局下属的房管所转变而来,这就出现了事业单位企业化管理的模式,这些通过转换机制而来的物业管理公司事实上与原来的房管局仍然有千丝万缕的关系,很难完全摆脱原事业单位的影响,很难做到独立经营、自负盈亏。另外,还有一种模式,这种模式恐怕是现阶段物业管理企业的主要模式,即物业管理公司是房地产开发企业的下属单位或子公司。这种建设和管理不分的"父子兵"体制,导致物业管理公司依附、受制于房地产开发企业从而缺乏独立经营的法人品格,其利益考虑的出发点始终无法摆脱房地产开发企业的总体规划,重建设、重销售、轻管理的问题没有根本解决。开发项目在规划、设计、施工阶段留下的问题,在业主入住之后逐步暴露出来,引发业主对物业管理的不满,加上物业管理企业是开发商在业主入住之前就已先期确定并与开发商有着这样或那样的利益关系,这样就导致业主把原本属于开发商的问题或矛盾直接引向物业管理企业。这种先天不足的物业管理体制实难确保双方在委托的合同关系中真正实现平等和自愿,这也为一系列纠纷埋下了隐患。

　　另一种情况则是在出售商品房的时候,购房者在购房的同时也接受了开发商预先为其指定的"管家"。这不仅违背了平等自愿的基本原则同时也有"搭售"之嫌。商品房买卖实际上仅是购房者与开发商之间的事,是否接受现有物业公司的管理则是房屋所有权人与物业管理公司之间的事,这两种关系应该也必须作出区分而不应该在商品房买卖的同时一并由开发商"代劳",此种情况下,可以说购房者基本上没有选择未来"管家"的机会。从这个角度来讲新业主在选择物业管理这一法律行为中根本谈不上平等和自愿,因为这一委托关系基本上附带在购房时已经解决,毫无独立可言,新业主与物业管理公司基本上连见上一面的机会也没有,更谈不上了解和协商。实际上购房是一个独立的法律行为,委托物业公司管理又是另外一个法律行为,开发商在房子出售之前作为业主有权委托物业公司对其物业做管理,一旦房子出售之后开发商不再是房子的所有权人,其根本没有权利为新业主指定物业管理公司,而现实是购房者为了取得财产所有权必须接受已于其先到的管理公司的服务,本来这种服务必须是在所有权人的委托下才能成立,但实际上却倒置了,这不仅仅是一种极为异常的关系,也是对民法基本原则的公然违反。

（二）权利义务不对等

权利和义务是法律关系中最为核心的部分,权利和义务的一致性和相互性是权利和义务对等性的体现。没有无权利的义务也没有无义务的权利。在民事活动中除了法律强制规定的权利和义务之外,双方当事人完全有充分的自由来协商和确定各自在法律关系中的权利和义务,这也是双方当事人法律地位平等和意思表达自由的体现。然而基于前述的双方法律地位的不平等性,从而导致在权利义务的协商中双方难以做到一致和对等。首先,在开发商委托物业管理公司行管理行为中,大量存在的"父子"关系使得物业公司难以真正实现其本应行使的权利。本来在接受委托之后,物业公司在接管时应该对物业进行验收,但由于存在这种复杂的关系使得这种为日后新业主把关的行为成为"走过场"的"程式",一旦日后出现问题,物业公司不但不敢与开发商交涉,甚至成为开发商的利益维护者与业主分庭抗礼,从而引发更多的矛盾和冲突。其次,在购房者与物业公司之间,权利和义务也难真正实现对等。正如前文所分析,在这种情况下,双方连谋面的机会都不太可能,谈何对双方权利义务的协商和确定？于是乎,物业公司理所当然地继续管理,轻轻松松地接受委托,购房者稀里糊涂地接受管理,不明不白地签定了一些"不平等"条约。因为所谓物业管理协议或约定都是物业管理公司预先制定好的格式合同,购房者根本没有机会和物业公司当面协商,更谈不上对其条款进行修改,所以在这一层法律关系中说双方法律地位平等和权利义务对等是难以让人信服和接受的。因缺乏充分谈判与协商而确定的权利和义务直接导致权利和义务的畸形与变异，于是在日后的管理与服务中矛盾与冲突不断。而在这些冲突中，争议的双方都各自强调自己的权利而忽视了对方的权利和自己的义务。物业公司强调服务费的收取，业主则强调"物有所值"，要求物业公司提高自己的服务质量，这也是权利义务不对等性直接带来的现实冲突。

（三）管理行为不规范

一些物业管理企业忽视业主的权益，日常工作不能按合同、制度办事，处理问题和矛盾简单生硬，服务质量和服务态度很难使业主满意。在商品房住宅区的物业管理中，个别企业巧立名目，多收费，少服务，质价不符，财务不公开，以押金、罚款等不正当手段强制业主服从管理，使矛盾激化。随意罚款是其中较为典型的一种。许多物业管理企业的心态和指导原则不对，没有把自己当作提供服务者而当作了管理者，角色定位不正确，所以在工作中采取了很多与其职能不符的做法。如一些装修人员在施工区域吸烟、搬家公司损坏电梯、小区以外的人员进出小区时随意停放车辆等，这些行为只是违反安全规定的行为或民事损害行为，物业管理公司可以制止，也可以要求他们支付违约金或赔偿金，但不能罚款。另一个常见的问题是，管理费用使用不明确。根据法理，业主对自己所缴纳管理费用的支出有知情权和监督权，而物业管理公司也有义务对业主公开财务。物业管理公司所收取的管理费除了维持自身正常运作外，一般均用作公共支出，比如绿化卫生和其他项目所耗用的水费、电费等。但有一些物业管理公司不愿意对业主公开财务，即使公开也是公开假账。而有些物业管理公司也会公开水费、电费，但只限于总额，没有明细。也有业主反映，属于管理费用之一的公摊水费一个月的耗用量，竟然与自己当月的用水量相当。正是由于这些物业管理公司缺乏必要的自律性，以致有些小区经常会出现"细水长流"、"灯火长明"的浪费现象，直接增加了业主在物业管理费用上的负担。

第三章 物业管理法律关系的实践分类

一、物业服务合同关系

物业管理法律关系,按照不同的划分标准,可以作出多种分类,如上一节所述。但为了方便我们清晰地理解与掌握,以便实践中更好地分辨解决纠纷,我们按照其法律性质的不同,将其分为以下两类:1. 物业服务合同关系;2. 涉及物业管理的其他法律关系。物业服务合同关系仅指物业管理方与业主之间,基于《物业服务合同》所产生的法律关系。其主体,只有《物业服务合同》的相对双方,而不包括其他第三方,从法律性质上来看,是一个合同关系,适用《合同法》及相关法律规定的约束。而涉及物业管理的其他法律关系,则是除物业服务合同关系以外的,其他与物业管理有关的法律关系的汇总,既包括其他合同关系,也包括物权类物业法律关系、侵权类物业法律关系。本节将阐述物业服务合同法律关系。

(一)物业服务合同关系的概念

物业管理法律关系是基于物业管理合同产生的。物业服务合同是指物业服务企业与业主委员会订立的,由业主或业主委员会聘请并提供费用,规定由物业服务企业依照合同对建筑物及其附属物进行有偿管理服务,提供对房屋及其配套设备、设施和相关场地进行专业化维修、养护、管理以及维护相关区域内环境卫生和公共秩序,由业主支付报酬的服务合同。

物业服务合同的双方当事人是作为选聘方的业主或业主委员会与作为

受聘方的物业管理公司。根据物业产权归属和物业管理聘请的时间不同，物业管理的选聘方分为两种，即业主委员会和房地产开发企业。以销售为主的物业，当业主入住达到一定比例时，按规定应成立业主委员会，由其作为全体业主的代表，与物业管理公司签订物业管理合同。房地产开发企业在以下两种情况下可以作为物业管理合同的委托方：一是对建成后以销售为主的物业，在物业建成和出售前，其产权归属于房地产开发企业，此期间内，房地产开发企业可以选聘物业管理公司，并作为选聘方与其签订物业管理合同，这种合同一般称为前期物业管理服务合同。开发商先期委托物业管理公司管理新建物业只是一种临时性安排，开发商实际上是代替未来的物业产权人委托物业管理公司对新建物业进行管理；二是建成后并不出售或大部分不出售，而以出租经营为主的物业，其产权或大部分产权始终归属开发企业，房地产开发企业就是业主，当然可以作为选聘方签订物业服务合同。物业服务合同法律关系作为物业管理法律关系的一种，是指由合同法律规范调整的物业服务合同当事人在民事流转过程中形成的权利义务关系。

（二）物业服务合同关系的法律性质和特征

1. 物业服务合同关系的法律性质

类型化是法学研究和法律适用的重要方法，在法律体系构建上具有"使抽象者接近于具体，使具体者接近于抽象"的重要功能，因此，如何定位物业服务合同在我国合同法类型体系中的地位在理论和实践上具有重要的意义。关于物业服务合同性质，学界讨论已久，主要代表性观点如下：

① 委托合同说。该说认为物业服务合同属于委托之一种，完全符合委托合同的特征，合同的客体相同，都是提供劳务的合同，都是双务、诺成合同，业主处于委托人的地位，而物业服务企业处于受托人的地位，物业服务企业受托处理的委托事务就是物业管理。

② 独立合同说。物业管理提供的是一种复杂的综合性的服务，与传统的合同类型中的客体都有所不同，所以这就决定了物业服务企业合同是一种独立的合同，不属于合同法所规定的任何一种合同类型，它是物业管理专

业化的发展而涌现出来的一种新的合同形式。

③ 复合合同说。物业服务合同与委托合同、行纪合同一样,都是提供服务的合同,且都为信赖合同、诺成合同、双务合同,因此它是委托合同与行纪合同的复合合同。

④ 服务合同说。物业服务合同,既不是委托合同,也不是雇佣合同或承揽合同,而是服务合同。

对于物业管理合同在我国合同法中尚未有规定,目前只能将其称为无名合同。对该合同的性质,多年来一直未有统一学说,在此我们介绍两种较为普遍的学说,即服务合同说与委托合同说:

第一,服务合同说。有观点认为物业管理的法律关系可定性为"委托"或"委托代理"上,认为物业管理合同性质是委托合同。但结合物业管理的实际,对照《合同法》就会发现委托合同与物业管理合同是有本质差别的。

①《合同法》第三百九十九条规定:"受托人应当按照委托人的指示处理委托事务。"委托合同中的委托事务经委托人同意可以转委托;但物业管理合同的管理服务并不是完全按照业主、业主委员会的指示处理的,物业管理公司的管理工作是依据合同约定,遵循物业管理的法律、法规以及行业规范,独立自主地开展物业管理服务的。物业服务合同中的物业服务不可全部转给他人。

② 委托合同是诺成合同、非要式合同;而物业管理合同则是要式合同、格式合同,必须依照物业管理法律、法规所规定的招标投标的方式来确定物业管理公司,签署物业管理合同,并且一般要求要采用物业管理示范文本。

③ 主体不同。委托合同一般只涉及两个主体即委托人与受托人,而物业服务合同中可能涉及四方主体,即开发商、业主、业主委员会和物业服务企业。

④ 存续期限不同。委托合同中受托人处理的事务一般比较单一,时间较短,而且双方当事人可以随时解除合同;而物业管理合同则不同,物业服务合同中物管企业提供的是系统的、长期的、专业的服务,其期限往往较长,

一方当事人不得随时解除合同。依我国《合同法》第四百一十条，委托合同双方当事人均可随时解除合同，而物业服务合同的解除需有严格条件，依《物业管理条例》第十二条第三款，业主大会作出解聘物管企业的决定须经物管区域内全体业主所持投票权三分之二以上通过。

⑤ 物业管理收费方式一般是物业管理合同的规定由业主或住户按月交纳。而委托合同所规定的费用是将处理事务的费用与给委托人的报酬分别规定的，处理事务的费用可以预付，也可以由受托人垫付，而后由委托人偿还，对于报酬则采用完成委托事务后支付或无偿委托不支付报酬。

⑥ 委托合同一般是基于委托人对受托人的特别信任为前提条件建立的；而物业管理合同则是通过招标投标之后获得的。

⑦ 委托合同可以为有偿合同，也可以为无偿合同，而物业管理合同一般皆为有偿合同。

⑧ 归责原则和法律后果不同。委托合同以过错责任为归责原则，委托合同中委托人在委托合同范围内所生法律后果归属委托人，由其担责；而物业服务合同则适用无过错责任原则，物业服务合同中一般由合同当事人各自分别承担自己的责任。

从上述几个方面的本质差别可见，物业管理合同与《合同法》上对于"委托合同"法律规定相差甚远，有着明显的差别，显然无论是将物业管理合同定位在"委托合同"的范围上，还是将物业管理定位在"物业管理委托"的范围上，都是有悖和曲解《合同法》的委托合同的法律概念的。在物业管理公司所提供的服务内容中，不仅有对全体业主的公共物业的管理，还涉及对业主个体相关财产的保管，以及对共有物业设施的购买、更换，对物业管理用房的妥善利用等等。因而物管义务中所涉及的性质比较复杂，混同了保管、租赁、承揽、委托等法律关系。物业管理公司在履行合同的过程中，很大程度上是以提供服务的形式进行的，因而该合同服务特征明显，认定为服务合同较为稳妥，而且2003年9月1日起施行的国务院《物业管理条例》已将物业管理合同命名为物业服务合同。在对物业管理合同案件的审理中，认识到物业管理合同性质的复杂性非常有必要。只有明确认识到物业管理合同特殊性,并有针对性地对所涉及的部分合同性质做出认定,才能够正确援引相关法律法规对责任做出判断与衡量。

第二,委托合同说。这种观点则认为,从法理来看,只有委托合同关系才能阐释物业服务企业管理权限的来源。基于区分所有权原理,业主作为区分所有权人,其对专有部分享有所有权,对专有部分以外的共有部分享有共有和共同管理的权利,其理所当然的享有区分建筑物的管理权限,即使在所有权的绝对化原则受到限制,所有权负有社会义务的基础下,业主对区分建筑物管理的当然权利并不因此而有丝毫的减损,任何人原则上也都不能享有对区分建筑物的管理权,除非有业主的委托授权。在物业服务合同签订之前,物业服务企业与此区分建筑物是没有任何关联的,是因为签订了物业服务合同,物业服务企业才具有了相关的管理权限。由此可见,只有将物业服务合同的性质定位为委托合同,才能更好地阐释物业服务企业对区分建筑物管理权限的来源。

将物业服务合同定位于委托合同也是捍卫所有权人实现其对区分建筑物的所有权的题中应有之义。我国的物业服务合同是随着我国物业管理从传统的行政管理模式走向市场化的管理模式而产生的,其也是我国住房制度改革和市场经济发展的产物,在传统的房屋管理模式中,实施管理的实体是各级人民政府的房管部门及其下属的事业单位——房管所,房屋管理方通常居于优势地位,行政管理色彩较浓,因为业主处于弱势地位,因而在现代化的物业管理中,我们强化了物业企业的服务色彩,将物业管理企业更名为物业服务企业即是例证。基于委托原理,受托人应遵循诚实信用的原则处理受托事务,这也为受托人独立处理事务划定了范围和界限,让委托人始终处于区分建筑物管理的支配和主导的地位,从而能够更好地监督物业服务企业的服务,实现自己的所有权、管理权。将物业服务合同定位于委托合同还有利于物业服务企业的优胜劣汰,基于委托合同原理,受托人是负有善良管理人的义务,受托人违反此项业务有过失的,是要承担损害赔偿责任的,委托人是可以解除委托合同的,这一机制无疑有利于物业服务企业致力于提高自身服务质量,淘汰管理水平低,内部治理混乱的物业服务企业。

2. 物业服务合同关系的特征

（1）物业服务合同是建立在平等、自愿基础上的民事合同

物业服务合同又被称为物业管理合同，但它与行政机关为实现行政管理职权而与相关单位签订的行政合同具有本质的不同。

（2）物业服务合同是一种特殊的委托合同

物业服务合同产生的基础在于业主大会、业主委员会的委托，但其与一般的委托合同又存在差异。根据《中华人民共和国合同法》第三百九十六条的规定："委托合同是委托人和受托人约定，由受托人处理委托人事务的合同。"委托合同是建立在当事人之间相互信任的基础上，委托合同的任何一方失去对对方的信任，都可以随时解除委托关系。而在物业服务合同的履行过程中，无论是物业公司，还是业主、业主大会、业主委员会，均不得以不信任为由擅自解除物业服务合同，只有在符合法律规定或合同约定的解除条件时，才可依法解除物业服务合同。此外委托合同可以是有偿的，也可以是无偿的，可以是口头的，也可以是书面的，但物业服务合同只可能是书面、有偿合同。

（3）物业服务合同是以劳务为标的的合同

物业服务企业的义务是提供合同约定的劳务服务，如房屋维修、设备保养、治安保卫、清洁卫生、园林绿化等。物业服务企业在完成了约定义务以后，有权获得报酬。物业服务合同与涉及劳务提供的承揽合同也存在本质的不同。承揽合同是承揽人按照定做人的要求完成工作，交付工作成果，定做人给付报酬的合同。承揽合同虽也涉及劳务的提供，但承揽人提供的劳务只是一种手段，并不是合同的目的，承揽人应以其劳务产生某种物化成果，并承担工作中的风险，如承揽人未完成工作，则不得请求报酬；而物业服务合同以特定劳务为内容，只要物业服务企业完成了约定的服务行为，其余风险由业主承担。

（4）物业服务合同是诺成合同、有偿合同、双务合同、要式合同

物业服务合同自业主委员会与物业服务企业就合同条款达成一致意见

即告成立,无须以物业的实际交付为要件。物业服务企业是取得工商营业执照,参与市场竞争,自主经营、自负盈亏的以营利为目的的企业法人,没有无偿的物业服务,因此物业服务合同是有偿合同;根据物业服务合同的内容,业主、业主大会、业主委员会、物业服务企业都既享有权利,又履行义务,因此物业服务合同是双务合同;物业服务合同因其服务综合事务具有涉及面广且利益关系相当重大,合同履行期也相对较长,为避免口头合同取证困难的弱点,《物业管理条例》明确要求物业服务合同应以书面形式订立,并且须报物业管理行政主管部门备案,因此其为要式合同。

(三)物业服务合同关系要素

物业服务合同法律关系中的主体仅是《物业服务合同》的双方,即业主和物业公司。物业服务合同法律关系的内容是业主方与物业管理方之间签订的《物业服务合同》所约定、法律法规所限定的双方的权利义务,简要列举如下。

1. 业主、非业主使用人的权利与义务

(1)业主在物业管理活动中,享有下列权利:

① 按照物业服务合同的约定,接受物业服务企业提供的服务;

② 监督物业服务企业履行物业服务合同;

③ 对物业共用部位、共用设施设备和相关场地使用情况享有知情权和监督权;

④ 法律、法规规定的其他权利。

(2)业主在物业管理活动中,履行下列义务:

① 遵守物业管理区域内物业共用部位和共用设施设备的使用、公共秩序和环境卫生的维护等方面的规章制度;

② 按时交纳物业服务费用;

③ 法律、法规规定的其他义务。

2. 物业管理公司的权利与义务

(1)物业服务企业的权利:

① 办理物业承接验收手续时,有权向建设单位或业主委员会收取建筑

物平面图、管网图、设备安装维修、物业质量保修及使用文件等材料。

②依照《物业服务合同》对房屋公用区域、共用设备、设施、绿化、环境卫生、安全秩序等进行管理。

③收取物业服务费用。

④法律法规规定的其他权利。

(2)物业服务企业的义务：

①依照《物业服务合同》约定提供相应服务,如综合管理;房屋及小区共用部位及共用设施维护;绿化;保洁;公共秩序维护;停车管理;消防管理;高压供水养护、运行、维修;电梯养护、运行、维修;装修管理等。

②物业服务合同终止时,物业服务企业应当将物业管理用房和建筑及设备相关资料交还给业主委员会。物业服务合同终止时,业主大会选聘了新的物业服务企业的,物业服务企业之间应当做好交接工作。

③法律法规规定的其他义务。

二、涉及物业管理的其他法律关系

涉及物业管理的其他法律关系,指除物业服务合同关系以外的,其他与物业管理有关的法律关系,既包括其他合同关系,也包括物权类物业管理法律关系、侵权类关系以及涉及行政的物业管理法律关系。

（一）涉及物业管理的其他合同关系

涉及物业管理的其他合同关系,本质上与物业服务合同关系一样,皆属于合同关系,适用《合同法》及相关法律规定的约束。但物业合同关系仅指物业管理方与业主之间,基于物业服务合同所产生的法律关系。其主体,只有物业服务合同的相对双方,而不包括其他第三方。而涉及物业管理的其他合同关系则涵盖各种不同的合同关系,其主体根据不同的合同可能是物业管理方和业主,也有可能是开发商,或是其他第三方。以开发商与业主之间的房屋买卖合同关系为例,房屋买卖合同作为一种特殊的买卖合同,它是指出卖人将房屋交付并转移所有权与买受人,买受人支付价款的合同。房地产开发商与业主作为房屋买卖合同的当事人,是房屋买卖合同关系的主体,而房屋,即物业,是房屋买卖合同的标的,而买卖房屋的行为即是房屋买卖合同关系的客体。

(二)涉及物业管理的物权类法律关系

物权关系是指权利人可以直接支配物,而不需要义务人实施某种积极行为予以配合的民事法律关系。在物权关系中,义务人为权利之外的一切不特定人,其义务一般为不实施阻碍权利人行使其权利的行为,因此,物权是一种绝对法律关系。"物"是指能为人力所支配和利用的物质对象。物包括不动产和动产。物权是一种财产权,指权利人依法对一定的物享有直接支配并排除他人干涉的权利,包括所有权、用益物权和担保物权。其中,业主的建筑物区分所有权和相邻关系和物业管理息息相关。简单而言,同一幢楼内发生的纠纷通常与建筑物区分所有权有关,而不同楼之间,或是在独立别墅,农村独幢房屋之间发生的纠纷通常与相邻关系有关。

1. 建筑物区分所有权

(1)建筑物区分所有权内涵

建筑物区分所有权是我国物权法专章规定的不动产所有权一种形态,它指权利人即业主对一栋建筑物内的住宅、经营性用房等专有部分享有所有权,对专有部分以外的共有部分享有共有以及因共有关系而产生的共同管理的权利。

(2)建筑物区分所有权的特征

① 建筑物区分所有权的客体具有整体性。建筑物区分所有权是建筑在整体的建筑物上区域所有的所有权形式。

② 建筑物区分所有权的内容具有多样性。建筑物区分所有权是由专有权、共有权和管理权(成员权)三个部分组成。

③ 建筑物区分所有权的本身具有统一性。建筑物区分所有权不是权力的组合,而是一个独立、统一、整体的权利。

④ 建筑物区分所有权中的专有权具有主导性。建筑物区分所有权的权利人拥有了专有权就必然拥有共有权、管理权。

（3）建筑物区分所有权的内容

根据《物权法》第七十条，业主对建筑物内的住宅、经营性用房等专有部分享有所有权，对专有部分以外的共有部分享有共有和共同管理的权利。即业主的建筑物区分所有权，包括专有权、共有权和成员权三个方面的基本内容。业主的建筑物区分所有权三个方面的内容是一个不可分离的整体。在这三个方面的权利中，专有部分的所有权占主导地位，是业主对共有部分享有共有权以及对共有部分享有共同管理权的基础。如果业主转让建筑物内的住宅、经营性用房，其对共有部分享有共有和共同管理的权利则也一并转让。业主享有建筑物区分所有权的同时，也必须履行相应的义务。如行使专有部分所有权时，不得危及建筑物的安全，不得损害其他业主的合法权益，像装修房子时不能破坏建筑物的整体结构；在住宅里面不得存放易燃易爆等危险物品；对公共部分行使共有权时，要遵守法律的规定和业主委员会的约定；认缴建筑物共有部分的维护资金等。

① 专有权。对专有部分的所有权。即业主对建筑物内属于自己所有的住宅、经营性用房等专有部门可以直接占有、使用，实现居住或者经营的目的；也可以依法出租、出借，获取收益和增进与他人感情；还可以用来抵押贷款或出售给他人。根据《物权法》第七十一条，业主对其建筑物专有部分享有占有、使用、收益和处分的权利。业主行使权利不得危及建筑物的安全，不得损害其他业主的合法权益。

根据《最高人民法院关于审理建筑物区分所有权纠纷案件具体应用法律若干问题的解释》第二条的规定，建筑区划内符合下列条件的房屋，以及车位、摊位等特定空间，应当认定为物权法第六章所称的专有部分："（一）具有构造上的独立性，能够明确区分；（二）具有利用上的独立性，可以排他使用；（三）能够登记成为特定业主所有权的客体。"

规划上专属于特定房屋，且建设单位销售时已经根据规划列入该特定房屋买卖合同中的露台等，应当认定为物权法第六章所称专有部分的组成部分。

② 共有权。对建筑区划内的共有部分享有共有权。即每个业主在法律

对所有权未作特殊规定的情形下,对专有部分以外的走廊、楼梯、过道、电梯、外墙面、水箱、水电气管线等共有部分,对小区内道路、绿地、公用设施、物业管理用房以及其他公共场所等共有部分享有占有、使用、收益、处分的权利;对建筑区划内,规划用于停放汽车的车位、车库有优先购买的权利。根据《物权法》第七十二条,业主对建筑物专有部分以外的共有部分,享有权利,承担义务;不得以放弃权利不履行义务。业主转让建筑物内的住宅、经营性用房,其对共有部分享有的共有和共同管理的权利一并转让。

共有权的属性:

一是不可分割性,根据区分所有建筑物的使用目的,共有部分具有不可分割性。因此,各国建筑物区分所有权法大都明确规定,禁止分割区分所有建筑物的共有部分。

二是从属性,鉴于区分所有建筑物的专有部分与共有部分在物理上具有不可分的统一结构体关系,区分所有人取得专有部分所有权,必须附带取得共有部分所有权,以获得使用上的方便。共有部分具有从属性,任何移转区分所有专有部分的行为,均推定移转了整个区分所有权。

共有部分的范围是建筑物区分所有的核心重要问题,共有部分范围包括:

一是专有部分以外的其他部分,建设部1989年11月21日发布的《城市房产毗连房屋管理规定》以列举的方式明定了共有部分的范围:门厅、阳台、屋面、楼道、厨房、院落、上下水设施、基础、柱、梁、墙、可上人层盖、楼梯、电梯、水泵、暖气、电照、沟管、垃圾道、化粪池等。

二是不属于专有部分的附属建筑物:建筑物的附属物,如给水排水设备、供电设备、空调设备、各种配备线等;建筑物的附属设备,如天井、水塔、游泳池、停车场、建筑物外的照明设备等。

三是道路和车位。根据我国《物权法》第七十三条,建筑区划内的道路,属于业主共有,但属于城镇公共道路的除外。建筑区划内的绿地,属于业主共有,但属于城镇公共绿地或者明示属于个人的除外。建筑区划内的其他公共场所、公用设施和物业服务用房,属于业主共有。第七十四条,建筑区划内,规划用于停放汽车的车位、车库应当首先满足业主的需要。建筑区划内,规划用于停放汽车的车位、车库的归属,由当事人通过出售、附赠或者出租等方式约定。占用业主共有的道路或者其他场地用于停放汽车的车位,属于业主共有。

此外,《最高人民法院关于审理建筑物区分所有权纠纷案件具体应用法律若干问题的解释》第三条规定:

除法律、行政法规规定的共有部分外,建筑区划内的以下部分,也应当认定为物权法第六章所称的共有部分:"(一) 建筑物的基础、承重结构、外墙、屋顶等基本结构部分,通道、楼梯、大堂等公共通行部分,消防、公共照明等附属设施、设备,避难层、设备层或者设备间等结构部分;(二) 其他不属于业主专有部分,也不属于市政公用部分或者其他权利人所有的场所及设施等。建筑区划内的土地,依法由业主共同享有建设用地使用权,但属于业主专有的整栋建筑物的规划占地或者城镇公共道路、绿地占地除外。"

③ 成员权。对共有部分享有共同管理的权利,即有权对共用部位与公共设备设施的使用、收益、维护等事项通过参加和组织业主大会进行管理。成员权,是建筑物区分所有权人由于使用同一建筑物而形成不可分离的共同关系,作为建筑物的一个团体组织的成员而享有的权利和承担的义务。成员权是通过区分所有权人组成业主大会、制定管理规约、选举管理委员会、委托物业管理企业对建筑物进行管理等形式予以行使的。

与成员权相关的概念:

一是业主大会。根据《物权法》第七十五条,业主可以设立业主大会,选举业主委员会。地方人民政府有关部门应当对设立业主大会和选举业主委员会给予指导和协助。业主大会由全体业主组成,是业主团体的最高权力机关。每一业主都当然地成为大会的成员,通过业主大会行使其成员权是成员权最基本的行使方式。凡涉及区分所有建筑物和业主利益的重大事项都应由业主大会决定。

二是业主委员会。由于业主人数众多,而且很多人并不关心建筑物的管理,如果每件事情都需要业主大会决定,很不现实。在这种情况下,成立业主委员会是必要的。业主委员会应由业主大会选举产生,是业主大会的常设机构和执行机构,对外代表全体业主。业主委员会的职权非常广泛,但是涉及业主重大利益的事项,应由业主大会决定。

三是管理规约(又称住户规约、业主公约)。管理规约是全体业主,在不违反法律禁止性规定的前提下,基于意思自治原则制定的有关区分所有建筑物的管理及使用等的自治规范。管理规约是业主团体的最高自治规则,业主大会和业主委员会的一切决议和行为都不得与之相抵触。另外,规约的效力还及于业主的继受人,包括继承人、买受人、受赠人及专有部分的承租人、借用人等。

四是物业服务提供方(又称物业公司)。物业公司对区分所有建筑物实施管理活动的依据是物业管理合同。物业管理合同包含交纳物业管理费、共有部分的使用方式及收益分配等关系到所有业主利益的内容。

2. 相邻关系

(1) 相邻关系的内涵

不动产相邻关系,是指两个或者两个以上相邻的不动产所有人或占有人,对各自所有或者占有的土地、房屋、道路、水源、沟渠、管道等不动产在使用、收益时,相互之间应当给予便利或者应当接受限制而发生的权利义务关系。《民法通则》第83条规定:"不动产的相邻各方,应当按照有利生产、方便生活、团结互助、公平合理的精神,正确处理截水、排水、通行、通风、采光等方面的相邻关系,给邻方造成妨碍或损失的,应当停止侵害,排除妨碍,赔偿损失。"

(2) 相邻关系的内容

相邻关系的内容是相邻权。相邻权体现了对其他所有人、占有人的限制。有时,相邻的各方都有相邻权,比如甲乙的房屋互相滴水,给对方造成损害,双方就都可以主张相邻权。

相邻关系中的义务人,负有注意避免损害相邻不动产的义务。

(3) 相邻关系的特征

一是相邻关系发生在两个以上的不动产相邻的所有权人或者使用人之

间。相邻人可以是自然人、也可以使法人;可以是财产所有人,如集体组织、房屋所有人,也可以是非所有人,如承包经营人、承租人。

二是相邻关系的客体一般不是不动产和动产本身,而是由行使所有权或者使用权所引起的和邻人有关的经济利益或者其他利益,如噪声影响邻人休息,对于不动产和动产本身的归属并不发生争议。有的相邻关系的客体是物,例如,相邻竹木归属关系。

三是相邻关系的发生常与不动产的自然条件有关,即两个以上所有人或者使用人的财产应当是相邻的。所谓"相邻",不以不动产的直接相邻为限。例如,甲、乙两村处于同一条河流的上下游,两村虽然不直接相邻,但亦可能因用水、流水、截水与排水关系,而有相邻关系适用的余地。

（4）处理相邻关系的依据

相邻关系的规则一般应由法律明文规定。但是,由于不动产利用关系的复杂性,法律不可能对所有的相邻关系都作出明确的规定,因此,《物权法》第八十五条规定:对处理相邻关系有规定的,依照其规定;法律、法规没有规定的,可以按照当地习惯。《物权法》第七章对相邻关系规定如下列举:

第八十四条　不动产的相邻权利人应当按照有利生产、方便生活、团结互助、公平合理的原则,正确处理相邻关系。

第八十五条　法律、法规对处理相邻关系有规定的,依照其规定;法律、法规没有规定的,可以按照当地习惯。

第八十六条　不动产权利人应当为相邻权利人用水、排水提供必要的便利。

对自然流水的利用,应当在不动产的相邻权利人之间合理分配。对自然流水的排放,应当尊重自然流向。

第八十七条　不动产权利人对相邻权利人因通行等必须利用其土地的,应当提供必要的便利。

第八十八条　不动产权利人因建造、修缮建筑物以及铺设电线、电缆、水管、暖气和燃气管线等必须利用相邻土地、建筑物的,该土地、建筑物的权利人应当提供必要的便利。

第八十九条　建造建筑物，不得违反国家有关工程建设标准，妨碍相邻建筑物的通风、采光和日照。

第九十条　权利人不得违反国家规定弃置固体废物，排放大气污染物、水污染物、噪声、光、电磁波辐射等有害物质。

第九十一条　不动产权利人挖掘土地、建造建筑物、铺设管线以及安装设备等，不得危及相邻不动产的安全。

第九十二条　不动产权利人因用水、排水、通行、铺设管线等利用相邻不动产的，应当尽量避免对相邻的不动产权利人造成损害；造成损害的，应当给予赔偿。

（三）涉及物业管理的侵权法律关系

涉及物业管理的侵权法律关系，主要表现为发生在物业管理区域的财产权或人身权侵权关系。侵权行为是一种侵害他人权益的行为。侵权行为的归责原则不仅包括过错责任，还包括无过错责任，这种责任也是法律规定所产生的。我国《侵权责任法》第六条规定："行为人因过错侵害他人民事权益，应当承担侵权责任。根据法律规定推定行为人有过错，行为人不能证明自己没有过错的，应当承担侵权责任。"第七条规定："行为人损害他人民事权益，不论行为人有无过错，法律规定应当承担侵权责任的，依照其规定。"从该规定来看，既包括了因过错产生的责任也包括了无过错责任。

侵权行为是指违反法律规定的义务，侵害他人依法享有的人身权或财产权的行为。如果侵害他人的财产权是直接基于违反合同义务发生的，这种行为通常仅为违约行为，而由行为人承担违约责任。

侵权责任的承担方式主要有以下几种：① 停止侵害；② 排除妨碍；③ 消除危险；④ 返还财产；⑤ 恢复原状；⑥ 赔偿损失；⑦ 赔礼道歉；⑧ 消除影响、恢复名誉。以上承担侵权责任的方式，可以单独适用，也可以合并适用。

中　篇

物业纠纷处理思路

第四章 物业纠纷

一、物业纠纷概述

（一）纠纷和民间纠纷

纠纷是社会生活中自然产生的一种现象，在社会交往中，纠纷是不可避免的，人与人在社会活动中必然要产生互动，而社会互动即是人们对他人行为作出回应和反应的过程，社会互动的通常模式不仅仅有交换、合作，还有竞争和冲突，而纠纷，就是冲突的一种。但对于社会而言，纠纷既有负面的作用也有正面、积极的作用。但大多数纠纷对于当事人而言，负面作用影响往往大于正面作用。纠纷发生在社会各个领域，包括政治领域、经济领域、社会民生领域等等，无论何种领域的纠纷都因为纠纷的缘由和程度分为不同表现形式，激烈或缓和，长期或短期，显性或隐性，暴力或非暴力。通常情况下，若当事双方无法达成解决纠纷的合意，纠纷会随着时间的递进而激化，加深矛盾，造成更为严重的后果。因此，为了化解矛盾，当事人和纠纷关系人都应当及时采取办法，解决纠纷。

民间纠纷是纠纷的一种类型，其中民间是与官方相对而言的。广义的民间纠纷是指发生于民间的民事纠纷，轻微刑事违法行为造成的纠纷以及因违反社会公德而引起的纠纷。狭义的民间纠纷则特指人民调解委员会所调解的民间纠纷。根据《人民调解工作若干规定》第 20 条的规定，人民调解委员会调解的民间纠纷，包括发生在公民与公民之间、公民与法人和其他社会组织之间涉及民事权利义务争议的各种纠纷。

1. 民间纠纷的特征

民间纠纷主要有五个特征：

（1）民间性

民间纠纷的民间性主要表现在三个方面：

一是主体民间性，即民间纠纷主要是以民间活动中的常见主体为纠纷主体，如公民、法人，或其他民间社会团体。民间主体之间基于法律地位的平等，其纠纷都可以通过平等方式解决。

二是民间纠纷大多为民事纠纷，即发生在具有平等主体地位的公民、法人和其他组织之间的人身权益和财产权益的纠纷。虽然民间纠纷也包括轻微刑事违法行为造成的纠纷和因违反社会公德引起的纠纷，轻微刑事违法行为虽然是构成犯罪的行为，但由于其情节轻微，可以在法律允许的情况下对于其中民事权利义务部分进行特殊处理，以便利于问题的顺利高效解决，这样的调处符合民间纠纷的特征。

三是民间纠纷解决途径的民间性，由于民间纠纷通常发生在日常社会活动的民间平等主体之间，其解决往往以协商、调解等民间方式为主要途径，一般多在民间协商或调解无法达成共识的情况下才进而采用诉讼方式。

（2）非对抗性

民间纠纷主体对于纠纷往往主张寻求合理途径高效解决，实现双方合法利益的共赢，而并非激化矛盾扩大纠纷造成激烈的双方对抗。本质上，无论是普通的民间民事纠纷，或是轻微刑事违法行为造成的纠纷或是因违反社会公德而引起的纠纷，都符合人民内部矛盾的非对抗性特征。而非具有强烈对抗性的阶级性矛盾和斗争。

（3）多样性

民间纠纷的多样性体现在三个方面：

一是纠纷主体多样性。随着社会的发展和历史的变迁，民间纠纷的主体已经不仅仅完全围绕在公民、法人及其他组织等平等主体间的一般性民间纠纷，纠纷主体开始呈现出多元化并存的趋势，基层组织、基层政府等隶属关系主体之间的纠纷也开始日益增多。因此，纠纷主体的多元化发展使得过去纠纷的划分界定标准有了变化。但总的来说，虽然纠纷主体开始多元化，但大多数民间纠纷还是集中在平等民间主体之间。

二是纠纷缘由多样化，民间纠纷涉及的社会关系往往及于各类社会关系，如生活关系、邻里关系、劳动关系、生产关系等等，不同的社会关系当事人会因为个体差异，客观环境而产生不同的需求，当不同需求产生冲突时，便容易产生纠纷。因为社会关系的庞杂，因此产生的纠纷自然也复杂多样。

三是因纠纷本身具有多样性，民间纠纷主体身份多种多样，而民间纠纷的缘由更是错综复杂，因此，民间纠纷的解决途径也逐渐多样化。

通常，解决民间纠纷的主要方式有：

协商，即当事人自行和解，指纠纷当事人自行通过沟通、协商、说理等方式就其之间的争议事件达成一致意见从而解决纠纷化解矛盾。当事人自行协商谈判通常不需要借助第三方的力量，是最为常见也最为缓和的纠纷解决方式。但协商谈判存在一定的局限性，当事人多会在协商中为自己一方争取最大的利益，从而双方较难达成一致双赢的解决方案。这时便需要双方当事人各自主动做出适当让步，才能在最短的时间内解决纠纷。

调解，即通过第三方的斡旋、调停、劝解等方式，促进纠纷当事人达成合意，形成双赢的解决方案，消除纠纷争议，化解双方矛盾的方式。调解又分为诉讼调解（法院调解）和诉讼外调解。

仲裁，指纠纷当事人根据之前达成的协议，将纠纷争议提交至仲裁机构，由非司法机构的仲裁机构担任第三方对纠纷进行裁决的方式。

诉讼，指纠纷当事人通过行使诉权，就纠纷争议向人民法院提起诉讼，人民法院通过行使审判权对纠纷进行审理裁判的活动。一般情况下，诉讼为当事人解决民事纠纷的最终手段，即当事人之间的纠纷最终可以通过诉诸法院来解决，又根据司法最终解决原则，法院的判决裁定为最终裁判，裁判结果具有强制力，若非经法定程序不得变更，裁判当事人必须遵守。因此，当事人在获得法院最终裁判后，便不可就同一争议事项再寻求其他社会救济方式。

（4）复杂性

民间纠纷不仅具有多样性，广泛地存在于各类社会关系中，而且还具有相当程度的复杂性。纠纷不可避免的涉及各类人群和事件等各方面问题，一起纠纷往往会产生一系列相关纠纷。民间纠纷的复杂性体现在其既涵盖人身方面的纠纷，又涉及经济方面的纠纷；既包含一般民事纠纷，又包含轻微刑事违法行为和因违反社会公德而引起的纠纷；既有争议明确的一般性纠纷，又有争议牵涉复杂的特殊性纠纷；既有双方主体的双方纠纷，也有多重主体的多方纠纷；以及个体性纠纷和群体性纠纷，等等。

具体来说，民间纠纷的复杂性主要表现在：

一是长期性。民间纠纷从发生到解决，往往要经历很久的时间。极少数纠纷可以在短时间内就获得高效解决。特别是如果期望获得双赢的结果，那更需要当事人以及纠纷解决当事人付出时间和精力，彻底使双方当事人认可接受解决方案并且落实于行动。并且，民间纠纷的长期性还取决于它的反复性，因为无论是通过协商、调解或是仲裁、诉讼解决的纠纷，都需要实际执行才能完全将纠纷彻底解决。在实际执行完毕前，任何一方当事人的反悔都会造成纠纷的反复，由此延长纠纷解决的时间。

二是潜伏性。多数民间纠纷不是瞬间形成的突发性纠纷，通常是由引发纠纷的隐患经过酝酿发展，累积到一定程度最终爆发纠纷。隐患累积的过程可以称之为纠纷的潜伏期。不同纠纷的潜伏期都不尽相同，潜伏期的长短不仅与纠纷的性质和外部客观情况有关，还与当事人的主观状态有着密切关系。有些突然爆发的民间纠纷，看似没有潜伏期，但实际上纠纷当事人早已存在利益冲突或是意见分歧，而这种突然的爆发一旦解决不当，又会引发一连串的连锁纠纷。

三是易变性。民间纠纷不是一成不变的，相反，会随着客观条件和环境的改变而发生不同程度的变化。受易变性影响最大的则是达成协议但暂未执行完毕的纠纷解决，一旦客观情况发生改变，纠纷解决的难度通常都会增大。因此，这就要求在第三方参与调解的情况下，调解人尽量在纠纷刚出现的时候积极及时展开调解，防止纠纷随着时间的推移蔓延和恶化，形成更加复杂的局面。

（5）地方性和时间性

中国地大物博,各地的地理位置和经济发展状况不同,结合历史原因,各地的民俗传统也都不尽相同,因此各地的民间纠纷也都有自己的地方特色。大多数民间纠纷还存在时间性特征,如重大节日时,往往社会交往活动会比平时更为频繁,而各家各户在庆祝节日时往往会有一些利益的冲突,这种情况下,如果双方不能互相理解和谦让,就很容易造成矛盾的激化,导致纠纷的产生。

2. 民间纠纷的类型

随着我国经济发展的飞速增长,经济交往日益频繁,民间纠纷不再局限于从前以邻里纠纷为主的情况,而是发展为多种矛盾纠纷并存的现状。当前民间纠纷从不同角度可划分为不同的类型,根据纠纷所指向的对象,大致可以划分为以下类型:

（1）物权纠纷

物权纠纷多是因相邻土地通行关系、用水、排水关系、公共场地使用关系、环境保护关系、防险关系、采光关系、通风关系、种植关系等矛盾而引起的相邻关系纠纷或建筑物区分所有权纠纷。这类纠纷一旦发生,必然影响群众的生产、生活,影响邻里之间的和睦团结。由于城市化进程的加快,人口密度相较于过去越来越大,而资源的匮乏又日趋严重,因此无论是在城市或是农村,因为资源分享造成的纠纷也日益增多,这些纠纷往往涉及家庭与家庭之间,群体与群体之间的利益冲突。因此,如果处理不及时往往极易导致矛盾激化,甚至发展成群体性事件。

（2）合同纠纷

日常生活中,经济交往活动不可或缺,随着我国经济发展进步,经济交易逐步法制化,合同已经深入到我们的经济生活之中,愈来愈多的人选择通过合同约定预防纠纷的产生,一旦合同履行出现问题,纠纷也可以通过各种途径解决,但在法制建设相对落后的地区,经济交易往往通过口头约定,没有书面形式,从而埋下了一定隐患,便更容易发生合同纠纷。

（3）侵权纠纷

侵权纠纷,除了合同纠纷,日常生活中还不可避免的产生许多因侵权行为引起的纠纷,比如轻微刑事犯罪案件引起的人身权财产权损害,或是因其他冲突引起的侵权赔偿纠纷等等。侵权是一种违法行为,违反了法律规定,侵犯了别人的人身权和财产权。违法有两种性质,一种是违反刑事法律构成刑事犯罪,或者违反行政法规,构成治安管理违法行为;一种是违反民事法律、法规,构成民事违法行为。作为人民调解工作对象的侵权纠纷,主要指由于民事方面侵权行为而引起的纠纷。刑事犯罪和违反治安管理,不属于民事范畴。但轻微刑事、行政违法行为而引起的纠纷,则应属于人民调解委员会调解范围。

侵犯财产权引起的赔偿纠纷财产权比较广泛,主要有:

财产所有权。包括占有、使用、收益和处分的权利,这是财产所有人可以行使的全部权利。

财产承包经营权。公民对集体所有的或由集体经济组织使用的土地、山岭、草原、水域、滩涂、生产设施、生产工具以及工厂、商店等,可以承包经营,享有占有、使用和收益的权利。

财产使用权。即对财产占有、使用的权利。

这些财产权利,不论是所有权还是其他权利,不论是一部分还是全部,只要受到非法侵害,就有权要求赔偿,如对方拒绝或者推脱,就会形成侵犯财产权的纠纷。

（二）物业纠纷的概念和性质

物业纠纷的概念分为广义和狭义,广义的物业纠纷指因物业管理活动而产生,或在物业范围内发生的纠纷。狭义的物业纠纷则是指业主与物业服务方因物业管理活动而产生的纠纷。物业纠纷区别于其他纠纷的最重要一点为,纠纷源于物业。简而言之,表现为:无论是因物业管理活动产生的物业纠纷还是在物业范围内发生的纠纷,都是源于此物业。因此,物业纠纷的起因和纠纷范围有限制,纠纷主体之间必然有物业作为连接,而在解决纠纷的时候,要结合有关物业的情况考虑双方的利益和需求,不应当脱离于物业而思索物业纠纷问题。

（三）物业纠纷的特点

1. 纠纷案件逐年上升

目前，我国已经基本实现了住房商品化，物业纠纷是伴随着住房商品化和住房管理市场化的出现而产生的一种新类型案件。近几年来，人们对居住条件和生活环境的要求越来越高，全国各地的房地产业异军突起，带动房地产开发业不断升温，各地房源出现供不应求的局面，房价也不断翻新，随之而来的是购买房屋后引起的物业纠纷案件逐年增多。这种趋势在各地都已普遍地表现了出来。房地产更是超常规发展，形成了不同档次、不同类型的新建住宅小区和作为商用写字楼的大厦（以下简称为住宅小区和商厦），各类住宅小区、商厦在收取物业管理费用、提供管理服务方面的做法不一。业主与物业管理者之间缺乏约束各方的合同、规约或法律规范，使业主与物业服务方或行政主管部门之间的矛盾渐生，因此而产生的纠纷大量增加，在有关部门的协调处理不完全能解决纠纷后，当事人便会转而向法院起诉。

2. 物业纠纷类型多而新

物业纠纷是物业管理过程中所发生的纠纷。物业纠纷的类型，已从刚开始受理时物业管理公司追索物业管理费的纠纷，发展到涉及民事诉讼、行政诉讼的各类型纠纷。

3. 诉讼主体复杂，法律关系复杂

物业管理纠纷案的诉讼主体、法律关系复杂，该类案件的主体，既有我国公民、法人和其他组织，又有外国公民、外国企业、港澳台同胞；参与诉讼的既有业主、使用人或小区业委会，也有物业管理公司、房地产开发商或行政管理部门。既可能涉及业主与使用人的关系、业主或使用人与物业管理公司的物业管理服务合同关系、侵权关系，又可能涉及房地产开发商与物业管理公司的关系、业委会与物业管理公司的关系、业主、业委会或物业管理公司与房产管理部门的关系。由于物业管理纠纷案属新类型的案件，《民法通则》等法律中无专门调整物业管理的规定，只能依据《民法通则》、《合同法》、《侵权责任法》等法律和有关部门和地方性规章进行处理，而有关规章的规定又不详尽或明确,给正确处理该类纠纷带来一定的难度。

4. 群体特征明显,社会影响面大

物业服务企业为追索拖欠物业费,往往会同时起诉小区多个业主,业主作为人数众多一方当事人,基于相同地位和诉求容易形成联盟,产生从众心理和放大效应,问题容易扩大化。众多业主为寻求其所认为的公正,往往会利用人数众多优势通过群访集访进行施压,以获取诉讼内无法获取的利益。因为在一个物业管理区域内只能有一家物业服务企业实施物业管理,而其所要面对的则是全体业主,因此,物业公司遇到的问题往往具有同一性质,特别是在物业费的收取、公共设施的维修以及供水、用电或采暖等公共性服务方面,极易引发群体性诉讼。由于物业纠纷案件所涉及的权益带有较强的公共性,因此往往是多名业主作为共同原告提起诉讼。如噪音污染、安全玻璃、绿地改建等案件均为几十户业主联合诉讼。此外,物业纠纷的处理结果的影响力不仅限于案件当事人本身,而且还对整个小区业主的相关权益产生影响,甚至对整个地区的类似纠纷的解决产生影响,处理不当可能引发后续纠纷。

5. 纠纷反复循环,矛盾难以化解

物业服务企业追索完物业费后,由于物业纠纷背后牵涉多个主体、多项事实以及多种法律关系,若仅对物业费作出支持与不支持的判决,而业主提出抗辩的其他问题得不到解决,则企业与业主间的矛盾并未从根本上化解,业主仍拒绝支付以后的物业费,陷入"业主欠费—物业服务企业起诉—法院审理、执行—业主继续欠费"的恶性循环,矛盾越来越大。有些物业纠纷诉至法院,甚至有第三次、第四次起诉的情形。从而导致了诉讼不经济,治标不治本的问题。同时,业主一旦举证不力被判决承担败诉结果,就认为法院审判不公,或认为法官徇私枉法,有的四处信访,耗费大量司法资源。

6. 业主处于弱势,维权意识欠缺

在所有物业纠纷案件中,作为平等主体双方的物业服务企业和业主在实际纠纷中,存在强弱势的明显差别,业主在维权过程中的弱势地位仍然明显,并导致恶性循环。经调查,物业服务企业作为原告起诉业主拖欠物业费

的案件占97％以上,而业主主动起诉维权的案件较少,大多被动参与诉讼。业主依法理性维权意识相对欠缺,纠纷发生后往往不考虑是否有拒交物业费的正当理由便直接以拒交物业费相对抗。这首先表现在主体资格问题上。部分物业纠纷案件中涉及标的关系到全体业主权益,而征集全体业主作为共同原告起诉在事实上无法实现。其次是举证问题。业主由于不具备足够的专业素养,不能合法、有效地采取证据保全措施,故在诉讼期间难以尽到举证义务,导致双方矛盾进一步激化。相对于业主个人来讲,物业服务企业作为一个企业还是属于强势主体,其一般都有相对较为固定的专业律师来负责企业的法律业务,因此,无论是在法律知识和证据收集上,还是在诉讼经验方面,甚至是在合同中对责任的规避等方面都比业主更有优势。因此,对于物业纠纷这种新类型案件,由于其在我国产生的时间并不长,仅仅是处于不断地探索阶段,由于业主对法律知识了解不够,没有证据意识,平时不能注意收集证据,其通常通过拒交物业费方式来抗拒物业公司服务上的不足,诉讼中时常出现举证不能情况,致使其抗辩理由不能得到支持,因此经常出现业主在诉讼中败多胜少的现象。

二、常见物业纠纷类型

为了我们在实践中更好地区分不同的物业纠纷,以厘清法律关系,更好地处理物业纠纷,本书将常见的物业纠纷根据纠纷性质和主体的不同,分类如下:

（一）物业管理合同关系

1. 合同无效情形

根据《合同法》五十二条,若物业管理合同有下列情形之一的,合同无效:一方以欺诈、胁迫的手段订立合同,损害国家利益;恶意串通,损害国家、集体或者第三人利益;以合法形式掩盖非法目的;损害社会公共利益;违反法律、行政法规的强制性规定。

例如,违反行政法规强制性规定而无效的:

① 根据《物业管理条例》三十二条,国家对从事物业管理活动的企业实行资质管理制度。若物业企业无相应的资质,主体不合格,《物业合同》应为无效。

②《物业管理条例》第四十条,物业服务企业可以将物业管理区域内的专项服务业务委托给专业性服务企业,但不得将该区域内的全部物业管理一并委托给他人。因此,《最高人民法院关于审理物业服务纠纷案件具体应用法律若干问题的解释》第二条规定,符合下列情形之一,业主委员会或者业主请求确认合同或者合同相关条款无效的,人民法院应予支持:物业服务企业将物业服务区域内的全部物业服务业务一并委托他人而签订的委托合同;物业服务合同中免除物业服务企业责任、加重业主委员会或者业主责任、排除业主委员会或者业主主要权利的条款。前款所称物业服务合同包括前期物业服务合同。

2. 合同解除情形

根据《合同法》第九十三条规定当事人协商一致,可以解除合同。当事人可以约定一方解除合同的条件。解除合同的条件成就时,解除权人可以解除合同。第九十四条规定有下列情形之一的,当事人可以解除合同:因不可抗力致使不能实现合同目的;在履行期限届满之前,当事人一方明确表示或者以自己的行为表明不履行主要债务;当事人一方迟延履行主要债务,经催告后在合理期限内仍未履行;当事人一方迟延履行债务或者有其他违约行为致使不能实现合同目的;法律规定的其他情形。

合同解除分为约定解除和法定解除:

约定解除——《物业合同》约定了合同解除条件,当条件成熟时,双方可以解除合同。

法定解除——若物业公司明确拒绝履行合同约定义务,或者物业迟迟不履行义务,经过业主催告后,物业仍不履行,业主可以行使法定解除权,起诉至法院要求解除《物业合同》。

3. 合同终止情形

(1) 如合同到期,业主委员会决定不与物业公司续约。

(2) 无论是通过约定解除还是法定解除,结果都导致合同终止。

4．业主违约

（1）业主拖欠物业管理费

① 单纯拖欠物业费，属恶意欠费；

② 因不满物业公司的服务质量而拒交物业费；

③ 因与开发商的纠纷而拒交物业管理费。如房屋质量问题，房屋维修保修问题等纠纷；

④ 因未实际入住，房屋空置或为实际使用物业服务为由拒交物业费；

⑤ 因财物被盗，车辆如电动车、自行车、私家小轿车被盗或被损毁等原因拒交物业费；

⑥ 因不满业主大会或业主委员会的决定而拒绝交物业费；

⑦ 因业主不认可物业公司与开发商或业主委员会签订的（前期）物业管理合同而拒交物业费；

⑧ 因业主内部纠纷而推卸交费责任；

⑨ 因车位问题拒交相关费用；

⑩ 其他原因拒交物业费。

（2）业主其他违反物业管理合同约定的行为

5．物业公司违约

（1）物业公司未尽安保义务；

（2）物业公司服务不符合合同约定；

（3）物业公司对小区的公用设施疏于管理或擅自改变物业管理区域内公共设施、场所的原始用途；

（4）物业公司对于共有部分怠于维修或对于业主专有部分怠于协助维修；

（5）物业公司未按合同约定与业主大会或业委会分配物业管理活动所得收益；

（6）物业管理合同终止，物业公司拒绝依约办理移交手续；

（7）物业公司其他违反物业管理合同约定的行为。

（二）涉及物业管理的其他法律关系中常见纠纷

1. 物业公司与业主之间除物业服务合同以外的纠纷。

（1）侵权纠纷。① 人身权侵权纠纷；② 财产权侵权纠纷。

（2）其他合同纠纷。

（3）其他纠纷。

2. 业主与开发商之间的纠纷（如房屋买卖、建筑设计、施工质量、维修保修问题）。

3. 业主、开发商、物业公司三者之间的纠纷。

4. 业主之间的纠纷。

5. 多方业主和物业公司的多方纠纷。

6. 业主与业委会之间的纠纷。

7. 业主或业委会和公共服务提供方之间的纠纷（可能涉及物业公司）。

8. 业委会和物业公司之间的纠纷。

9. 物业公司与开发商之间的纠纷（前期物业合同，或开发商在物业交付过程中，与物业公司引发的争议，如开发商未移交图纸资料、小区基础设施、设备、建筑物及附着物，或移交不清引发的纠纷）。

10. 物业公司和第三方公司的纠纷（涉及业主）。

11. 物业公司与非业主因发生在小区内的事件所产生的纠纷。

12. 涉及行政的物业管理纠纷。

以上分类对于物业纠纷的调解思路有着重要的作用，本书会在第六章结合此分类标准详细介绍调解思路的运用。

第五章　物业纠纷的解决方式

随着人类社会的历史发展,纠纷解决方式也随之发生巨大的变化,产生了各式各样的纠纷解决方式。当代社会推崇文明规范的方式解决社会纠纷,在面对物业纠纷时,一般使用的解决方式通常有以下几种:协商、诉讼、调解。三者作为物业纠纷的解决机制相互辅佐、交相并存,又以其各自相对独特的调整机制而相互独立,是现代物业纠纷解决机制体系的重要组成部分,为人民群众提供了多种可供其自由选择的解决民事纠纷的途径和方法。

协商,即自行谈判和解,是指纠纷当事人自行就他们之间的纠纷事项,通过沟通交流、说理协商等方式达成一致意见进而解决纠纷化解矛盾的方式,通常,这样的协商交涉不需要借助第三方的力量,可以灵活自由地根据当事人的意愿展开。

诉讼,这里指民事诉讼,即纠纷当事人通过行使诉权向人民法院提起诉讼,由人民法院,在纠纷主体的参加下,通过人民法院行使审判权,以国家公权力对纠纷审理裁判以解决社会纠纷的一种机制。在现代社会,诉讼是由国家司法机关来主持进行的,由于国家公权力的行使,它具有国家强制力、严格的规范性等特征。根据司法最终解决原则,即法院裁判为最终解决方案,当事人不可再寻求其他社会救济途径。诉讼具有司法性,因此,法院对于物业纠纷的裁判结果具有强制力,非经过法定程序,任何人不可变更,当事人必须遵守。通常物业纠纷涉及的诉讼集中在民事诉讼,极少数也会涉及行政诉讼。

调解,作为物业纠纷解决机制的一种,是指第三方依据法律和社会规范，包括习惯、道德、法律等规范，在纠纷主体之间沟通信息，摆事实明道理，通过斡旋、调停、劝说、安抚等方式促成纠纷主体相互谅解、妥协，从而达成最终解决纠纷的合意。具有意思自治性、非严格的规范性等特点。实践中，调解可分为诉讼调解和诉讼外调解，诉讼调解即法院调解，指人民法院作为第三方，利用国家公权力审判权对物业纠纷进行调解，因为诉讼调解是国家介入纠纷的表现，因此诉讼调解的结果有强制力。诉讼外调解主要包括人民调解，如人民调解委员会和其他社会团体组织，包括如用人单位的劳动争议调解委员、消费者保护协会、中国国际商会调解中心等的调解。

综合上述分析，我们可以看出：

首先，三者各具特征，在物业纠纷的解决中发挥各自的作用，利弊互补，纠纷主体可以依据自身利益的需要选择相应的纠纷解决机制。协商和调解体现出纠纷主体自我解决纠纷的社会整合能力，避免因纠纷而引发过大的社会震荡，而且因其合意性，非严格的规范性，较诉讼更为简便迅捷，更有利于纠纷的彻底解决和预防。而调解则比协商具有更高的权威性，并且其公正性和彻底性更受到制度上的保障，纠纷主体拥有高度意思自治和充分的程序主体权，且程序简便，方式灵活，调解成本低，更多的体现了法的效益价值。而诉讼则依据其严格的规范性和国家强制力在最大程度上维护了纠纷双方的平等，保障和实现了纠纷主体的权利，从而使纠纷能够得到最终解决，体现了法的公平价值。

其次，三者在现代社会中平等的发挥各自的作用，并不因在诉讼中国家审判权的行使和其所具有的国家强制力而高贵，也不因调解和协商具有民间性而显卑微，相反，由于近年来，经济社会的发展、人们法律意识的增强、社会关系的进一步复杂化，造成大量诉讼的出现，使得诉讼不堪重负，严重影响了诉讼的公正性和效率性，而诉讼以外的纠纷解决机制，由于简便、迅速又价格低廉，成为人们解决纠纷的重要选择，而调解就是其典型。所以，我们有必要进一步加强调解在社会纠纷解决机制体系中的作用，同时推进调解和诉讼的结合，提取诉讼思路的优势弥补调解方式的不足。

一、诉讼方式

（一）诉讼概述

民事诉讼是指平等主体的公民、法人、其他组织之间以及他们相互之间因财产关系和人身关系提起的诉讼。民事诉讼就是通常说的民事官司，当事人之间因民事权益矛盾或者经济利益冲突，向人民法院提起诉讼，人民法院立案受理，在双方当事人和其他诉讼参与人的参加下，由人民法院审理和解决的活动。

（二）民事诉讼的特点

1. 公权性

民事诉讼是以司法方式解决平等主体之间的纠纷，是由法院代表国家行使审判权解决民事争议。它既不同于群众自治组织性质的人民调解委员会以调解方式解决纠纷，也不同于由民间性质的仲裁委员会以仲裁方式解决纠纷。

2. 强制性

强制性是公权力的重要属性。民事诉讼的强制性既表现在案件的受理上，又反映在裁判的执行上。调解、仲裁均建立在当事人自愿的基础上，只要有一方不愿意选择上述方式解决争议，调解、仲裁就无从进行，民事诉讼则不同，只要原告起诉符合民事诉讼法规定的条件，无论被告是否愿意，诉讼均会发生。诉讼外调解协议的履行依赖于当事人的自觉，不具有强制力，法院裁判则不同，当事人不自动履行生效裁判所确定的义务，法院可以依法强制执行。

3. 程序性

民事诉讼是依照法定程序进行的诉讼活动，无论是法院还是当事人和其他诉讼参与人，都需要按照民事诉讼法设定的程序实施诉讼行为，违反诉讼程序常常会引起一定的法律后果。如法院的裁判被上级法院撤销，当事人失去为某种诉讼行为的权利等。诉讼外解决民事纠纷的方式程序性较弱,人民调解没有严格的程序规则,仲裁虽然也需要按预先设定的程序进行,但其程序相当灵活,当事人对程序的选择权也较大。

4. 特定性

民事诉讼的对象具有特定性。它解决的争议是有关民事权利义务的争议。不是民事主体之间民事权益发生争议,不能纳入民事诉讼程序处理,如伦理上的冲突、政治上争议、宗教上的争议或者科学上的争议等不能成为民事诉讼调整的对象。对于无讼争性的非讼事件,虽然是由法院主管,但规定了与民事诉讼程序不同的非讼程序。

5. 自由性

民事诉讼反应民事主体权益之争,民事主体不论在实体上还是在程序上,都有依法处分其权利的自由。民事诉讼中的原告有权依法处分其诉讼权利和实体权利,被告也有权处分其诉讼权利和实体权利。正因为如此,民事诉讼形成了自己特有的机制,诉讼中的和解制度和调解制度,对当事人处分其权利具有独特意义和作用。对法院发生法律效力的判决,胜诉的一方当事人可以申请执行,也可以不申请执行。但是,在刑事诉讼和行政诉讼中情况则不同,刑事诉讼中公诉人与被告人不能进行和解或调解,行政诉讼中就行政法律关系的争议,也不适用调解方式解决,作为当事人一方的行政机关胜诉后也无权放弃自己的权利。

6. 严格规范性

民事诉讼活动是一种司法活动,有法定的形式和程序。人民法院、人民检察院、当事人和其他诉讼参与人进行诉讼活动,必须严格遵守法律规定。违法的诉讼活动没有任何法律效力。违法诉讼活动如是人民法院进行的,当事人可以通过行使上诉权和再审申请权要求撤销。民事诉讼法以及其周边法律制度如法院组织法和法官法等保障着民事诉讼的正义性,确保当事人的实体权利和程序利益不受侵蚀。程序规则的严格性并不等同于程序的复杂性,其含义是指确保当事人权益的强行性规定不得违反,否则即产生一定的程序制裁。民事诉讼的严格规范性限制了法官的恣意,消除了对社会统一规范的背离,满足了国家和社会维护统一的法律秩序的要求。

（三）民事诉讼的原则

1. 当事人平等原则

当事人平等原则包含三方面的内容：当事人诉讼地位平等；诉讼权利义务平等；在适用法律上一律平等。当事人平等原则的根据，一是源于公民在法律面前人人平等的宪法原则，是该宪法原则在司法救济制度中的具体体现；二是源于民事主体在民事实体法律关系中的平等。民事实体权利义务的平等决定了诉讼权利义务的平等；诉讼权利义务平等是维护实体权利义务平等的必要手段。

当事人平等原则的实现依赖于法院的保障。它要求法院确实保障双方当事人处于完全平等诉讼境地，对当事人一视同仁，平等对待，不得偏袒或歧视任何一方；要求法院为双方当事人创造和提供同样的、均等的行使诉讼权利的手段、机会和便利条件，不得厚此薄彼；要求法院帮助当事人正确行使诉讼权利，主动告之其享有的诉讼权利、如何行使及其后果，及时行使释明权；要求法院对一切诉讼参与人平等保护和平等制裁，不允许有任何特权。总之法院确实履行好保障职责，是当事人平等原则得以实现的关键。

2. 程序参与原则

程序参与原则有两项基本要求：一是当事人对程序的参与必须是自主自愿的，而非受强制被迫的行为。当事人是民事程序的诉讼主体，有权决定是否发动和参与诉讼程序，"不告不理"的规则就是体现了当事人参与诉讼的自愿性。程序参与原则要求立法者和法官尊重当事人的意志和人格，对其参诉意愿不得强迫或限制。二是当事人必须拥有影响诉讼过程和裁判结果的充分的参与机会，这是程序参与原则的核心内容。一方面，当事人必须拥有影响诉讼过程的参与机会和权利，享受"最低限度的程序保障"。另一方面，当事人必须拥有影响裁判结果的参与机会和权利，不该受到突袭裁判。

3. 辩论原则

辩论原则包括两层基本涵义：

第一，辩论是当事人的一项重要诉讼权利。在诉讼中，原告有权提出诉讼请求、陈述事实和理由，并提出证据证明自己的主张；被告有权承认或否认原告的诉讼请求，或提出反证进行反驳和答辩，甚至提出反诉。第三人也可以就争议的问题提出自己的主张及事实理由。双方既可以就案件的实体问题，也可以就程序问题进行辩论；既可以用书面形式，也可以用口头形式辩论；既可以在法庭辩论阶段，也可以在诉讼全过程辩论。法院应当保证当事人充分和平等地行使辩论权，依法提供各种便利条件。

第二，辩论权对审判权的制约。这是该原则的重要内涵，也是现代法治国家民事诉讼普遍遵循的原则。在大陆法系民事诉讼理论中被称为"辩论主义"，它构成了大陆法系当事人主义诉讼模式的核心内容。这种制约主要体现在：一是法院对证据的质证、认证和调查应当受当事人主张和举证的约束。二是当事人辩论的结果形成对法院裁判的制约。即法院的裁判只能以经当事人辩论、查证属实或无争议的事实作为依据，当事人未提出的或未经当事人辩论并查证属实的事实，均不能作为裁判的基础。这样才能做到辩论结果与裁判内容的一致性。

4. 依法自由处分原则

依法自由处分是指民事诉讼当事人有权在法律规定的范围内自由支配或处置自己享有的民事权利和诉讼权利。处分原则贯穿民事诉讼全过程，并在很大程度上决定和影响着诉讼的进行。处分原则是"私法自治"理念在民事诉讼中的体现，近代资本主义国家不予干预。但现代社会为保护国家和社会利益，对处分原则辅之以必要的限制，即处分必须在法定范围内。这就要求当事人的处分不得违反法律规定，不得有损国家、社会和他人的合法权益。同时要求法院进行指导和监督，既要尊重当事人的处分权不得随意加以限制，又不能放任自流。

实行依法自由处分原则，不仅符合程序自由的价值要求，保障当事人自由地选择和支配自己的权利和诉讼程序；而且符合和体现民事诉讼的规律，形成处分权对审判权的合理制约对防止审判权的滥用，规制审判权的运作等都有积极意义。

5. 诚实信用原则

诚实信用是现代民法的基本原则，其基本涵义是：要求人们在市场经济活动中讲究信用、恪守诺言，诚实不欺，在不损害他人利益和社会利益的前提下追求自己的利益。该原则为一切市场参与者树立了"诚实商人"、"诚实劳动者"的道德标准，反映了市场经济客观规律的要求。诚实信用曾经历了从商业习惯到债履行的基本原则，再到涵盖整个私法领域的基本原则的演变过程。它不仅被奉为现代民法的最高指导原则，学者谓之"帝王条款"，而且超越公法和私法、实体法和程序法的分野，开始适用于不同的法律领域，成为高层次的理念为人们所信奉和遵循。

诚实信用原则在民事诉讼中具有指导、规制当事人、法院和其他诉讼参与人正确行使权利履行义务、进行审判，维护程序正义，保障诉讼正常进行的积极作用。

6. 程序公开原则

程序公开也叫审判公开，指法院审理民事案件，除法律另有规定外，其审理过程和判决宣告一律公开。公开的内容，包括审理开庭前的公告、开庭、法庭调查、法庭辩论以及判决宣判（即使是依法不公开审理的案件，宣判也应当公开）的公开。公开的对象，一是对群众公开，允许群众旁听；二是对社会公开，允许新闻媒体采访报道。对当事人来说不存在公开和不公开的问题。因为无论是否公开审理，都必须开庭审理，传唤双方当事人并通知其他诉讼参与人到庭诉讼。不能因为案件不公开审理就对当事人诉讼权利加以限制。

7. 法官中立原则

法官中立原则包括以下基本要求：

一是法官同争议的事实和利益没有任何关联。法官既不能裁判自己与案件事实有关的争讼，也不得与案件结果或争议各方有任何利益上或其他方面的关系。法官双重角色难以保证诉讼过程和裁判结果的公正性。

二是法官不得对任何一方当事人存有歧视或偏爱。法官在审判中可能因种种原因（如当事人语言莽撞、行为粗鲁、不通情达理等）而对其产生偏见，这种偏见虽是主观感情因素，但足以妨碍法官公平地对待当事人和处理纠纷。

三是法官必须严守职业道德和纪律规范。包括尊重当事人、秉公执法、刚正不阿；不得接受当事人及其委托人的财物、宴请或其他方面给予的好处；不得故意不依法自行回避等。当然，中立原则并不等同于消极原则。

二、调 解 方 式

（一）调解概述

1. 调解的概念

调解是人类社会进程中的一种解决矛盾、平息纠纷、化解干戈的构建和谐社会的实践活动，也是中国传统法律文化的重要资源。调解制度源远流长，被市委原东法系和中华法系的基本标志之一，也被西方法学界成为"东方之花"。

在中国，调解的种类很多。因调解的主体不同，调解有人民调解、法院调解、行政调解、仲裁调解以及律师调解等。人民调解是人民调解委员会主持进行的调解；法院调解是人民法院主持下进行的调解；行政调解是基层人民政府或者国家行政机关主持下进行的调解；仲裁调解是在仲裁机构主持下进行的调解。在这几种调解中，法院调解属于诉内调解，其他都属于诉外调解。

2. 调解的类型

（1）司法调解

又称诉讼内调解。包括调解活动、调解的原则、调解的程序、调解书和调解协议的效力等。是当事人用于协商解决纠纷、结束诉讼、维护自己的合法权益，审结民事案件、经济纠纷案件的制度。诉讼中的调解是人民法院和当事人进行的诉讼行为，其调解协议经法院确认，即具有法律上的效力。《中华人民共和国民事诉讼法》规定，人民法院审理民事案件，应遵循查明事实，分清是非、自愿与合法的原则，调解不成，应及时判决。法院调解，可以由当事人的申请开始，也可以由人民法院依职权主动开始。调解案件时，当事人应当出庭;如果当事人不出庭,可以由经过特别授权的委托代理人到场协商。调解可以由审判员一人主持,也可以由合议庭主持,并尽可能就地进行。除法律规定的特殊原因外,一般应当公开调解。在法院调解中,被邀请的单位和个人,应当协助人民法院进行调解。在审判人员的主持下,双方当事人自愿、协商达成调解协议,协议内容符合法律规定的,应予批准。调解达成协议,人民法院应当制作调解书。调解书应当写明诉讼请求、案件的事实和调解结果,由审判人员、书记员署名,加盖人民法院印章,送达双方当事人签收后,即具有法律效力。

(2) 人民调解

人民调解又称诉讼外调解。是指在人民调解委员会主持下进行的调解活动。人民调解委员会是村民委员会和居民委员会下设的调解民间纠纷的群众性自治组织,在基层人民政府和基层人民法院指导下进行工作。人民调解工作应遵循的原则有:① 必须严格遵守国家的法律、政策进行调解。② 必须在双方当事人自愿平等的前提下进行调解。③ 必须在查明事实、分清是非的基础上进行调解。④ 不得因未经调解或者调解不成而阻止当事人向人民法院起诉。经调解达成的协议不具有强制执行效力。

由于人民调解委员会是群众性组织,其成员扎根于群众之中,对群众之间的民事纠纷和轻微刑事案件,知根知底,所以调解委员的能动作用很大,方式灵活,方便易行。它突出的特点是能把纠纷解决在基层组织,还能起到宣传法制、预防纠纷、防止矛盾扩大的作用,因而受到人民群众的欢迎。由于人民群众的调解有强大的生命力,对调解民事纠纷、正确解决人民内部矛盾、加强人民之间的和睦团结、维护社会治安、促进社会主义的精神文明起着重要的作用。

(3) 仲裁调解

中国仲裁调解的重要特点在于调解范围广泛,不受案件或金额的限制,只要双方当事人同意或有调解的希望与可能,都可以按照调解程序进行调解。同时,调解程序贯串于仲裁调解的各个阶段,不仅在仲裁前可以调解,在仲裁系属中的各个阶段均可以进行调解。

（4）行政调解

行政调解是指在有关行政机关的主持下，依据相关法律、法规、规章处理纠纷的方式。行政调解达成的协议也不具有强制执行力。

（二）人民调解

1. 人民调解的概念和性质

人民调解即民间调解，属于诉讼外调解的一种。是指在人民调解委员会主持下，以国家法律、法规、规章和社会公德规范为依据，对民间纠纷双方当事人进行疏导、调解、劝说等方法，促使他们在平等自愿的基础上互相谅解、平等协商，自愿达成协议，消除纷争的活动。人民调解是群众自我管理、自我教育、自我服务的自治行为。

根据我国《宪法》、《人民调解法》、《民事诉讼法》、《人民调解委员会组织条例》以及《人民调解工作若干规定》等各项制度的规定，人民调解属于我国的法定制度，与司法调解、行政调解具有类似的法律特征，即都是由中立的第三方主持，在不违反法律规定的条件下，根据双方当事人合意进行的调解。但人民调解与司法调解、行政调解在调解主体、调解人员地位、调解适用范围以及调解效力等方面相对比，具有自身独特的性质。人民调解的性质以人民调解委员会的性质为基础而决定。

根据我国法律法规和规范性文件的规定，人民调解委员会是调解民间纠纷的一种民间性、群众性和自治性组织。因此，从这个角度，人民调解的性质体现在两个方面：

第一，群众性。人民调解的群众性主要体现在以下六个方面：

① 人民调解产生与发展的政治背景是社会主义国家人民民主专政。

② 作为人民调解调解主题的人民调解委员会，其既无行政决定权也无司法裁判权，属于不同于行政机关和审判机关的群众性组织。新中国成立以来，人民调解委员会长足发展，遍布全国城乡各个区域，不仅在群众居住区设立了人民调解委员会，而且在企事业单位中也为群众设立了调解委员会，同时还根据区域、行业需要设立区域性行业性人民调解委员会，进一步形成了纵横立体的人民调解群众性组织。

③ 人民调解的调解员来源于群众,根植于群众,经人民群众选举或聘请产生,由群众熟悉、热心为群众服务,与群众有深厚感情,在群众中享有威望,并且有一定知识水平的人担任,其职责为运用政策法律知识为群众服务,使群众信得过。

④ 人民调解用于调解民间纠纷,而民间纠纷就是非对抗性的人民群众的内部矛盾。

⑤ 人民调解除了依据法律法规、规范性文件、国家政策,还依据群众生活中的公序良俗等等。

⑥ 人民调解的宗旨就是为人民群众排忧解难,解决纠纷,化解矛盾。平息群众之间的纷争,增强人民内部团结,维护社会稳定,促进社会和谐发展。

第二,自治性。根据《布莱克维尔政治学百科全书》的解释,自治是指个人或集体管理其自身事务,并且单独对其行为和命运负责的一种状态。人民调解的自治性,最明显体现在人民调解组织的自治性之上,由人民调解委员会的自治性决定。

人民调解委员会既不是国家司法机关,也不是国家行政机关,而是建立在群众自我教育、自我管理、自我服务基础之上的群众自治组织,参与社会事务的管理。人民调解委员会在基层人民政府和基层人民法院的各项方针政策、法律知识、调解方式和方法等方面的指导下工作,采取自治主体的群众之间的自觉管理和自我约束的方式解决纠纷,而非司法和行政手段,这体现出人民调解委员会的自治性,也表明了人民调解是群众自治自我管理的活动。人民调解委员会无权对纠纷当事人的财产或人身采取任何强制措施,也无权强迫任何一方当事人接受调解过程和结果,而且调解协议本身也不具有直接的强制执行力。

根据我国宪法的规定,城市和农村按居民居住地区设立的居民委员会或者村民委员会是基层群众性自治组织。居民委员会、村民委员会的主任、副主任和委员由居民选举。居民委员会、村民委员会同基层政权的相互关系由法律规定。居民委员会、村民委员会设人民调解、治安保卫、公共卫生等委员会,办理本居住地区的公共事务和公益事业,调解民间纠纷,协助维护社会治安,并且向人民政府反映群众的意见、要求和提出建议。由此规定可以看出,居民委员会和村民委员会是基层群众性自治组织,人民调解委员会作为其组成部分,它的性质自然也是基层群众性自治组织。不仅如此,人民调解的工作原则也体现了其自治性性质,人民调解坚持平等自愿的原则,在不违反国家法律法规和政策的情况下,不违背当事人意愿强行调解,不干涉当事人行使诉讼权利,在调解过程中,若当事人不愿继续调解或者不接受调解结果,调解自然走向终止。即使达成双方合意一致的人民调解调解协议,调解协议的执行也主要依靠当事人的自觉履行、社会舆论的压力和第三方群众组织的督促。

随着社会的发展,经济模式的转型,人民调解的形式也有了变化,专业性的人民调解委员会以及行业性的人民调解委员会开始出现,《人民调解法》也规定乡镇、街道以及社会团体和其他组织根据需要也可以设立相应的人民调解组织。这样的新型人民调解组织似乎突破了人民调解自治组织的范围,但其实这些新型的人民调解组织仅仅是人民调解委员会在自治的框架内的基本形式的扩展,性质依然是群众性自治组织。

2. 人民调解的特征

第一,人民性。人民调解的人民性由我国社会主义国家人民民主专政的条件所决定,人民调解员具有调解技能并经由人民群众选举产生或者聘用,以平息人民群众之间的纷争,增强人民内部团结,维护社会稳定,促进社会和谐为目的调解人民内部矛盾引起的民间纠纷,因此,人民调解的首要特征是人民性。

第二,民主性。人民调解本质上说是一种人民群众进行自我管理、自我服务、自我约束、自我教育的群众性自治活动。人民群众通过人民调解直接行使民主权利、管理社会事务、解决内部矛盾,是实现民主自治的重要形式,体现了社会主义制度下的民主和人民当家做主的主人地位。人民调解的整个过程也充分体现了人民民主的性质和特色,坚持平等自愿的调解原则,不实行强制调解,采取情理说教的方法,动之以情,晓之以理,将纠纷利害关系告知给双方当事人,并对其中利害关系进行说明,传达双方当事人的意思,运用沟通说服、教育疏导、教育讨论和民主协商的方法,在不违背法律法规和政策规定的基础上,查明事实、分清是非,帮助当事人促成调解协议,解决纠纷,化解矛盾,从而充分体现民主的特征。

第三,自愿性。人民调解组织对民间纠纷的调解只能基于当事人的自愿,如果当事人对此表示异议,人民调解组织不得强制进行调解。自愿性主要体现在以下几个方面:

① 人民调解的启动是依据当事人的自愿请求,纠纷当事人自愿向人民调解委员会时人民调解委员会应当启动人民调解程序,人民调解委员会也可以主动进行调解,但若纠纷当事人对调解的启动明确表示异议,则人民调解委员会不可强制启动调解程序。

② 人民调解的过程须依据当事人的自愿协商,当事人在调解过程中,可以在不违背法律的情况下,完全自愿地进行协商沟通,表达自己的真实意愿,是否能达成合意,形成一致的意见并达成调解协议完全取决于当事人的自愿。若达成调解协议,则协议内容也取决于当事人自愿协商得出的结论。

③ 人民调解达成协议之后,调解协议由当事人自愿履行,调解协议不具有强制执行力。调解组织不可依据调解协议强行要求当事人履行协议内容。

④ 调解协议无诉讼阻却力,即使是双方当事人自愿达成调解协议,但依旧可以就调解事实向法院提起诉讼,人民调解委员会不得以达成调解协议作为理由阻止当事人行使诉权。

第四,准司法性。与人民群众完全自发组织进行的协商调解不同,人民调解是法定的组织人民调解委员会在法律规定的范围内主持调解民间纠纷的活动。作为诉讼外调解机制的人民调解机制,人民调解委员会不得超越其职权范围进行工作,人民调解的组织形式、工作要求、工作纪律等均由《人民调解法》等相关法律予以规定。同时,人民调解应当以事实为依据,以法律为准绳,帮助当事人辨明是非,分清纠纷的权利义务内容,尽可能达成调解协议。人民调解协议虽然不具有强制力,但当事人可将调解协议递交法院确认或是特定纠纷中经公证机关公证,便可以具有强制执行力。

同时,人民调解是法律规范的诉讼外民间纠纷解决机制,人民调解委员会虽为自治性组织,但也会接受人民法院和司法行政部门的指导,在调解过程中也必须依法进行调解。具体而言,人民调解委员会和人民调解员的构成、选任以及调解工作的相关制度方法内容要求都有明确的法律进行指引。人民调解委员会调解民间纠纷的主要依据也是法律法规、规章和国家政策。因此,人民调解虽然不同于司法活动,但具有准司法性。

3. 人民调解的功能

人民调解制度作为源于基层社会的民间性纠纷解决机制,不仅在实际中解决了社会纠纷,更体现了社会自治理念和多元化价值观对于社会纠纷解决的长远影响,人民调解制度承载着加强社会不同个体之间的凝聚力以促进社会自治、维护社会秩序、提升社会道德、改善个体之间关系等社会功能,并通过实现这些功能从而孕育着基层民主产生的社会文化土壤,为社会主义民主发展的进步提供条件和契机。

人民调解制度从不同角度考虑有不同的功能,宏观方面,主要集中在社会纠纷解决、社会稳定维护、社会道德提升、文化传统发扬以及政治治理保障这些角度。随着社会的发展,又可将不同类型的功能大致分为社会纠纷解决功能、文化传统发扬功能以及政治治理保障功能,这三种功能不可分割地共同构成人民调解的功能。

其中文化传统发扬功能初看似乎并非属于人民调解制度设立的目的,但实践中,人民调解不仅需要以法律法规政策规章为调解依据,还将情理道德,文化习俗一并考虑到纠纷调解过程,正是因为在调解过程中适用了这些社会文化道德规范,才使得文化传统可以得到发扬和传承。因此文化传统发扬功能虽然并非属于立法设计的技术范畴之内,但依旧是人民调解制度三大宏观功能之一。

社会纠纷解决功能必然是人民调解制度设立的本质功能,人民调解的核心便是调解纠纷解决矛盾,调解过程中体现当事人的民主沟通和自愿合意,促进人民调解制度的发展,因此,社会纠纷解决功能是人民调解制度最重要最根本最核心的功能，如果纠纷解决功能被文化传统发扬和政治治理保障功能所覆盖，那么便会导致人民调解功能架构的错位和瓦解，使人民调解制度如同无源之水无本之木一般，彻底失去存在的意义和设立的基础。人民调解制度只有坚持社会纠纷解决功能的核心定位，才可得以运行和发展，发挥其应有的价值。

不可否认的是，人民调解组织结构的架构使其成为一个发挥多元作用的组织，它既是准司法环节的构建元素之一，又是基层自治组织的组成部分，这两者的结合使其不仅需要实现民间活动的自治性管理，同时还要承担一定程度的政治治理功能。人民调解委员会在调解时受到国家司法机关和行政机关的指导，同时，调解制度的设立从最初便是依靠国家进行推动，从某种意义上来说，人民调解委员会作为调解组织，可以代表国家对基层民众进行形式温和的教育、管理和组织，不可避免地体现了国家意志。从调解历史来看，我国曾经的纠纷解决还承担着其他政治治理保障功能，如传达和使用意识形态原则、价值观和中国共产党的规划，推动动员我国人民更加信仰党的目标和政策，并且作为党和国家治理国家的补充手段。由此可见，人民调解同样具有不可忽视的政治治理保障功能。

从具体层面看，我国当前已进入全面建设小康社会、加快推进社会主义现代化的新发展阶段。全国上下各行各业、各条战线都在为了实现党和国家的经济社会发展目标而努力奋斗。随着改革开放的日益深化和社会主义市场经济的不断发展，社会经济成分、利益分配方式等也日益多样化，我们必须清醒地意识到，在这种发展阶段，各方利益冲突和摩擦将不断出现，产生更加复杂的社会矛盾和日益增加的各类纠纷。因此，及时化解各种社会矛盾，消除社会不安定因素，维护社会稳定，促进社会和谐发展就显得更为紧迫和重要。人民调解在这样的历史环境下，对于加强和改进人民群众的思想政治工作，结合历史条件，运用法律、经济、政治手段，积极妥善处理人民内部矛盾，防止矛盾激化影响社会稳定以保证社会和谐发展，有着重要的功能和作用。所以，人民调解制度的功能又体现在以下几个方面：

一是有效定分止争，维护社会稳定。人民调解具有有效定分止争，维护社会稳定的功能。首先，人民调解可以积极、及时地化解人民群众之间的矛盾纠纷，增强人民群众的内部团结。全国人民调解组织每年调解矛盾纠纷达到六百多万件，将大量的人民内部矛盾在基层处理解决，使纠纷当事人在温和的沟通环境下消除隔阂，解决矛盾，改善关系，有效地维护了基层的安定团结，队简历和维护社会主义新型群众关系起到了重要的作用。其次，通过及时解决人民内部矛盾，人民调解可以防止矛盾纠纷激化发展，从而预防犯罪的发生。人民调解组织在调解过程中，通过及时发现矛盾，正确调解纠纷，将可能因矛盾纠纷而造成的犯罪行为遏制在萌芽状态，使得有可能演变为危害人民生命财产安全的重大矛盾得到控制甚至得以解决。人民调解组织对纠纷当事人采取平等对待，民主倾听，耐心说服，合理教育的方法，做通当事人的思想工作，疏导当事人因纠纷产生的不良情绪，从而避免矛盾的计划和事态的扩大，最大可能地将纠纷解决在萌芽状态，将纠纷影响面控制在最小范围内，从而防止基层民间纠纷造成违法犯罪行为，促进社会治安的保证，维护社会稳定以促进社会主义经济建设。最后，人民调解组织通过广泛深入地宣讲，生动具体地向人民群众开展调解宣传工作和法制教育，增强人民群众的法制观念，本质上对预防犯罪起到了重要的作用。并且通过更多种形式的社会主义精神文明建设活动，提升社会道德，净化社会风气，使得预防犯罪的外部环境得以创造。

二是促进改革开放和经济建设。人民调解具有促进改革开放和经济建设的重要功能，首先，人民调解通过调解大量民事矛盾纠纷，消除当事人之间的纠纷，解除当事人的情绪负担，增进群众团结，调动人民群众生产工作的积极性，从而提高生产工作的效率。其次，基层人民调解组织扎根在人民群众之中，对群众中各种过矛盾纠纷可以及早发现及时解决，不仅可以节省当事人的时间精力，免除讼累，避免投诉导致的生产工作延误，同时还可以减少司法成本，减轻纳税人负担。再次，人民调解不仅为群众排忧解难，还为政府和法院减负分压。人民调解使大量的人民内部矛盾在基层得以化解，作为诉讼外的纠纷解决机制，人民调解具有灵活方便、程序便捷、高效免费的优势,使大量民间纠纷不必进入诉讼程序就得以解决,大力提高了民间纠纷解决率,节约了司法成本和行政成本,使地方各级人民政府从繁琐的纠纷解决事务中脱身,从而能将更多的力量投入在促进改革生产,又节约了诉讼资源,从而使人民法院将更多精力投入到审理疑难复杂案件,提升办案质量,促进司法改革发展,总体上减轻了人民法院和地方各级人民政府的负担。最后,人民调解组织不仅可以调解许多基层中群众的生产经营性纠纷,还可以积极预防解决企业中的部分劳动关系矛盾纠纷,同时还能有效化解城市市政、房屋等矛盾纠纷。这些纠纷的解决都对改革开放起到了作用,因此,人民调解促进了经济建设的发展。

三是为人民群众和人民政府架起联系的桥梁。作为人民调解组织的人民调解委员会是我国居民委员会和村民委员会的组成部分,人民调解组织网络的基层性覆盖,以独特的工作方式,及时向基层人民政府传达了调解工作中发现的问题,通过日常的人民调解工作,政府可以获知基层群众的情况,从而使得人民群众和各级地方政府得以通过人民调解形式进行连接,将基层群众矛盾真实地反应给人民政府,使人民政府了解人民群众的真实生活状态,为党和国家及时制定、修改法律法规、规章政策等决定提供了最真实可靠的消息资料。

四是推动了社会主义精神文明建设。人民调解与社会主义精神文明建设密切联系、息息相关,是社会主义精神文明建设的重要组成部分。人民调解工作与社会主义精神文明建设二者相互促进,相互渗透,两者有机结合,既促进人民调解制度的运行和发展,又为社会主义精神文明建设提供保障、增添力量。人民调解通过解决矛盾纠纷,为群众排忧解难,增进群众之间团结,建设和发展社会主义精神文明倡导的友好关系。其次,人民调解组织通过向人民群众进行法制宣传和社会主义道德宣传教育,提高广大人民群众法制意识和道德水准,促进人民群众遵纪守法,弘扬社会主义核心价值观。最后,人民调解组织不仅通过个体调解工作的开展,同时配合基层人民政府开展广泛性群众性精神文明建设活动,使社会主义精神文明建设更广泛地渗透到更广大的群众之中,推进社会主义精神文明建设的全面发展。

三、各种纠纷解决方式的关系

（一）人民调解与诉讼、仲裁、信访

1. 人民调解与诉讼的联系和区别

第一，人民调解以当事人合意为基础，强调突出当事人自愿；诉讼以法院裁判为基础，强调体现国家的司法权。在调解中，由于作为居间第三者纯粹的民间性和双方当事人绝对的意思自治性，致使纠纷的解决只能建立在纠纷主体绝对合意基础上，第三者在调解过程中非以强制力而是以沟通、诱导、协调等方式促成当事人解决纠纷，仅起着促进、引导、协调的作用，对纠纷最终能否彻底解决起不到决定性作用。而在诉讼中，人民法院作为国家的审判机关，凭借国家审判权来确定纠纷主体之间的民事权利义务关系及民事法律责任的承担，又以国家强制执行权迫使纠纷主体履行生效的民事判决、裁定等，其对民事纠纷的解决与否起着决定性作用，而不必依赖于双方当事人的合意。

第二，人民调解程序灵活方便，以实质正义为价值取向，运用合意协调体现利益均衡，在调解中，对人民调解委员会的管辖权没有做级别和地域上的限制；诉讼程序严格而规范，追求程序正义，诉讼有很强的对抗性以保护诉讼双方权利。对于诉讼，我国《民事诉讼法》则根据案件的性质、简繁程度、影响范围和案件的发生地等情况，实行级别管辖和地域管辖相结合的管辖原则。

第三，人民调解不仅适用法律规范，还可以适用社会习惯、道德伦理等规范；诉讼中只能严格适用法律规范。二者的法律效力也存在差异，对于调解，由于其所具有的纯粹的民间性和自治性，以及法律适用上的非严格性，导致了最终双方达成的调解结果即调解协议并不具有法律上的拘束力，也无强制执行力，其履行主要依靠当事人的自觉遵守和道义力量，作为纠纷主体双方的当事人在不愿履行调解协议的情况下，则可以不受约束的恣意反悔。对于诉讼，由于作为第三者的人民法院的特殊身份和国家审判权的行使,其所产生的结果无论是民事判决还是民事裁定,都具有法律上的约束力。

第四,两者的启动方式和适用范围不同,人民调解既可以依据申请进行调解,又可以主动进行调解;而诉讼则被动采取"不告不理"的原则。二者虽然同为民事纠纷的解决机制,但各有其不同的法律适用.诉讼作为国家公力救济的形式,根据我国《民事诉讼法》第 3 条规定:"人民法院受理公民之间、法人之间、其他组织之间以及他们相互之间因财产关系和人身关系提起的民事诉讼,适用本法的规定",对其适用范围做出了规定,诉讼适用于任何一类民事纠纷,无论是因财产关系还是因人身关系产生。诉讼具有最为严格的法律适用规定。而调解作为一种纯粹的民间性质的纠纷解决机制,并没有相应的法律规范对其适用范围加以规定,但从我国目前存在的调解机构和实践来看,调解的适用范围也是比较宽泛的。

根据人民调解和诉讼的对比可以看出,首先,二者各具特征,在民事纠纷的解决中发挥各自的作用,利弊互补,纠纷主体可以依据自身利益的需要选择相应的纠纷解决机制。调解体现出纠纷主体自我解决纠纷的社会整合能力,避免因纠纷而引发过大的社会震荡,而且因其合意性,非严格的规范性,较诉讼更为简便迅捷,更有利于纠纷的彻底解决和预防。而诉讼则依据其严格的规范性和国家强制力在最大程度上维护了纠纷双方的平等,保障和实现了纠纷主体的权利,从而使纠纷能够得到最终解决,体现了法的公平价值。其次,二者在现代社会中平等的发挥各自的作用,并不因在诉讼中国家审判权的行使和其所具有的国家强制力而高贵,也不因调解具有民间性而显卑微,相反,由于近年来,经济社会的发展、人们法律意识的增强、社会关系的进一步复杂化,造成大量诉讼的出现,使得诉讼不堪重负,严重影响了诉讼的公正性和效率性,而诉讼以外的纠纷解决机制,由于简便、迅速又价格低廉,成为人们解决纠纷的重要选择,而调解就是其典型。因此,对于处理一些家庭、邻里纠纷等贴近生活的纠纷时,人民调解比诉讼更有优势。

2. 人民调解与仲裁的联系和区别

人民调解和仲裁都是诉讼外的纠纷解决机制,两者相比诉讼都具有程序简便灵活的特点。但二者也存在以下不同之处：

第一，仲裁程序具有较强的对抗性，比调解更接近于法院的诉讼程序。人民调解的基础是双方当事人自愿，互谅互让，一致同意接受某种方案解决争议事项，这种方案是一种妥协的、和解的方案，当然应是合法的。而仲裁的基础是案件的事实、应适用的法律和"公平正义原则"。

第二，两者的启动方式不同，只有当事人实现签订仲裁协议并且申请仲裁，才能启动仲裁程序。调解一般没有固定的程序，更没有固定的规则（联合国国际贸易委员会和国际商会先后制定了调解规则）。而仲裁一般都有严格而固定的程序和规范的仲裁规则。

第三，两种程序的主持者任务不同，人民调解员的任务是促成当事人形成合意，达成人民调解协议；仲裁员则依据认定的法律事实独立地做出仲裁裁决，掌握着纠纷解决权。调解组织解决争议，只能在双方自愿和合法的基础上达成解决争议的协议。如果达不成协议，调解组织则无权对当事人的争议事项做出处理决定。而仲裁机构在调解无效的情况下，应当及时做出裁决。裁决一经做出，则对双方当事人都有拘束力。

第四，调解组织对争议调解后，应制作调解书，如果当事人一方翻悔，当事人也可以申请法院强制执行人民调解协议，也可以在协议签订后继续通过其他途径解决纠纷，譬如可以向人民法院起诉。而仲裁则具有终局性，当事人可以向法院申请强制执行，但不能再起诉。

3. 人民调解与信访的联系和区别

信访制度从严格意义上来说并不是一种特定的纠纷解决程序，但从我国目前的国情和实践中的作用和效果来看，信访制度在我国的纠纷解决机制中具有不可替代的地位。信访和人民调解在性质上有很大不同，信访是具有官方性质的纠纷解决手段，具有事前预防性和事后救济性；而人民调解作为民间性纠纷解决手段，一般情况下不具有事后救济性。

（二）人民调解与司法调解、行政调解、仲裁调解

我国现行调解制度体系主要由司法调解、人民调解、行政调解和仲裁调解构成，其中，司法调解、人民调解和行政调解为我国三大调解制度。这几

种调解制度有着共同的特点,但基于调解性质、机构、效力的不同,人民调解与其他调解方式具有较大的差异。简而言之,人民调解是其中最具有合意性,却具有最弱决定性的纠纷解决方式。但由于它程序灵活便捷,贴近生活,反映了社会主体自觉消除自身冲突的过程,体现了国家纠纷解决权的社会化,在化解民间纠纷、反映社情民意等方面发挥着重要作用。

1. 人民调解与司法调解

(1) 性质和适用范围不同

人民调解是不具有诉讼性质的诉讼外民间纠纷解决机制,是依靠社会第三方力量来解决纠纷的自治行为,具有一定的自治性,本质上属于社会救济;司法调解是人民法院审理民事案件和刑事自诉案件的一种结案方式,是法院刑事审判权的表现,具有司法性质,属于公力救济。

根据二者的根本性质,人民调解是适用于非诉讼领域的诉讼外调解。司法调解是诉讼内调解,适用于人民法院立案后到判决作出前的各个民事诉讼审理阶段。

(2) 主体和调解方式不同

人民调解由人民调解委员会这一基层群众性自治组织来依法履行调解职能,人民调解委员会是村民委员会、居民委员会或企事业单位下设的调解民间纠纷的群众性组织。人民调解就是在人民调解员的主持下开展调解活动,必要时可以为了协助和支持人民调解员的调解工作而邀请其他有关人员参与调解;司法调解由法定国家审判机关人民法院履行调解职能,人民法院承担国家审判职能。司法调解一般都是由负责审理案件的审判人员在立案后庭审中主持调解。

(3) 调解权的来源和性质不同

人民调解委员会的调解权来源于群众在一定范围内直接授予的民主自治权,是公民权利;而人民法院的调解权则是国家公权力,是国家赋予人民法院审判权的一种表现形式。

(4) 调解的受案范围和前置性规定不同

人民调解的受案范围包括一般民事纠纷、轻微刑事违法引起的纠纷以及因违反社会公德引起的纠纷,主要以民事纠纷为主,并主要围绕公民之间的纠纷;法院调解则包括所有符合法律规定的民事纠纷与法律规定的刑事自诉案件。

(5)调解协议的效力不同

人民调解中,当事人达成的调解协议只是具有民法上的合同效力,若非经过司法确认,不具有强制执行力。当一方当事人不履行调解协议时,另一方当事人可以向法院起诉请求对方当事人履行调解协议,或是因协议事项向法院提起诉讼。当事人也可向法院请求变更或撤销调解协议或请求确认调解协议无效。不同于人民调解达成的调解协议不能作为强制执行的根据,人民法院进行司法调解,当事人达成的调解协议或是形成的调解书是国家审判机关行使审判权所形成的司法文书,与生效判决具有同等的法律效力,经双方当事人签收后立即生效,且具有强制执行力,任何一方当事人不得以同一诉讼标的再向法院起诉。

(6)调解效率不同

根据相关规定,人民调解是不收取任何调解费用的诉讼外调解方式。成本较低并且解决纠纷用时较短,效率较高。而司法调解要收取一定的调解费用,并且调节期间较长,也较可能出现久调不决的情况。

2. 人民调解与行政调解

(1)调解性质和调解主体不同

人民调解是人民群众行使民主自治权利参与人民司法的自治性活动,由依法设立的专门调解民间纠纷的群众性组织——人民调解委员会主持调解。行政调解是一种政府调解,由国家行政机关担任调解主体,行政调解具有准司法调解的性质。

(2)调解权性质与来源不同

人民调解委员会的调解权来源于一定范围内群众直接授予的民主自治权。行政调解机构的调解权则是国家赋予的行政权的一种表现形式。

(3)调解的适用范围不同

人民调解的适用范围包括一般民事纠纷、轻微刑事违法引起的纠纷以及因违反社会公德引起的纠纷,主要以民事纠纷为主,并主要围绕公民之间的纠纷;行政调解则大多为与行政管理工作相关的特定经济、民事纠纷。

(4) 调解协议的效力不同

人民调解中,当事人达成的调解协议只是具有民法上的合同效力,若非经过司法确认,不具有强制执行力。当一方当事人不履行调解协议时,另一方当事人可以向法院起诉请求对方当事人履行调解协议,或是因协议事项向法院提起诉讼。当事人也可向法院请求变更或撤销调解协议或请求确认调解协议无效。人民调解协议的履行通常依赖于双方当事人的诚实信用和社会道德约束。行政调解达成的行政调解协议在法律明文规定的情况下,具有法律效力并可以作为强制执行的依据。

3. 人民调解与仲裁调解

(1) 调解性质和调解主体不同

人民调解是人民行使民主自治权利参与司法活动的自治性活动。由依法设立的专门调解民间纠纷的群众性组织——人民调解委员会负责主持调解。人民调解一般没有十分固定的程序,以当事人合意为重。仲裁调解是由仲裁机构主持,当双方当事人达成合意形成仲裁协议,就产生法律约束力的调解,仲裁调解一般要严格遵循固定的仲裁程序和仲裁规则。仲裁调解机构是由法律规定设在特定地区的,具有民间团体性质的仲裁委员会。

(2) 调解权的性质与来源不同

人民调解委员会的调解权来源于一定范围内群众授予的民主自治权,人民调解员并非裁判者,无权对当事人的争议问题做出处理决定。而仲裁调解中,仲裁机构则有权在双方当事人无法达成合意的情况下,以裁判者的身份对争议事项做出裁决,裁决对双方当事人均有约束力。

(3) 调解的适用范围不同

人民调解的适用范围主要以民事纠纷为主,并主要围绕公民之间的纠纷;仲裁机构主要解决平等主体的自然人、法人和其他组织之间发生的合同纠纷和其他财产权益纠纷,一般不包括人身关系纠纷、劳动关系纠纷及农村集体经济组织内部因农业承包合同产生的纠纷争议。

（4）调解协议效力不同

人民调解不同于仲裁调解一样具有终局性。当事人经过人民调解达成调解协议之后，仍可以就调解事项向法院提起诉讼。而达成仲裁调解后，除法律另有规定，当事人不可就同一争议事项向法院提起诉讼或再申请仲裁。

第六章 物业纠纷处理原则和调解思路

一、物业纠纷处理原则

虽然物业管理纠纷,存在着涉及主体种类多、数量多、纠纷种类复杂、多有历史遗留问题等诸多难点,但解决物业管理纠纷并非无章可循,而是有其解决的思路、途径与方式。

（一）建立社区协调机制,优化实际管理效果

根据 2010 年 1 月 1 日,住房和城乡建设部发布的《业主大会和业主委员会指导规则》第六条规定:物业所在地的区、县房地产行政主管部门和街道办事处、乡镇人民政府负责对设立业主大会和选举业主委员会给予指导和协助,负责对业主大会和业主委员会的日常活动进行指导和监督。

这一规定,实际明确了业主大会及业委会的主管机关或监督机关,也明确了实际纠纷的协调解决机构,但在实际中,因房地产行政主管部门仅到区、县一级,而街道乡镇人民政府,又仅仅是行政机关,并不是专业的房地产管理机构与争议解决机构。因此往往在面对海量的物业相关纠纷之时,往往力不从心。因此要解决上述矛盾,还是需要各方协调联动,建立健全社区协调机制,多部门协调,以达到优化实际管理的效果。例如:加强业委会组织机构建设,完善业委会、物业公司、物调委、街道镇司法所的联动协调机制。

（二）理清争议焦点,理顺法律关系

在同一主体身上可能产生多个法律关系,如业主也是购房人,与物业公司产生物业管理法律关系,与开发商产生房屋买卖法律关系,与其他业主产

生相邻关系,但需明确的是这些法律关系之间是彼此独立的,因此,主体权利义务的承担是不能混淆的。

不管关系有多复杂,有一点是可以肯定的。即业主、业主委员会与物业管理公司构成平等的民事法律关系。《物业管理条例》第二条规定,本条例所称物业管理,是指业主通过选聘物业管理企业,由业主和物业管理企业按照物业服务合同约定,对房屋及配套的设施设备和相关场地进行维修、养护、管理,维护相关区域内的环境卫生和秩序的活动。

但在物业管理实践中,却经常出现主体混淆,归责错误的现象,如业主将物业公司与开发商混为一体,或将其他业主对自己的侵权理解为是物业公司的管理不善;而开发商与物业公司也出现越权管理,责任区分不清的情况。上述现象的出现主要是由于当事人对相关法律关系没有清楚的认识。

由于法律关系的混淆,物业管理当事人不仅无法达到最初目的,还可能因行为不当,对给相对人造成的损失承担责任。只有理顺了物业管理中的法律关系,并让物业管理中涉及的各个方面都能正确理解这种法律关系,物业管理中的问题才可能得到正确解决。

（三）事先重于事后,约定重于声明

在诸多民事法律关系纠纷中,事先约定不明,尤其是缺乏对各方权利义务的详尽书面约定,往往是最终产生纠纷的根源。物业管理法律纠纷作为民事法律纠纷的一个种类,也是如此。

在现实生活中层出不穷的各类物业管理纠纷,有相当一部分是在事先没有相关约定,或约定不明造成的。许多物业公司没有完善的合同管理体系,法律意识也比较模糊。

同时物业管理市场竞争较为激烈,物业公司在入驻小区之前,往往不能、不便,甚至对此并无清楚的意识。相关《前期物业服务合同》《物业服务合同》相关条款或约定不明,或因在业务接洽中处于弱势,对于模糊、不利条款缺乏商洽能力,而不得不接受存在法律隐患的相关文本。

另一方面,业主委员会作为业主自治组织,也缺乏法律专业知识,对于容易产生纠纷争议的条款,也缺乏预见性与防范性。因此最后形成的合同文本,往往是有较多盲点与争议隐患的。而一旦产生争议,则因事先约定不明,而产生诸多纠纷。

因此,物业管理公司应注重事先约定,尽量用书面文字,将各方权利义务确定,明确各自的责任,规避可能出现的纠纷。

同时,物业公司、业主及其他相关方,在解决相应争议时,应尽量协商,形成各方签章认可的书面文件,而不是动辄出具声明、告示、通知、公告等单方面的、不具备约束各方效力文书,避免"各说各话,越谈越远",矛盾不断积累激化的局面出现。

(四)预防重于处理,调解重于争讼

物业公司在平时服务过程中,应注意提高自身服务质量,优化服务品质,及时回馈、处理业委会及业主提出的相关问题。努力得到业主的认可及支持。同时做好沟通、宣传工作。在一些争议点刚刚发生时,及时与相关业主沟通协调,将矛盾妥善解决。避免因双方缺乏沟通,导致分歧扩大,双方矛盾积累,互相猜疑、失去信任、甚至互相怨恨的情形发生。因此预防纠纷的发生重于处理纠纷本身。同时,在产生争议后,因涉及业主往往数量较多,如付诸司法,会形成动辄数百个案件的同类诉讼,对物业管理公司是一项浩大的法律工程,耗时费力,同时对日益紧张的司法资源也是极大的浪费。而最后,往往可能成效甚微。

因此,各方应尽力抱着友好协商的态度,在保障物业公司获得其应有、合法的管理收益前提下,提高、完善物业管理水品。同时社区及相关司法调解系统也进行适度的介入、关注及矛盾疏导,以达到化解矛盾、优化服务、提高效率、节约资源的目的。真正做到业主与物业管理公司、社区、司法调解系统各方共赢的良好结果,取得最大公约数。

二、现阶段物业纠纷面临的问题

(一)物业纠纷主体认定方面的问题

1. 认定物业管理法律关系的主体范围过大

物业管理法律关系是一种平等主体之间形成的民事法律关系。目前对物业管理法律关系的主体认定范围过大，一个错误的观念盛行，认为物业服务企业、业主、房地产开发商、房地产行政主管部门，甚至是与物业服务企业有业务往来的企业都可能成为物业管理法律关系的主体。这种观念无疑夸大了主体的范围。实际上，如前文所述，物业管理法律关系的主体在前期物业管理中是房地产开发企业和物业服务企业；前期物业管理合同终止后，其主体只能是业主和物业服务企业。夸大主体范围的做法会给厘清物业管理法律关系，解决物业纠纷带来混乱。

2. 业主委员会没有独立的诉讼主体资格

目前，我国法律并未赋予业主委员会诉讼主体资格，尽管《物业管理条例》第十五条规定，"业主委员会代表业主与业主大会选聘的物业服务企业签订物业服务合同"，但是这并不意味着业主委员会就成了物业合同的主体。在物业管理法律关系中，必须有适格的主体。业主、物业使用人、房地产开发商、物业服务企业等都可以成为物业管理法律关系的主体，但是业主委员会的诉讼主体资格问题一直处于学界争论阶段。有学者认为业主委员会属于民事主体中的"其他组织"，有学者则认为它既不是法人也不是其他组织。这一问题的悬而未决，不仅造成业主委员会无法以独立诉讼主体参与诉讼，给业主权益的维护增加了难度，而且也不利于业主自治的有效实现。

3. 业主自治的集体行动难题

业主是物业管理法律关系的最直接主体。业主对物业管理的参与既可以是个人方式，也可以是集体方式。但就实际效果而言，业主自治是加强业主作为物业管理法律关系主体的凝聚力，提升物业管理实效的重要途径。然而业主自治面临着集体行动的难题，往往导致业主间及与物业公司之间纠纷的出现，最终削弱物业管理的实际效果。

业主在物业管理中缺位是一个普遍现象。业主大会是业主参与物业管理的自治组织，也是业主维护自身权益的最重要媒介。然而很多小区专有部分已经交付完毕多年，仍未成立业主大会。虽然业主大会不具备物业管理法律关系主体资格，但是其代表业主利益参与物业管理的重要作用不可忽视。然而,要成立业主大会实现业主自治并非易事,它需要业主采取集体行动。尽管共同利益的存在使集体行动成为可能,但无论是在业主自治问题上,还是在集体维权问题上,进行合作都是困难的。对此,运用经济学的集体行动理论来分析能更好地解释这一问题。业主们都希望实现个人利益的最大化。虽然他们知道合作能达到最优结果,但是"一个具有共同利益的群体,并不一定会为实现这个共同利益采取集体行动"。个人的理性行为往往无法产生集体或社会的理性结果。业主们要么过于关注自身利益,要么对集体利益选择漠视,怠于在集体行动中积极作为。因此,业主们要通过集体行动参与物业管理实现业主自治是极困难的。尤其是业主内部之间在面临利益选择时容易陷入囚徒困境,业主之间很难形成攻守同盟。而且由于业主们集体行动的成果具有公共性,所有的业主都能从中受益,包括那些没有分担集体行动成本的成员。因此,在业主维权过程中普遍存在搭便车行为。于是,集体行动的难题直接导致业主维权行动搁浅。从而使业主们处于松散状态,无法形成强有力的整体力量。

(二)物业管理法律关系中客体存在的问题

物业管理法律关系的客体包括两个方面,一是物业,包括物业的建筑物本体、附属设备、公共设施及相关场地。二是各主体的行为,例如物业服务企业的服务行为、业主对物业所有权的行使等。目前,对于客体引发的争议主要源于对建筑物区分所有权权属不明。

建筑物区分所有权是解决客体纠纷的重要法律依据。近年来,多层或高层建筑大量兴起,而《物权法》对建筑物区分所有权的法律规定并不详尽。因此,在权利归属和利益分配上极易产生混乱,相应的矛盾纠纷也日益增多。早在欧洲中世纪时,就由于日耳曼法对建筑物区分所有权规定的缺失,引发了大量纠纷,以至于这种区分所有建筑物住宅被称为"纠纷住宅"。由此可见,详尽完善的建筑物区分所有权法律规范对物业管理是至关重要的。

权属不明引发纠纷不断。由于对建筑物区分所有权规定不明确,引发了大量物业纠纷。以小区车位权属纠纷为例,业主对其建筑物专有部分所享有完全所有权;对于小区内公用建筑面积享有共有权。那么对于小区地下车位的权属应该如何认定？依据《物权法》第七十四条规定，地上小区车位所占建设用地属于共有部分。然而对于地下车位的归属却存在空白。另外，根据《最高人民法院关于审理建筑物区分所有权纠纷案件具体应用法律若干问题的解释》第三条规定，建筑物规划占地属于业主专有，但是地下车库所占占地应该属于专有部分还是共有部分，未予明确。《物权法》第一百三十六条规定，建设用地使用权可以在土地的地表、地上或者地下分别设立。但这种权利具体如何设定和登记，《物权法》中并未明确说明，只是规定"新设立的建设用地使用权，不得损害已设立的用益物权"。因此，在物业公司并未另行取得地下停车场占地的土地使用权时，该地下土地的使用权到底归谁所有，业主与物业公司双方存在极大分歧。由于目前对此存在立法空白，因此开发商一般都没有另行购买地下车位占地的土地使用权。那么物业公司在受聘后对于地下车位的经营使用权就容易受到业主的质疑。业主往往主张其享有建筑物专有部分的地下土地使用权，因此，物业公司不能完全按照市场价格对业主征收地下停车场使用费；相反，物业公司则认为业主的建设用地使用权不涉及地下部分。现实中，对于地下空间，由于缺乏明确的法律规定，不但影响了其开发利用，也成为物业纠纷的重灾区。

相邻权纠纷的法律适用困难。业主享有相邻使用权。由于各个专有部分同属于一个整体单位的建筑物，业主是相邻关系。基于这种相邻关系，每个业主对其专有部分的所有权必须受到限制或约束。对此《物权法》第七十一条设有了限制规定，即对于业主因正常需要使用、修缮、改良其专有部分而涉及相邻权使用的，相邻业主负有容忍义务。如果业主对专有部分不当使用，例如改建、修缮专有部分可能危及整栋建筑物安全或者扰乱整栋建筑物内环境的安宁、整洁时，相邻业主或管理人有权要求其立即停止侵害。但是对此类相邻权纠纷的解决仍存在某些立法空白，根据《最高人民法院关于审理建筑物区分所有权纠纷案件具体应用法律若干问题的解释》第十条规定，"业主将住宅改变为经营性用房，未经有利害关系的业主同意的，其可以请求排除妨害、消除危险、恢复原状或者赔偿损失"。但是，这里只是对于住宅改变为经营性用房的行为进行了规制，对业主将住宅进行添附或者改建，而给相邻业主造成不便的情形却未加规定。

（三）物业管理法律关系中关于权利义务引发的问题

调整物业管理关系的法律规范是确定各主体之间权利义务的法律依据。目前我国的物业管理法律规范存在着诸多不足，致使各方主体在各自权利义务及责任的认知上存在较多分歧，这也是导致物业纠纷大量存在的主要原因。

1. 缺乏具有普遍约束力的物业管理立法

目前我国调整物业管理的法律规范主要有《物权法》《物业管理条例》《最高人民法院关于审理建筑物区分所有权纠纷案件具体应用法律若干问题的解释》《最高人民法院关于审理物业服务纠纷案件具体应用法律若干问题的解释》《最高人民法院关于审理城镇房屋租赁合同纠纷案件具体应用法律若干问题的解释》《业主大会和业主委员会指导规则》等。此外，由于一般性法律规范的缺失，为了解决物业管理无法可依的情况，满足现代城市发展的现实需要，物业管理的地方立法比较活跃，各省市纷纷制定了本地的地方性法规或者政府规章。这里一个突出的问题是，目前我国的物业管理立法层级不高，仅限于行政法规、部门规章和地方性法规等法律渊源，由于其在稳定性、权威性等问题上的不足必然影响到物业管理的实际效果。而且这些地方性法规、部门规章之间不可避免地存在一些差异和冲突，这无疑会导致一些法律空白或者法律漏洞产生，明显不利于对物业管理的有效规范，也不利于物业管理法制的统一和执行。因此，提高物业管理法律规范的立法层级，制定全国统一的具有普遍约束力的一般法成为当务之急。

2. 双方权利义务法律规范不明确是物业纠纷不断的主要原因

物业管理法律规范是调整各主体之间权利义务的法律依据。由于现行物业管理法律规范对业主和物业公司的权利义务规定不明确，往往造成双方对其权利义务和行为界限存在认知上的差异，致使纠纷不断。具体来讲，现行物业管理法规对业主及业主委员会的权利义务只是概括性的规定，业主享受质价相符的物业服务的同时承担按时缴纳物业费及对物业公司的职责行为负有配合义务。业主委员会应代表业主大会参与物业管理活动，并监督物业公司的工作。这种法律规定不够明确细化的结果就是物业公司与业主的纠纷不断出现，而且处理起来也缺乏直接的法律依据。比如，关于城市住宅小区的治安保卫管理问题。小区物业的保安是否有保障业主人身安全的义务，法律并无明文规定，那么如果小区发生刑事案件，物业公司是否应当承担责任？对该类问题显然存在立法空白。这也是引发物业纠纷的重要原因之一。

另外，业主在主观上对各自的权利义务缺乏正确的认识。在业主间有一种物业公司万能论的思想盛行。而现实却是物业公司仅应当在物业服务合同约定的范围内履行义务。正是这种观念上的错位，导致只要物业公司没有满足业主的各种需要，即使是超出合同约定范围的情形，业主就会滋生不满，甚至以拒交物业费为要挟。此外，部分业主的住房物业管理消费观念也很淡薄，随意拖欠物业费的现象较为普遍。这必然激化双方的对立情绪，引发纠纷。

（四）物业管理法律关系在执法层面存在的困境

1. 诉讼是解决物业纠纷的终极手段但并非最佳手段

诉讼是解决社会纠纷的法律终极手段，对于物业纠纷的解决也是如此。目前，我国物业纠纷的解决途径主要是寻求诉讼。然而诉讼方式的社会效能并不是最优的，这是因为物业纠纷从根本上说是非对抗性的，各主体之间存在着程度不同的依存合作关系。这就决定了对于物业纠纷的处理通过诉讼方式解决是下下策，它容易增强物业管理法律关系各主体之间的对抗不满情绪，反而不利于从根本上消除矛盾。

2. 对于物业纠纷的判决强制执行困难容易使物业公司陷入两难

部分业主无故拖欠物业费是困扰物业管理的一个难题。业主与物业服务企业之间的关系是平等的委托合同关系。然而，当业主违反合同义务，无故拖欠物业费时，目前缺乏对物业服务企业具有实际意义的救济措施法律规范。由于物业公司选择诸如停水、停电、停电梯等自助行为的做法已经被确认为违法，因此其救济途径只有诉讼。这不但意味着较高的成本，而且即使胜诉，申请法院强制执行也存在诸多困难。一方面，申请强制执行可能激化败诉方业主甚至是众多业主的对立情绪,导致业主联合抵制的不利局面出现;另一方面,由于物业公司与业主存在依存关系,物业公司的物业管理权来自业主大会的授权,一旦双方的对立情绪激化,物业公司将面临被解聘的危险。因此即使胜诉,其得到的结果本质上说也不一定是最优的。这无疑使物业服务企业处于被动弱势的地位,也加大了物业管理有序进行的难度。

(五)完善我国物业管理法律制度的思考

1. 完善物业管理法律关系中的主体地位

(1)赋予业主委员会以独立诉讼主体地位

业主委员会缺乏独立诉讼主体地位,已经严重影响到其代表业主维护全体业主权益的行为实施和活动开展,因此有必要通过立法确认其独立的诉讼主体地位。例如,美国最初也并未授予其业主协会以法人地位,伴随着由此导致的大量问题产生美国适时地通过判例赋予其法人地位。此举为业主协会充分发挥职能创造了条件。因此很多国家纷纷借鉴这一成功经验,目前赋予业主委员会以法人地位已是现代物业管理立法的大势所趋。

(2)主体双方消除对立、实现合作是解决物业纠纷的最佳方案

物业管理法律关系的主体之间只有进行合作才是走出物业管理困境的最佳方案,即使实现合作有诸多困难,其和缓的解决方式以及最优的行为效果是其他途径或方式无法比拟的。

在认知上要明确物业公司与业主不是对立关系,物业纠纷也不是对抗性的矛盾。不能把对方放到对立面考虑,只有双方的合作才能实现社区的和谐共管。尤其是随着城市化的推进,业主与物业公司之间的依存关系日益加深,二者既是委托合同关系,又是依存关系。虽然业主也可以采取自主管理方式,但松散的业主大会以及缺乏专业性的业主委员会并不具备独立的物业管理能力,也力不从心,因此对于城市住宅小区而言,选聘专业的物业服务公司进行管理是最佳选择。正是这种相互依赖的关系要求我们明确只有相互配合、相互合作、互信互利才能构建安宁、和谐、美丽的社区。

2. 在执法层面,推行多种纠纷解决方式并举

物业纠纷具有特殊性,不能单纯依靠法律做出是与非的判决来解决矛盾。大量物业纠纷背后隐藏着诸多深层次的社会矛盾,单靠诉讼方式搞一刀切有时反而会深化矛盾。因此,可以考虑借助多种途径共同处理物业管理纠纷,尤其是通过非诉讼方式,能为双方提供平等的交流平台,解决结果也更容易得到认可和遵守,对于维护社区的稳定、和谐具有重要意义。

三、物业纠纷调解思路

(一)对物业纠纷进行归类划分

物业纠纷的形式和法律关系多种多样,譬如物业管理合同关系,顾名思义,是一个合同关系。其质与内容,围绕着业主与物业服务方之间《物业服务合同》,所产生的物业纠纷的本质为合同纠纷。因合同是相对的,即合同内容在没有法律法规明确的强制性规定之下由双方约定,没有明确的约定,就没有明确的责任。双方的权利义务及纠纷的处理,必须围绕“合同关系”“合同内容”展开。而现实中许多物业纠纷,从性质上来看,并不属于“物业服务合同纠纷”这一合同纠纷,而是“涉及物业管理的其他法律纠纷”,比如业主与开发商的买卖纠纷、质量纠纷、售后纠纷;比如业主之间的相邻关系、侵权纠纷;又比如业主与公共服务提供方(供水、供电、供气、供暖、网络通信等)或公共保障监管方(规划部门、房地产管理部门、消防部门等)之间的纠纷。

如若将物业纠纷的所有法律关系混淆,往往造成相关方看不清矛盾的本质,找不到争议的焦点。譬如将所有纠纷都归于“物业服务合同纠纷”这一概念,转化成业主方与物业服务提供方的矛盾,使得本不属于“物业服务合同纠纷”的纠纷矛盾,或是本不属于业主方与物业服务提供方的争议,人为地变成双方的矛盾焦点。若循着这样简单而错误的思路去处理物业纠纷,无异于南辕北辙,自然无法理清处理矛盾的思路,最后导致矛盾复杂化、历史化,甚至最后成为难以解决的长期问题。因此,为了理清物业纠纷处理

思路,有必要在处理物业纠纷之前先将其进行归类。归类步骤如下:

1. 区分"物业服务合同纠纷"和"涉及物业管理的其他纠纷"

首先,应当根据纠纷主体和纠纷内容将纠纷划分为"物业服务合同纠纷",或是"涉及物业管理的其他纠纷",在理清纠纷根本性质的情况下,再做下一步纠纷分类。"物业服务合同纠纷"和"涉及物业管理的其他纠纷"的区别有两点:

① 纠纷主体是否分别为业主和物业服务公司,如纠纷不是发生在物业公司和业主之间,则此纠纷一定不是"物业服务合同纠纷",应当归类为"涉及物业管理的其他纠纷"。如纠纷双方一方为物业公司,另一方为业主,则需要根据纠纷的内容进行归类。

② 纠纷内容是否是物业服务合同约定的双方权利义务内容。若业主与物业公司之间的纠纷是物业服务合同中约定的内容,则纠纷属于"物业服务合同纠纷",反之,则为"涉及物业管理的其他纠纷"。当然,在物业公司和业主发生纠纷的情况下,可能存在违约责任和侵权责任的竞合,这时纠纷的归类需依据权利人提出的主张进行确定。

2. 对于"物业服务合同纠纷"根据合同效力及违约方的不同,进行二级归类

应按照解决合同纠纷的思路来解决"物业服务合同纠纷",比如物业服务合同的效力、物业服务合同双方,也就是业主和物业服务公司的合同义务与履行、合同义务履行的先后顺序、合同的请求权与抗辩权、违约责任,以及合同义务的免除事由。合同双方必须首先明确自己的合同义务与责任,比如物业服务公司的合同义务,是提供《物业服务合同》中约定的相关服务,业主方的主要义务,是支付物业管理费。双方都有履行自己合同义务的责任,双方也有要求对方履行其义务的请求权与抗辩权。

根据合同的相关规定,可以将"物业服务合同纠纷"根据合同效力和合同主体权利义务的行使履行,分为以下五种情况:

第一,物业服务合同无效引起的纠纷,导致物业服务合同无效的情形主要有以下几种:

① 根据《合同法》五十二条,若物业管理合同有下列情形之一的,合同无效:(一)一方以欺诈、胁迫的手段订立合同,损害国家利益;(二)恶意串通,损害国家、集体或者第三人利益;(三)以合法形式掩盖非法目的;(四)损害社会公共利益;(五)违反法律、行政法规的强制性规定。

② 根据《物业管理条例》三十二条,国家对从事物业管理活动的企业实行资质管理制度。若物业企业无相应的资质,主体不合格,《物业合同》应为无效。

③《物业管理条例》第四十条,物业服务企业可以将物业管理区域内的专项服务业务委托给专业性服务企业,但不得将该区域内的全部物业管理一并委托给他人。因此,《最高人民法院关于审理物业服务纠纷案件具体应用法律若干问题的解释》第二条规定,符合下列情形之一,业主委员会或者业主请求确认合同或者合同相关条款无效的,人民法院应予支持:(一)物业服务企业将物业服务区域内的全部物业服务业务一并委托他人而签订的委托合同;(二)物业服务合同中免除物业服务企业责任、加重业主委员会或者业主责任、排除业主委员会或者业主主要权利的条款。前款所称物业服务合同包括前期物业服务合同。

若纠纷涉及的物业服务合同符合以上情形之一,那物业服务合同归于无效,双方当事人因这些无效情况发生的纠纷可归于此类。

第二,物业服务合同解除引起的纠纷,合同解除分为两种情形:

① 约定解除。根据《合同法》第九十三条当事人协商一致,可以解除合同。当事人可以约定一方解除合同的条件。解除合同的条件成就时,解除权人可以解除合同。《物业合同》约定了合同解除条件,当条件成熟时,双方可以解除合同。

② 法定解除。根据《合同法》,第九十四条有下列情形之一的,当事人可以解除合同:(一)因不可抗力致使不能实现合同目的;(二)在履行期限届满之前,当事人一方明确表示或者以自己的行为表明不履行主要债务;(三)当事人一方迟延履行主要债务,经催告后在合理期限内仍未履行;(四)当事人一方迟延履行债务或者有其他违约行为致使不能实现合同目

的;(五)法律规定的其他情形。若物业公司明确拒绝履行合同约定义务、或者物业迟迟不履行义务,经过业主催告后,物业仍不履行,业主可以行使法定解除权,起诉至法院要求解除《物业合同》。

若纠纷涉及的物业服务合同符合以上情形之一,那物业服务合同是否得以解除,双方当事人因这些解除情况发生的纠纷可归于此类。

第三,物业服务合同终止引起的纠纷,当物业服务合同到期,业主大会或物业公司任何一方决定不再续约,则物业服务合同到期终止。无论是通过约定解除还是法定解除,结果都导致合同终止。通常涉及物业合同终止的物业纠纷主要集中在物业服务合同终止之后,物业公司在退出小区时可能与业主或业委会产生相关纠纷。

第四,业主方违反物业服务合同的约定而引起的纠纷。除了合同效力问题产生的纠纷,物业服务合同的任何一方违反合同约定,不履行合同义务,都会产生物业服务合同纠纷。通常,业主方违反物业服务合同约定,不履行合同义务主要的表现形式是欠缴物业费。除此之外,业主违反物业合同约定的其他行为也会造成纠纷。

第五,物业服务公司违反物业服务合同的约定而引起的纠纷。同样,物业服务公司作为物业服务合同的另一方,也存在违反合同约定,不履行合同义务的可能。通常物业服务公司违约表现在以下七种情况:

① 物业公司未尽安保义务;

② 物业公司服务不符合合同约定;

③ 物业公司对小区的公用设施疏于管理或擅自改变物业管理区域内公共设施、场所的原始用途;

④ 物业公司对于共有部分怠于维修或对于业主专有部分怠于协助维修;

⑤ 物业公司未按合同约定与业主大会或业委会分配物业管理活动所得收益;

⑥ 物业服务合同终止,物业公司拒绝依约办理移交手续;

⑦ 物业公司违反物业服务合同约定的其他情形。

若业主和物业公司因物业公司违反物业服务合同约定,有以上几种违约情况发生,这些纠纷可归于此类。

3. 对于"涉及物业管理的其他纠纷"根据纠纷主体不同,进行二级分类

如果纠纷是"涉及物业管理的其他纠纷",根据纠纷主体和纠纷性质可继续分类,以明确纠纷的实际主体和法律关系。分类标准如下:

① 业主与物业公司之间的纠纷(物业管理合同以外的纠纷)。因物业纠纷大多发生在业主与物业公司之间,因此,对于这两个主体之间的纠纷,又可再细分为侵权纠纷和其他合同纠纷。

② 业主与开发商之间的纠纷(如房屋买卖、建筑设计、施工质量、维修保修问题)。

③ 业主、开发商、物业公司三者之间的纠纷。

④ 业主之间的纠纷。

⑤ 多方业主和物业公司的多方纠纷。

⑥ 业主和业主委员会之间的纠纷。

⑦ 业主或业委会和公共服务提供方之间的纠纷(可能涉及物业公司)。

⑧ 业委会和物业公司之间的纠纷。

⑨ 物业公司与开发商之间的纠纷(前期物业合同,或开发商在物业交付过程中,与物业公司引发的争议,如开发商未移交图纸资料、小区基础设施、设备、建筑物及附着物,或移交不清引发的纠纷)。

⑩ 物业公司和第三方公司的纠纷(涉及业主)。

⑪ 物业公司与非业主因发生在小区内的事件所产生的纠纷。

⑫ 涉及行政的物业管理纠纷。

(二)参考法院审判思路

将纠纷类型细致归类,并明确了纠纷主体和纠纷法律关系之后,应当依据法律的指引对纠纷进行调解。本书下篇选取近年来不同类型物业纠纷的案例上百例,借助实际案例判决,为调解提供法律思路,更为调解结果的合法性合理性提供现实参考与保障。同时,人民调解员也可以在调解过程中借鉴法院审判思维,运用更加科学缜密的法律思维方法进行调解,保证调解

工作的顺利开展,促进调解效果的最优化。

　　1. 物业服务合同纠纷及涉及物业管理的其他合同类纠纷的调解参考思路

　　物业服务合同纠纷及涉及物业管理的其他合同类纠纷本质上即为合同纠纷,也就是合同一方要求另一方承担违约责任的纠纷。法律上,请求他人为一定行为或者不为一定行为的权利称为请求权。即请求权人自己不能直接取得作为该权利的内容的利益,须通过他人的特定履行行为而间接取得利益。违约情况下的请求权是指在合同一方当事人不履行合同义务时,另一方当事人请求违约方承担违约责任的权利。

　　第一,根据《合同法》的规定,通常行使违约请求权必须具备下列要件:

　　① 合同成立并生效。合同已经成立并且生效,是当事人行使违约请求权的前提条件。合同未成立或是成立未生效,当事人之间则不存在合同关系,当事人便无权行使违约请求权。至多能考虑行使缔约过失请求权或者不当得利返还请求权。

　　合同成立并生效需要满足以下条件:一是合同主体合格。合同当事人必须具有相应的民事权利能力和民事行为能力。二是合同当事人意思表示真实。当事人意思表示真实是指行为人的意思表示应当真实反映其内心的意思。合同成立后,当事人的意思表示是否真实往往难以从其外部判断,法律对此一般不主动干预。缺乏意思表示真实这一要件即意思表示不真实,并不绝对导致合同一律无效。还有可能导致合同的撤销。三是合同不违反法律或者社会公共利益。合同不违反法律和社会公共利益,主要包括两层含义:合同的内容合法,即合同条款中约定的权利、义务及其指向的对象即标的等,应符合法律的规定和社会公共利益的要求。合同的目的合法,即当事人缔约的原因合法,不存在以合法的方式达到非法目的等规避法律的事实。四是符合法律、行政法规规定的形式。所谓形式要件,是指法律、行政法规对合同形式上的要求,形式要件通常不是合同生效的要件,但如果法律、行政法规规定将其作为合同生效的条件时,便成为合同生效的要件之一,不具备这些形式要件,合同不能生效,法律另有规定的除外。

② 当事人具有违约行为。只有在一方当事人违约,未按合同约定履行合同义务时,另一方当事人方可行使违约请求权。并且,当事人认为对方当事人违约的,一般需要举证证明如下事项:1. 双方当事人之间存在生效合同;2. 对方当事人不履行合同义务,或履行义务不符合合同约定。由于合同义务分为积极义务和消极义务,即作为和不作为两种义务形式,当合同一方未履行积极的履行义务时,另一方无法举证证明其的未履行行为。因此,当合同约定的义务为积极义务时,合同一方当事人(义务人)否认未履行的,应当提供证据证明其已履行合同的事实。违约责任的归责原则通常为严格责任原则,即一方当事人主张另一方违约的,无须说明对方还存在过错等情形,同样,违约方也不能以自己主观上没有过错而免除违约责任。

一方当事人要求另一方当事人支付违约金(滞纳金)的,应当举证证明合同对违约金或滞纳金有约定,或是提出相关法律规定作为支持。

③ 违约方不具有免责事由。即一方当事人不履行合同义务,如果是因为具有法定的或约定的免责事由,则另一方当事人便不能行使违约请求权。

④ 违约责任的承担方式符合合同约定并不违反法律的规定。根据我国《合同法》第一百零七条的规定,当事人一方不履行合同义务或者履行合同义务不符合约定的,应当承担继续履行、采取补救措施或者赔偿损失等违约责任。

第二,在民事诉讼中,抗辩是当事人主张与相对方的主张事实不同的事实,用以排斥相对方主张的法律效果。抗辩权是一方依据抗辩事由,能够阻止对方权利实现的一项权利,构成抗辩事由的有事实、法律规定等。合同一方否认对方违约请求权的,可以依据合同约定或法律规定的抗辩事由反驳对方的主张。抗辩者应当对其主张的抗辩事实承担证明责任。对于请求权的抗辩,一般从对方违约请求权存在权利妨碍、权利消灭或权利限制的角度进行抗辩。

具体来说,提出的抗辩事由通常为:

① 权利妨碍,即抗辩者通过证明抗辩事实的存在,说明相对方主张的权利自始不能产生。如双方意思表示不一致,导致合同不成立;合同未生效;

合同无效。

② 权利消灭,权利消灭抗辩,即抗辩者承认相对方主张的权利发生,但权利发生后因特定事由已归于消灭。如合同之债已因履行而消灭。

③ 权利限制,此种抗辩是通过证明抗辩者享有法定权利以对抗相对方请求权的行使,其实质为行使民法实体法上的抗辩权。抗辩权不能引起债的消灭,仅产生债的效力停止之法律效果。

诉讼时效抗辩。诉讼时效则是法律规定的一种抗辩事由,是为了防止权利人怠于行使权利而使民事法律关系处于一种不确定状态的限制,因此时效抗辩是当事人的一项权利。只要时效抗辩成立,对方的胜诉权归于消灭,其主张难获法院的支持。义务人的时效抗辩能够使权利人的胜诉权归于消灭,但消灭的并不是权利人与义务人之间的实体权利义务关系,而是权利人的权利得不到国家权力的支持。

先履行抗辩权,根据《合同法》第 67 条,先履行抗辩权,是指当事人互负债务,有先后履行顺序,先履行一方未履行的,后履行一方有权拒绝其履行要求。先履行一方履行债务不符合约定的,后履行一方有权拒绝其相应的履行要求。

不安抗辩权,不安抗辩权是指双方合同成立后,有先后履行顺序的,先履行的一方有确切证据表明另一方丧失履行债务能力时,在对方没有恢复履行能力或者没有提供担保之前,有权中止合同履行的权利。根据《合同法》第 68 条,应当先履行债务的当事人,有确切证据证明对方有下列情形之一的,可以中止履行:(一)经营状况严重恶化;(二)转移财产、抽逃资金,以逃避债务;(三)丧失商业信誉;(四)有丧失或者可能丧失履行债务能力的其他情形。当事人没有确切证据中止履行的,应当承担违约责任。

同时履行抗辩权,根据《合同法》第 66 条,同时履行抗辩权,是指当事人互负债务,没有先后履行顺序的,应当同时履行。一方在对方履行之前有权拒绝其履行要求。一方在对方履行债务不符合约定时,有权拒绝其相应的履行要求。

调解员在面对物业服务合同纠纷及涉及物业管理的其他合同类纠纷

时,可按照请求权的行使要件判断纠纷当事人是否基于合同因对方的违约行为具有违约请求权,或是是否针对对方的违约请求权具有相应的抗辩权,从而对纠纷有较为清晰的法律认识,使调解更符合法院裁判思路,不与法院判决有太大的出入,使得调解结果更具有稳定性,另一方面也可由此树立调解员的权威性,为之后的调解工作奠定基础。

2. 涉及物业管理的非合同纠纷的调解参考思路

涉及物业管理的非合同类纠纷即为不同类型的侵权纠纷,也就是纠纷一方要求另一方承担侵权责任的纠纷。一般侵权责任的构成要件是指一般侵权责任所必须具备的条件。一般侵权责任的构成要件,是指构成一般侵权责任所必须具备的条件。具备构成要件,则构成一般侵权责任;欠缺任何一个构成要件,都可能会导致一般侵权责任的不构成。一般侵权责任的构成要件包括:行为、过错、损害事实和因果关系四个构成要件。侵权责任的构成要件受侵权责任归责原则的影响。在过错责任原则下,需要行为人有过错;在无过错责任原则下,则不考虑行为人是否存在过错。但无论在哪种归责原则下,都需要有行为、损害事实以及二者之间的因果关系这三个构成要件。

一是侵权行为,是指侵犯他人权利或者合法利益的加害行为本身。根据《民法通则》第五条规定,公民、法人的合法的民事权益受法律保护,任何组织和个人不得侵犯。因此,权利的相对人均负有不得侵犯权利的一般义务。若无行为人的行为,就不会产生侵权责任。其中,作为侵权行为的作为,是指不该作而作;作为侵权行为的不作为,是指该作而不作。

二是损害事实,是指财产或者人身权益所遭受的不利影响,包括财产损害、非财产损害,非财产损害又包括人身损害、精神损害。《侵权责任法》在一般意义上采用广义的损害概念,不仅包括现实的已存在的不利后果,也包括构成现实威胁的不利后果。一般而言,作为侵权责任构成要件的损害事实必须具备以下特征:损害事实是侵害合法权益的结果;损害事实具有可补救性;损害事实具有可确定性等。

三是因果关系,因果关系是指各种现象之间引起与被引起的关系。侵权法上的因果关系包括责任成立的因果关系和责任范围的因果关系。责任成立的因果关系，是指行为与权益受侵害之间的因果关系，考量的问题是责任的成立。责任范围的因果关系，是指权益受侵害与损害之间的因果关系，涉及的是责任成立后责任的承担形式以及大小的问题。因果关系的意义在于对侵权责任加以限定，一方面使受害人得到救济，另一方面又不至于无限扩大责任范围，限制行为自由。

四是过错，在过错责任原则下，需要行为人有过错。过错是侵权责任法一个非常重要的归责要件，它具有主观和客观两方面的属性。过错从主观上分为故意和过失两种形式。故意是指行为人明知自己的行为会发生侵害他人权益的结果，并且希望或者放任这种结果发生的主观状态。过失是指行为人应当预见自己的行为可能发生侵害他人权益的结果，但却因为疏忽大意而没有预见，或者已经预见而轻信能够避免的主观状态。客观上，过错的成立，即行为人对损害结果具有过错这种判定的成立，必须基于行为人一定的行为。因为只有行为人实施了某种具体行为，才有可能对他人的人身、财产权利造成侵害，造成损害结果的发生。在判断过错的时候要以客观要素为主，兼顾主观要素，区分故意和过失，保证过错责任判定的准确。

调解员在面对涉及物业管理的侵权类纠纷时，可按照侵权责任构成要件判断纠纷事实是否构成侵权，当事人是否具有侵权损害赔偿请求权，从而对纠纷有较为清晰的法律认识，使调解更符合法院裁判思路，不与法院判决有太大的出入，使得调解结果更具有稳定性，另一方面也可由此树立调解员的权威性，为之后的调解工作奠定基础。

（三）多重考量进行调解

人民调解在调解过程中，与心理辅导有很大的相似性。在辅导过程中，辅导员的某些特征始终影响良好辅导关系的建立与发展，进而影响当事人的成长。同样，在调解过程中，调解员的表现也影响着调解关系的建立和发展，影响纠纷调解的进程，这都是所谓的助长条件，即影响所有辅导和调解关系的基本因素。三个核心的助长性条件是同感、真诚一致和无条件积极关注。

1. 调解过程

一个完善的调解过程,不仅需要法律支撑,还需要多重考量,尤其应结合心理辅导的相关理论和技巧,结合法律,完成调解全程。因此,根据心理学理论,一个完整的调解过程可以设定为四个不同的阶段,判定问题、探索问题、解决问题、反馈跟进。

(1)判定问题阶段

调解员要根据来访者的主诉,判断他当前面临的主要问题是什么?主要原因是什么?并据此进一步了解情况,确定调解目标,并为进一步的解决纠纷问题做好准备。

在判定问题阶段,调解员应注意的事项有以下几点:一是以亲切、自然的态度接待来访者,多给来访者机会讲话,以促使他愿意在你面前敞开心扉。二是对来访者的讲话多表示共情(设身处地),并注意观察来访者的情绪反应。三是抓住来访者面临的纠纷重点,并以此作为帮助来访者认识纠纷的本质,积极着手解决纠纷的突破点。四是主动约来访者再来面谈调解并与之讨论帮助他化解矛盾的计划。

(2)探索问题阶段

调解员就其主诉问题展开讨论,以启发来访者辩证地、积极地认识其当前面临的困难与纠纷,减少矛盾造成的锐气和抵触心理。

在探索问题阶段,调解员应注意的事项有:进一步对来访者的讲话做共情反应;在回答来访者提问时做到具体、明确;对来访者的讲话与提问多做启发引导,少予指责;不指望一两次调解谈话就一定可以解决来访者与他人之间的纠纷;不对来访者抱有成见,要坚信每个来访者的本质都是愿意解决纠纷,化解矛盾的。

(3)解决问题阶段

在这一阶段,调解员根据来访者对纠纷矛盾的领悟与理解,共同制定出切实可行的解决纠纷计划,并付诸实施。必要时,调解员与来访者还可以议定一个调解帮助协议,写明双方商议解决纠纷的具体步骤,并承诺互相配合加以完成。

调解员应注意的事项：如有调解帮助计划，尽量制定得具体；对来访者自我转变中的反复变化有足够的心理准备，不要指望来访者可以一下子转变过来；注意随时依据实际情况调整调解计划。

（4）反馈跟进阶段

调解员应对来访者进行解决纠纷计划的实施好坏予以监督、检查、以及时调整行动计划，并对下一步的调解做出安排。

调解员应注意的事项：与曾经调解过的来访者保持联络，哪怕是一个微笑，一个招呼都会令来访者感到慰藉；每次调解应当有头有尾，令来访者感到调解不仅是一次沟通交流过程，也是一个解决现实纠纷的行动过程；与来访者说话要算数，不轻易替纠纷一方当事人作出承诺；在调解过程中，应争取其他相关人员的协作。

2. 常用技巧

将心理辅导技巧融入调解工作中，有助于调解员更有效地与来访者建立高效互动，以促进调解工作的顺利开展和推进。因此，调解员除了应认真地听来访者讲话，准确地把握其内心体验，积极地响应其讲话内容，还应推动其从不同角度审视纠纷矛盾的整个形成过程，并通过适时地自我表露相关经历来增进与之的调解帮助关系，这一过程通常要求调解员掌握并灵活运用以下七个技巧：

（1）关注技巧

关注是尊重的体现，也是共情的基石，只有让来访者感受到被尊重和被理解，才能化解来访者在面对矛盾纠纷时积蓄的不满甚至戾气，对调解员产生信任，为建立良好的调解协助关系打下坚实的基础。可以表现关注的言语有嗯、噢、是的、我明白等伴语；体语有点头、注视、流泪、面部表情的种种变化。

调解员应注意的事项：

① 要善于对来访者察言观色；

② 注意不要在来访者讲话时东张西望；

③ 要让来访者感觉到你在专心地听他讲话；

④ 要以各种言语与非言语的举动来表达你对来访者的关注和理解。

（2）倾听技巧

倾听技巧是关注技巧的关键，也是调解关系建立的核心任务之一。倾听要求调解员在聆听来访者讲话的过程中，在全面了解整个纠纷概况之前，尽量克制自己插嘴讲话的欲望，不以个人的价值观念来评断的主诉，因此，倾听也是尊重与接纳的化身。倾听包括五个条件：不批评、不判断、尊重、敏锐、以对方为中心。不批评、不判断主要是鼓励当事人深入表露自己，这样调解员才能真正了解当事人的看法和处境以及矛盾目前的发展程度。

调解员应注意的事项：

① 鼓励来访者多讲话；

② 尽量从来访者的角度来感受他们讲话时的内心体验；

③ 让来访者感觉你愿意听他讲话；

④ 注意谈话中言语和体语的配合；

⑤ 记住：先共鸣，后行动。

（3）沉默技巧

沉默可以是尊重与接纳的表示，也可以是来访者自我反省的需要，沉默技巧的作用在于给来访者提供充分的时间与空间去反省自我，思考其面临的实际纠纷问题。沉默可以因来访者对调解的态度分为思考性沉默与对抗性沉默。前者是来访者在调解沟通中进行自我反省的表现，是对调解的积极反应；后者则是来访者对调解缺乏信任的表现，是对调解的消极反应。对此，调解员要善加区别，灵活处理，不可表现出不耐烦的样子。

调解员应注意的事项：

① 不要怕调解对话中出现沉默；

② 学会鉴别思考性沉默与对抗性沉默；

③ 学会以各种非言语的举动（如微笑、亲切的注视）来表示你对来访者停止讲话的理解与期盼；

④ 要让来访者感觉到你在他沉默时并没有走神想其他事情。

（4）宣泄技巧

宣泄技巧指将淤积已久的纠纷烦恼与矛盾造成的情绪倾诉给调解员的过程。它可以给来访者带来很大的精神解脱，使来访者可以摆脱恶劣心境，将更多的精力投入到寻找纠纷症结，并专注于解决纠纷矛盾上。宣泄是调解的必经阶段，没有宣泄的产生就不可能有深入的调解交流。宣泄是巩固调解关系、促进来访者认识矛盾本质的催化剂。

调解员应注意的事项：

① 调解很有可能是一个很情绪化的过程；

② 没有情绪的表露，就不可能有真正的沟通；

③ 不要对来访者的情绪表露麻木不仁；

④ 要让来访者感觉到你站在他的角度关心他的感受。

（5）探索技巧

它指调解员帮助来访者积极认识、思考其面临的纠纷矛盾的过程。它是调解的重要环节。其意义在于帮助来访者在解决纠纷当中认清个人的诉求及正确有效解决纠纷的方法。

调解员应注意的事项：

① 对来访者提出的问题多作讨论，少作评论；

② 启发来访者从不同角度来看待当前面临的纠纷；

③ 以商量的口吻让来访者表达自己对纠纷的观点与立场；

④ 帮助来访者辩证地看待面临的纠纷矛盾，从矛盾双方的不同立场作出多角度考虑。

（6）面质技巧

它指调解员对来访者面对纠纷的认知方式与思维方法提出挑战与异议的过程，其目的在于推动来访者重新审视其对待纠纷的态度和行事方式，克服其认知方式中的某些片面性与主观性，以进一步认识纠纷的产生原因，认识自身可能存在的问题。面质的意义不在于否定来访者、贬低来访者、教训来访者；而在于激励来访者、开启来访者审视自己的过程，使来访者开始辩证地看待当前所面临的问题。面质是以接受、尊重、共情、真诚和温暖等为先决条件的,力求问而不审,质而不压,以推动来访者的自我审视。面质的艺术在于使来访者超越调解员的提问,自发地认识到其认知与思维方法中的偏差,产生恍然大悟的感觉。

调解员应注意的事项:

① 首先要理解来访者;

② 要对来访者的思维方法做到知己知彼,那样才能使来访者真心地接受你的面质;

③ 以事实来改变来访者对当前纠纷的认识偏差;

④ 不要让来访者感觉到你的面质是为了以势压人,以免造成来访者的情绪反弹。

(7) 自我表露技巧

它指调解员通过与分享其个人生活中的类似经历来推动来访者提高其信任度,并且促进来访者通过调解员的例子,从"局外人"的角度认识纠纷,引发不同角度的思考。自我表露技巧并不是常用的调解技术,调解员在其运用中应当格外小心,注意不要过分宣扬自我,忽视当前纠纷与矛盾的特殊性,并避免将调解员的自我表露当作调解的中心议题而喧宾夺主。

调解员注意的事项:

① 要选择适当的时机来自我表露;

② 不要为增强与来访者的沟通去刻意表露自己,甚至不惜编造假话;

③ 要让来访者感觉到你的自我表露是为了启发他思考。

3. 常用技术

在调解活动中,调解员可以借鉴心理辅导的常用技术,达到调解目的。常用有两种技术调解员可以很好地借鉴:

(1) 苏格拉底式的提问

主要分为三个步骤:

① 定义与澄清语意(defining your terms)。定义与澄清语意可以协助当事人清楚、明确与具体地定义或澄清自己的想法或概念,达到觉察核心问题与避免过度概括化的想法,最终使得真正问题所在突显出来。定义与澄

清的语意是哪些呢？就是语意中模糊、笼统、抽象的部分，特别是对来访者有重要影响的关键词语。在实际操作中，调解员在面对来访者时，可以通过概括反馈来访者语句、适时对来访者意义不明的语句表示疑问，等方式促使其更准确地表达自己的想法和立场，在反复的过程中，也可促使来访者对其所表达的事件再次进行分析认识。

② 找出思考规则（deciding your rules）。每个人内心都存在着很多内隐的思考规则，当个体面临某个刺激情境时，这些思考规则就会引导个体如何了解、诠释和预测这个刺激情境，当然也决定了个体如何想法、行动与感受。在定义与澄清来访者的语意后我们接着就要了解来访者对于这个纠纷矛盾，是用什么思考规则在解读、与决定行动和感受的。

③ 找出证据（finding your evidence）。思考规则如果是夸大的、僵化的或过于窄化、极端的情况，又或者个体过度概括化或武断地将规则推论到某种情境，都会使个体做出不适当的反应，最终造成个体自己的困扰。因此，在了解来访者的思考规则后，接下来就是与来访者一起检验他使用的规则是否合理可靠。要如何检验呢？就是邀请来访者对于他对纠纷矛盾的想法和理解提出证据。如果来访者无法提出具体明确的有力证据证明他对于纠纷的看法，则来访者就会开始修正"不良的思考规则"，使其更合乎逻辑或现实。修正后的思考规则就会引导来访者采取新的行动或情绪。

（2）认知情绪行为疗法（REBT）

认知情绪行为疗法，又称合理情绪疗法（Rational-Emotive Therapy，简称 RET）是上一世纪 50 年代，由美国临床心理学家艾里斯（A. Ellis）提出的，认知心理治疗中的一种方法，因其中也采用行为治疗的一些方法，也称为认知行为治疗的方法。认识情绪行为疗法的理论基础是：人具有非理性的本质，每个人、任何社会与文化都有非理性的成分。心理障碍是由于一个人所持有的非理性的（irrational）、不符合逻辑的思维和信念（belief）引起的，即由于错误的自我谈话所引起。不良的情绪反应，常常并非来自事件本身，而是来自人们对此事件的认识，尤其是不正确的、偏激的认识，人们称之为非理性信念。Ellis 认为社会中的非理性、绝对性信念，如"必须"、"应该"、

"需要"、"一定"等用词或理念,对人类非理性与不良适应有大的影响。一些非理性的态度、信念与价值观如太多的"必须"、"需要"、"完美"与"绝对",常常使当事人产生较多的情绪与行为问题。

在认知情绪行为疗法中,有三个因素造成来访者对于某个特定事件产生特定想法和情绪,并做出特定行为造成特定结果。这三个因素分别是:A. (activating event):与情感有关的激发事件,即诱发性事件,B. (beliefs):对事件的想法和信念,C. (consequence):情绪反应和后果。现实生活中通常认为:A 导致 C(即诱发性事件导致情绪和行为后果),而 ABC 理论认为:A 产生 B,B 导致 C(即当事人对诱发性事件的想法和信念导致了情绪和行为后果)。认知情绪行为疗法认为,对事件正确的认识一般会导致适当的行为和情绪反应,而错误的认知往往是导致一个人产生不良情绪,做出不良行为的直接原因。那么同一事件为什么会引起不同的结果? 是由于 B 的不同,即对这一事件的想法和信念的不同。这就表明了,当纠纷出现的时候,纠纷双方对同一纠纷必然根据自身的认识和立场不同,产生不同的想法,导致不同的情绪和处理行为。也就是说,矛盾的产生除了现实层面的利益分配问题,还产生于每个个体因成长经历和生活环境的不同形成的差异。因此,在解决纠纷矛盾的时候,调解员一方面应当从法律和实际角度出发解决现实层面的利益平衡问题,另一方面还应当关注双方当事人的不同认识和情绪,这样才能事半功倍地解决纠纷化解矛盾。

在调解中运用认知情绪疗法技巧的策略及操作模式:

一是明确使来访者与他人产生纠纷矛盾的具体事件(A),例如与物业公司因某事产生的纠纷、与邻居因某事产生的相邻权纠纷等。

二是分析挖掘来访者对具体事件(A)的解释、评价和看法,即由它引起的信念(B),从理性的角度去审视这些信念,并且探讨这些信念与所产生的对立情绪(C)之间的关系。分辨对立情绪之所以发生,除了存在现实的利益分配失衡,还是否由于来访者存在不合理的信念,从而加剧了矛盾的激化。

三是帮助来访者扩展思维角度,与自己的不合理信念进行辩论,动摇并最终放弃不合理信念,学会用合理的思维方式代替不合理的思维方式。调解员还可以通过讨论或实际验证的方法来辅助来访者转变思维方式。通常，调解员可以通过以下两种方式转变来访者不合理信念：

第一，驳斥不合理信念。

调解员要积极主动地、不断地向当事人发问，对其不合理的信念进行质疑。有两种形式：质疑式提问：治疗者直截了当地向当事人的不合理信念发问；夸张式：把对方信念的不合理之处、不合逻辑、不现实之处以夸张的方式放大给他们自己看。

第二，打破不合理信念。

打破绝对化——没有什么事情是一定会发生或者一定不会发生的，事物的发展规律也不以人的意志为转移。"绝对化"体现到物业管理纠纷通常表现为来访者认为自己必须要以对立对抗的方式才能争取权利。

建立合理信念系统——将绝对化的观念比如"一定"或"必须"转换为"可能"、"可以"或者"希望"。帮助来访者改变信念，认为自己可能通过对立对抗的方式争取权利，也有可能，或是更希望通过平和的方式解决纠纷。

打破过分概括化——要能接受每个人都可能会犯错误，一件事情失败，并不意味着个体的所有行为都是失败的，更不意味着个体整体都是失败的。"过分概括化"体现到物业管理纠纷通常表现为来访者因为物业公司或是相邻业主做出一件损害来访者利益的事，便对物业公司或相邻业主所有行为表示怀疑，认为对方所有行为都有侵害来访者利益的恶意。

建立合理信念系统——一次错误并不代表个体所有行为皆是错误；这次错误并不意味着以后行为不能改进。帮助来访者改变过分概括化的信念，不因为一件单一事件完全否认或怀疑物业公司或相邻业主，怀着解决问题的希望从更善意的角度与对方沟通协商。

打破夸大化——即使碰到矛盾纠纷，也不是世界末日，生活还会继续，没有人完全不与他人发生纠纷，遇到问题是很正常的，没有必要把问题和矛盾想得那么糟糕。"夸大化"体现到物业管理纠纷通常表现为来访者因为与他人的矛盾产生很大的负面情绪，认为纠纷是无法解决，对方是不可协商的，从而消极应对纠纷矛盾，放任其发展。

建立合理信念系统——问题和矛盾的影响力是有限的,并不是不可解决永久存在。帮助来访者改变夸大化的信念,正视人与人之间可能存在矛盾的常态性,相信矛盾是可以化解的,以积极的心态和行为面对纠纷矛盾。

四是随着不合理信念的消除,对立情绪开始减少或消除,并产生出更为合理、积极的行为方式。行为所带来的积极效果,又促进着合理信念的巩固与情绪的轻松愉快。最后,来访者可以通过情绪与行为的成功转变,从根本上将注意力转移到解决现实矛盾之上,促进纠纷的顺利解决。

下　篇

物业纠纷实务指引

第七章 物业服务合同关系 常见纠纷及解决方案

一、物业服务合同无效情形

贺某、俞某诉××物业服务有限公司物业服务合同纠纷案①

● **案件事实**

某房地产开发有限公司(以下简称:"房产公司")与××物业服务有限公司(以下简称:"物业公司")签订《前期物业服务合同》,约定由物业公司对某小区进行物业管理服务。该合同中房产公司授权物业公司对业主、物业使用人违反《业主临时公约》的行为进行劝阻、制止。2010 年 11 月 27 日,贺某、俞某与房产公司签订《上海市商品房预售合同》,约定贺某、俞某向房产公司购买位于某小区的系争房屋。贺某、俞某与房产公司已签订了《小区临时管理规约使用公约》。贺某、俞某同时还签署承诺书,同意遵守规约内的一切条款,同意对该物业的使用人违反《临时管理规约》及《某小区住宅阳台、露台、底层庭院、下沉式庭院、采光井使用规定》的行为承担连带责任;并同意转让该物业时取得物业受让人签署的《临时管理规约》及《某小区住宅阳台、露台、底层庭院、下沉式庭院、采光井使用规定》承诺书并送交建设单位或物业管理企业。如有违约,愿承担相应违约责任。

现贺某、俞某起诉至法院,请求判令双方当事人签订的《临时管理规约》

---

① 参见(2015)沪二中民二(民)终字第 662 号民事判决。

第二部分关于物业的使用第八条第十一项及附件第一条和第二条中关于"禁止搭建遮阳遮雨、不得封闭阳台等"规定无效。贺某、俞某表示：系争房屋阳台面积确是计算一半，但从一物一权的原则来说，不论面积如何计算，阳台是房屋不可分割的部分，其享有专用所有权。物业公司的管理规约为格式条款，未与贺某、俞某进行协商，其中有关封闭阳台的条款排除了贺某、俞某的权利，故应认为该些条款无效。物业公司则表示：物业公司认可该条款是格式条款。虽然封闭阳台不属于违章建筑，但该行为已经违反了小区管理的规定。物业公司作为小区的管理者，有权对违反小区管理规定的行为进行劝住、制止。同时，小区的权利属于全体业主，如要变更相关规则需要征得一定比例业主的同意。

● 法院判决

　　法院经审理后认为，公民、法人的合法民事权益受法律保护，虽然俞某、贺某是系争房屋的权利人，依法享有占有、使用、收益和处分的权利，并且享有合理利用该不动产包括阳台部位等相应空间的权利，但是贺某、俞某与房产公司签订的《上海市商品房预售合同》，以及物业公司与房产公司签订的《前期物业服务合同》，均系合同当事人真实意思的表示。在《上海市商品房预售合同》中约定了房产公司已选聘物业公司对系争房屋进行物业管理，并已与物业公司签订了《前期物业服务合同》，故该物业公司与房产公司签订的《前期物业服务合同》对贺某、俞某二人具有法律约束力。物业公司依据前期物业管理合同内容与贺某等人签订了《临时管理规约》，该规约中对封闭阳台的事宜进行约定，贺某、俞某也签字认可并承诺执行。无足够证据证明其签署《临时管理规约》时，并未经过双方协商一致的程序和违背其真实的意思表示，而且贺某、俞某同时还明确作出遵守该临时管理规约一切条款的承诺和愿意承担相应的违约责任等。同时，鉴于系争房屋所在小区的业主大会尚未成立，其他业主也签署了上述《临时管理规约》等，目前该小区内尚无证据证明有业主封闭阳台部位等情况，故就上述临时管理规约的部分条款是否进行变更，可由全体业主在有关业主大会成立后，再行协商解决。

现贺某等二人以该规约中有关不允许业主封闭阳台的条款排除了业主的专有权利,要求确认无效的请求,无事实和法律依据,不予支持。

● 法律依据

《中华人民共和国合同法》第八条。

● 本案要点

依法成立的合同,对当事人具有法律约束力,当事人应当按照约定履行自己的义务,不得擅自变更或者解除合同。本案中,房产公司与物业公司签订的《前期物业服务合同》对所有业主具有约束力。即物业公司有权依据前期物业管理合同的内容与业主签订《临时管理规约》,而该规约中明确对封闭阳台的事宜进行了约定,业主也签字认可并承诺执行,且并无足够的证据证明业主签署《临时管理规约》的程序违法或违背其真实意思表示,因此,该《临时管理规约》具有法律效力,其内容对双方具有约束力。

上海××物业有限公司诉俞某服务合同纠纷案[①]

● 案件事实

俞某系上海某小区业主,××物业有限公司(以下简称:"物业公司")自1998年9月起开始为该小区提供物业管理服务。2000年,俞某与物业公司签订《物业委托管理合同》,其中第六条约定:"……高层住宅每月缴纳电梯、水泵运行费0.55元/平方米/月(其中0.15元/平方米每月支付,0.4元/平方米从房屋维修基金中支付)……"合同签订后,物业公司即按上述约定计收每月的电梯、水泵运行费。2014年8月,俞某向法院起诉要求确认其与物业公司签订的《物业委托管理合同》第六条中关于"高层住宅每月缴纳电梯、水泵运行费中0.4元/平方米从房屋维修基金中支付"的约定无效。2014年

---

① 参见(2015)沪二中民二(民)终字第612号民事判决。

12月17日，法院作出判决："物业公司与俞某签订的《物业委托管理合同》第六条中关于'高层住宅每月缴纳电梯、水泵运行费中0.4元/平方米从房屋维修基金中支付'的条款无效；物业公司应于判决生效之日起二十日内将从房屋维修基金中扣除的电梯、水泵运行费3 705.52元返还至该小区业主大会维修基金专用账户内……"双方均未提起上诉，该案判决已生效。2015年1月4日，该小区业委会出具《收款收据》，言明执行(2014)闸民三(民)初字第2051号民事判决书，收到物业公司交来的3 705.52元，将上述款项返还至小区业主大会维修基金专用账户内。对此物业公司称因新老物业交替，一些手续还未完全办妥，银行将维修基金的账号冻结了，故其目前只能将前案的执行款交给现任业委会主任。俞某则称物业公司的上述支付方式不符合生效判决要求。

之后，物业公司以其已履行了相关款项的返还义务为由向法院提起诉讼，请求判令：俞某向物业公司支付电梯、水泵运行费的差额3 705.52元。而俞某称，物业公司未提供有效证据证明其已依生效判决将电梯、水泵运行费返还至业主大会维修基金专用账户内，故目前仍应视为俞某已足额支付了上述期间的电梯、水泵运行费。另外，从2007年相关房管部门对物业公司将部分电梯、水泵运行费从维修基金中列支的行为予以否定至今，物业公司从未向俞某主张过差额部分款项，故物业公司的主张已超过诉讼时效。

● 法院判决

法院经审理认为，经生效判决认定涉案《物业委托管理合同》中约定部分电梯、水泵运行费从房屋维修基金中列支的条款无效，无效的后果除意味着物业公司应将已从维修基金中列支的电梯、水泵运行费退还至小区维修基金账户内外，也意味着俞某需向物业公司补缴上述费用。现俞某以物业公司未能完全履行生效判决为由拒绝承担上述支付义务，鉴于生效判决确定的当事人的权利义务不因判决是否已实际执行而发生改变，即使物业公司尚未履行已生效判决，俞某可依法申请执行，但不应以此为由拒绝承担自身的义务。因物业公司的退款义务已经法院生效判决予以认定，故即便物业公司尚未适时履行上述义务,俞某亦可通过申请法院强制执行等方式维权,而不得以此免除自己的付款义务。故法院判决俞某补缴相关费用。

● 法律依据

《中华人民共和国合同法》第五十六条。

● 本案要点

合同的部分无效并不影响其他条款的效力,本案中业主不能以物业公司未履行其部分义务而拒绝承担自身的全部义务。

二、物业服务合同解除情形

某小区业主委员会诉××物业管理有限公司物业服务合同纠纷案①

● 案件事实

某小区业主委员会(以下简称业委会)与××物业管理有限公司(以下简称物业公司)签订《物业服务合同》,约定由物业公司对系争小区提供物业管理服务。合同期限自 2008 年 9 月 1 日起至 2010 年 8 月 31 日止;合同中约定物业管理活动收益(主要是固定停车费收益)按税后 75% 归业主、25% 归物业;合同终止时,物业公司应将物业管理用房、物业管理相关资料等属于全体业主所有的财物及时完整地移交给业委会。合同签订后,物业公司即对小区实施物业管理服务。合同到期后,双方于 2010 年 8 月 31 日签订了补充合同,约定由物业公司自 2010 年 9 月 1 日起继续履行原合同中的一切事宜。2012 年 3 月,该小区新一届业主委员会成立。2012 年 6 月 26 日,新的业委会通过公开招标的方式,经广大业主投票,选聘了上海××公司作为小区的新一届物业服务企业,因××公司进驻该小区,物业公司实际提供物

---

① 参见(2014)沪一中民二(民)终字第 1370 号民事判决。

业管理服务至 2012 年 6 月 30 日止。但由于双方对于移交事项存在诸多争议,物业公司一直未能将其所有的办公用品完全搬离物业小区内的办公室。业委会将物业公司诉至法院,要求其将代为收取、保管的公益性收入(主要是停车费)进行确认、结算并将相关收益归还业委会。而物业公司则提起反诉,认为业委会未经法定程序提起诉讼,缺乏本案的诉讼主体资格,并要求业委会归还由物业公司垫付的屋顶外墙修漏 50 000 元,赔偿物业公司因业委会突然解除合同而导致支付的第三方违约金以及因未能完全搬离原办公室造成的办公用品损失费用。

● **法院判决**

法院经审理认为,首先,业委会与物业公司签订的《物业服务合同》系双方当事人真实意思表示且符合有关法律规定,合法有效,应受法律保护,双方当事人均应严格按照协议约定履行各自义务。业委会提供相应材料证明其系经法定程序代表全体业主就本案提起诉讼,且业委会起诉本案的目的系为全体小区业主的共同利益,故法院认定针对本案业委会诉讼主体适格。其次,根据法律规定,利用物业公共部分获取的收益归共同拥有该物业的业主所有,停车费属于利用物业公共部分获取的收益。按照合同约定,物业公司负有代为收取小区内停车费的义务,并应按约定扣除相应比例的款项后支付给业委会。再次,业委会与物业公司在物业服务合同期限届满后签订了补充合同,由物业公司按照原合同继续为小区提供物业服务,该补充合同未约定履行期限,应认定为系无固定期限合同,双方均可在法律规定的合理时间内提前通知对方解除合同,但鉴于物业管理工作的复杂性,业委会在通知物业公司解除合同时仅给予其三天的交接准备时间而有所不妥,不过并不能因此否定业委会依法享有的合同解除权。虽然业委会未在合理期限内提前通知物业公司解除合同而存在一定瑕疵,但物业公司在明知双方之间系无固定期限合同而随时存在解除合同可能性的情况下,其未规避风险而导致的相应损失则应由其自行承担。虽然业委会依法享有解除双方之间物业合同的权利,但业委会并未在合理期限内提前通知物业公司解除合同,由此导致物业公司对其解除合同持有异议而未予配合办理交接手续,而业委会在双方尚未妥善办理交接手续的情况下即要求新一届物业公司于 2012 年 6 月 30 日进驻小区,该做法明显欠妥。故法院根据一般物业管理办公场所所需物品及折旧因素,判决业委会赔偿物业公司办公场所物品实际损失。

● 法律依据

《中华人民共和国合同法》第六十条、第九十七条。

《物业管理条例》第二十七条、第五十五条。

● 本案要点

本案中,业委会依法享有解除物业服务合同的权利,但权利主体在行权时应当注意必要、合理的程序,如一方因未进行合理、必要的程序而导致另一方损失的,应予以赔偿。

三、物业服务合同终止情形

A 小区业主委员会诉××物业服务公司物业服务合同纠纷案①

● 案件事实

××物业服务公司(以下简称物业公司)原为 A 小区前期物业服务公司,自 2002 年开始为 A 小区提供物业服务。2005 年 12 月 22 日,上海市物业管理协会组织专家,对 A 小区住宅物业服务超过最高等级收费标准进行论证,后确定 A 小区住宅物业服务费为人民币 2.50 元/月平方米。2006 年 1 月 20 日,该收费标准在小区内进行了公示。2006 年 2 月 18 日,上海市 A 小区业主大会(以下简称"业主大会")与物业公司签订《物业服务合同》,合同约定由物业公司为 A 小区提供物业服务,自 2006 年 2 月 18 日起至 2009

---

① 参见(2014)沪二中民二(民)终字第 654 号民事判决。

年2月17日止;物业服务费为住宅2.50元/月平方米,商铺3.90元/月平方米;物业服务费不含物业大修和专项维修的费用,物业大修和专项维修的费用在维修基金中列支,并按规定分摊。该合同附件二《综合管理服务》中包含便民服务,其中包括免费更换电子门锁电池服务。该合同附件三《物业共用部位、共用设施设备日常运行、保养和维修服务》中包含避雷系统,服务标准为:每年二次检查避雷装置,18层以上的楼宇每年应测试一次,保证其性能符合国家相关标准。该合同附件四《物业公共区域的清洁卫生服务》中包含垃圾收集、垃圾箱。该合同附件六《公共区域秩序的维护服务》中包含设施和救助监控岗,包括小区设有监控中心,应具备摄像监控、楼宇对讲、周界报警、住户报警、门锁智能卡等五项以上技防设施。在物业公司为A小区提供物业服务的过程中,物业公司依据《三表集抄远传系统项目合同书》支付了远程抄表电话费,签订了《某电子门锁维修保养合同》并支付了相关费用;进行了防汛防台日常检查;购买了垃圾桶等。2011年3月底合同终止后,物业公司撤离A小区并与业委会做了交接和结算。

2012年7月26日,业委会以物业公司在提供物业服务期间,未能按照合同约定完全履行合同义务,故应将其未履行却实际收取的物业服务费的项目予以返还(包括垃圾生化处理费用、远程抄表费用、单元电子门锁费用、避雷系统费用)为由,起诉至法院,请求判令:物业公司返还自2004年4月起至2011年3月止未按照合同约定提供服务项目的费用。

● 法院判决

法院经审理后认为,业委会与物业公司之间的物业服务关系已终止,双方理应对相关费用进行全面结算。业委会起诉要求物业公司返还2004年4月至2011年的垃圾生化处理费用、远程抄表费用、单元电子门锁费用和小区避雷系统费用,但业委会在成立后从未主张物业公司未履行上述四项义务,也未就该费用向物业公司提出过主张,甚至在物业公司撤离系争小区双方结算时也未要求物业公司返还,故业委会要求物业公司返还2010年7月27日之前的费用已经超过法律保护的二年诉讼时效期间,法院不予支持。虽然物业公司在 2005 年 12 月提交论证的 A 小区物业服务的收费项目中包含业委会诉请返还的垃圾生化处理、远程抄表、单元电子门锁和小区避雷系统,但申报的收费项目只是确定价格的依据,双方在签订合同时可以在不超过论证价格的基础上协商确定物业服务的具体项目和标准,业主大会与物业公司于 2006 年 2 月签订的《物业服务合同》及附件约定的服务项目中包含避雷系统,并未明确包含业委会要求返还的其余收费项目,且该合同系双方真实意思表示,双方理应按照合同的约定履行合同义务,物业公司提供的证据表明其提供了相关服务,业委会再依据论证报告要求物业公司履行义务缺乏相关依据。法院据最后没有支持业主委员会的诉讼请求。

● 法律依据

《中华人民共和国合同法》第八条。

● 本案要点

民事纠纷的普通诉讼时效为 2 年,超过 2 年诉讼时效的,法律不予保护。物业服务合同的双方应当依据合同约定和法律及行政法规的规定履行合同义务,对合同没有明确约定,且法律及行政法规没有规定的义务,一方没有依据要求另一方履行,则更不能要求对方因未履行无依据的义务而承担法律责任。

A 小区业主委员会诉××物业管理有限公司物业服务合同纠纷案①

● 案件事实

1999 年 6 月,××物业管理有限公司(以下简称物业公司)受 A 小区开发商委托管理该小区,管理期限自 1999 年 7 月 1 日至业委会成立止。2003 年 8 月,物业公司受业委会委托继续管理该小区,管理期限自 2003 年 8 月

---

① 参见(2014)沪二中民二(民)终字第 1894 号民事判决。

23 日至 2005 年 8 月 22 日。合同到期后双方未续签合同,但物业公司仍在该小区内提供物业服务。2012 年 1 月,业委会聘请案外物业服务企业上海甲物业管理有限公司提供物业服务,但因招标过程中存在不符合《中华人民共和国招标投标法》规定的程序和条件的行为,经物业公司提起诉讼,法院作出(2012)普民二(商)初字第 173 号民事判决,判决业委会与案外物业服务企业上海甲物业管理有限公司于 2012 年 1 月关于该小区物业管理中标无效。目前小区尚未能有效聘请到其他物业服务企业,也没有成立小区业主自治管理物业的相关组织,仍由物业公司向小区提供物业服务。2014 年 6 月,业委会提起诉讼,请求判令物业公司移交相关档案、资料及物业管理用房并撤离某社区。

业委会认为,按照相关法律的规定,服务合同期满后,经业主大会作出决定被告应撤离小区,为维护全体业主的利益,业主大会与案外人上海乙物业管理有限公司签订了《物业公司托管协议》(以下简称《托管协议》),只要物业公司撤离,案外人即入驻小区开展工作。而物业公司认为,业委会负责人樊某因带头拒付物业管理费被诉至法院,现因未产生合法有效选聘的物业服务企业,物业公司为维护小区全体业主的合法权益,实际承担该小区的物业服务,只要合法有效选聘的物业服务企业入驻小区工作,物业公司即刻撤离,办理移交手续。

● 法院判决

法院经审理认为,根据法律规定,选聘和解聘物业服务企业或者其他管理人应当经专有部分占建筑物总面积过半数且占总人数过半数的业主同意。物业服务合同的权利义务终止后,原来物业服务企业应当负有一定的后合同义务,以保证物业服务的继续和顺畅衔接。小区业主大会应在物业服务合同终止时,通过合法有效的程序,做好物业服务企业的选聘工作,确保小区物业服务的有序开展,维护小区全体业主的利益。根据查明的事实,涉案小区业主大会未能通过合法有效的程序选聘新的物业服务企业,目前物业公司仍根据原物业管理服务合同实际承担涉案小区的物业服务。由于业委会的诉求涉及小区全体业主的合法利益,且业委会与上海乙物业管理有限公司约定的《托管协议》是否已经专有部分占建筑物总面积过半数且占总人数过半数的业主同意,至今未提供证据证明,为维护业主的合法权益,对业委会的诉讼请求难以支持。综上所述,鉴于涉案小区尚未能有效聘请到其他物业服务企业,也没有成立小区业主自治管理物业的相关组织,业委会的诉讼请求,缺乏事实和法律依据,本院不予支持。

● 法律依据

《上海市物业管理条例》第十一条。

● 本案要点

小区业主委员会进行选聘和解聘物业服务企业的程序应符合法律规定,如不符合法律规定,则选聘和解聘的行为无效。另外,若物业服务企业在超出原合同期限后仍实际履行物业服务义务,则可以认定为自动延长服务期限。

A 小区业主委员会诉××物业服务公司物业服务合同纠纷案①

● 案件事实

2012年6月26日,A小区业委会与××上海物业服务公司(以下简称物业公司)签订物业服务合同,约定自2012年7月1日起至2014年6月30日止,由物业公司对该业委会所在小区实施物业服务,还约定了共用部位、共用设施设备日常运行、保养、维修费用为0.675元/月/平方米(多层及小高层二楼及以上),0.125元/月/平方米(多层及小高层的一楼);共用部位、共用设施设备日常运行、保养、维修费用实施单独列账,按实结算,盈余或者亏损均由业主享有或者承担;机动车地面停车位均属全体业主共有、共用。车

---

① 参见(2015)沪一中民二(民)终字第2835号民事判决。

位使用人应按150元/个/月标准向物业公司缴纳停车费。物业公司从停车费中按30％的标准计提停车管理费（含管理人员成本及相关耗材等运行成本），其余70％作为小区公共收益归全体业主享有，相关税费各自承担；机动车地下车库目前收费标准为300元/个/月，停车管理服务费的计提标准等相关事宜由物业公司与产权所有人另行洽谈约定；物业服务费中按实结算部分，即"共用部位、共用设施设备日常运行、保养、维修费用"，每月按时结算时结余或不足的处理方式：结算结余的，转入下个月继续使用，依此类推；结算不足的，以小区公共收益或维修资金补足，每月结清等内容。

　　2014年6月20日，业委会发函给物业公司，表示不再续聘物业公司。2014年6月30日，业委会、物业公司及案外人甲公司（涉案小区现物业管理公司）三方签订备忘录，明确物业公司同意于2014年6月30日合同期满退出该小区，并承诺放弃向业委会追究未提前三个月通知之责任的诉求。2014年6月30日，物业公司正式撤离小区。物业公司撤离小区后，业委会诉至法院请求判令物业公司返还小区公益性收入（包括停车费）、按实结算结余款及业主大会共管账户余额。

● **法院判决**

　　法院经审理认为，双方签订的物业服务合同约定，共用部位、共用设施设备日常运行、保养、维修费用实施单独列账，按实结算，盈余或者亏损均由业主享有或者承担。物业服务费中按实结算部分，每月按时结算时结余或不足的处理方式：结算结余的，转入下个月继续使用，依此类推；结算不足的，以小区公共收益或维修资金补足，每月结清。根据上述合同约定，对于按实结算部分，物业公司应与业委会每月按时对账、按时结清。双方共管账户内的钱款数额双方确认一致，物业公司也同意返还，法院对此予以认可。而涉案小区地下车库产权属开发商所有，且根据业委会、物业公司的物业服务合同，小区地下车库停车管理服务费等系属于物业公司及开发商另行约定事项，故业委会主张的公益性收入和按实结算余款应在扣除地下车库停车费后应由物业公司支付给业委会的诉讼请求不予支持。

● **法律依据**

《中华人民共和国物权法》第八十条。

《中华人民共和国民法通则》第一百一十七条。

● **本案要点**

本案中，小区地下车库的所有权属于开发商，且开发商与物业服务企业有相关约定，则双方应按照约定行使权利、承担义务，业主委员会非系争车库的权利人，无权主张该地下车库的相关收益。

四、业主方违约情形

（一）业主拒交物业管理费或其他物业服务合同约定的费用

1. 业主单纯拖欠，恶意欠费

××物业服务公司诉陈某、张某物业服务合同纠纷案①

● **案件事实**

2011年4月17日，××物业服务公司（以下简称物业公司）与A大楼业主大会、业主委员会签订了物业服务合同，约定由物业公司为该大楼提供物业服务，委托管理期限为2011年4月1日0时起至2013年3月31日24时止。此后物业公司开始为该大楼提供物业服务。期间，该大楼业委会与物业公司发生纠纷，前者曾通知后者解除物业服务合同，但物业公司不予认可，认为其通知不符合法定条件，因此物业公司继续履行合同并事实上从未离开过该大楼，提供了包括生活垃圾处理，电梯维修保养，水、电费抄表等在内的所有物业服务，而该业主大会、业委会却先后聘请甲物业管理有限公司（以下简称甲公司）和乙物业发展有限公司（以下简称乙公司）等，但均未与

① 参见(2015)沪二中民二(民)终字第2301号民事判决。

物业公司达成交接,且其相关备案均被有关政府职能部门予以了撤销。2012年6月大楼业委会曾起诉至法院,要求解除与物业公司的物业服务合同,后因故被驳回起诉。陈某、张某系该大楼5B室业主,按照合同约定每月应付物业管理费6 555.60元,共积欠物业管理费163 890元,物业公司多次催缴未果,故诉至法院,请求判令陈某、张某支付自2011年11月1日起至2013年3月31日止的物业管理费111 445.20元和上述欠款的滞纳金。陈某、张某认为该大楼业委会已经终止了物业服务合同,陈某、张某按照业委会的要求分别将相关物业管理费支付给了新聘的物业公司及业委会,故其拒绝再向物业公司支付物业管理费。

● 法院判决

法院经审理认为,系争《物业服务合同》是物业公司与A大楼业主大会和业委会的真实意思表示,效力已有相关生效法律文书进行了确认,依法对全体业主均有约束力。虽然大楼业委会曾起诉解除该合同,但因业委会的主体资格问题,该诉请并未得到法院的支持,故作为业主的陈某、张某仍应当按照该合同的约定支付相应的物业管理费。同时,本案之前的生效民事判决已经确认陈某、张某须向物业公司支付物业管理费,在前案生效民事判决所认定的事实未有改变的情况下,陈某、张某上诉认为物业服务合同已经终止,其按照中业委会的要求将相关物业管理费支付给新聘的物业公司的意见,明显缺乏法律依据,本院不予支持。至于陈某、张某上诉所称其已经向甲、乙公司等支付了物业管理费,陈某、张某提供了物业管理费收据和甲物业公司出具的《证明》,但并未提供支付上述物业管理费的发票,亦未提供支付凭证,对于陈某、张某该辩称意见,法院不予认可。对于2012年4月之后的物业管理费,陈某、张某提供了乙物业公司开具的2012年4月至2013年12月的物业管理费发票和乙物业公司出具的《证明》,但上述费用的支付,发生在物业公司要求陈某、张某支付物业管理费的诉讼之后,在明知发生物业管理纠纷,甚至是生效判决已经确认物业公司为大楼提供物业服务的情况下,陈某、张某再向乙物业公司支付物业管理费既有违法院的判决,亦不合常理,且在大楼其他业主作为证据的同为乙物业公司开具的发票系伪造的情况下,物业公司怀疑陈某、张某是否实际支付发票上记载的金额亦属正常,故对陈某、张某不需向物业公司支付物业管理费的意见,法院不予采纳。同时即使陈某、张某的上述所述属实,也应由其自行承担相应的法律后果。据此,法院支持物业公司所有诉讼请求。

● 法律依据

《中华人民共和国合同法》第八条。

● 本案要点

物业服务合同合法有效即对合同当事人具有约束力,当事人享有合同权利,承担合同义务。本案中,业主的主要合同义务为支付物业管理费,在物业服务企业提供了相应的物业服务后,业主无理由拒绝支付物业管理费用。

刘某诉物业管理有限公司物业服务合同纠纷案①

● 案件事实

1998 年 5 月,刘某与房产公司签订《A 广场外销商品房出售合同》,约定刘某向房产公司购买系争房屋,刘某同意根据管理公约及承诺书,将房屋交房产公司指定的物业管理机构统一管理。但刘某却自 2010 年 7 月拖欠物业公司的物业管理费,双方因此产生诉争。2013 年 10 月下旬,刘某因电梯门禁卡出现故障,要求物业公司修理或更换,物业公司提出刘某需先行支付部分物业费方可办理,双方协商未果。2014 年 12 月,刘某诉至法院称,由于物业公司的行为致刘某无法正常使用及出租房屋,给刘某造成损失,故请求法院判令物业公司立即停止妨碍刘某使用其所有的房屋的行为,及时为刘某

---

① 参见(2015)沪二中民二(民)终字第 1657 号民事判决。

更换电梯门禁卡,同时物业公司应向刘某支付自 2013 年 11 月 1 日起至停止妨碍日止的房屋租赁损失。

● 法院判决

　　法院经审理认为,刘某虽对物业公司的物业管理范围、收费标准等提出质疑,但并不否认物业公司提供物业服务及已收取相关物业费用的事实。刘某在物业电梯门禁卡出现故障,要求修理或更换时,物业公司主张暂行支付部分欠付物业费即可办理电梯门禁卡修理或更换,但遭刘某拒绝,物业公司该项主张并未超出履约的必要限度。刘某在物业公司履行物业管理服务义务的前提下,即便认为物业费标准不明或收费过高,也应按公平原则并考虑事实状况合理履行。而刘某虽经物业公司提议仍不接受电梯门禁卡处置方式,故刘某对造成电梯门禁卡无法正常使用的后果,负有责任。物业公司提出履约抗辩虽有其合理性,刘某也事实采取他人协助方式出入物业,但物业公司未顾及刘某确会因此产生不便,从合同全面履行的原则考量,物业公司应适时为刘某办理电梯门禁卡修理或更换。物业公司后表示愿为刘某不附条件办理电梯门禁卡修理或更换,刘某接受并至物业公司处办理了相关电梯门禁卡更换手续。刘某主张因物业公司前述行为妨碍使用物业,造成其因无法对外出租房屋产生租赁损失。物业公司对刘某是否存在出租行为提出异议,且认为刘某也未将出租事实告知物业公司。鉴于刘某未能及时办理电梯门禁卡修理或更换,系因刘某未能积极接受物业公司提出的合理履约方案所导致,其后果并不能全面归责于物业公司,故刘某的房屋租赁损失主张,缺乏事实依据,法院依法难以支持。

● 法律依据

　　《中华人民共和国合同法》第八条。

● 本案要点

　　我国民事诉讼程序中,一般遵循"谁主张,谁举证"的原则,原告方对自已提出的诉讼请求应当提供充分的证据予以证明。另一方面，合同双方应当按约定履行各方的义务，在因一方拒不履行义务而导致另一方利益遭受损失后，受损方亦应采取合适的方式解决。

上海××物业有限公司诉侯某物业服务合同纠纷案①

● 案件事实

2002 年 7 月 31 日，上海××物业有限公司（以下简称"物业公司"）与上海××置业有限公司签订（以下简称"××置业"）《前期物业管理服务合同》，约定由物业公司为小区提供前期物业服务，业主或物业使用人逾期缴纳物业管理费的，物业公司可以从逾期之日起按应缴费用千分之三加收滞纳金。此后，物业公司按照约定为某小区提供物业服务。2010 年 7 月 12 日，物业公司与该小区业主委员会签订《物业服务合同》，约定由物业公司继续为小区提供物业服务，委托管理期限为 2010 年 5 月 1 日起至 2013 年 4 月 30 日止，物业管理费按季缴纳，业主逾期缴纳物业管理费的，物业公司可以从逾期的次年次季之日起，每日按应缴费用千分之五加收滞纳金。合同期满后，因该小区业主委员会改选，未能续签新的物业服务合同，物业公司为小区提供物业服务至今。2002 年，侯某与××置业签订《上海市商品房预售合同》，约定由侯某向该置业公司购买该小区×××号×××室房屋（以下简称"系争房屋"）。2003 年 6 月 28 日，侯某签署了《业主/住户情况登记表》《业主进户资料清单》《业主入住流转单》，并向物业公司支付了 2003 年 7 月至 2003 年 9 月的物业管理费 721.50 元。2003 年 10 月 30 日，侯某签署了系争房屋的《房屋交接书》。自 2003 年 10 月 1 日起至今，侯某未向物业公司支付过物业管理费，物业公司催讨未果，故向法院提起诉讼，请求判令侯某支付自 2003 年 10 月 1 日起至 2014 年 4 月 30 日止的物业管理费及滞纳金。

---

① 参见(2015)沪二中民二(民)终字第 1594 号民事判决。

侯某认为,物业公司提供的 2010 年签订的物业服务合同未经小区半数以上业主同意,该合同应为无效,物业公司无权向侯某收取合同期内的物业服务费。上述合同履行期限至 2013 年 4 月 30 日已届满,物业公司现主张合同到期后的物业费亦缺乏依据。

● **法院判决**

法院经审理认为,公民、法人的合法民事权益受法律保护。物业公司作为小区的物业管理单位,已按照《前期物业管理服务合同》《物业服务合同》履行了物业服务职责,小区业主应该按照合同约定支付相应的物业管理费。侯某承认签署了《上海市商品房预售合同》《业主/住户情况登记表》《业主进户资料清单》《业主入住流转单》《房屋交接书》等资料,亦承认系争房屋由侯某购买使用,侯某在入住系争房屋之后也支付了 2003 年 7 月至 2003 年 9 月的物业管理费,侯某对于系争房屋属于侯某及应该支付物业管理费是明知的;从 2003 年起由侯某占有、使用、支配,侯某享受了物业公司提供的服务,应该按照合同约定向物业公司支付物业管理费,侯某未作产权变更登记并不能免除其支付物业管理费的义务,故物业公司要求侯某支付自 2003 年 10 月 1 日起至 2014 年 4 月 30 日止物业管理费的诉请,法院予以支持。鉴于侯某存在拖欠物业管理费的事实,物业公司要求侯某支付上述款项滞纳金的诉讼请求理由成立,法院依法予以支持。

● **法律依据**

《民法通则》第五条。
《中华人民共和国合同法》第八条。

● **本案要点**

物业公司与小区业主委员会签订的物业管理合同,对全体业主具有约束力,业主应当按合同约定承担合同义务。

××物业管理有限公司诉刘某物业服务合同纠纷案[①]

● 案件事实

1998年5月,刘某与某房地产有限公司(以下简称"房产公司")签订《外销商品房出售合同》,刘某向房产公司购买××广场××室房屋(以下称系争房屋)。合同约定,刘某同意根据在签署出售合同时签署的管理公约或有关的承诺书,自系争房屋交接之日起,将房屋交房产公司指定的物业管理机构统一进行管理并遵守管理公约。该广场物业公司(以下简称"物业公司")向物价局申请备案,并取得同意备案并加盖了物业收费管理专用章。2002年,物业公司与房产公司签订《××广场管理服务合同》,房产公司聘请物业公司为该广场经营管理者及租赁代理人,物业管理费每月缴纳一次,每月第一日预交该月物业管理费,逾期物业公司可按日加收应缴纳费用千分之三的滞纳金。因刘某拖欠物业费,2012年11月15日,某广场物业诉至法院,请求判令刘某向其支付物业管理费、电费、水费和其他费用以及滞纳金。

刘某却认为,房产公司与物业公司的《管理服务合同》签订于2002年,房产公司此时无权代表业主与物业公司签订前期物业服务合同或者物业服务合同,该合同对刘某无约束力。同时根据沪价房【1996】第116号文第四条第四款规定,外销商品房的服务收费由物业管理单位与业主管委会或业主代表协商确定,协商不成的,由房屋所在地物价部门裁定。但本案所涉物业管理费标准未经上述程序,不应被采用。至于2012年7月2日之前的物业管理费、水费、电费或其他费用,刘某认为该部分已经超过诉讼时效。

● 法院判决

法院经审理认为,自××广场1997年底投入运营至今,一直由物业公司为某广场提供物业服务。鉴于房产公司系某广场的开发商,同时一直拥有

---

① 参见(2014)沪二中民二(民)终字第1631号民事判决。

或代管某广场绝大多数房屋,在该广场业主委员会尚未成立的情况下,房产公司委托物业公司提供物业服务并无不妥。刘某作为广场的小业主,事实上接受了物业公司提供的物业服务,理应交纳物业管理费。关于物业管理费的标准,物业公司在1999年向物价局备案的酒店式服务公寓单位每月每平方米32元,且刘某曾按照每月每平方米32元标准缴纳过2007年10月至2008年6月的物业管理费,说明刘某明知物业管理费的标准,刘某辩称诉讼前不知晓物业管理费标准的意见,法院不予采纳。物业公司、刘某对物业管理费的标准发生争议,在该广场业主委员会未成立的情况下,可由物业公司与业主进行协商,协商不成由有关部门处理,但在新的标准产生之前,业主仍应按照每月每平方米32元的标准向物业公司支付物业管理费。物业公司主张在2009年8月至2010年12月刘某装修期间,物业管理费减半收取,刘某则主张装修时间从2008年持续到2011年,根据物业公司向法庭提供的《实际竣工证书》,改造装修工程实际竣工日期为2011年3月31日,则物业管理费减半收取的时间应该持续至2011年3月31日。关于诉讼时效问题,法院认为,物业公司未能提供向刘某送达综合收费通知单或催缴通知的有效送达凭证,不能证明其在2012年7月之前向刘某催讨过物业管理费、电费、水费和其他费用,故物业公司要求刘某支付2010年7月之前的物业管理费、电费、水费和其他费用的诉请已经超过诉讼时效,法院不予支持。综上,法院认为物业公司要求刘某支付2010年7月至2012年7月的物业管理费的诉请理由成立,刘某应按约定支付滞纳金。

● 法律依据

《中华人民共和国合同法》第八条、第一百一十四条。

● 本案要点

在小区业主委员会成立之前,房产公司有权与物业服务公司签订前期物业管理合同,在物业服务公司根据前期物业管理合同提供相应的服务后,业主即有义务支付物业服务费。

2. 业主因不满物业公司服务质量而拒交物业费

××物业管理有限公司诉任某某物业服务合同纠纷案①

● 案件事实

任某某为上海市黄浦区某公寓×号×室房屋(以下简称"系争房屋")的产权人之一,该房屋产权状况为任某某、华甲、任甲三人共同共有。2010年6月24日,上海市黄浦区A公寓业主委员会(以下简称"业委会")与××物业公司(以下简称"物业公司")签订《物业服务合同》,约定由物业公司为该公寓提供物业服务,委托管理期限自2010年7月1日起至2013年6月30日止。合同第七条载明:"按建筑面积向业主收取物业服务费。住宅:高层人民币(以下币种均为人民币)1.20元/月平方米。"合同第十条载明:"物业服务费用(物业服务资金)按季交纳,业主应在当季度履行交纳义务。逾期交纳的,应承担违约责任,违约金的支付约定如下:按同期银行定期存款利率支付。……"合同第十一条载明:"停车场收费分别采取以下方式:停车场属于全体业主共用的,车位使用人应按露天机动车车位250元/个月……"合同第十二条载明:"业主或物业使用人对车辆停放有保管要求的,与乙方另行约定。……"2014年3月27日,业委会与新物业公司签订物业服务合同,与物业公司约定物业公司于4月1日退出小区。物业服务结束后,向法院提起诉讼,要求任某某支付拖欠的物业费6 190.50元和停车费6 750元,并依约支付违约金。任某某却认为,小区与物业公司的物业服务合同期限至2013年6月30日,之后双方之间没有合同关系所以其无需向物业公司缴纳之后的物业费。同时,在物业公司未尽到保管义务致使其车辆受损,且物业公司提供的其他物业服务均存在很大问题,所以其拒绝向物业公司支付物业费和停车费。

● 法院判决

法院经审理认为,依法成立的合同,对当事人具有法律约束力,当事人

---

① 参见(2015)沪二中民二(民)终字第607号民事判决。

应当按照约定履行自己的义务。本案中物业公司与业委会签订的物业服务合同合法有效,对全体业主均有约束力,物业公司与任某某均应按约履行。物业公司自2010年7月1日起为某公寓提供物业服务,虽物业服务合同约定的期限至2013年6月30日止,但根据业委会的函件及涉案小区居民委员会的证明可知,物业公司实际为小区提供物业服务至2014年3月31日止,故应认定2013年7月1日起至2014年3月31日期间物业公司与小区全体业主之间存在事实上的物业服务合同关系,物业公司有权向任某某收取2010年7月1日至2014年3月31日期间的物业服务费和停车费。就停车费任某某辩称物业公司未尽保管义务而致其车辆在小区内受损,但根据查明的事实,物业服务合同中约定的停车费为使用场地之对价,"业主或物业使用人对车辆停放有保管要求的,与乙方另行约定",故任某某此辩称意见并不构成减免其应支付之停车费的合法理由。关于物业服务费,任某某辩称物业公司在电梯维护、消防、绿化、保洁和安保等方面的服务未达到标准。其中,任某某提供的《上海市消防监督检查意见通知书》、上海永大电梯安装维修有限公司致物业公司函证明了物业服务过程中的一段时期在消防设施维护、电梯维修方面存在未能及时排除的瑕疵,对此物业公司未提供充分证据予以反驳,故对任某某的该辩称意见,予以采信;但对于任某某在辩称意见中提及的其他各方面情形,任某某虽提供了照片等证据加以证明,但均无法客观、动态地反映小区管理的状态,故对任某某的其余辩称意见,不予采信。据此,法院酌定任某某需支付的物业服务费数额按照1.15元/月平方米计算。对于物业公司要求任某某支付拖欠费用之违约金的诉讼请求,因任某某拒付相关费用系事出有因,故不予支持。

● **法律依据**

《中华人民共和国合同法》第八条。

● **本案要点**

物业公司与小区业主委员会签订的物业服务合同合法有效,即对全体业主具有约束力,双方应按照约定履行各方义务。在物业公司事实上提供了物业服务后,业主应当履行支付物业费的义务。当然,物业公司各方面的服务质量上也应达到相应的标准。

××物业服务有限公司诉陈某某物业服务合同纠纷案①

● 案件事实

2009 年 3 月 5 日,上海××物业公司服务有限公司(以下简称"物业公司")与上海某房地产开发有限公司签订前期物业服务合同,约定由物业公司为 A 小区提供物业服务,物业管理服务费标准多层住宅(别墅类)为 2.7 元/月/平方米,并约定物业服务费按季度交纳,业主应在每季度的第一个月 20 日前履行交纳义务,如业主未能按时足额缴纳物业服务费用的,乙方可以按日应缴纳费用的千分之一加收滞纳金。物业公司根据上述合同的约定为小区提供了物业服务,陈某某系该小区××号联排住宅的业主,房屋建筑面积为 267.42 平方米,陈某某自 2010 年 5 月入住房屋后向物业公司支付部分物业管理费。后因陈某某多次向物业公司报修地下室漏水,但物业公司未予修理。且物业公司在管理小区时存在未能及时清理垃圾,车辆未有序停放等问题。故陈某某以物业公司对小区管理混乱、环境脏乱差为由,自 2011 年 6 月 1 日起陈某某拖欠物业公司物业管理费未付。截至 2014 年 8 月 31 日陈某某应支付物业公司物业管理费共计 20 135.70 元。物业公司经多次向陈某某催讨未果,故涉讼。陈某某提供业主的安全环境投诉签名表、2012 年至 2014 年期间的投诉信及照片,证明小区管理混乱及环境脏乱差。物业公司认为业主对环境投诉的问题物业公司已进行了整改;对投诉信的真实性无法确认,且小区未成立业主委员会,物业公司只能与业主单独沟通,每个业主的标准都有不同,目前物业公司在亏损经营;对照片的真实性有异议。陈某某陈述对地下室漏水的问题,物业公司近期才去察看,但尚未作维修。

---

① 参见(2014)沪二中民二(民)终字第 2630 号民事判决。

● 法院判决

法院经审理认为,物业公司基于前期物业管理合同对陈某某所居住的小区进行物业管理。陈某某接受了物业公司提供的物业管理服务后,理应支付相应的物业管理费用。陈某某称物业公司物业服务中多处不符合标准,但尚难以此为由拒付物业费。故对物业公司要求陈某某支付 2011 年 6 月 1 日至 2014 年 8 月 31 日期间物业服务费 20 135.70 元的诉请,予以支持。鉴于物业公司在提供服务中存在维修未及时、保洁不到位等管理服务瑕疵,陈某某延期支付物业公司物业管理费应属合理。陈某某所述物业公司物业服务中存在的瑕疵,物业公司应在平时的工作中,广泛听取业主意见,加强沟通协调,努力提升物业服务的品质。故对物业公司要求陈某某按照日千分之一支付逾期付款违约金的诉请,不予支持。

● 法律依据

《中华人民共和国合同法》第六十条、第一百零七条。

● 本案要点

物业公司提供的物业服务存在瑕疵并不是业主拒付物业费的理由,一方面,业主应当及时、足额缴纳物业费;另一方面,物业公司在提供服务中应当努力提升物业服务品质,实现合同目的。

××物业管理有限公司诉戴某某物业服务合同纠纷案[①]

● 案件事实

××物业管理有限公司系上海市 A 小区物业管理单位,戴某某系该小区×号×室业主,该房屋建筑面积 51.60 平方米,物业服务费为人民币 2 元/平方米/月。2008 年 1 月至今,戴某某以进户时发现家中进水,无法入住,与

---

① 参见(2015)沪二中民二(民)终字第 1985 号民事判决。

物业公司及开发商交涉未果为由,拒绝支付物业服务费,物业公司多次催讨未果,诉至法院,要求判令戴某某支付 2008 年 1 月至 2015 年 1 月期间的物业服务费 8 772 元及滞纳金 800 元。法院审理中,物业公司自愿放弃要求戴某某给付滞纳金的诉讼请求。戴某某则称物业公司物业管理工作质量差,小区存在群租现象,有业主开设饮食店、快递公司、房屋中介,小区发生多次火灾,门禁系统也不能使用。戴某某房屋进水,物业公司也应当承担责任。物业公司称,戴某某房屋进水,应当与开发商交涉,大多数小区业主将房屋出租,给小区的卫生及安全工作带来难度,物业公司已经在能力范围内达到了合同约定的服务要求,戴某某应当按照物业服务合同约定按时交纳物业费。

● 法院判决

法院经审理认为,依法成立的合同受法律保护。物业公司按约履行了物业服务合同,戴某某作为小区业主亦应按时交纳物业服务费用。虽然物业公司在实施物业管理服务中存在一定的瑕疵,有待在今后的工作中加以改进,但是这尚不足以成为戴某某可以拒付物业服务费的理由。要营造一个和谐温馨的小区,既需要物业管理单位的努力,也需要广大业主的理解、支持和配合。物业公司自愿放弃要求戴某某给付滞纳金的诉讼请求,系当事人对于自身民事权利的处分,并无不当,予以准许。戴某某所称进户时因家中进水导致的损失与本案并非同一法律关系,且所产生的损害赔偿涉及案外人,戴某某要求其家中进水导致的损失折抵物业公司的物业费,缺乏事实和法律依据,难以采信,戴某某可依法另行主张权利。法院最终判决戴某某应于判决生效之日起十日内给付物业公司 2008 年 1 月至 2015 年 1 月期间的物业服务费。

● 法律依据

《中华人民共和国合同法》第八条。

● 本案要点

物业公司提供的物业服务存在瑕疵并不是业主拒付物业费的理由，一方面，业主应当及时、足额缴纳物业费用；另一方面，物业公司在提供服务中应当努力提升物业服务品质，减少与业主之间的矛盾、纠纷。

上海××物业公司诉金某物业服务合同纠纷案[①]

● 案件事实

上海市××绿苑小区业主委员会与上海××物业公司（以下简称物业公司）签订物业服务合同，委托物业公司对××绿苑住宅小区进行物业服务。该合同约定由物业公司按建筑面积向业主收取物业服务费，商业用房每月每平方米人民币1.8元；物业服务费用按季交纳，业主应在季内履行交纳义务。逾期交纳，物业公司可以从逾期之日起，按应缴费用的每日千分之三加收滞纳金。金某系该小区业主，房屋为商铺性质，位于整个小区边角处，商铺两侧为小区围墙，商铺门面朝小区外，该商铺现由金某分数家出租他人经营，分别开设各类店面。金某办理房屋入住手续时与物业公司签订一份委托房屋管理维修合同。合同约定金某同意将其名下商铺委托给物业公司管理与维修，自2005年7月起按月以每月每平方米建筑面积1.8元的标准向物业公司支付物业管理费，业主或使用人逾期交纳物业管理费的，物业公司可从逾期之日起按应缴费用每日千分之三加收滞纳金。后金某认为物业公司管理不佳，未维修其商铺门前坡道及场地，未尽维修管理义务一直拒绝交纳物业费，并聘请上海市公证处对其商铺两侧花坛、外墙面、部分门店内墙、天花板及商铺后侧下水道进行拍照取证。2015年5月，物业公司诉至法院，要求金某支付上述期间拖欠的物业管理费44 965元及支付计算至2014年12月的滞纳金99 147.83元。

金某称，其房屋是商铺，但并未享受到物业公司提供的相应保洁、门禁

---

① 参见(2015)沪一中民二(民)终字第2801号民事判决。

管理、绿化景观及公共部位维修等服务。且物业公司所提供的物业服务存在质量瑕疵,商铺的门前坡道、台阶及场地应属于物业服务范围,在物业公司未履行合同约定的管理和维修义务的情况下,按照质价相符的原则,其没有义务向物业公司支付全额物业服务费及滞纳金,且具体滞纳金计算的标准也过高,法院应予调整。

● 法院判决

法院经审理认为,金某所有的商铺所在的××绿苑小区由小区业委会与物业公司签订了物业服务合同,该合同均应由小区全体业主及物业公司依约履行。金某所有的商铺在该小区内,作为小区业主,接受了物业公司提供的物业管理服务,应按约履行支付物业管理费的义务。上述服务合同约定了物业公司提供物业服务的区域为该小区之内,金某提出要求物业公司对其门面房外侧,小区之外的路面提供物业服务,没有相应的合同依据。依物业公司现所提供的证据,基本能证明其已履行物业服务合同的约定,故物业公司主张要求金某支付物业服务费的主张,法院予以支持。金某称物业公司所提供的物业管理服务质量存在严重瑕疵,并以此为由要求减少其应付的物业管理费,因金某提供的证据并不充分,且该问题涉及小区全体业主的利益,应通过法定程序由小区业主共同作出决定或与物业公司协商解决,故本案中金某以此作为其一户拒付物业管理费的理由缺乏依据,法院难以支持。就本案所涉滞纳金,金某提出具体的计算标准过高,要求法院核减的意见,法院将审查物业服务合同并综合考虑双方纠纷发生的原因以及物业公司实际损失等情况,酌情确定金某应支付滞纳金为3 000元。

● 法律依据

《中华人民共和国合同法》第六十条、第一百零九条、第一百一十四条。

《最高人民法院关于适用〈中华人民共和国合同法〉若干问题的解释(二)》第二十九条。

● **本案要点**

物业服务企业与小区业主委员会签订的物业服务合同合法有效即对全体业主具有约束力,物业公司及全体业主作为合同双方当事人应按合同约定履行各方的义务,合同中没有明确约定的额外义务,业主没有要求物业公司履行的依据。另外,关于滞纳金的约定过高或过低的意见,法院一般根据《合同法》第一百一十四条第二款及《最高人民法院关于适用〈中华人民共和国合同法〉若干问题的解释(二)》第二十九条的规定予以适当增加或减少。

上海××物业服务有限公司诉马某某物业服务合同纠纷案[①]

● **案件事实**

2010 年 9 月 29 日,上海××物业公司服务有限公司(以下简称"物业公司")与上海××置业有限公司(以下简称"置业公司")签订《前期物业服务合同》,约定由物业公司对 A 小区提供物业管理服务。物业公司按建筑面积向业主收取物业服务费,高层住宅(二楼及以上住宅)为 1.75 元/月/平方米。2015 年 1 月 1 日,××业主大会与物业公司签订了《物业服务合同》,物业服务费收费标准与物业服务事项同《前期物业服务合同》,合同期限自 2015 年 1 月 1 日起至 2019 年 2 月 28 日止。马某某系该小区 901 室业主,该房屋建筑面积为 114.22 平方米。因对物业公司提供的物业管理服务不满,自 2014 年 1 月至 2015 年 3 月期间累计拖欠物业服务费 2 997 元。2015 年 2 月 3 日,物业公司诉至法院,请求判令马某某支付物业管理费及违约金。马某某认为某物业公司提供物业服务质量太差,则不同意物业公司的诉讼请求。

● **法院判决**

法院经审理认为,建设单位依法与物业服务企业签订的前期物业服务

---

① 参见(2015)沪一中民二(民)终字第 2928 号民事判决。

合同,以及业主委员会与业主大会依法选聘的物业服务企业签订的物业服务合同,对业主具有约束力。因此物业公司与置业公司签订的《前期物业服务合同》以及物业公司与业主大会签订的《物业服务合同》符合相关法律规定,合法有效,对包括马某某在内的小区业主均具有法律约束力。双方之间物业服务合同关系依法成立,双方均应按合同约定履行应尽义务。物业公司作为马某某所在小区的物业管理服务公司,在履行合同义务的同时,依法享有向业主收取物业服务费的权利,马某某作为业主亦应按约定交纳物业服务费,逾期未付的行为应承担相应的法律责任。马某某因小区环境、安保服务、群租等问题而对物业公司管理工作存有不满,并以此拒缴物业费,马某某提供照片一组用以证明其关于小区环境脏、乱、差、石板路损坏严重、安保不到位等问题,但马某某现提供的照片所反映的小区状况仅系固定时间的固定状态,无法反映出物业服务合同的持续履行状态,不足以据此确认物业公司在服务上存在严重瑕疵,因此马某某不能据此免除其缴纳物业费的义务。并且,由于此均涉及所在小区全体业主的利益,属于与全体业主有关的涉及共有和共同管理权利的事项,马某某以此作为其一户拒付物业管理费的理由缺乏依据,本院难以支持。关于群租问题,物业公司作为物业管理单位并非解决该问题的机构,该问题应向相关行政部门反映,故将此问题未得以解决的责任归责于物业公司并不合理,不能成为马某某拒付物业费的理由。而马某某称其房屋渗水问题,则属于房屋本身的质量问题,依据相关的法律规定,如果该问题发生在房屋质量保修期内,应由开发商承担相应的保修责任,保修期后需对房屋的公共部分进行维修、更新、改造和养护的,由与之有关联的业主经投票表决后决定,包括相关费用的分担责任,此系涉及业主自身的利益,物业公司作为物业管理服务单位,并无此决定权,马某某以此为由拒付物业费,缺乏依据,法院难以支持,马某某理应另觅途径解决。需要指出的是,马某某反映的小区石板路破损的问题,确实存在安全隐患,特别是在雨雪天气,会给业主的通行造成不便,物业公司理应及时整改。关于物业公司主张的违约金,物业公司作为物业服务单位,在从事物业管理服务工作中,应将服务小区业主作为工作重点,不断聆听小区业主关于物业服务工作的各种意见和建议,不断改进自己的工作方式和方法,力争让小区业主感到满意。考虑到物业公司提供的物业服务管理中确实存有一定的不足之处,故对违约金的诉讼请求不予支持。

● **法律依据**

《中华人民共和国合同法》第一百零七条、第一百零九条。

● **本案要点**

业主与物业公司之间的物业服务合同关系依法成立的,双方均应按合同约定履行应尽义务。在业主享受了物业公司提供的基本物业服务后,业主应当支付相应的物业费用。至于物业公司提供的物业服务存在瑕疵的主张,业主应当提供证据予以证明。同时,物业公司应当加强物业管理服务,提升工作质量,努力让小区业主感到满意。

3. 业主因与开发商之间房屋质量问题的纠纷而拒交物业费

××物业管理有限公司诉陈某某物业服务合同纠纷案[①]

● **案件事实**

陈某某系上海市某小区×××室房屋的权利人,其房屋开发商××置地(上海)有限公司(以下简称"置业公司")与××物业管理有限公司(以下简称"物业公司")签订《前期物业服务合同》,约定物业公司为陈某某房屋所在小区提供物业服务。2011 年 7 月 30 日陈某某签署《房屋情况表》进行房屋交接。交房后没多久,陈某某发现房屋存在质量问题,报修后陆续修了 3 年时间,为了方便维修,在维修期间,陈某某将钥匙交给了开发商。与此同时,陈某某一直拒绝交纳维修房屋期间的物业管理费,他认为这段时间的物业管理费应当由开发商承担,物业公司应当去找开发商收取。物业公司则

---

① 参见(2015)沪二中民二(民)终字第 1362 号民事判决。

认为房屋质量问题应由开发商解决,但房屋交付后业主应支付物业管理费,业主与开发商的纠纷应当由他们自行解决。后物业公司诉至法院,请求判令陈某某支付 2012 年 3 月 1 日至 2014 年 12 月 31 日的物业管理费及滞纳金。

● 法院判决

法院经审理后认为,业委会成立之前,开发商与物业公司签订的前期物业服务合同之效力及于全体业主,业主应当全面履行。物业公司依据合同为小区提供物业服务,有权获得物业管理费。根据法律规定,房屋交付后,应由业主支付物业管理费。陈某某作为业主,按时缴费则是应尽义务,应根据合同约定支付物业管理费。至于房屋质量问题,应依据房屋买卖(预售)合同的约定依法处理,由此可能造成的损失亦应根据过错责任由业主和开发商依法解决,陈某某以此为由拒付物业管理费没有依据。需要指出的是,物业公司作为物业服务提供方也应当向业主提供优质的物业服务,及时解决业主提出的合理要求,促使业主自觉履行支付物业费的义务。对于物业公司要求陈某某支付滞纳金的诉请,因陈某某并非恶意拖欠物业管理费,故对物业公司滞纳金的诉请,法院不予支持。

● 法律依据

《中华人民共和国合同法》第八条。

● 本案要点

业主从开发商处接收房屋时起,业主就对房屋有实际占有、使用的权利,并享受物业服务企业的物业管理服务,至于业主由于某种原因未实际居住,不影响物业公司收取物业服务费。根据《最高人民法院关于审理物业服务纠纷案件具体应用法律若干问题的解释》第六条,物业服务企业已经按照合同约定以及相关规定提供服务,业主仅以未享受或者无需接受相关物业服务为抗辩理由的,人民法院不予支持。

上海××物业服务有限公司诉潘某某、姜某物业服务合同纠纷案①

● 案件事实

　　潘某某、姜某系 A 小区的业主。上海××物业服务有限公司(以下简称"物业公司")与案外人上海××置业有限公司(以下简称"开发商")签订了《前期物业服务合同》1 份,约定由物业公司为潘某某、姜某所在小区提供物业服务。物业公司根据上述合同的约定为小区提供了物业服务。2008 年 12 月 27 日,潘某某、姜某按开发商进户通知书确定的交房日期前往开发商处办理系争房屋验收交接手续时发现房屋存在质量问题,潘某某、姜某认为房屋不具备交房条件,要求退回全套房屋钥匙。之后开发商收回房屋钥匙并对房屋进行了维修,并通知潘某某、姜某再次查验房屋。潘某某、姜某发现房屋的渗漏水部位未予修复,故要求开发商继续维修。开发商进行维修后,潘某某、姜某认为开发商未能彻底修复房屋的渗漏水部位,多次与开发商交涉。2009 年 2 月 20 日,开发商取得系争房屋的房地产权证。2009 年 8 月 22 日,潘某某、姜某与开发商签署房屋交接书,潘某某、姜某取得该房屋的房地产权证。2012 年 12 月潘某某、姜某向相关部门反映房屋存在的质量问题和房屋交付事宜,开发商又通知相关建筑公司进行维修。2013 年 2 月 3 日,潘某某、姜某发函给开发商鉴于建筑公司对房屋的修复情况,同意办理交房入住手续,并要求开发商补偿不能入住的经济损失。开发商未予回复。之后,潘某某、姜某起诉开发商要求赔付因未能入住造成的相关损失。在潘某某、姜某与开发商发生纠纷期间,潘某某、姜某认为房屋由开发商实际掌握,因此自 2009 年 1 月 1 日起至 2014 年 7 月 31 日止,潘某某、姜某共拖欠物业管理服务费 32 669.2 元。2013 年 11 月 25 日,物业公司向潘某某、姜某发出催款通知单,要求潘某某、姜某支付拖欠的物业管理费。后经催缴未果,物业公司起诉至法院,要求潘某某、姜某给付物业管理费,并偿付逾期付款的违约金。

---

　　① 参见(2014)沪二中民二(民)终字第 2649 号民事判决。

● **法院判决**

法院经审理认为,物业公司与潘某某、姜某之间的物业服务关系明确,合法有效,对双方当事人均具有约束力。物业公司依据《前期物业服务合同》,为潘某某、姜某所在小区提供物业服务,有权按合同约定收取物业管理服务费。潘某某、姜某作为小区业主理应按约缴纳物业管理服务费。潘某某、姜某所提房屋质量问题,已经法院判决,由于生效判决认定开发商于2008年12月27日向潘某某、姜某交付了房屋,明确开发商收回房屋钥匙的行为不能认定为双方未完成房屋的交付,且判决开发商赔偿修复期间给潘某某、姜某造成的相应损失,现潘某某、姜某仍以房屋质量存在问题,开发商曾收回钥匙为由,主张其不应该承担2014年9月其取得钥匙之前的物业管理服务费,理由不能成立。潘某某、姜某未能按约履行给付物业管理服务费的义务,应承担给付物业服务费的民事责任。物业公司要求潘某某、姜某支付物业费的诉讼请求,合法有据。但物业公司主张的逾期付款违约金的请求,因潘某某、姜某之前就房屋是否交付问题一直在与开发商进行交涉和诉讼,潘某某、姜某在法院判决生效之前未支付物业费有一定的理由,故对物业公司违约金的请求法院不予支持。

● **法律依据**

《中华人民共和国合同法》第一百零七条。

《物业服务条例》第四十二条。

● **本案要点**

业主从开发商处接收房屋时起,业主就对房屋有实际占有、使用的权利,并享受物业服务企业的物业管理服务,至于业主由于某种原因未实际居住,不影响物业公司收取物业服务费。根据《最高人民法院关于审理物业服务纠纷案件具体应用法律若干问题的解释》第六条,物业服务企业已经按照合同约定以及相关规定提供服务,业主仅以未享受或者无需接受相关物业服务为抗辩理由的,人民法院不予支持。

××物业服务有限公司诉贺某某物业服务合同纠纷案①

● 案件事实

贺某某于 2010 年 2 月取得上海市 A 小区 1 号房屋的房产权证。2006 年 7 月 12 日,上海××房产发展有限公司(以下简称"房产公司")与上海××物业服务有限公司(以下简称"物业公司")签订了《前期物业服务合同》,合同约定由房产公司委托物业公司对贺某某所在小区进行物业服务,物业服务费按月交纳,逾期交纳的,物业公司可以从逾期之日当月之次月 1 日起按日加收应缴费用的千分之三的违约金;委托管理期限为 2006 年 7 月 17 日起至 2009 年 7 月 16 日。2009 年 7 月,房产公司与物业公司签订了《前期物业服务合同》的补充协议,约定:物业服务合同延续至 2014 年 7 月 16 日,为期五年,该协议与原合同具有同等法律效力。贺某某入住后,发现房屋存在质量问题,因物业公司与开发商是关联企业,发现房屋存在质量问题后,物业公司与开发商曾允诺贺某某解决问题,但至今未解决房屋质量问题。因此贺某某未缴纳 2011 年 1 月 1 日起至 2014 年 3 月 31 日的物业服务费,故物业公司于 2014 年 7 月起诉至法院请求法院判令贺某某支付拖欠物业管理费。

● 法院判决

法院经审理认为,物业公司与房产公司签订的前期物业服务合同及补充协议合法有效,对贺某某具有约束力。物业服务主要是对房屋及配套的设施设备和相关场地进行维修、养护、管理,维护物业服务区域内的环境卫生和相关秩序的活动。物业公司对小区提供了物业服务,贺某某的房屋在该小区内,因此享受物业公司提供的物业服务,理应缴纳物业服务费。贺某某主张开发商交付的房屋存在质量问题可通过包括诉讼在内的正常的途径另行主张,但不能以此欠付物业服务费。故法院最终支持了物业公司要求

---

① 参见(2015)沪二中民二(民)终字第 466 号民事判决。

贺某某支付拖欠物业管理费的诉讼请求。

● 法律依据

《中华人民共和国民法通则》第五条、第八十四条、第一百零六条。

《物业管理条例》第四十二条、第六十七条。

● 本案要点

物业公司与房产公司签订的《前期物业服务合同》及补充协议合法有效即对全体业主具有约束力,业主在享受了物业公司提供的物业服务合同之后,应当缴纳物业费用。房屋的质量问题超越了物业公司的服务范围,业主不能以此为由拒交物业费。

上海××物业有限公司诉江某物业服务合同纠纷案①

● 案件事实

江某系上海市某大厦×××室的房屋产权人。该房建筑面积为 106.67 平方米。2006 年 5 月 11 日上海××物业有限公司(以下简称物业公司)与大厦业主委员会签订了《物业服务合同》,将大厦交由物业公司进行物业管理。合同期满后,物业公司仍按原合同为大厦提供服务至 2013 年 6 月 30 日。江某入住后发现南卧室窗台右边墙面,西面墙壁有渗水点,房顶及东面墙面有裂缝。北卧室:窗台左上角渗水点,有渗漏。江某向物业公司及开发商多次反映,2010 年在有关部门的协调下,江某的房屋得到了维修。2011 年江某以该房未彻底修复,仍存在渗漏水现象为由,向物业及有关部门反映,要求修复渗漏的房屋,但未果。2007 年 7 月起,江某停止支付物业管理费。2013 年 12 月物业公司、江某曾至法院诉讼与人民调解对接中心进行调解。2014 年 2 月 26 日,物业公司诉至法院,要求判令江某支付拖欠的物业

---

① 参见(2014)沪二中民二(民)终字第 822 号民事判决。

管理费及滞纳金。

江某称,不支付物业管理费的原因是:自2005年入住以来由于家中房屋墙体多处开裂,造成房屋内外墙渗漏,开发商虽经多次维修,但至今未修复。现在开发商对外墙的保质期已过,外墙渗漏的修复应当由物业公司承担维修义务,但是物业公司只是口头承诺进行修复,无实际行动,使江某家遭受渗漏的痛苦和烦恼达八年之久。现不同意物业公司的诉讼请求,并要求:物业公司提供切实可行的维修方案供江某选择,内外维修费用由物业公司承担,维修后由专业检测机构进行检测,出具合格的检测报告,费用由物业公司承担。又由于物业没有履行维修义务,使江某家的房屋常年渗漏、生虫,导致电线短路,严重影响房屋使用和安全,致使江某在外租房居住,要求物业公司赔偿租房费用和精神损失费。

● 法院判决

法院经审理认为,公民及法人的合法权益受法律保护。物业公司与大厦小区业主委员会签订的《物业服务合同》,对外表明代表该小区的全体业主,从而确立了彼此间的权利与义务关系。江某作为小区业主理应支付相应的物业管理费。合同届满后,物业公司仍为该小区提供物业服务,现物业公司参照原《物业服务合同》约定的收费标准,要求江某支付物业管理费,理由正当,依法应予支持。江某就房屋渗漏水等问题,曾一直向有关部门反映解决,该小区的开发商也对江某的房屋进行过维修。江某要求物业公司赔偿租房费用及精神损失费,不属案件处理范围。江某要求物业公司提供切实可行的维修方案供其选择,维修后由专业检测机构进行检测,出具合格的检测报告的意见,江某可另循法律途径解决。江某对物业公司工作中存在的不足和差距,可以向物业公司提出整改意见,要求其按照物业管理行业规范和物业管理服务合同的要求,提升服务质量和水平,但不能以不付物业管理费来对抗物业服务中存在的瑕疵。物业公司作为物业公司应增强服务意识,认真听取业主的批评和建议,加强与业主的交流与沟通,切实为业主解决一些生活中的实际问题。鉴于目前江某家中房屋的实际情况及物业公司已撤离该小区的事实,江某应缴物业管理费的数额由法院酌定。物业公司要求江某支付违约金的诉讼请求,不予支持。据此,法院判决江某应支付物业公司 2007 年 7 月至 2013 年 6 月物业管理费,并对物业管理费予以酌减,而物业公司要求江某支付违约金的诉讼请求则不予支持。

● **法律依据**

《中华人民共和国合同法》第八条。

● **本案要点**

物业公司作为小区物业服务企业,按物业服务合同的约定为小区提供物业服务,但不能无限扩大其义务。业主对物业公司提供的物业服务有不满意的,可以提出意见,与物业公司协商解决,而不能以此作为拒交物业费的依据。

4. 业主也未实际入住、未实际实用物业服务而拒交物业费

上海××物业服务有限公司诉瞿某物业服务合同纠纷案①

● **案件事实**

上海××物业服务有限公司(以下简称物业公司)与上海某房地产开发有限公司(以下简称房地产公司)签订《前期物业服务合同》,约定由物业公司对本市某区别墅提供物业管理服务;物业服务费按业主拥有物业的建筑面积收取,别墅 7.80 元/月/平方米等。之后,物业公司为该小区提供了物业服务,实际按 7.20 元/月/平方米收取物业费。2013 年 3 月,瞿某与房地产公司就商品房预售合同纠纷向法院提起诉讼。法院查明,2010 年 10 月 10 日,房地产公司与瞿某签订《上海市商品房预售合同》,约定瞿某向房地产公司购买该小区 48 号 1 层全幢房屋,房地产公司定于 2011 年 3 月 30 日前将

---

① 参见(2015)沪一中民二(民)终字第 109 号民事判决。

房屋交付瞿某,除不可抗力等。之后,房地产公司与瞿某签订《别墅家庭居室装饰装修施工合同》,其中约定装修风格为"美式风格","材料及设备装修标准中"中墙面为壁纸,实木墙裙。瞿某按合同约定付清了全部房款。2011年3月29日,瞿某签署房屋验收单、装修提示、住房情况登记表和房屋交付流程表,签收房屋钥匙。之后,因装修所用的墙面贴面为复合板而非实木,为此双方发生争执。该案中,法院认定瞿某和房地产公司签订的商品房预售合同确定的总房价包括了房屋价款和装修价款,瞿某已全部支付给了房地产公司。瞿某按照房地产公司提供的装修样板房选择"美式风格"的装修房,即房地产公司向瞿某提供"美式风格"的全装修房;房屋装修责任应为房地产公司,房地产公司应当按约定的装修风格、材质对房屋进行装修后交付瞿某;房地产公司在委托他人对房屋进行装修过程中,使用的材质不符合约定,房地产公司应承担相应的法律责任。最终法院判决房地产公司退还瞿某装修费3 177 539元。因与房地产公司的诉讼纠纷,瞿某认为房地产公司的交付不成立,应当由房地产公司支付相应的物业费,于是瞿某自2012年1月起未交纳物业服务费,故物业公司诉至法院,要求瞿某支付自2012年1月1日起至2014年6月30日止的物业管理费。

● 法院判决

法院经审理认为,物业公司与建设单位房地产公司签订的《前期物业服务合同》真实有效,对合同当事人以及包括瞿某在内的全体小区业主具有法律约束力。物业公司对瞿某所在小区提供了物业服务,瞿某应支付物业服务费。根据瞿某与案外人房地产公司签订的预售合同约定,房地产公司定于2011年3月30日前将毛坯房屋交付给瞿某,交付标志为交钥匙。2011年3月29日,瞿某已经根据预售合同约定的交房标准签署房屋验收单、签收房屋钥匙并支付了系争房屋三个月的物业费。由此,应认定房地产公司已经按照预售合同约定的交房标准向瞿某履行了交房义务。瞿某与房地产公司在另案庭审中均认可预售合同中约定交付的系毛坯房,因此交付的事实具有不可逆性。而物业服务针对的是小区范围公共区域的服务,房屋一旦交付完成,无论瞿某是否实际入住,是否正在装修,均不能构成不交物业费的理由。根据相关规定,系争房屋交付之后的物业费应由瞿某承担。即便生效判决认定系争房屋的装修责任亦应由房地产公司承担,但此并不妨碍买卖双方约定以毛坯房作为交房标准,如果瞿某认为该约定损害其合法权益而不承担物业费,系混淆不同的法律关系。据此,法院判决瞿某支付物业公司自2012年1月1日起至2014年6月30日止的物业服务费。

● **法律依据**

《中华人民共和国合同法》第八条。

● **本案要点**

业主从开发商处接收房屋时起,业主就对房屋有实际占有、使用的权利,并享受物业服务企业的物业管理服务,至于业主由于某种原因未实际居住,不影响物业公司收取物业服务费。根据《最高人民法院关于审理物业服务纠纷案件具体应用法律若干问题的解释》第六条,物业服务企业已经按照合同约定以及相关规定提供服务,业主仅以未享受或者无需接受相关物业服务为抗辩理由的,人民法院不予支持。

上海××物业管理有限公司诉上海市某街道办事处合同纠纷案①

● **案件事实**

某街道办事处系某小区×××室的权利人。2012年12月31日,该小区业主大会与上海××物业管理有限公司(以下简称物业公司)签订物业服务合同一份,约定由物业公司为小区提供物业管理服务,服务期限两年,自2013年1月1日起至2014年12月31日止。物业公司提供的物业管理服务内容为:(一)物业共用部位的维护;(二)物业共用设施设备的日常运行

---

① 参见(2014)沪一中民二(民)终字第1016号民事判决。

和维护;(三)公共绿化养护服务;(四)物业公共区域的清洁卫生服务;(五)公共秩序的维护服务;(六)物业使用禁止性行为的管理;(七)物业其他公共事务的管理服务;(八)业主委托的其他物业管理服务事项。非住宅(某街道办事处)房屋由物业公司按建筑面积每月每平方米 4.90 元向业主或物业使用人收取(其中 0.15 元为设备运行费)。物业服务费用按月缴纳,业主或住户应在每月 10 日前到物业公司在此小区的管理处履行缴纳义务,业主/住户如逾期缴付,管理处将按日加收应缴费用 1‰的滞纳金。合同并就其他内容进行了约定。

后某街道办事处认为自己配有专门的保安保洁公司,并未享受到物业公司提供的物业管理服务,不需要支付物业管理费,因此某街道办事处从 2013 年 1 月 1 日起便不再向物业公司支付物业管理费。而物业公司则认为某街道办事处出于自身需要而为自己的专有部位配备的保安和保洁服务,与物业公司为小区公共区域提供的全方位物业服务并不冲突,也并未影响某街道办事处享受小区公共区域物业服务的待遇,不应成为某街道办事处拒绝支付物业服务费的理由。故物业公司向法院起诉,要求判令某街道办事处支付 2013 年 1 月 1 日起至 2013 年 7 月 31 日的物业管理费 80 829 元。

● 法院判决

法院经审理认为,物业公司作为某街道办事处所在小区的物业服务单位,与上海市某小区业主大会签订了相应的物业服务合同,并提供了物业管理服务,物业公司履行了管理义务后有权向业主收取物业管理费,某街道办事处应按该合同的约定支付相关物业管理费,故对物业公司要求某街道办事处支付物业管理费的请求,法院予以支持。某街道办事处辩称其将系争房屋作为公益性质用房且并未享受到物业公司提供的保安、保洁等服务,对此某街道办事处提供了其和案外人所签订的保安、保洁合同,但是该合同明确注明保洁的范围为办公区域,保安的范围为街道事务受理中心,虽然某街道办事处为了自身需要设置了相应的保安、保洁,但是并不能否认物业公司为系争房屋所在小区的公共区域提供的保安、保洁及绿化等服务,故对某街道办事处的该项辩称法院不予采信。最终法院作出判决：某街道办事处于判决生效之日起十日内支付上海××物业管理有限公司自2013年1月1日起至2013年7月31日的物业管理费。

● 法律依据

《中华人民共和国合同法》第六十条。

● 本案要点

业主因其特殊需要另行设置相应的保安、保洁，并不能排除其享受了物业公司为小区公共区域提供的保安、保洁等服务。既然享受了物业公司提供的物业服务，即有义务按合同约定支付相应的物业服务费。

5. 业主因财物被盗或损毁而拒交物业费

××物业服务有限公司诉郭某某物业服务合同纠纷案[1]

● 案件事实

2009年7月13日上海××房地产投资有限公司（以下简称房地产公司）与××物业管理有限公司（以下简称物业公司）签署《前期物业服务合同》，约定：由物业公司对房地产公司所建的某小区提供物业服务，并向业主收取物业服务费；合同期限自2009年7月13日起至2011年7月12日止；合同期限届满前一个月，与业主委员会协商一致后可签订新的合同，业主大会尚未成立的，本协议自动续延至业主委员会成立签订新的合同为止等。之后，物业公司为上述小区提供物业服务至今。小区内200弄1号202室于2007年11月26日核准登记的权利人为郭某某和董某，2013年5月16日注销，房屋产权被登记转移。因原产权人郭某某未及时支付物业费，物业公司诉至法院，请求判令郭某某支付自2010年1月1日起至2013年5月15日

---

① 参见(2014)沪一中民二(民)终字第2360号民事判决。

止的物业管理费。郭某某则不同意支付物业费。郭某某表示，自己不支付物业费事出有因，他认为物业公司在日常物业服务中存在重大缺失，对其造成了巨大损害，自己多方反映却毫无任何整改与弥补。郭某某认为物业公司在物业服务中存在的重大缺失具体表现在：地库门禁闲置，导致业主车位被外来车辆占据；小区公共道路失修严重，卫生状况不堪入目；郭某某停放在小区的车辆被砸，物业公司不管不顾；大堂公共部位设备保养不力，形同虚设；物业占用公共空间安置员工及其家属居住；小区噪音和渣土污染严重；小区缺乏监管等等。物业公司提供的物业服务与其收费标准不符，且物业公司自 2009 年接管小区后从未向自己催讨过物业费，故不存在郭某某拖欠不付的情况。并且，郭某某表示合同期限至 2011 年 7 月 12 日，故之后的物业服务费物业公司无权向郭某某主张。

● 法院判决

法院经审理认为，物业公司与房地产公司签订《前期物业服务合同》后，由物业公司对该小区进行物业管理，该《前期物业服务合同》真实有效，对物业公司以及包括郭某某在内的全体小区业主具有法律约束力。物业公司已对小区提供了物业管理服务，郭某某理应按约向物业公司支付物业服务费。《前期物业服务合同》约定合同期限自 2009 年 7 月 13 日起至 2011 年 7 月 12 日止，合同期限届满前一个月，与业主委员会协商一致后可签订新的合同，业主大会尚未成立的，本协议自动续延至业主委员会成立签订新的合同为止等，现物业公司管理该小区至今，郭某某接受了物业公司提供的物业管理服务后，理应支付相应的对价。郭某某以物业公司提供的物业服务有缺失为由，拒绝支付拖欠的物业服务费，但郭某某并未提供相关证据予以佐证，且因郭某某所提及的服务项目均涉及全体业主的利益，属于与全体业主有关的涉及共有和共同管理权利的事项，依据法律规定，应经专有部分占建筑物总面积过半数的业主且占总人数过半数的业主共同作出决定或与物业公司协商解决。因此，郭某某以此作为其一户拒付物业管理费的理由缺乏依据，法院难以支持。至于郭某某所称其停放在小区的车辆遭砸的情况，鉴于车辆被砸系受到他人不法侵害所致,郭某某并无证据材料证明其所遭受的不法侵害系物业公司未尽到正常的防范性安全保卫活动所致,且物业管理企业不承担确保物业管理区域内业主的人身、财产不遭不法侵害的义务,故郭某某以此作为拒付物业管理费的理由,亦缺乏依据,法院难以支持。最终法院审理后判决郭某某应支付物业公司自 2010 年 1 月 1 日起至 2013 年 5 月 15 日止的物业服务费。

● 法律依据

《中华人民共和国合同法》第六十条、第一百零九条。

● 本案要点

前期物业服务合同到期后,小区尚未成立业主委员会的,合同自动延续至业主委员会成立签订新的合同为止。业主在享受了物业公司提供的物业服务后,应当按合同约定支付物业管理费用。若业主认为物业公司提供的物业服务有瑕疵,应经专有部分占建筑物总面积过半数的业主且占总人数过半数的业主共同作出决定或与物业公司协商解决,而不能以此作为拒交物业管理费的依据。至于业主的财产遭受不法侵害受到损失,如能证明因物业公司未尽安全保障义务而导致的,则可以另行主张侵权责任。

××物业管理有限公司诉 A 投资有限公司合同纠纷案[①]

● 案件事实

A 投资有限公司(以下简称"A 公司")系上海市×××路×××弄×××号楼 302 室房屋产权人,房屋类型为商场,该房屋建筑面积为 315.85 平方米。××物业管理有限公司(以下简称"物业公司")系 A 公司所在小区提供物业服务的物业企业,根据《前期物业服务合同》约定,A 公司应按每月每建

---

① 参见(2014)沪二中民二(民)终字第 2577 号民事判决。

筑平方米人民币 15.80 元的标准支付物业服务费。根据《业主/租户手册》5.4 条约定,所有用户应当按时支付管理费,逾期支付将按照所欠管理费的千分之一每天加收滞纳金。2013 年 9 月,A 公司所属的停放在地下车库宾利轿车车头标记被盗;消防管道爆裂,导致 A 公司财产损失,致双方产生纠纷。A 公司自 2013 年 8 月至 2013 年 12 月未支付物业服务费。物业公司现诉至法院,请求判令 A 公司支付 2013 年 8 月至 2013 年 12 月的物业服务费和逾期违约金。而关于 A 公司抗辩的漏水问题,A 公司已于 2014 年 7 月 2 日向法院提起民事诉讼。

● 法院判决

　　法院经审理后认为,A 公司在享受物业服务的同时理应根据《前期物业服务合同》的约定支付物业服务费,业主拒付物业费对物业公司的正常运作及小区的正常管理会造成影响。A 公司如认为物业公司存在其他不当行为,可依法另行主张。同时,物业公司作为物业管理者,应积极履行职责,提供服务质量,构建和谐小区。2013 年 9 月,A 公司所属的停放在地下车库宾利轿车车头标记被盗;消防管道爆裂,导致 A 公司财产损失,致双方产生纠纷,双方当事人一致确认,该两节事实双方存有争议,双方当事人应另行依法解决,本案中不予确认。由于 A 公司提出的消防管道漏水导致财产损失的问题已另案提起诉讼,本案也不做处理。关于 A 公司提出的其他抗辩理由,因 A 公司未能提供证据予以证明,法院不予采纳。因此,法院对物业公司要求 A 公司支付物业服务费的诉讼请求予以支持。关于逾期违约金,物业公司依据的是《业主/租户手册》5.4 条滞纳金的约定,《业主/租户手册》中确有每日千分之三滞纳金标准的约定,但约定的标准过高,对此,A 公司也提出了抗辩,同时,A 公司未能及时缴纳物业管理费,属事出有因,虽对于双方争议的问题有待另案解决,但存在争议是不争的事实,物业公司以此理由主张对 A 公司科以惩罚,尚欠公平,本院不予支持。从事实来看,物业公司在物业服务工作中,在加强与业主的沟通、改善物业服务关系上尚有提高完善之处,因逾期付款滞纳金更具有惩罚性,相对本案 A 公司并不完全适用,法院对该项诉请不予支持。

● 法律依据

《中华人民共和国合同法》第六十条。

● 本案要点

业主在享受物业公司提供的物业服务后,应当支付物业管理费。该项业主的义务是基于物业服务产生的,至于业主与物业公司之间产生的其他纠纷,受损害方可以通过其他途径解决。因双方存在纠纷,业主未及时缴纳物业管理费属事出有因,滞纳金具有惩罚性,在本案并不适用。

上海××物业有限公司诉王某某物业合同纠纷案①

● 案件事实

王某某系坐落在上海市××路某房屋(以下简称系争房屋)的产权人。上海××物业有限公司(以下简称物业公司)为系争房屋的物业管理单位,至今仍提供物业服务。系争房屋的物业管理费为每月人民币211.20元,王某某应按季支付物业管理费。然而,王某某自2011年1月1日起,长期拖欠物业费,至2013年12月31日,王某某合计欠付金额为7 603.20元。王某某拖欠物业费期间,物业公司多次向其催付,但王某某认为因为物业公司未尽物业管理职责,对小区公共设施维护不力,导致在2011年一次台风中,小区内的路灯被风吹倒,碰到了王某某别克商务车的中门,将中门油漆刮花。之后,物业公司让王某某修理,王某某修理后拿出的车辆维修单达8 000多元,修理的范围包括整车的喷漆以及零件的更换。物业公司认为根据车辆损坏的程度,无需这么多的修理费。而王某某认为所有费用都应由物业公司负担,物业公司至今未予赔偿损失,因此物业公司和自己的赔偿纠纷

---

① 参见(2014)沪一中民二(民)终字第2255号民事判决。

解决之前，无权向自己收取物业管理费，故不愿意支付物业管理费。物业公司则认为，王某某家中的车子受损，双方曾经协商过赔偿事宜，但因差距过大，没有达成一致意见，主要是王某某要求物业公司承担的修理费用没有合理依据。并且这也不能作为王某某拒付物业管理费的理由。王某某拖欠物业管理费的行为已经严重侵犯了物业公司的合法权益，故向法院提起诉讼，请求判令王某某向物业公司支付从 2011 年 1 月 1 日起至 2013 年 12 月 31 日止的物业管理费。

● 法院判决

法院经审理认为，物业公司与小区业主委员会签订的《物业服务合同》系合同双方真实意思表示，且合同内容符合相关法律规定，应认定该合同合法有效，该合同的效力及于小区全体业主，王某某为系争房屋的业主，应当履行合同义务。物业公司依据其与小区业主大会签订的物业服务合同对该小区提供了物业管理服务。王某某作为小区业主，接受了物业公司提供的物业管理服务，理应支付相应的物业管理费。至于王某某的车子在小区内受损之赔偿事宜，属财产损害赔偿范畴，与物业管理服务合同关系分属不同的法律关系范畴，故在双方就赔偿事宜未能协商达成一致意见的情形下，王某某可另行主张权利，但此非王某某可以拒付物业管理费的正当理由。因此，法院支持物业公司要求王某某支付拖欠物业管理费的诉讼请求。

● 法律依据

《中华人民共和国民事诉讼法》第一百四十四条。

《中华人民共和国合同法》第一百零七条。

《物业管理条例》第四十二条。

● 本案要点

业主享受了物业公司依据物业服务合同提供的物业服务后应当依据合

同约定支付物业服务费用。业主的财产在小区内遭受了损害,属财产损害赔偿范畴,与物业管理服务合同关系分属不同的法律关系范畴,业主应当另行处理,而不应以此作为拒交物业服务费用的依据。

××投资物业有限公司诉王某某物业服务合同纠纷案[1]

● 案件事实

　　××投资物业有限公司(以下简称物业公司)系某小区的物业管理单位,而王某某系该小区的业主。2004年12月,物业公司与王某某签订了住宅使用公约,约定住宅的每月每平方米的物业服务费为1.73元。2012年3月,业委会要求物业公司延续服务。2011年7月前,王某某正常支付物业服务费。2011年7月7日,王某某丈夫朱某发现停放在小区车库内的燃油助动车被偷,9日其至派出所报案。王某某认为物业公司失职致其助动车被偷,因此拒付2011年7月至2013年7月期间的物业服务费。物业公司催讨未果,遂诉至法院,请求判令王某某支付拖欠的物业服务费。

● 法院判决

　　法院经审理认为,依法成立的合同受法律保护,对当事人具有法律约束力,当事人应当按照约定履行自己的义务,不得擅自变更或解除合同。物业公司与小区业主签订的住宅使用公约,对小区的每个业主均具有法律约束力。在物业公司履行了物业管理服务义务,王某某也接受了物业公司的物业管理服务后,王某某作为房屋业主应当向物业公司支付物业服务费。物业公司要求王某某支付物业服务费的诉讼请求,符合法律规定,依法应予支持。法院认为王某某称因物业公司疏于管理,导致其燃油助动车被窃,故拒绝支付物业服务费理由正当,但双方当事人对物业公司履职期间是否存在过错、被窃物品的价值问题、赔偿责任的承担问题均存在争议,本案不宜一

---

[1]　参见(2014)沪二中民二(民)终字第1040号民事判决。

并处理,王某某可收集证据,另案主张诉讼权利。最终法院判决王某某向物业公司支付 2011 年 7 月至 2013 年 7 月的物业服务费。

● **法律依据**

《中华人民共和国合同法》第六十条、第一百零七条。

《物业管理条例》第四十二条。

● **本案要点**

业主享受了物业公司依据物业服务合同提供的物业服务后应当依据合同约定支付物业服务费用。业主的财产在小区内遭到损害,如认为是因物业公司未尽安全保障义务导致,则可以提供相依证据后另案处理,而不能以此作为拒交物业服务费用的依据。

6. 业主因不满业主大会或业委会的决定而拒交物业费

上海××房产服务有限公司诉林某物业合同纠纷案①

● **案件事实**

2011 年 10 月 19 日,某小区业主委员会(以下简称业委会)与上海××房产服务有限公司(以下简称物业公司)签订《委托物业服务合同》,就小区的物业管理服务事宜作出约定,委托管理期限为 2011 年 9 月 27 日至 2012 年 12 月 31 日,物业费为 1.33 元/平方米/月。2012 年 9 月 24 日,该商铺业主大会向居民张贴公告,要求业主于 2012 年 10 月 1 日起按 1.53 元/平方米/月支付物业费,但小区业主以程序不合法为由提出质疑。随后业委会按照该内容制定《关于调整小区物业服务费的通知》并出具给物业公司。但 2013 年 1 月 5 日业委会向物业公司发出《撤销"关于调整小区物业服务费的通知"的告示》,称因其缺乏工作经验,没有履行召开业主大会的法定程序,

①　参见(2014)沪一中民二(民)终字第 2377 号民事判决。

已决定撤销原决议,调价没有法律依据,9月24日发给物业公司的调价通知随之作废。物业公司后向法院起诉要求林某支付2012年10月至12月的物业服务费。林某认为其与物业公司没有合同纠纷,物业服务收费合同的当事人是物业企业与业主或业主大会,不是业委会。业委会擅自"确认"调价违反法规,业委会知错能改,后发的撤销告示应为有效。物业收费必须签订合同,业主只按合同付费,其他变相方式都是非法收费的借口,是侵权行为。故物业公司无权要求其支付积欠的物业服务费和滞纳金。

● 法院判决

　　法院经审理认为,《关于调整小区物业服务费的通知》系业委会与物业公司对物业费调整事宜经协商后由业委会向物业公司所作的确认,且物业公司实际已根据该通知中所确认的调整后的新标准向小区业主收取物业管理费,小区内部分业主亦已实际按调整后的新标准向物业公司交纳了物业管理费,故该通知应属双方对物业费调整所达成的补充协议,对全体业主应具有法律约束力。至于业委会所发的《撤销"关于调整小区物业服务费的通知"的告示》的效力问题,该通知未与物业公司协商并获得物业公司的同意,应属业委会的单方行为,故不能产生撤销双方已达成的补充协议之法律后果。因此物业公司与业委会签订的物业服务合同及补充协议系双方真实意思表示,应予履行。物业公司已按约履行了物业管理服务义务,林某作为接受了物业公司服务的业主,理应向其支付相应的物业管理服务费。在合同履行过程中,经业主委员会确认提高了物业管理服务费的收费标准,林某作为小区业主,应按业主委员会的确认,按变更后的物业服务费标准向物业公司支付相应的物业服务费。现林某已按原物业合同的标准支付了物业服务费,故物业公司向其主张剩余差额部分物业服务费,法院予以支持。考虑到林某已经按原标准支付了物业费,未支付剩余物业费事出有因,故对物业公司要求林某支付滞纳金的诉讼请求法院不予支持。最终法院判决林某应支付积欠物业服务费,驳回物业公司其他诉讼请求。

● **法律依据**

《中华人民共和国合同法》第六十条。

● **本案要点**

业主委员会作为业主大会的执行机构,具有对外代表全体业主、对内具体实施与物业管理有关行为的职能,其行为的法律效果及于全体业主。在物业合同履行中,经业主委员会确认,物业公司上调了物业管理费用,该决定系物业公司与业主委员会协商后确认,对全体业主有效。业主在享受了物业公司提供的物业服务后应当根据该决定缴纳物业费用,缴纳不足的,应补足。

××物业有限公司诉周某某物业服务合同纠纷案①

● **案件事实**

2012年3月,某小区业主大会与××物业公司有限公司(以下简称物业公司)签订《物业服务合同》一份,合同约定:委托期限自2012年1月1日起至2014年3月19日止,按建筑面积向业主收取物业服务费,按1.70元/平方米/月标准收取,一层则按1.15元/平方米/月收取。物业服务费用按月交纳,可预收3个月,业主应在每月15日前履行交纳义务,逾期交纳的,可以从逾期隔月之日起,每日按应缴费用千分之三加收滞纳金。合同到期后,因小区业主委员会任期到期,双方未签订新的物业服务合同,仍由物业公司继续为小区提供物业管理服务。因小区业主周某某自2013年1月起未向物业公司支付物业管理费,物业公司遂诉至法院,请求判令周某某支付自2013年1月至2014年12月的商品房管理费和水泵运行费,并支付违约金。后撤回违约金的诉讼请求。周某某提供一组照片和发票,以证明楼上住户违法安装中央空调,且其房屋存在渗水问题一直未得到解决,说明物业公司管理不到位,并证明2013年前按1.30元而不是1.70元的标准支付物业管理费,同时

---

① 参见(2015)沪一中民二(民)终字第1445号民事判决。

主张物业合同签订程序违反了法律规定。故认为其不应该支付商品房管理费、水泵运行费和违约金。

● 法院判决

　　法院经审理认为，物业公司作为周某某所在小区的物业服务单位，与该小区业主大会签订了相应的物业服务合同，并提供了物业管理服务，物业公司履行了管理义务后有权向业主收取物业管理费，周某某应支付服务费。周某某认为物业合同签订程序不合法，根据我国《物权法》的相关规定，物业服务合同是否违反法律规定，损害全体业主的利益，属于小区全体业主内部管理事务，应由小区业主自行解决，或依据法律的规定向人民法院主张行使撤销权。但在业主大会的决定被撤销前，其决定对小区业主仍具有法律约束力，不能以此对抗业主大会代表小区业主对外签订合同的效力。因此，周某某作为小区业主，应当依据《物业服务合同》约定履行支付相应物业管理费的义务。现物业公司主张的物业费收费标准并未超过合同约定标准，故周某某理应据此标准向物业公司支付拖欠的物业费。最终法院判决周某某支付 2013 年 1 月至 2014 年 12 月期间的物业管理费。

● 法律依据

　　《中华人民共和国合同法》第六十条。

● 本案要点

　　小区业主委员会与物业公司签订的物业服务合同对全体业主具有约束力。业主在享受物业公司提供的物业服务后应当按照合同约定支付物业服务费用。业主认为物业公司服务有瑕疵可以提出建议，但不能以此为拒付物业管理费的依据。另外，物业服务合同是否存在程序不合法、损害全体业主的利益的情况，属于小区全体业主内部管理事务，应由小区业主自行解决，或依据法律的规定向人民法院主张行使撤销权。但在业主大会的决定被撤销前，其决定对小区业主仍具有法律约束力，不能以此对抗业主大会代表小区业主对外签订合同的效力。

上海××物业管理有限公司诉朱某某物业合同纠纷案①

● 案件事实

2001年10月,上海××物业管理有限公司(以下简称物业公司)与YY置业有限公司(以下简称开发商)签订《前期物业管理服务合同》,为朱某某所在的小区提供物业服务,合同期限自2001年12月20日起至2006年12月19日止。2007年9月1日,物业公司与该小区业主大会签订《物业服务合同》一份,合同期限自2007年9月1日起至2008年8月31日止。此后,业主大会多次与物业公司续订《物业服务合同》,且物业公司也一直持续为该小区提供物业服务。2012年业主委员会决定采取公开招投标的方式选聘物业服务企业,并请物业公司继续履行好小区物业管理服务工作,直至新、老物业交接工作完毕。2013年8月31日物业公司撤出该小区。朱某某未按期缴纳自2006年7月至2013年8月间的物业服务费,期间物业公司向朱某某以挂号信的形式发出多封催款函,均未果。为维护其合法权益,物业公司起诉朱某某要求其支付2006年7月1日至2013年8月31日的物业服务费以及违约金。

朱某某认为物业公司出具的物业服务管理合同有伪造之嫌,对其没有法律约束力,并表示从未收到过物业公司的催款函,所以物业公司的主张已经超过诉讼时效。朱某某还认为业主逾期不缴纳物业服务费,应先经业委会督促,物业公司不可直接向法院起诉,所以其拒绝向物业公司支付物业服务费以及违约金。

● 法院判决

法院经审理后认为,依法成立的合同受法律保护,对当事人具有同等约束力,业主大会或者业主委员会的决定,对业主具有约束力。若是业主大会

---

① 参见(2014)沪一中民二(民)终字第2581号民事判决。

或者业主委员会作出的决定侵害业主合法权益的,受侵害的业主可以请求人民法院予以撤销。现朱某某所居住小区业主大会已与物业公司签订了《物业服务合同》,故业主大会的该项决定,在被依法撤销之前,对小区全体业主具有法律约束力,物业公司与朱某某的物业服务合同关系依法成立。虽然,物业公司与业主大会签订的书面合同期限已经到期,但之后,经朱某某所在小区业主委员会的许可,物业公司为小区实际提供物业服务至2013年8月31日。因为小区的物业管理服务关系到小区全体业主的日常生活,不可间断,故在涉案小区的业主委员会尚未选聘新的物业服务企业前,物业公司继续为小区业主提供服务,直至将相关的服务内容移交给后续的物业管理服务企业,符合诚实信用原则,也有利于涉案小区业主的正常生活,故物业公司对小区实施的管理行为属事实管理,朱某某理应依据等价有偿原则,向物业公司支付物业管理费。至于朱某某所称业主逾期不交纳物业服务费用时,应先经业主委员会督促其限期交纳的前置程序,物业服务企业不可直接向法院起诉,法院认为此项规定并非法律上的诉讼前置程序,当业主违反物业服务合同约定,逾期不交纳物业服务费用,物业服务企业有依法向法院起诉的权利。诉讼时效因提起诉讼、当事人一方提出要求或者同意履行义务而中断。从中断时起,诉讼时效期间重新计算。本案中,物业公司主张的物业服务费历时较长,物业公司能使诉讼时效的中断期间得以延续。故法院最终判决朱某某应支付物业服务费,但是,物业公司的服务也存在不足之处,所以朱某某不需支付违约金。

● 法律依据

《人民共和国民法通则》第一百四十条。

《中华人民共和国合同法》第一百零九条。

《中华人民共和国物权法》第七十八条。

● 本案要点

我国法律未规定业主逾期不交纳物业服务费用时,应先经业主委员会督促其限期交纳,物业服务企业才可以向法院提起诉讼。本案中,物业公司起诉业主的程序合法。

根据《中华人民共和国民事诉讼法》的相关规定诉讼时效因提起诉讼、当事人一方提出要求或者同意履行义务而中断。本案中,物业公司多次以挂号信形式进行催款,诉讼时效得以中断。

7. 业主因不认可开发商与物业公司签订的前期物业合同而拒交物业费

上海××物业有限公司诉李某物业合同纠纷案①

● 案件事实

2001年5月26日在上海××物业有限公司(以下简称物业公司)对某小区进行管理一年后,该小区业主委员会又与物业公司签订《约定承诺书》,合同期限至2001年7月31日,此后小区一直由物业公司进行物业管理,并得到业主委员会的认可。上述事实有生效的法律文书确认。李某曾在2009年9月以每月每平方米1.47元向物业公司支付2009年1月至12月的物业管理费。李某因未向物业公司支付2012年1月至2013年3月的物业管理费,物业公司催讨不着,起诉至法院,要求李某支付物业管理费。李某则认为,首先,物业公司从未向其催讨过物业管理费;其次,物业公司与业主委员会从未签订相关的物业服务合同,物业公司的行为属于无因管理,与物业公司并无合同关系;再次物业公司存在乱收费的情况,所以其不应该支付物业管理费。

● 法院判决

法院经审理认为,法人的合法权益受法律保护。本案中,有生效法律文书证明自2000年5月开始至2013年3月31日止,物业公司一直对涉案小

---

① 参见(2014)沪二中民二(民)终字第789号民事判决。

区进行物业管理服务,且得到该小区业主委员会的认可,故物业公司与业主委员会虽未签订物业管理服务合同,但双方已形成事实上的物业服务合同关系,李某称物业公司的行为是无因管理没有依据。在物业公司履行了物业管理服务义务,李某也接受了物业公司的物业管理服务后,李某作为业主之一应当向物业公司支付物业管理费。现李某未按时支付物业管理费,其欠付行为已构成违约,应承担由此产生的法律后果。故物业公司要求李某支付物业管理费的诉讼请求,符合有关法律规定,法院依法应予以支持。因之前李某曾按每月每平方米1.47元向物业公司支付物业管理费,现物业公司仍以该标准主张,是合理的。法院最终判决李某向物业公司支付2012年1月至2013年3月的物业管理费。

● **法律依据**

《中华人民共和国合同法》第六十条。

《中华人民共和国合同法》第一百零七条。

● **本案要点**

小区业主委员会与物业公司之间虽没有签订书面物业服务合同,物业公司事实上提供了物业服务,也成立物业服务合同关系。业主在享受物业公司提供的物业服务后,应当支付相应的管理费用。

××物业服务有限公司诉李某某物业服务合同纠纷案①

● **案件事实**

2011年4月21日,重庆××物业服务有限公司(以下简称物业公司)与开发商甲公司(以下简称开发商)签订《前期物业服务合同》一份,约定按高层人民币2.8元每月每平方米,低层及平层3.6元每月每平方米交纳物业

---

① 参见(2015)沪一中民二(民)终字第2847号民事判决。

费,物业服务费按季交纳,业主应在每季度前一个月的 15 日之前履行交纳义务,逾期交纳的,按日收取应缴纳费用千分之三的违约金,合同期限自 2011 年 4 月 21 日起至 2014 年 4 月 22 日止。2012 年 2 月 23 日,物业公司与开发商签订《前期物业服务合同补充协议》一份,约定补充主合同第七条中商业用房的物业服务费标准为 10 元每月每平方米。2012 年 9 月 30 日,李某某与开发商签订《上海市商品房预售合同》一份,将上述情况已在合同中说明。2013 年 4 月 22 日,李某某签署《承诺书》一份,明确李某某已详细阅读并理解开发商指定的物业临时管理规约,同意遵守本规约内的一切条款,如有违约,愿承担相应违约责任。并于同日对房屋进行了验收交接,且缴纳 2013 年 5 月 1 日起至 2013 年 7 月 31 日止的物业费,单价 10 元每平方米每月计算。由于李某某长期拖欠物业费,物业公司向法院提起诉讼要求李某某向物业公司支付 2013 年 11 月 1 日至 2015 年 6 月 30 日的物业管理费以及违约金。

李某某认为,其并非物业合同的当事人,并且商铺门口的步行街道路到 2014 年 1 月才修好,修好之前道路上都是黄沙和水泥,建筑垃圾随意堆放;车辆随意停放无人管理;步行街没有任何绿化;旁边餐饮店排放油烟不合标准;商铺屋面雨水管直接排水到步行街,步行街地面却高于商铺地面,反坡却无排水管和下水管道,易造成雨水倒灌,商铺进水。物业公司没有进行管理和提供服务,不应该收取物业费,并提交了相关照片等材料进行证明。故拒绝支付物业管理费和违约金。

● 法院判决

法院经审理认为,建设单位与物业服务企业签订的前期物业服务合同,并未违反法律、行政法规有关效力性的强制规定,合法有效,对业主具有约束力,业主应当根据物业服务合同的约定交纳物业服务费用,业主以其并非合同当事人为由提出抗辩的,人民法院不予支持。物业公司对房屋漏水无检修义务,小区地势低洼、雨天雨水倒灌并非由物业公司所致,另外,李某某所提交的照片等证据不能充分证明物业公司违反了相应的合同义务。良好有序的物业服务是每个业主的共同希望,李某某拖欠物业管理费确系事出有因,物业公司作为物业服务企业应在合同明确约定的权利义务的基础上,进一步提高物业管理的水平,加强与业主间的沟通。最终法院判决李某某支付 2013 年 11 月 1 日起至 2015 年 6 月 30 日止的物业服务费,驳回物业公司的其余诉讼请求。

● **法律依据**

《中华人民共和国合同法》第六十条、第一百零九条。

《最高人民法院关于审理物业服务纠纷案件具体应用法律若干问题的解释》第一条。

《关于民事诉讼证据的若干规定》第二条。

● **本案要点**

根据《最高人民法院关于审理物业服务纠纷案件具体应用法律若干问题的解释》第一条,建设单位依法与物业服务企业签订的前期物业服务合同,以及业主委员会与业主大会依法选聘的物业服务企业签订的物业服务合同,对业主具有约束力。业主以其并非合同当事人为由提出抗辩的,人民法院不予支持。本案中,业主享受了物业公司提供的物业服务,就应当按照约定支付物业管理费用。同时,物业公司是依据合同提供物业服务,其服务义务并非业主可以随意扩大。

上海××物业有限公司诉 YY 实业发展公司案①

● **案件事实**

2006 年 7 月 1 日,上海××物业有限公司(以下简称物业公司)与某小区业主委员会签订《物业服务合同》,约定物业公司为小区(物业类型:售后

---

① 参见(2015)沪二中民二(民)终字第 1272 号民事判决。

公房)提供物业服务,服务期限为2005年7月1日至2008年6月30日。售后公房新政策出台,物业公司按新政策向业主收取规定的各项费用。合同期满后,因业委会原有成员期满、辞职等原因无法继续履行职责,新的业委会亦未成立,无法选聘新的物业公司,物业公司继续为小区提供物业服务至今。业主YY实业发展公司(以下简称实业公司)因拖欠物业费被物业公司诉至法院,物业公司请求判令实业公司支付自2005年7月1日起至2014年2月28日止的物业管理费及上述欠款的滞纳金。

实业公司则认为,首先,该小区原为多家联建,大产证登记为本公司。房屋建成后供各单位公房分配。现小区内部分房屋为售后产权房,部分仍为公有住房。物业公司与业委会签订的《物业服务合同》的对象是售后公房,而不是公房,所以《物业服务合同》并不适用本公司,公房是由本公司自行管理。上述物业服务合同2008年到期后,物业公司已经撤出,没有继续提供物业服务;其次,物业公司2007年后从未向其主张过权利,本案已经超过诉讼时效;再次,双方对于支付物业管理费有争议,所以本公司不应支付滞纳金,且滞纳金标准过高。所以实业公司拒绝支付物业管理费和滞纳金。

● 法院判决

法院经审理认为,依法成立的合同对合同当事人具有法律约束力,各方均应按约履行各自的义务,不得擅自变更或者解除。当事人对于自己提出的诉讼请求所依据的事实或者反驳对方诉讼请求所依据的事实有责任提供证据加以证明。没有证据或者证据不足以证明当事人的事实主张的,由负有举证责任的当事人承担不利后果。业委会中有实业公司的代表,该业委会不仅代表了私房业主,也代表了公房业主,业委会的决定对全体业主均具有约束力。业委会与物业公司签订的《物业服务合同》系合同当事人真实意思表示,内容无违法之处。该合同对实业公司具有约束力。自物业公司进驻小区后与实业公司就物业管理费问题素有争议,物业公司亦多次诉讼至法院,后虽因种种原因撤诉,但可表明物业公司并未放弃向实业公司追讨物业管理费的诉讼权利,诉讼时效依法中断。物业公司主张的物业管理费包含物业费、保安费、保洁费和电梯水泵运行费。关于物业费,物业公司在合同到期后,继续提供了物业服务,实业公司作为业主应当按约支付物业管理费。关于保安费、保洁费和电梯水泵设备运行费,《物业管理合同》约定保安费、保洁费和部分电梯水泵设备运行费由维修基金支付。该约定不符合维修基金的用途,而实业公司事实上也未交纳维修基金。同时,鉴于实业公司作为业主未能向物业公司提供房屋承租人或使用人的资料,妨碍了物业公司收取相关费用,故应由实业公司支付保安费、保洁费和电梯水泵设备运行费。考虑到《物业管理合同》到期后,业委会因故不能正常履职,致使各方无法就物业管理费用的新标准进行协商,故现物业公司主张按照政府规定调整相关费用标准,理由正当。实业公司长期拖欠物业管理费应当按约支付滞纳金。根据各方履约的实际情况所确定的滞纳金尚属合理,最终法院支持了物业公司的全部诉讼请求。

● 法律依据

《最高人民法院关于民事诉讼证据的若干规定》第二条。

《中华人民共和国合同法》第八条。

● 本案要点

依法成立的合同对合同当事人具有法律约束力。本案中,小区业主委员会与物业公司签订的物业服务合同合法有效,即该合同对全体业主均具有约束力。业主在享受物业公司提供的物业服务后,应当按照合同约定缴纳物业管理费。

根据《中华人民共和国民民法通则》规定,诉讼时效因提起诉讼、当事人一方提出要求或者同意履行义务而中断。本案中,物业公司曾多次向法院提起诉讼要求该业主缴纳物业管理费,因此,诉讼时效中断。物业服务合同在到期后,业主委员会没有签订新的物业服务合同且物业公司继续实际履行物业服务的,应当认定为自动延续。

上海××物业管理有限公司诉周某物业服务合同纠纷案①

● 案件事实

2010年9月1日,某置业有限公司(以下简称开发商)与上海××物业管理有限公司(以下简称物业公司)签订《前期物业管理合同》一份,合同期限自2010年9月1日起至2012年8月31日止。2013年12月11日,开发商与物业公司签订《物业服务撤场补充协议》,将服务期限延长至2014年1月15日。2008年6月7日,开发商与周某签订《上海市商品房预售合同》一份,周某在附件五"《前期物业管理服务合同》、《使用公约》或有关承诺书"上签字。周某分别在2013年1月3日和2013年2月21日向物业公司刷卡支付款项1 230元和3 932.70元,2014年10月16日,物业公司诉至法院,要求周某支付拖欠的2013年1月1日至2014年1月15日的物业服务费9 819.06元及其逾期付款滞纳金22 719.14元,并支付拖欠的公共事业费(包括套内电费和电费基本费)7 974.92元。

周某却认为,小区前期物业服务合同早已于2012年8月31日到期,且非物业公司与周某所签,前期物业服务合同中关于电费基本费的约定因未在其和开发商签订的《商品房预售合同》中予以明确而对其不产生拘束力,并且在其与开发商签订《上海市商品房预售合同》时,开发商承诺合同确定的物业服务费已经包含了除其所购房屋套内使用之水电费用外的所有费用,其无须承担任何费用。物业公司起诉主张其未支付2013年1月1日至2014年1月15日期间的物业服务费,并在公共事业费明细表中主张周某累计拖欠套内电费1 891.71元和2010年11月至2013年12月的电费基本费6 083.20元,对此,其认为已支付2013年全年的物业服务费,并提供了相关单据进行证明,并对物业公司单方制作的收费明细表中所示的套内电费数额存在异议。

---

① 参见(2015)沪二中民二(民)终字第1530号民事判决。

● **法院判决**

　　法院经审理认为,建设单位依法与物业服务企业签订的前期物业服务合同,对包括周某在内的小区全体业主具有约束力,合同双方均应按约履行。周某与开发商签订的《商品房预售合同》中虽未对电费基本费的收取明确作出约定,但周某在购房时已承诺接受小区前期物业服务合同之约束,即便开发商于交房时未依规向周某完整提示前期物业服务合同之内容,亦不能对抗作为善意第三人的物业公司。物业公司提供的电费发票证明小区的电费基本费已由物业公司向电力公司每月定额交纳,前期物业服务合同将该项收费纳入约定实属合理。虽物业服务合同约定的期限至 2012 年 8 月 31 日止,但物业公司实际为小区提供物业服务至 2014 年 1 月 15 日止,法院据此认定 2012 年 9 月 1 日起至 2014 年 1 月 15 日期间物业公司与小区全体业主之间存在事实上的物业服务合同关系。根据周某提供的单据,法院最后认定其未交纳 2013 年 3 月 1 日起至 2014 年 1 月 15 日之物业服务费用。对于套内电费,因物业公司无法提供充分证据为其单方制作的欠费明细表提供佐证,故对物业公司的该部分诉讼请求,法院难以支持。最终法院判决周某向物业公司给付自 2013 年 3 月 1 日至 2014 年 1 月 15 日的物业服务费人民币 8 245.98 元和 2010 年 11 月至 2013 年 12 月的公共事业费(电费基本费)人民币 5 943.77 元。

● **法律依据**

　　《最高人民法院关于民事诉讼证据的若干规定》第二条。

　　《中华人民共和国合同法》第八条。

● **本案要点**

　　《最高人民法院关于审理物业服务纠纷案件具体应用法律若干问题的解释》第一条规定,建设单位依法与物业服务企业签订的前期物业服务合同,以及业主委员会与业主大会依法选聘的物业服务企业签订的物业服务合同,对业主具有约束力。业主以其并非合同当事人为由提出抗辩的,人民法院不予支持。业主在享受物业公司提供的物业服务后，应当按照合同约定支付物业服务费用。

上海××物业有限公司诉朱某某合同纠纷案①

● 案件事实

2007年10月18日，某小区开发商上海YY有限公司（以下简称开发商）与上海××物业公司（以下简称物业公司）签订《物业服务合同》一份，约定开发商将上海某小区委托物业公司进行物业管理，管理期限为二年。收费标准为：办公楼、商铺每月每平方米均为人民币3.90元。物业公司实际于2009年入驻小区提供物业服务。上述《物业服务合同》到期后，小区仍由物业公司进行物业管理服务。2013年，物业公司与开发商签订《物业服务补充合同Ⅳ》，延长《物业服务合同》管理期限，新的合同期限为二年，自2013年2月13日起至2015年2月12日，原《物业服务合同》其他条款不变。小区一直未成立居民委员会。朱某某于2009年12月20日经核准登记为该小区某套房屋的权利人之一，该房屋类型为办公。朱某某未交纳2010年10月起至2014年8月的物业管理费。物业公司诉至法院请求判令朱某某支付2010年10月至2014年8月的物业管理费8 568.10元和违约金18 507.10元，后物业公司将诉请第二项变更为判令朱某某支付逾期付款违约金10 000元。

朱某某认为，2010年10月至2014年8月的物业费没有交纳是因为其入住时并没有签署《前期物业管理协议》，故物业公司主张的物业管理费没有依据。物业公司在其入住时强行提供物业服务，但其所提供的物业服务不符合约定，且质价不相符。因其房屋未预留空调管洞，按物业公司指示从公共走廊的天花板砸洞接入管道，物业公司却拒绝修复破损的天花板，导致该洞口漏水，使其房屋北卧室墙面大面积霉变。物业公司未按规定公示财务年度计划及物业管理费用收支账目，也未提供正规收费发票。综上，不同

---

① 参见(2015)沪一中民二(民)终字第503号民事判决。

意支付物业管理费及违约金。

● 法院判决

　　法院经审理认为,前期物业管理,是指住宅出售后至业主委员会成立并选聘新的物业服务企业前的物业管理。案件所涉物业管理服务,是小区成立业主委员会之前,由建设单位选聘物业管理企业进行的物业管理服务,故属前期物业管理。对于前期物业管理服务费用,应当按照物业管理企业与住宅出售单位约定的合法收费标准收取。物业公司主张的物业费标准系依据其与开发商签订的前期物业服务合同,法院予以确认。物业公司作为开发商选聘的前期物业管理企业,在提供了物业管理服务后,朱某某作为该小区的业主应当依据诚实信用的原则,向物业公司履行支付物业管理费的义务,故物业公司要求朱某某支付 2010 年 10 月起至 2014 年 8 月的物业管理费 8 568.10 元的诉请,依据充分,予以支持。关于物业公司要求朱某某支付违约金 10 000 元的诉请,鉴于前期物业服务合同并未约定违约责任,且对于朱某某迟延支付物业管理费,作为物业公司理应从自身的服务意识、服务质量多加考虑,故对物业公司要求朱某某支付违约金的诉请,不予支持。最终法院判决朱某某支付物业公司 2010 年 10 月起至 2014 年 8 月的物业管理费 8 568.10 元,驳回物业公司的其余诉讼请求。

● 法律依据

　　《中华人民共和国合同法》第八条。

　　《中华人民共和国民事诉讼法》第五十一条。

　　《物业管理条例》第四十二条。

● 本案要点

　　建设单位依法与物业服务企业签订的前期物业服务合同,对全体业主均具有约束力。双方应当按照合同约定履行合同义务,业主在享受物业公司提供的物业服务后,应当履行其支付物业服务费用的义务。

8. 因业主之间的内部纠纷而推卸交费责任

上海××物业管理有限公司诉魏某物业合同纠纷案①

● 案件事实

2010 年 8 月 20 日,上海××物业管理有限公司(以下简称"物业公司")与某小区业主大会签订了《物业服务合同》,约定物业公司向该小区的全体业主提供物业服务,服务期限为 2010 年 9 月 1 日至 2011 年 2 月 28 日止。2011 年 3 月 1 日,物业公司与业主大会续签《物业服务合同》,约定的合同期限为 2011 年 3 月 1 日至 2015 年 2 月 28 日。该小区业主魏某缴纳了 2010 年 9 月、10 月的物业服务费。但自 2010 年 11 月起便未向物业公司支付物业管理费。2012 年 3 月 6 日和 2013 年 9 月 23 日物业公司以邮寄挂号信的方式向魏某催讨物业费,因未果,故诉至法院要求魏某支付 2010 年 11 月至 2013 年 12 月的物业费以及违约金。

魏某认为,其通过中介将房屋出租给贵州省某酒业有限公司使用,租赁合同约定租期自 2010 年 11 月 1 日起至 2015 年 10 月 31 日止,并对双方权利义务做了约定,其认为应由物业公司与物业实际使用人该酒业公司协商解决物业费纠纷。同时,认为物业服务合同的签订程序不合法,该合同对其没有约束力。另外,物业公司对小区采取封闭式管理,但却不向其发送门禁卡,且要求其关闭商铺后门,使其无法利用小区内的公共绿化,可以利用的公共部位仅有商铺前的门廊,但物业公司对该门廊并未提供管理服务。最后,其认为物业公司催讨物业费应先通过业主委员会提出主张。所以,其不应承担物业公司主张的物业费和违约金。

● 法院判决

法院经审理后认为,魏某未能提供合同无效的证据,故法院认为物业公司提供的两份物业服务合同合法有效。一个物业区域由一个物业服务企业

① 参见(2014)沪一中民二(民)终字第 2162 号民事判决。

实施物业服务,一个物业区域成立一个业主大会,而业主大会做出的决定对业主具有约束力,魏某作为该物业区域内的一户业主,与该小区内其他物业共同处于一个物业区域内,当然受该合同约束。依照法律规定和合同约定,业主是享受物业服务的主体,魏某作为业主并不能因为其将物业出租给物业实际使用人,便否认魏某享受了物业服务,魏某是支付对价的当然义务主体。至于魏某与物业实际使用人关于物业费的约定,系魏某与物业实际使用人的内部约定,并不能对抗物业公司。魏某如果对物业公司提供的服务内容和质量有异议,有权利也有义务向法院举证。而魏某提供的照片并不能证明物业公司未提供相应的物业服务。关于魏某所陈述的催讨物业费的前置程序,适用前置程序必须有法律的明文规定,案件中并不存在这样的情况,而且相关司法解释也明确规定,如果物业服务企业向业主委员会提出物业费主张的,人民法院应当告知其向拖欠物业费的业主另行主张权利。综上,魏某作为小区业主,在享受物业服务的同时,理应交纳物业费,魏某长期不缴纳物业费,已经构成违约,最终法院判决魏某向物业公司支付物业费和违约金。

● 法律依据

《中华人民共和国合同法》第一百零七条、第一百零九条。

● 本案要点

小区业主委员会与物业公司签订的物业服务合同合法有效,合同的一方是全体业主,非业主的实际使用人与物业服务企业没有直接关系,不是物业管理合同的一方当事人,同时也不是物业区域的区分所有权人,物业的实际使用人虽然是物业服务的接受者,但却不是物业服务合同的当事人,因此,业主仍然是交纳物业服务费的第一责任人。业主与实际使用人另有的内部约定不得对抗善意第三人,业主在缴纳物业服务费后可以向实际使用人追偿。

上海××物业管理有限公司诉 A 公司、范某某物业合同纠纷案①

● 案件事实

2005 年 3 月 4 日,上海××物业管理有限公司(以下简称物业公司)与开发商签订《前期物业服务合同》一份,合同期限自 2005 年 4 月 1 日起至 2007 年 3 月 31 日止。合同到期后仍继续为该小区提供物业服务,2013 年 1 月 10 日物业公司与小区业主大会签订《物业服务合同》一份,合同期限自 2012 年 8 月 1 日起至 2015 年 7 月 31 日止。A 公司为该小区某店铺的业主,范某某向 A 公司租赁该店铺,合同约定房屋租赁期限自 2011 年 7 月 18 日至 2021 年 7 月 17 日止,租赁期间,使用该房屋所发生的物业管理费由范某某承担。因 A 公司、范某某未交纳相应的物业管理费,物业公司催讨未果遂诉至法院,要求判令 A 公司、范某某缴纳自 2012 年 1 月 15 日至 2014 年 3 月 31 日止的物业管理费 305 373.90 元以及滞纳金,后物业公司放弃要求其支付滞纳金的请求。2014 年 7 月 17 日,A 公司、范某某已经支付 100 000 元,故物业公司主张自 2012 年 1 月 15 日至 2014 年 3 月 31 日止的剩余物业管理费 205 373.90 元。

A 公司认为,其与物业公司没有签订物业管理合同。首先,物业管理合同是业委会与物业公司之间签订的,且该合同签订在其购买本案所涉房屋之前,该物业管理合同也从未交给过其并得到确认。其次,其与范某某在租赁合同中明确约定由范某某直接向物业公司支付物业管理费,物业合同的实际履行也是由物业公司向范某某提供物业服务,由范某某支付物业费,由此,缴纳物业管理费的义务应当由范某某独立承担,其不应当对上述付款义务承担连带责任。

范某某认为,物业公司服务不到位以及由于物业公司的原因导致其无法享受分时计算电费的优惠、擅自拉断电源导致其损失,同时提供了相关缴费凭证,所以物业公司的主张不合理。

---

① 参见(2014)沪一中民二(民)终字第 3393 号民事判决。

● 法院判决

　　法院经审理后认为，业主应当根据物业服务合同的约定交纳物业服务费用。业主与物业使用人约定由物业使用人交纳物业服务费用的，从其约定，业主负连带交纳责任。物业管理是一种服务行为，是物业管理公司依合同为业主提供的包括环境卫生、绿化管理、公共秩序、安全防范、交通消防等项目的有偿服务行为。物业公司作为住宅出售单位及小区业主大会选聘的物业管理企业，为涉案小区提供了物业管理服务，故物业公司有权收取物业管理费。在两段合同期之间，物业公司实际为涉案小区提供了物业管理服务，根据公平原则，物业公司亦有权收取物业管理费。现 A 公司、范某某约定由物业使用人即范某某交纳物业服务费用，于法不悖，但业主即 A 公司应当负连带交纳责任。范某某自租赁日 2011 年 7 月 18 日至 2014 年 3 月 31 日止应当支付的物业管理费为 374 058.20 元，根据有关支付凭证，范某某已经支付物业公司的物业管理费为 190 000 元，故范某某尚欠物业管理费 184 058.20 元。范某某关于物业公司服务不到位以及由于物业公司的原因导致其无法享受分时计算电费的优惠、擅自拉断电源导致其损失等抗辩意见，依据不足，法院难以采信。最终法院判定范某某支付物业公司截止至 2014 年 3 月 31 日止的剩余物业管理费 184 058.20 元，A 公司对范某某的上述付款义务负连带清偿责任。

● 法律依据

　　《中华人民共和国合同法》第八条。
　　《中华人民共和国民事诉讼法》第五十二条。
　　《物业管理条例》第四十二条。

● 本案要点

　　根据《物业管理条例》第 42 条的规定，业主与物业使用人约定由物业使用人交纳物业服务费用的，从其约定，但业主负连带交纳责任。在物业服务合同关系中，业主是合同的一方当事人，在其接受了物业公司依合同约定提供的物业服务后,应当按约定缴纳物业管理费用,其与物业实际使用人的内部约定,对不属于内部约定当事人的物业公司无约束力。

上海××物业有限公司诉王某某物业服务合同纠纷案①

● 案件事实

2011年12月8日,上海××物业公司有限公司(以下简称物业公司)与某小区业主大会签订《物业服务合同》,约定由其为小区提供物业服务,合同期限自2012年1月1日起至2012年12月31日止。2013年10月30日,业主委员会与上海YY物业有限公司签订了《物业服务合同》,合同约定YY物业有限公司将于2013年12月1日进驻该小区实施物业服务,在新的物业公司进入之前,物业公司应做好工作交接。2015年4月,物业公司诉至法院,请求判令业主王某某支付2013年1月至2013年11月的物业服务费897.60元及滞纳金。后来,物业公司调整上述期间物业服务费为897.05元,并放弃滞纳金部分的诉讼请求。王某某认为,其与李某原系夫妻关系,2014年经法院判决离婚,其和李某在离婚纠纷中约定,2014年1月之前的物业费由李某支付。现物业公司向其主张2013年1月至2013年11月期间的物业费,该期间其未居住在涉案房屋中,所以应由李某承担物业公司主张的物业服务费。且李某有无支付过该费用,其并不清楚,物业公司也未向其催讨过。故拒绝向物业公司支付2013年1月至2013年11月的物业服务费。

● 法院判决

法院经审理后认为,物业公司与王某某所在小区业主大会签订的物业服务合同,符合现行法律、法规规定,对包括王某某在内的全体小区业主具有约束力。物业公司按照合同约定提供了物业管理服务,根据权利义务相

---

① 参见(2015)沪一中民二(民)终字第2617号民事判决。

一致的原则,王某某理应依约向物业公司给付相应的物业服务费。王某某辩称应当由房屋产权人之一及实际使用人李某承担物业公司诉请期间内的物业服务费,缺乏法律依据。王某某作为房屋产权人之一,房屋的实际使用情况及房屋产权共有人间的内部约定,不足以免除王某某应承担的义务,故对王某某的上述辩称意见,不予采纳。物业公司要求王某某支付物业服务费的主张,具有事实和法律依据,予以支持。最终法院判决王某某于判决生效之日起十日内给付物业公司自 2013 年 1 月至 2013 年 11 月的物业服务费897.05 元。

● **法律依据**

《中华人民共和国合同法》第一百零九条。

● **本案要点**

根据《最高人民法院关于审理物业服务纠纷案件具体应用法律若干问题的解释》第六条规定,物业服务企业已经按照合同约定以及相关规定提供服务,业主仅以未享受或者无需接受相关物业服务为抗辩理由的,人民法院不予支持。本案中,王某某是该小区某户的产权人之一,作为物业服务合同的一方,应当在物业公司按约定提供物业服务后,支付物业服务费用。

9. 业主因车位纠纷拒交物业费或其他相关费用

上海××物业管理有限公司诉邵某某物业合同纠纷案①

● **案件事实**

2006 年 5 月,某开发公司与上海××物业管理有限公司(以下简称物业公司)签订《前期物业服务合同》,约定由物业公司为其开发的小区实施

———————

① 参见(2014)沪一中民二(民)终字第 3475 号民事判决。

前期物业管理,按建筑面积收费。停车场车位所有权或使用权由业主购置的,车位使用人应按车库车位 100 元/个/月的标准向物业公司交纳停车管理服务费。邵某某自 2011 年 1 月起未支付相应的物业服务费及停车管理服务费,物业公司催讨无果,遂诉至法院,请求判令邵某某支付物业公司自 2011 年 1 月起至 2013 年 9 月止的物业管理费 14 328 元及车位管理费 1 260 元。

物业公司提供催款通知和邮寄凭证,证明其于 2012 年 11 月向邵某某发函催讨物业费,邵某某则表示未收到过上述催款通知。邵某某提供了住宅使用说明书一份和公司简介一份,证明物业公司系开发商子公司。物业公司则认为,物业公司和开发商虽为同一集团公司的下属企业,但签订前期物业合同是经过法定程序的。邵某某另提供一组照片,认为物业公司管理期间未做到开发商的承诺,停车管理不到位,未做到人车分流,小区道路、绿化带和消防通道上均有乱停车现象,道路上留有铁桩等,管理期间未尽管理职责。对此物业公司认为,对于部分业主的乱停车行为,物业公司进行了劝阻,不能证明物业公司管理不到位。物业公司已经拆除了铁桩,证明物业公司是在履行管理职责。对消防通道的整改还需与业委会协商。邵某某还提供停车管理规定一份,证明因邵某某未支付停车管理费物业公司不开通磁卡。物业公司认为此系邵某某不缴费续卡所致。

● 法院判决

法院认为,公民、法人合法的民事权益受法律保护。物业公司接受系争小区开发商的委托,对该小区进行前期物业管理,邵某某认为物业公司与开发商签订的合同系无效合同,对此邵某某未提供证据证明,故应由邵某某承担举证不能的责任。物业公司与开发商签订的前期物业服务合同及展延协议对全体业主具有约束力。物业公司按约提供了物业服务,有权向邵某某收取物业管理费。邵某某作为小区业主,接受了物业公司提供的物业服务,理应按规定向物业公司缴纳物业管理费。邵某某提出的车位收益等,涉及小区全体业主利益,根据法律规定,应经专有部分占建筑物总面积过半数的业主且占总人数过半数的业主共同做出决定或与物业公司协商解决。因此,邵某某以此作为其一户拒付物业管理费的理由缺乏依据。邵某某认为物业公司的诉讼请求已超过诉讼时效,对此物业公司提供了邮政部门的挂号函件交寄清单,邵某某虽否认未收到催款通知,但邵某某未提供证据否定物业公司提供的邮件清单的真实性,也未提供证据证明物业公司所寄系争邮件为其他内容,故法院推定物业公司交寄的催款通知已经送达邵某某,物业公司的催款行为产生诉讼时效中断的法律效果。邵某某虽然提供了照片等证明物业公司管理中存在的问题,但上述证据的拍摄时点等无法全面、系统地反映物业公司提供的物业服务存在问题持续过程,故对邵某某拒付物业管理费的辩称法院不予支持。对于物业公司主张的停车费,因物业公司未给邵某某开通磁卡,致使邵某某无法使用相应的停车位,故物业公司无权向邵某某收取相应的费用,对物业公司的该项诉讼请求法院不予支持。物业公司计算物业管理费有误,法院予以调整。判决邵某某于判决生效之日起十日内向物业公司支付自 2011 年 1 月至 2013 年 9 月的物业管理费13 068 元。

● **法律依据**

　　《中华人民共和国民法通则》第一百三十五条。

　　《中华人民共和国合同法》第五十二条、第六十条。

● **本案要点**

　　根据《民事诉讼法》第六十四条第 1 款规定:"当事人对自己提出的主张,有责任提供证据。"《最高人民法院关于民事诉讼证据的若干规定》第二条第3 款规定:"当事人对自己提出的诉讼请求所依据的事实或者反驳对方诉讼请求所依据的事实有责任提供证据加以证明。"第 4 款规定:"没有证据或者证据不足以证明当事人的事实主张的,由负有举证责任的当事人承担不利后果。"本案中,业主对合同效力的抗辩,诉讼时效的抗辩因其提供的证据不足,故应承担不利后果。

关于车位收益的主张，与本案并非同一法律关系，也不能以此为拒交物业费的依据。如确有争议，则应当另行解决。

上海××物业管理有限公司诉曹某某合同纠纷案[①]

● 案件事实

2010年6月24日，上海××物业管理有限公司（下简称物业公司）与上海市某公寓业主委员会签订《物业服务合同》，约定由物业公司为该公寓提供物业服务，委托管理期限自2010年7月1日起至2013年6月30日止。合同第十一条载明："停车场收费分别采取以下方式：停车场属于全体业主共用的，车位使用人应按露天机动车车位250元/月，车库机动车车位另行协商。"2014年3月27日，业主委员会致函物业公司，小区已准备和新的物业公司签订物业服务合同，希望物业公司在2014年4月1日退出小区，并做好工作对接。曹某某所有的车牌号为沪EP××××的车辆在小区内使用停车位，曹某某为此向物业公司以250元/月的标准按季度交纳停车费。2011年以后，其向物业公司支付了2011年第一季度至第三季度、2012年第二季度至第三季度的停车费。2013年7月13日，曹某某将该车转让。为追回曹某某拖欠的停车费，物业公司向法院起诉请求判令支付拖欠的停车费6 000元，并支付欠款的利息损失。

曹某某认为，其并未拖欠物业公司的停车费。两者之间并未存在长期停车服务管理关系，没有长期固定停车协议。物业公司要求其未停车的期间也缴纳停车费，这是不合理的。同时物业公司无证据证明其在未缴纳停车费的期间仍然停车，物业公司长期不催讨停车款也不符合常理。

● 法院判决

法院经审理认为，依法成立的合同，对当事人具有法律约束力，当事人

---

① 参见(2015)沪二中民二(民)终字第950号民事判决。

应当按照约定履行自己的义务。本案中物业公司与某公寓业主委员会签订的物业服务合同合法有效,对全体业主均有约束力,物业公司、曹某某均应按约履行。物业公司自 2010 年 7 月 1 日起为该公寓提供物业服务,虽物业服务合同约定的期限至 2013 年 6 月 30 日止,但根据该公寓业主委员会的函件可知物业公司实际为小区提供物业服务至 2014 年 3 月 31 日止,法院据此认定 2013 年 7 月 1 日起至 2014 年 3 月 31 日期间物业公司与小区全体业主之间存在事实上的物业服务合同关系,物业公司有权收取该期间内的小区停车费。曹某某向物业公司支付停车费的方式为按季度支付,已支付 2011 年第一季度至第三季度、2012 年第二季度至第三季度的停车费,且每月支付的数额可与小区物业服务合同中约定的"车位使用人应按露天机动车车位 250 元/月"的标准相符,可认定物业公司与曹某某之间存在长期的事实上的停车服务管理关系。曹某某辩称其个人从未就停车位与物业公司签订过长期停车之书面合同,且在小区内的停车位亦并不固定,故其在小区内停车属临时停车性质,无需支付其所称未停车阶段之停车费用的意见有违常理,也与本市关于小区的临时停车管理现状不相符。法院据此认定物业公司、曹某某之间依小区物业服务合同之约定就停车费支付事宜达成合意,曹某某应按 250 元/月的标准向物业公司支付停车费用。曹某某于 2013 年 7 月 13 日将其牌照为沪 EP×××× 的车辆出卖于案外人,而物业公司却一直自认其系就曹某某所有的牌照为沪 EP×××× 车辆收取停车费,基于物业服务合同中对停车费按月计算之约定,对于物业公司主张的 2013 年 8 月以后的停车费,法院难以支持。最终法院判决曹某某应向物业公司支付 2011 年 10 月 1 日至 2012 年 3 月 31 日、2012 年 10 月 1 日至 2013 年 7 月 31 日的停车费人民币 4 000 元。

● 法律依据

《中华人民共和国合同法》第八条。

● 本案要点

物业公司与业主之间虽没有就停车服务管理签订书面协议,但物业公司事实上提供了停车服务管理,业主也曾缴纳停车费,表明业主对其表示认可。因此,应当认定物业公司与业主之间已成立停车服务管理合同关系。在物业公司提供相应的停车服务管理后,业主应当支付停车管理费用。

上海××物业服务有限公司诉范某某、徐某某物业服务合同纠纷案[①]

● 案件事实

范某某、徐某某系上海市某小区房屋的产权人。上海××物业服务有限公司(以下简称物业公司)系范某某、徐某某所有房屋小区的物业管理单位。开发商上海某置业有限公司与物业公司签订《前期物业管理服务合同》一份,管理期限自 2010 年 10 月 1 日起至 2013 年 12 月 31 日止,车位使用人应按露天机动车车位 150 元/月缴纳停车费等条款。2010 年 11 月 26 日,物业公司收取范某某、徐某某自 2010 年 12 月起至 2011 年 12 月止的地面停车费后,物业公司交付范某某、徐某某《车辆停放证》,载明:车牌苏 FU60××,固定车位号 230,有效期 2011 年 12 月 31 日。在 2010 年 12 月至 2011 年 12 月期间,物业公司提供范某某、徐某某一个地面固定车位。2012 年 2 月 29 日,物业公司发出《通知》,内容是:地下停车库实行固定车位,按照物价局核定,场地使用费为每辆车每月 350 元,起付 3 个月;付 6 个月减免 1 个月,付 12 个月减免 3 个月,车位有限停满为止;地面停车位场地使用费按照物价局核定每辆每月 150 元,实行先来后到,不设固定车位等条款。范某某、徐某某确认:2010 年 12 月,物业公司确实提供给范某某、徐某某在其房屋所在大楼的前面一个有车位号的固定车位,范某某、徐某某有时去小区发现该固定车位被其他人占用。范某某、徐某某起诉至法院要求物业公司退还其 13 个月的地面停车费 1950 元,并等额赔偿 1950 元。

物业公司称 2010 年 12 月起至 2011 年 12 月止,其确实提供范某某、徐某某一个固定车位,但并不清楚范某某、徐某某的车位是否被占用,自 2012 年

---

① 参见(2014)沪一中民二(民)终字第 885 号民事判决。

2月起,根据小区业主及居委会的意见,地面车位才不固定。范某某、徐某某自2012年起没有支付过停车费。

● **法院判决**

法院经审理认为,公民的合法权益受法律保护,任何组织和个人不得侵犯。物业公司与范某某、徐某某所有房屋的开发商签订的《前期物业管理服务合同》,对小区全体业主均有约束力。该《前期物业管理服务合同》约定,露天机动车停车车位为每月每个150元,故物业公司收取每月每个露天机动车停车车位费150元,并无不当。物业公司收取的车位停车费是2010年12月至2011年12月期间,物业公司确实提供范某某、徐某某一个固定车位,范某某、徐某某认为有他人占用该停车位,未提供相关的证据予以佐证。物业公司实施露天车位非固定是在范某某、徐某某支付停车费之后,故范某某、徐某某要求物业公司返还自2010年12月至2011年12月期间的停车费并等额赔偿,缺乏事实及法律依据,法院不予支持。

● **法律依据**

《民法通则》第五条。

《中华人民共和国合同法》第八条。

● **本案要点**

依据《最高人民法院关于审理物业服务纠纷案件具体应用法律若干问题的解释》第一条规定,建设单位依法与物业服务企业签订的前期物业服务合同,以及业主委员会与业主大会依法选聘的物业服务企业签订的物业服务合同,对业主具有约束力。本案中,开发商与物业公司在前期物业管理服务合同中明确约定露天机动车停车车位为每月每个150元,而事实上,物业公司也为业主范某某提供了一个固定车位。因此,物业公司有权依据约定每月收取150元的停车费。

10. 业主因其他原因拒交物业费

上海××物业管理有限公司诉 YY 公司物业服务合同纠纷案①

● 案件事实

1998 年 6 月，某小区开发商上海某地产经营开发有限公司与 YY 公司签订《上海市内销商品房预售合同》一份，约定同意 YY 公司所购房屋及所购房屋范围内的设备自行进行物业管理，YY 公司自行负责所购房屋、设备的大修，大修费用自理；上水、下水、总管的维修和日常污水排放所发生的实际费用按面积或用量分摊。1998 年 7 月，YY 公司将系争房屋出租给上海某某银行(以下简称某银行)使用，租赁期限自 1999 年 7 月 1 日至 2019 年 8 月 31 日止。2002 年上海××物业管理有限公司(以下简称物业公司)和某银行签订协议书一份，约定物业公司每年向某银行收取公共设施使用管理费 23 168.88 元。2008 年某银行和物业公司签订物业服务合同一份，合同期限自 2008 年 4 月 1 日起至 2009 年 3 月 31 日止，双方于 2002 年签订的相关《协议书》即时失效。2011 年，涉案小区业主大会与物业公司签订物业服务合同一份。后因 YY 公司无故拖欠 2011 年 10 月至 2013 年 3 月期间的物业管理费，经物业公司催告后仍未支付，故物业公司诉至法院，要求判令 YY 公司支付 2011 年 10 月起至 2013 年 3 月的物业管理费 762 498.18 元和滞纳金。

YY 公司认为，系争房屋在结构上与住宅区相互独立，根据双方协议及长期履行情况，物业公司自 1998 年起即同意系争房屋的物业管理由业主及实际使用人自行负责，物业公司仅提供零星劳务服务，各方对此已达成一致意思表示。涉案物业服务合同系物业公司单方变更其意思表示，对其无约束力。即使该物业服务合同对其有效，物业公司无能力提供、事实上也没有提供物业管理服务，故其不应支付物业管理费。物业公司并未增加、改善物业服务，却主张高达 17.15 元/月/平方米的物业管理费用，违反公平原则。

---

① 参见(2014)沪一中民二(民)终字第 605 号民事判决。

并提供了某银行与其他公司签订的服务协议以及付款凭证。故其拒绝向物业公司支付物业管理费和滞纳金。

法院判决

法院经审理认为,物业公司作为 YY 公司所在小区的物业服务单位,与涉案小区业主大会签订了相应的物业服务合同,该合同对包括 YY 公司在内的小区全体业主具有法律约束力。物业公司在依约提供了物业管理服务的同时,有权按照合同约定的收费标准向业主收取物业管理费。但是由于 YY 公司将系争房屋出租给某银行使用,银行作为特殊行业,其对相应的保安、保洁、消防等设施的使用及维护具有一定的特殊性。虽然系争房屋在形式上为涉案小区的组成部分,但是实质上又是相对独立于小区其他物业的单独空间。从 YY 公司提供的证据来看,某银行确实在经营过程中自行配备了比较完善的保安、保洁、消防等设施设备,但是无论业主自身提供的物业服务如何出色,在物业公司、YY 公司未就双方物业服务合同的权利义务协商变更前,不能以物业使用人因自己的特殊需要为自己配备了完善的物业服务设施而否认物业公司为整个小区所提供的物业服务,亦不能成为 YY 公司拒绝支付物业管理费的理由。鉴于物业公司虽然已经提供了部分物业服务,但是考虑到本案系争房屋实际使用人为银行,具有一定的特殊性,其也确实自行配备了较为完备的保安、保洁、绿化及消防设施设备,故对 YY 公司应当支付的物业管理费酌情予以扣减,具体数额由法院根据本案的实际情况酌定。物业使用人自己聘请了保安、保洁并安装了相应的监控设备、消防设施且进行了绿化等物业管理,自行提供了较为完备的物业服务,故 YY 公司拖欠物业管理费事出有因,对物业公司要求 YY 公司支付逾期付款滞纳金的诉请难以支持。最终法院判决 YY 公司向物业公司支付自 2011 年 10 月 1 日起至 2013 年 3 月 31 日的物业管理费 533 749 元。

法律依据

《中华人民共和国合同法》第五条、第六十条。

● 本案要点

业主委员会与物业服务企业签订的物业服务合同,对全体业主具有约束力。合同双方应按照约定履行各方的义务,在物业公司提供了相应的物业服务后,业主应当按照合同约定履行支付物业服务费的义务。业主因自身特殊需要另行聘请人员提供保安、保洁,也不能否认物业公司为小区提供的物业服务。

上海××实业有限公司诉张某某合同纠纷案①

● 案件事实

张某某系上海市某小区房屋产权人,该房屋属高层居住用房,建筑面积为128.02平方米。上海甲物业管理有限公司分公司(以下简称"甲分公司")与开发商上海某房地产有限公司于2006年8月9日签订《前期物业管理服务合同》,约定由甲分公司对张某某所属小区实行物业管理服务,管理期限自2006年9月1日至小区业主大会成立后业主委员会与所选聘的物业管理公司签订的物业服务合同生效时止,实际实施物业服务至2011年2月。高层居住用房物业服务收费标准为1.40元/平方米/月。2010年12月6日,甲分公司机构整合,将其所属的对内、对外所签署的全部合同的债权债务,均转让由乙物业管理分公司(以下简称"乙分公司")承继并继续提供张某某小区的物业服务。2011年2月28日乙分公司退出小区的物业管理服务。2011年12月30日甲分公司工商登记注销。2012年3月1日乙物业管理有限公司与上海××实业有限公司(以下简称实业公司)签订《协议书》,协议约定乙分公司签订的所有债权、债务均由实业公司承继,2012年3月20日乙分公司工商登记注销。上述公司主体变更均在张某某所属小区张贴公告。张某某属甲分公司物业服务区域的业主,在2010年10月至2011年2月间未支付物业管理费。现实业公司诉至法院,请求判令张某某支付2010

---

① 参见(2014)沪二中民二(民)终字第2432号民事判决。

年10月至2011年2月间未支付的物业管理费。

● **法院判决**

　　法院经审理后认为,依法成立的合同,受法律保护。当事人应当按照约定履行自己的义务。甲分公司及乙分公司按约定履行了物业管理服务义务,业主理应按约定交纳物业管理费。现乙分公司的债权、债务已转移至实业公司,则不影响张某某向实业公司履行支付物业管理费的义务。实业公司要求张某某支付物业管理费及滞纳金的诉讼请求,法院可以支持,但滞纳金的金额法院予以酌定。张某某辩称由于物业公司变更频繁导致其无法按时交纳物业费,不足以成为拒付物业管理费理由,法院难以采纳。法院判决张某某应于判决生效之日起三日内给付实业公司2010年10月至2011年2月的物业管理费以及滞纳金。

● **法律依据**

　　《中华人民共和国合同法》第八条、第八十条。

● **本案要点**

　　债权、债务的概括转让是指合同一方当事人不改变合同内容,将合同全部的债权、债务转让给第三人的行为。本案中,乙分公司的转让行为符合法律规定,在债权、债务发生转让以后,受让人实业公司依据合同约定提供了物业服务,业主在享受了实业公司提供的物业服务后,应当履行物业管理费的义务。

上海××物业管理公司与樊某合同纠纷案①

● **案件事实**

　　2002年上海××物业管理公司(以下简称物业公司)接受上海市某小区

――――――――――

　　① 参见(2014)沪一中民二(民)终字第2207号民事判决。

业委会的委托,对该小区进行物业管理。据双方订立的物业管理合同第二十三条约定,露天车位每月每位停车费人民币150元。樊某自2004年入住即有车辆停放,目前所停的车辆牌号为沪×××。因樊某车辆在小区停放时曾受损伤,就赔偿事宜无法达成一致,以致双方矛盾激烈,故樊某自2008年1月至2014年6月计78个月未缴停车费。期间即2011年6月22日物业公司工作人员向樊某催讨停车费,与樊某发生口角、殴打,致樊某受伤,最终导致物业公司工作人员的刑事责任。2014年6月30日物业公司诉至法院,请求判令樊某支付停车费11 700元。樊某则认为,其拒交停车费是为了维护自身利益。自己的车辆停放在小区内被多次划伤,自己为此曾多次与物业公司交涉,但未果。物业公司的员工带着满身酒气与居委会工作人员上门恶意催讨,并将自己打伤致残。之后,物业公司的工作人员还经常阻止自己的车辆进出小区,物业公司的行为侵犯了自己的合法权益,违反了物业管理合同及保安服务合同,理应追究其刑事责任。

● 法院判决

法院认为,物业公司与樊某建立的物业管理服务合同关系,依法成立,具有法律效力。物业公司据合同约定,提供停车管理服务,樊某理应缴纳停车费。樊某称2009年6月之前的停车费已付,应由樊某承担举证责任。关于樊某提出的诉讼时效之抗辩,物业公司以樊某和其公司工作人员发生殴打而发生刑事案件及民事赔偿案为由,主张时效中断,但鉴于时效中断的条件是债权人适当地主张了债权,而物业公司工作人员犯故意伤害罪及由此发生民事赔偿纠纷,并不妨碍物业公司向樊某主张停车费之权利,故物业公司所诉部分债权已超过时效。即2012年5月31日之前的停车费因超过诉讼时效,不予支持。樊某关于其停放在小区内的车辆被多次划伤,虽与物业公司交涉但未有结果,因樊某并未提供相关证据证明其车辆受损系物业公司的过错所致,故樊某以此作为其拒付停车费的理由缺乏依据,法院不予采纳。至于樊某称物业公司的员工恶意催讨停车费并将其打伤致残,因该侵权行为系物业公司员工的个人行为,且该责任人已因此被追究了刑事责任,故樊某再以此作为其向物业公司拒付停车费的理由,亦缺乏依据。法院最终判决樊某应于判决生效之日起十日内支付物业公司自 2012 年 6 月 1 日至 2014 年 6 月 30 日的停车费 3 750 元。

● 法律依据

《中华人民共和国民法通则》第一百三十五条。

《物业管理条例》第四十二条。

● 本案要点

物业服务合同法律关系与物业公司的员工个人的侵权法律关系是两个不同的法律关系,不应混同。在物业服务合同法律关系中,物业公司依据合同约定提供了物业服务,即享受收取物业服务费的权利;而业主在享受了物业公司提供的物业服务后,则有义务支付物业服务费。至于业主与物业公司员工发生的侵权法律关系应当另行解决。

××物业管理有限公司诉龙某物业服务合同纠纷案①

● 案件事实

××物业公司(以下简称物业公司)为某小区的物业管理公司,龙某为该小区的业主,龙某认为物业公司提供的物业服务存在诸多瑕疵:房屋漏水;物业从业人员年龄结构不符合标准,物业经理任职时间不满二年;公共区域多项清洁卫生及绿化日常养护工作不到位,建筑垃圾未及时清理;公共区域的秩序维护不到位,安保人员缺失,门岗管理缺失,监控设施损坏;公用部位的维护不到位,没有对屋面排水沟进行巡查;弱电系统中电子巡更工作未进行,因此拒绝缴纳物业管理费。物业公司对龙某拒绝缴纳物业管理费的行为依法向法院提起诉讼。针对龙某的主张,物业公司不予确认,认为房

---

① 参见(2014)沪二中民二(民)终字第 1997 号民事判决。

屋漏水问题属房屋质量问题,其应在质保期内追究开发商的责任,物业纠纷与房屋质量问题并非同一法律问题。物业公司履行了各项物业服务义务,小区内有百分之九十多的业主均支付了物业服务费,说明物业公司是在履行义务的。关于报修问题,物业公司未接到过龙某的报修。物业公司并提供了其制作的租赁情况统计表、违章搭建统计表、报居委会种蔬菜人家情况表、停工整改通知书,用以证明物业公司履行了劝阻制止、上报义务;提供了农药等发票复印件,用以证明自己履行了绿化管理义务;提供了物业公司报给业委会的申请共用部位维修报告,用以证明共用部位维修需经业委会同意才能动用维修基金,物业公司已履行上报义务,但业委会未批准;提供了对房屋漏水问题向业委会递交的申请以及发给业主的告知书、维修基金征询意见表复印件,用以证明业委会至今未批准动用维修基金。同时该物业公司向法院申请向当地政府相关部门调查取证,以证明市民巡访团和房地局工作人员对于该小区每年一次巡访、走访的反馈表、记录表,同时向小区所属房办和居委会调查取证,即 2012 年 5 月 6 日就该小区物业管理问题召开的三方座谈会的会议纪要及居委会主任的发言稿。

● 法院判决

法院经审理认为:公民、法人的合法民事权益受法律保护。本案中,物业公司与业委会签订的《物业服务合同》合法有效,对物业公司、龙某均具有法律约束力,物业公司、龙某均应按约履行相应义务。合同到期后,业委会未与物业公司续签合同,但物业公司对小区提供了事实物业管理服务,按照诚实信用、等价有偿的原则,龙某理应向物业公司缴纳相应的物业服务费。物业服务收费应当遵循合理、公开以及费用与服务水平相适应的原则,既不能只收费不服务,也不能多收费少服务。本案所涉《物业服务合同》的附件对物业公司提供物业服务的五项内容作了具体约定,而物业公司在综合管理服务、公共区域秩序维护服务以及公共部位、共用设备设施日常运行、保养、维修服务的履行上与合同约定的具体要求存在一定差距,虽然房屋、安保监控系统的维修涉及业委会对维修基金的审核、批准程序,但物业公司未能及时、有效地做好动用维修基金的前期准备工作,仍属服务存在瑕疵,物业公司应当为此承担合同违约的责任,故法院酌定在物业公司主张的物业服务费总额上予以减收。龙某主张物业公司没有履行对公共区域清洁卫生服务和绿化日常养护服务的职责,物业公司不予确认,龙某对自己的主张未提供充分证据证明,法院不予采信。法院最终判决龙某于判决生效之日起十日内支付物业服务费。

● 法律依据

《物业管理条例》第三十六条、第四十二条、第六十七条。

《关于审理物业服务纠纷案件具体应用法律若干问题的解释》第三条。

● 本案要点

物业服务合同期满,业主大会或业主委员会没有明确表示是否与原物业公司继续签订合同,亦未明确要求原物业公司退出,而物业公司仍继续提供物业服务的,可以认为双方之间已成立不定期的物业服务合同关系。

(二)业主其他违约情形

上海××物业管理有限公司诉张某某物业服务合同纠纷案[①]

● 案件事实

2008年4月30日,上海市某小区业主大会与上海××物业公司管理有限公司(以下简称物业公司)签订《物业服务合同》,合同期限自2008年4月30日起至2012年4月29日止。合同第十七条第三款约定,授权物业公司对业主违反《管理规约》(2014年6月25日《业主资料变更确认表》管理规约签收栏处签名为张某某)的行为予以劝阻、制止、诉讼。合同到期后,由于该小区业委会正处于换届改选过程中,小区物业服务在未签订新的物业服务

[①] 参见(2015)沪一中民二(民)终字第478号民事判决。

合同之前仍由物业公司继续负责。张某某于 2014 年 6 月成为该小区业主，同年张某某装修时封闭了房屋朝南的景观阳台。随后物业公司以挂号信的方式向张某某发出《关于封装景观阳台的整改通知单》，要求张某某于 2014 年 6 月 21 日之前进行整改，将封闭的阳台恢复原状，但张某某拒绝予以恢复。2014 年 8 月 7 日，物业公司诉至法院，请求判令张某某拆除涉讼房屋朝南方向景观阳台玻璃和窗框，恢复原状。

张某某则称，自己对房屋阳台享有专属的区分所有权，其出于居住安全考虑采取合理措施封闭阳台，既未影响小区的整体美观，也未影响其他业主的合法权益和公共利益。物业公司并未向其出示过管理规约，其对管理规约的内容并不知情，故小区管理规约不适用于自己。物业服务合同已到期，在未与业主大会续约的情况下，物业公司缺乏诉讼主体资格。故拒绝拆除房屋的阳台玻璃和窗框。

● 法院判决

法院经审理认为，本案中的《管理规约》系经该小区业主大会一致通过，对该小区的全体业主具有约束力。张某某虽然系通过后续购房入住该小区，但其作为该小区业主，《管理规约》对其仍然适用，张某某理应遵守该管理规约。张某某现违反上述《管理规约》关于不得改变房屋外立面，亦不得在阳台搭建构筑物之规定，在房屋朝南阳台上安装窗户，并将原有的开放式阳台改建为封闭式阳台，改变了房屋原有状态及外观，对小区整体环境造成了一定影响。物业公司依据《管理规约》的授权，起诉要求张某某拆除上述搭建，恢复原状，于法不悖。张某某称涉案的物业服务合同已经到期，且物业公司尚未签订新的物业服务合同，故物业公司缺乏诉讼主体资格。然物业公司服务合同到期后，依旧为系争小区提供物业管理服务，为系争小区的实际物业管理人，故其依据《管理规约》的相关规定，要求张某某拆除自行加装的窗框和玻璃，于法有据。法院最终判决张某某拆除系征房屋朝南方向的景观阳台的玻璃和窗框，恢复原状。

● **法律依据**

《中华人民共和国物权法》第八十三条。

● **本案要点**

根据《物业管理条例》第七条的规定，业主在物业管理活动中，应当遵守管理规约、业主大会议事规则。物业公司依据《管理规约》对业主进行管理正是其履行义务的体现，业主应当服从管理。

上海××物业发展有限公司诉陈某某物业合同纠纷案①

● **案件事实**

上海××物业发展有限公司（以下简称物业公司）于2013年6月6日与上海市某小区业主大会签订了《物业服务合同》，同时签订有管理规约，约定物业服务期限自2013年6月16日起至2015年6月15日止。陈某某为系争小区某房屋的权利人。陈某某于2012年7月18日取得该房屋产权。原房屋结构为三开间朝南，车库位于房屋西首地下，车库入口斜坡上方原本没有建筑，陈某某在原车库门向北移动约2米，同时在车库及入口通道上方加建一间房屋，建筑面积约为15平方米。在房屋的南侧有景观河道，陈某某在房屋南侧的河道边浇铸了9根长为1.5米的水泥横梁伸向河面上方，堆放在河道边的施工材料占用并损坏了绿地。该房屋已被上海市相关部门认定为附有违法建筑的房屋。2014年5月29日，物业公司诉至法院请求判令陈某某停止侵占其所属房屋周边公共绿地，拆除地下车库及入口通道上加盖的约15平方米房屋，拆除房屋场地南面河道边搭建亲水平台的九根水泥横梁，并恢复绿地原状。

陈某某则称，其所属房屋系独栋别墅，门口的绿化并非公共绿地，自己并没有侵占公共绿地。其对自己的房屋进行装修，没有影响小区其他业主

---

① 参见(2014)沪一中民二(民)终字第3470号民事判决。

的正常使用与通行,未对任何他人造成影响,产权过户时房管部门也没有违章违法建筑物的记载。自己的房屋紧靠河边,加装护栏也是为了自身安全考虑,故不同意物业公司的诉讼请求。

● **法院判决**

法院经审理后认为,物业公司与系争小区业主大会签订物业服务合同,物业公司根据合同约定为系争小区提供物业管理服务。陈某某作为该小区的业主,应当依据物业服务合同以及管理规约的约定使用物业。物业公司依据物业服务合同的约定对陈某某侵占绿地、违章搭建的情况有管理权限。且根据管理规约,陈某某有义务不发生违章搭建行为。现陈某某擅自改建车库为住房、占用绿地向河道延伸搭建平台,系违反约定改变了物业原有用途以及违章搭建的行为。根据《物权法》的规定,建筑区划内的道路及绿地,属于业主共有,且陈某某无法证明涉案绿地和通道属于其专有部分,陈某某应当保持业主共有部分的绿地、道路、通道的原有状态和使用性质,故对于陈某某认为其占用车库通道不属于公共通道以及不占用公共绿地的抗辩不予采纳。最终法院支持了物业公司的诉讼请求。

● **法律依据**

《中华人民共和国物权法》第七十三条、第八十三条。

《最高人民法院关于审理建筑物区分所有权纠纷案件具体应用法律若干问题的解释》第三条、第十五条。

《最高人民法院关于审理物业服务纠纷案件具体应用法律若干问题的解释》第四条。

● **本案要点**

业主违反物业服务合同或者法律、法规、管理规约,实施妨害物业服务与管理的行为,物业服务企业有权请求业主承担恢复原状、停止侵害、排除妨害等相应民事责任。

上海××物业有限公司诉陈某某物业服务合同纠纷案①

● 案件事实

上海××物业服务有限公司(以下简称物业公司)于 2011 年 3 月与上海市某小区开发商签订了《前期物业服务合同》,据此成为该小区的物业管理企业。陈某某于 2011 年 12 月购买了该小区某房屋,并于 2013 年 2 月实际入住该房屋。2013 年 10 月陈某某未经行政主管部门批准在其房屋进户门外连廊两侧加盖了玻璃窗户,将连廊两侧封闭。《临时管理规约》第七条规定,各业主、使用人在物业使用过程中,不应发生违法搭建建筑物、构筑物的行为。该规约补充条款第二条规定,业主违反本临时管理规约关于物业的使用、维护和管理的约定(包括但不限于违章搭建、擅自改变物业用途、违规出租/转租/分租等),妨碍物业正常使用或造成物业损害及其他损失的,物业服务企业可依据本临时管理规约向人民法院提起诉讼。2014 年 1 月 22 日物业公司诉至法院,要求判令陈某某拆除其所属房屋进户门外连廊两侧违章搭建的玻璃窗户,恢复原状。

陈某某认为,临时管理规约限制的是业主的违章搭建。自己安装玻璃窗户的连廊包括在自己房屋的产证面积内,系自己独立占有、使用的专有部位,故自己在该部位进行搭建并非违章建筑。自己在该连廊两侧安装玻璃窗户对周围住户亦不构成妨碍,反而是其对面住户的空调、油烟排风口均对着自己,若自己不安装玻璃窗户,则严重影响自己的日常生活。据此,其拒绝拆除搭建的玻璃窗户。

● 法院判决

法院经审理认为,业主应当遵守法律、法规以及管理规约。陈某某实施的进户门外连廊两侧加盖玻璃窗户的行为,既未经行政主管部门批准,也违反了《临时管理规约》的相关规定,物业公司作为小区的物业服务企业依法

---

① 参见(2014)沪一中民二(民)终字第 1390 号民事判决。

有权向人民法院提起诉讼,并请求业主承担恢复原状、停止侵害、排除妨害等相应民事责任,故物业公司的诉讼请求,法院予以支持。陈某某关于其未进行违章搭建的辩称意见,缺乏依据,法院不予采信。最终法院判决陈某某拆除其所属房屋进户门外连廊两侧搭建的玻璃窗户,恢复原状。

● 法律依据

《中华人民共和国物权法》第八十三条。

● 本案要点

根据《物业管理条例》第七条的规定,业主在物业管理活动中,应当遵守管理规约、业主大会议事规则。物业公司依据《物业管理合同》及管理规约有权请求业主对违反物业服务合同或者法律、法规、管理规约,实施妨害物业服务与管理的行为,承担恢复原状、停止侵害、排除妨害等相应民事责任。

上海××物业管理有限公司诉张某合同纠纷案①

● 案件事实

张某系上海某小区权利人,上海××物业管理有限公司(以下简称物业公司)系该房屋所在小区的物业管理服务提供者。物业公司与张某所在小区业主大会签订的《物业管理服务合同》载明:物业公司监督《业主管理规约》的实施,并对业主、物业使用人违反《业主管理规约》的行为进行劝阻、制止,并监督业主、物业使用人正确处理通风、采光、给排水、维修、通行、卫生、环保等方面的相邻关系,不得侵害他人的合法权益。张某之父在张某房屋阳台上私搭鸽棚,物业公司根据《物业管理服务合同》的约定,于2013年4月9日发出整改通知,要求张某拆除鸽棚,恢复原状,但被张某拒绝。物业公司遂诉至法院,要求张某拆除其所属房屋北阳台私搭的鸽棚并恢复北阳台原状。

---

① 参见(2014)黄浦民四(民)初字第2520号民事判决。

● 法院判决

法院经审理后认为,业主违反物业服务合同或者法律、法规、管理规约,实施妨害物业服务与管理的行为,物业服务企业请求业主承担恢复原状、停止侵害、排除妨害等相应民事责任的,应予支持。张某在其所属房屋北阳台私搭鸽棚之行为,妨害物业服务与管理,物业公司要求其拆除并恢复北阳台原状之诉讼请求,有法律及约定依据,法院予以支持。最终法院判决张某拆除其所属房屋北阳台私搭的鸽棚并恢复北阳台原状。

● 法律依据

《中华人民共和国民法通则》第六条。

《最高人民法院关于审理物业服务纠纷案件具体应用法律若干问题的解释》第四条。

● 本案要点

根据《物业管理条例》第七条的规定,业主在物业管理活动中,应当遵守管理规约、业主大会议事规则。物业服务企业有权依据《物业管理合同》、《物业管理规约》对业主违反法律、法规、规约的行为进行管理。本案中,业主张某的行为确实妨害了物业管理。

上海××物业发展有限公司诉潘某物业服务合同纠纷案[①]

● 案件事实

上海××物业发展有限公司(以下简称物业公司)于2013年6月6日与上海市某小区业主大会签订了《物业服务合同》,同时签订有管理规约。物业公司受托管理该小区,约定物业服务期限为2013年6月16日起至2015年6月15日止。潘某系从案外人汪某某处购买该房屋,并于2013年1月

---

① 参见(2014)沪一中民二(民)终字第3471号民事判决。

21日进行了房地产权登记。房屋为三层楼独栋别墅,产证登记总建筑面积为365平方米。原房屋结构为三开间朝南,车库位于房屋东首地下,进出口在南端,斜坡进入地下,车库入口斜坡上方原本没有建筑,地下室外侧没有采光井。潘某对房屋进行改建,车库被改建成了房屋,增建为地上二层,总面积为33.6平方米。另于房屋的西南侧增建了一个车库。原房屋的西侧,原为公共绿地,已被挖去部分改建成了采光井,占地约为62平方米。后该房屋被上海市相关部门认定为附有违法建筑的房屋。2014年5月29日,物业公司诉至法院请求判令潘某停止侵占小区公共绿地,并恢复原状;潘某对底层西侧增加一个采光井部分恢复原状;潘某对该房屋东侧地下车库位置改建的两层房屋33.6平方米予以拆除,并恢复原状。

潘某则认为,其所属房屋系独栋别墅,门口的绿化并非公共绿地,自己并没有侵占公共绿地。其对自己的房屋进行装修,没有影响小区其他业主的正常使用与通行,未对任何他人造成影响,产权过户时房管部门也没有违章违法建筑物的记载。其房屋存在设计缺陷,必须要搭建采光井采光,且小区大部分都是这样搭建,故不同意物业公司的诉讼请求。

● **法院判决**

法院经审理后认为,物业公司与系争小区业主大会签订物业服务合同,物业公司根据合同约定为系争小区提供物业管理服务。潘某作为该小区的业主,应当依据物业服务合同以及管理规约的约定使用物业。物业公司依据物业服务合同的约定对潘某侵占绿地、违章搭建的情况有管理权限。且根据管理规约,潘某有义务不做出违章搭建建筑物的行为。现潘某擅自改建车库、增建二层房屋并占用绿地建造采光井,系违反约定,改变了物业原有用途。根据《最高人民法院关于审理物业服务纠纷案件具体应用法律若干问题的解释》第四条的规定,业主违反物业服务合同或者法律、法规、管理规约,实施妨害物业服务与管理的行为,物业服务企业请求业主承担恢复原状、停止侵害、排除妨害等相应民事责任的,人民法院应予支持。因此,对于潘某认为物业公司主体不适格的主张不予采纳,现物业公司要求潘某停止侵占小区公共绿地、拆除违章搭建的建筑物并恢复原状的请求,应予支持。根据《物权法》的规定,建筑区划内的绿地,属于业主共有,且潘某无法证明涉案绿地属于其专有部分,因此对于潘某主张的自家门口的绿地属于个人绿地不予采纳。最终法院支持了物业公司的诉讼请求。

● 法律依据

《中华人民共和国物权法》第七十三条、第八十三条。

《最高人民法院关于审理建筑物区分所有权纠纷案件具体应用法律若干问题的解释》第三条、第十五条。

《最高人民法院关于审理物业服务纠纷案件具体应用法律若干问题的解释》第四条。

● 本案要点

《物业管理条例》第七条规定,业主在物业管理活动中,应当遵守管理规约、业主大会议事规则。物业服务企业有权按照物业服务合同、物业管理规约对业主的违法、违规、违约行为进行管理。因此,业主应当服从物业公司合理的管理。

上海××物业管理有限公司诉傅某某物业服务合同纠纷案①

● 案件事实

2013 年 6 月 29 日,上海××物业管理有限公司(以下简称物业公司)与上海市某小区业主大会签订《物业服务合同》,约定自 2013 年 7 月 1 日起至 2015 年 6 月 30 日止由物业公司为该小区提供物业服务,合同约定:物业公司为业主、物业使用人提供物业共用部位的维护、物业共用设施设备的日常运行和维护、公共绿化养护服务、物业公共区域的清洁卫生服务、公共秩序

---

① 参见(2014)沪一中民二(民)终字第 1737 号民事判决。

的维护服务、物业使用禁止性行为的管理、物业其他公共事物的管理等各项物业服务；物业服务费按建筑面积收取，多层为人民币 0.95 元/月/平方米；地面停车费按 150 元/月收取；合同还对其他权利义务作了约定。傅某某系该小区的房屋权利人之一，其房屋建筑面积为 126.22 平方米。2014 年 3 月物业公司诉至法院，要求判令傅某某支付物业公司 2013 年 7 月 1 日至 2013 年 12 月 31 日期间的物业服务费以及 2013 年 7 月 1 日至 2013 年 12 月 31 日期间的停车费。庭审前，傅某某依照物业公司的诉讼请求向法院缴纳了 2013 年 7 月 1 日至同年 12 月 31 日期间的物业服务费和停车费。

● 法院判决

法院经审理认为，物业公司系物业服务企业，与小区业主大会签订的物业服务合同合法有效，对包括傅某某在内的该小区全体业主均具有约束力，各方均应遵照执行。物业公司依约提供了物业服务和停车服务，傅某某亦实际接受了物业公司提供的服务，根据权利义务相一致原则，傅某某理应按照合同约定支付物业服务费和停车费。物业公司起诉后，傅某某将物业公司主张的金额缴纳至法院，该行为可视为傅某某履行了支付物业服务费和停车费的义务，现物业公司在本案中主张的债权业已消灭，故物业公司的诉讼请求，法院不予支持。对于案件受理费的负担，考虑到傅某某在物业公司提起诉讼后方履行付款义务，亦属违约，应分担部分诉讼费用。傅某某经法院传票传唤无正当理由拒不到庭参加诉讼，系其放弃相应的诉讼权利，因此产生的法律后果由其自行承担。

● 法律依据

《中华人民共和国合同法》第六十条。
《中华人民共和国民事诉讼法》第一百四十四条。

● 本案要点

小区业主委员会与物业公司签订的物业服务合同合法、有效即对全体业主具有约束力。业主在享受了物业公司提供的物业服务后应当依合同约定履行支付物业服务费的义务。本案中,业主在涉诉后主动缴纳物业费可视为其认可履行其义务。

五、物业服务公司违约情形

(一)物业公司未尽安保义务

陈某诉上海××物业管理有限公司物业服务合同纠纷案①

● **案件事实**

陈某系某小区的租户,上海××物业管理有限公司(以下简称物业公司)系陈某租住小区的物业管理公司。2013年12月以来,陈某停放在该小区公用部位的车辆被人划伤。陈某于2013年12月10日、2014年1月9日报警。事发时陈某车辆未停放于规定车位。该小区设有多个巡更点,物业公司巡更人员定时进行巡逻。陈某认为其向物业公司交纳物业管理费和停车费后,将车辆停放在合适的位置,但却屡屡被划伤,是物业公司未尽管理职责。而且陈某多次报警后,物业公司仍未加强监管,事发后也未协助陈某查明事实真相,并拒绝向陈某提供监控录像。物业公司的失职直接导致审理期间陈某的车辆再次遭受较大损失,轮胎被扎至报废。2014年3月陈某诉至法院,请求判令物业公司赔偿损失人民币6 000元。陈某于2014年3月24日再次报警,称其车辆的轮胎被扎坏,并于2014年4月1日变更诉讼请求为:要求物业公司赔偿车辆损失费20 000元。

● **法院判决**

法院经审理认为,陈某的车辆系停放在公共部位导致受损,陈某既无证据材料证明其所遭受的不法侵害系物业公司所为又未提供相应的证据材料

① 参见(2014)沪一中民二(民)终字第1318号民事判决。

证明物业公司没有尽到相应的防范性安全保卫义务。根据物业公司提供的巡更记录可证实物业公司对小区及停车库尽到了常规的安全保卫责任，故根据本案查明的事实难以认定物业公司对陈某的车辆损坏存在过错。故陈某起诉要求物业公司赔偿车辆受损的费用，依据不足。法院最终驳回了陈某的诉讼请求。

● 法律依据

《中华人民共和国合同法》第三百六十五条。

《中华人民共和国侵权责任法》第六条。

● 本案要点

物业管理服务合同所约定的保安服务，仅指物业管理企业为维护物业管理区域内的公共秩序和物业使用的安全，而实施的必要的正常的防范性安全保卫活动。物业管理企业不承担确保物业管理区域内业主的人身、财产不遭不法侵害的义务。

王某诉上海××物业管理有限公司合同纠纷案[①]

● 案件事实

上海××物业管理有限公司（以下简称物业公司）受上海某房地产有限公司（以下简称房产公司）委托就上海市某地下机动车库计 758 个车位进行管理与服务，双方签订了《地下车库车位委托管理合同》，该合同约定，房产公司委托物业公司管理该地下车库，而房产公司负责车位的出售/租赁，维护车库产权人和使用权人的合法权益。王某向房产公司支付了停车费，及向物业公司缴纳了车位管理费，均支付至 2016 年 2 月 27 日止。2014 年 4 月 11 日，王某称其至该地下车库取车时发现前挡风玻璃被砸，当即报警。根

---

① 参见（2014）沪二中民二（民）终字第 2163 号民事判决。

据接报回执单记载，"2014年4月11日19时28分，报警人报警称：在某地下车库停放着轿车玻璃被砸，具体不明，17:30开始停放于地库内，19:25发现损坏。"警方接报来到系争小区向物业公司调取了小区入口和地下车库停车出入口的监控录像，案件尚未侦破。王某认为物业公司仅提供了小区入口及地下停车库出入口的监控录像，而该监控录像无法覆盖大多数停车区域，对于监控盲点，只安排了1名保安人员每2小时巡视一次，造成王某无法对车辆损害过程进行调查，因物业公司对物业的管理存在疏漏，未能防止损害的发生，未能尽到相应物业管理服务的职责导致王某的财产损失并无法追偿，故诉至法院，要求明确由物业公司承担赔偿责任，房产公司承担连带赔偿责任，请求判令：物业公司、房产公司共同赔偿汽车挡风玻璃被损损失。而物业公司则认为其与房产公司签订的《地下车库车位委托管理合同》约定，物业公司受房产公司委托对系争小区地下机动车库进行管理。物业公司收取的每月100元的物业管理费用，主要是用于保安保洁、设备养护以及税金，与业主之间并不存在保管车辆的义务，停车须知与停车规定也对此进行了强调。且王某并无证据证明系争车辆是在当日进入车库之后损坏的，也很有可能是在外面损坏之后才进入的车库，系争车辆玻璃的损坏点并不清晰。而在事故当日，物业公司已经尽到了物业服务的责任，并且也配合王某和警方对事故进行了调查。并提供安保车库巡逻的岗位记录、更点记录等岗位执勤表。

● 法院判决

　　法院经审理认为，物业服务企业应当按照物业服务合同的约定，提供相应的服务。物业服务企业未能履行物业服务合同的约定，导致业主人身、财产安全受到损害的，应当依法承担相应的法律责任。本案的争议焦点在于物业公司与房产公司是否因未能履行物业服务的义务而应承担系争车辆损坏的赔偿责任。首先，系争小区地下车库车位是房产公司委托物业公司管理，房产公司负责车位的出租、租赁等，物业公司负责车库的使用、运营、设施维护，保持车库环境清洁、道路畅通、路面平坦、无积水、设备、设施运行正常、无事故隐患等,业主为此分别向物业公司及房产公司支付了停车费以及车位管理费作为对价。其次,关于物业公司在王某报警当日是否履行了其应尽的物业管理义务。法院认为,根据王某提供的视频证据以及报警情况,其主张的系争车辆损害发生的原因和过程并无法就此得到证明。而在报警当日,物业公司提供了包括对车库的巡逻、保洁、疏导车辆、检查消防和电力设备、处理故障等在内的日常的物业服务管理,已尽到合理的注意义务,并根据警方要求提供了录像资料。所以,根据当事人提供的证据,系争车辆的损坏并非由于物业公司未按照约定履行对地下车库物业服务的义务或过错行为造成,故物业公司不应就此承担相应责任。再次,房产公司履行了系争车位出租的义务,也已经就摄像头的布置、安装以及车库设备设施的安装通过了相应的技防验收,并提供了证据证明,故对王某诉称摄像头布置过少导致系争车辆被损过程无法调查从而要求物业公司及房产公司赔偿的意见,法院不予支持。最终法院判决对王某的全部诉讼请求不予支持。

● 法律依据

《中华人民共和国合同法》第三百六十五条。

《中华人民共和国侵权责任法》第六条。

● 本案要点

房产公司与物业公司签订的《地下车库车位委托管理合同》约定,房产公司委托物业公司管理地下车库,而房产公司负责车位的出售/租赁,维护车库产权人和使用权人的合法权益;物业公司负责车库的使用、运营、设施维护,保持车库环境清洁、道路畅通、路面平坦、无积水、设备、设施运行正常、无事故隐患等。本案中,房产公司保证了业主的使用车位的权利,不存在履行瑕疵;而物业公司也提供了相应的证据证明事发当天尽到了合理的安保义务。值得明确的是,物业公司的安保义务是有合理限度的,并不保证业主的人身、财产不遭受不法侵害。

应某诉上海××物业管理有限公司物业服务合同纠纷案①

● 案件事实

上海××物业管理有限公司（以下简称物业公司）自 2012 年 4 月起作为上海市某小区的前期物业管理单位为该小区提供物业服务至今。同月，应某等购买取得该小区某房屋产权。2012 年 11 月，应某与物业公司签订《停车位租赁协议》，应某以每月人民币 250 元的租金价格租用小区地下北库 93 号车位。2013 年 10 月，应某发现停放于上述车位的牌号为苏 HVD××× 的摩托车被盗，即向公安机关报案。现应某认为，小区摄像头设置存在盲区（存在被人为破坏的可能），且录制视频部分缺失，无法为公安机关破案提供有用线索。正是因为物业公司未提供安全管理服务导致应某被盗车辆至今无法追回，故应某诉至法院，请求判令物业公司赔偿摩托车车价款 12 万元。物业公司认为双方未签订过车辆保管合同，应某支付的物业费、车位费均不是车辆保管费，且小区安装的摄像头及录像设备均是开发商提供，与物业公司无关为由。应某的车辆被盗时，物业公司帮助应某复制了录像并陪同应某一起去报案，小区录像因为只能保存 20 天而无法提供，某物业已经尽到了安保义务。

● 法院判决

法院经审理认为，民事活动应当遵循自愿、公平、等价有偿、诚实信用的原则。物业公司作为小区的前期物业服务单位，其主要义务是提供相关的物业服务，而没有为任何一位业主保管财产的义务。本案中，应某并未与物业公司签订专门的车辆保管合同，物业公司依照约定收取物业费、车位租赁费，均不是保管应某被盗车辆的对价。故物业公司不承担确保物业管理区域内业主的车辆不遭不法侵害的义务。现应某要求物业公司承担其大额财产被盗的赔偿责任，明显有悖公平原则。另，应某车辆被盗时，物业公司也

---

① 参见(2014)沪一中民二(民)终字第 1688 号民事判决。

积极帮助应某复制了监控录像,并陪同应某一起去报案,已经尽到了基本的保安注意义务,故应某以物业公司未尽安保义务、未保存监控录像为由要求物业公司赔偿其车辆损失,依据不足,本院不予支持。应某摩托车被盗,是偶发的刑事案件,应通过公安机关解决。

● **法律依据**

《中华人民共和国民法通则》第四条。

● **本案要点**

物业管理服务合同中所约定的保安服务,仅指物业管理企业为维护物业管理区域内的公共秩序和物业使用的安全,而实施的必要的正常防范性安全保卫活动。本案中,业主的车辆被盗后,物业公司积极帮助其复制监控摄像并陪同报案,已经尽到基本的安保义务。

袁某诉上海××物业有限公司物件损害责任纠纷案①

● **案件事实**

2014年7月6日17时13分许,袁某在位于上海市××路××弄××号地下停车库停车后,在通过该地库2号人行通道回家时,被设置在××号车位上的地锁绊倒,后袁某母亲拨打110报警,袁某被救护车送至上海瑞金医院住院治疗。2015年7月28日,司法鉴定科学技术研究所司法鉴定中心出具鉴定意见书,鉴定结论为:被鉴定人袁某因故受伤,致左侧胫、腓骨下端骨折等,其损伤的后遗症相当于道路交通事故××伤残。袁某认为由于车库物业管理单位上海××物业有限公司(以下简称物业公司)未设置警示标志,且地下车库光线设置较暗,故物业公司对袁某的损伤负有过程责任。因与物业公司就赔偿事宜未能达成一致意见,袁某遂诉至法院。物业公司则

---

① 参见(2015)浦民一(民)初字第31035号民事判决。

称,对袁某陈述的事发经过无异议,涉事地锁不是物业公司安装的,其对该地锁无所有权,涉事车位上的地锁从未出租,一直立着,袁某是天天看到地锁,应该知道有涉事地锁的存在,理应绕过去,物业公司认为因为袁某自身原因导致事故的发生,袁某应当承担全部责任,且物业公司在管理过程中不存在过错。

● 法院判决

法院经审理认为,公民享有生命健康权。从事商场等经营活动或者其他社会活动的自然人、法人、其他组织,未尽合理限度范围内的安全保障义务致使他人遭受人身损害,权利人请求其承担相应赔偿责任的,人民法院应予支持。物业公司作为地下车库的实际管理者,理应为停在地下车库的车主提供安全的停车场所,现袁某因被设置在人行通道上的立着的地锁绊倒,与物业公司未尽到完善的安全保障义务具有直接的因果关系,故物业公司在地下停车库的安全管理上存在一定的过失,应对袁某的损害结果承担相应的赔偿责任。袁某系完全民事行为能力人,其在地下停车库内行走时,疏于对周边环境的注意并不慎摔倒,袁某损害后果的产生与其未尽注意义务也有较大的关联。综上,法院酌情确定物业公司应对袁某受伤后产生的损失承担70%的责任,袁某对该损失承担30%的责任。最终法院判决物业公司赔偿袁某医疗费、住院伙食补助费、交通费、营养费、残疾赔偿金、误工费、护理费、精神损害抚慰金、鉴定费、律师费总计人民币108 914.41元。

● 法律依据

《中华人民共和国侵权责任法》第六条、第十六条、第二十六条、第三十七条。

《最高人民法院关于审理人身损害赔偿案件适用法律若干问题的解释》第十八条《最高人民法院关于确定民事侵权精神损害赔偿责任若干问题的解释》第一条、第十条、第十一条。

《中华人民共和国民事诉讼法》第六十四条。

● **本案要点**

物业管理单位在物业管理活动中,应当依照法律、法规、《物业服务合同》的约定,为小区提供物业服务。因其服务有瑕疵而导致他人人身、财产损害的,应当承担赔偿责任。本案中,物业公司在视线昏暗的地下车库未放置指示牌导致袁某受伤,可见其安保服务存在瑕疵,应当承担相应的赔偿责任。

(二)物业服务不符合合同约定

何某、薛某诉上海××物业管理有限责任公司物业服务合同纠纷案①

● **案件事实**

何某、薛某是上海市某小区×××室房屋的产权人,上海××物业管理有限责任公司(以下简称物业公司)是该房屋所在小区的物业服务公司。在2002年物业公司与小区业主委员会(以下简称业委会)签订的物业服务合同中,委托管理事项包括房屋建筑共用部位的维护和管理。2010年续签的物业服务合同中对物业费的约定并无变化,物业管理服务事项中包含物业使用禁止性行为的管理,在服务标准的"日常管理与服务"栏目中约定,对违反小区公约或政府有关规定的行为进行劝阻、制止或报有关部门处理。何某、薛某从2004年1月到2012年12月缴纳物业管理费共计5 817.35元,2013年1月后未再缴纳物业管理费。2003年11月,与何某、薛某房屋相邻的404室房屋业主在门前的公共走道中安装铁门,占用部分走道。11月3日,物业公司向404室业主出具书面告知,要求该业主限期拆除违章,恢复原样,若拒不改正则报有关行政管理部门依法处理。404室业主签收了告知,但并未执行。何某、薛某当时向物业公司和居委会反映过隔壁违章的情况,但未与404室业主直接交涉,也未向有关部门举报或提起诉讼。此后404室房屋经过两次转让,2014年新业主装修时将过道中的门也进行了改装。物业公司向404室业主寄送了整改通知书,要求其整改门外移占用公共通道的问题,

---

① 参见(2014)沪二中民二(民)终字第1764号民事判决。

未获回应。现何某、薛某认为物业公司对404室业主非法占据公用面积和公用设施,仅仅签发了一份整改通知书,对违法行为未予依法劝阻、制止和及时报告国家有关行政部门,严重侵害了何某、薛某权益的违法行为,故诉至法院,请求法院判令物业公司返还收取的2004—2012年物业管理费5 817.35元,并按消费者保护法的规定三倍赔偿何某、薛某17 452.05元。

● 法院判决

法院认为,404室业主安装铁门占用公共走道的行为发生于2003年11月,工程较小且隐蔽于楼道之内突击完工,物业公司难以迅速发现,客观上无法先期制止,其只能进行劝阻、通知整改和报告有关行政部门。现有证据证明物业公司已发出书面告知要求其拆除违章,可见物业公司已基本履行了其管理义务。在违章业主拒不听从的情况下,物业公司除报告有关部门外,并无更多的权力来纠正业主的违章行为。而何某、薛某自称为404室业主违章行为的直接受侵害者,则其完全可以通过自身的行动,如提起交涉、向行政部门举报、向法院提起诉讼等方式,直接维护自己的权利。然何某、薛某在长达11年的时间中,没有采取任何向隔壁业主维权的行动,却声称是在等待物业公司替其维护权益,实在有违常理。其要求物业公司对该11年来因隔壁业主违章而产生的损失承担责任,没有法律依据。何某、薛某真要维权,应该直接起诉404室业主,而不是舍近求远要物业公司承担责任。物业公司表示其在2003年时已向所在街道报告过404室业主的违章行为,但因年代久远,且当年所在街道已被撤并,故很难提供证据。最终法院驳回了驳回何某、薛某的诉讼请求。

● 法律依据

《中华人民共和国民法通则》第五条、第一百三十五条。

● 本案要点

物业公司作为小区的物业服务方,有义务按约对共用部位进行维护和管理,但其并无执法权。对业主的违章搭建行为,物业公司的直接制止能力有限。本案中,物业公司在知晓有违章搭建后已书面告知该业主,已经尽到了基本的管理责任。

上海××物业管理有限公司诉龙某物业服务合同纠纷案[①]

● 案件事实

上海××物业管理有限公司为(以下简称物业公司)本市某小区的物业管理企业,龙某是该小区的业主,龙某认为物业公司提供的物业服务存在诸多瑕疵:房屋漏水;物业从业人员年龄结构不符合标准,物业经理任职时间不满二年;公共区域多项清洁卫生及绿化日常养护工作不到位,建筑垃圾未及时清理;公共区域的秩序维护不到位,安保人员缺失,门岗管理缺失,监控设施损坏;公用部位的维护不到位,没有对屋面排水沟进行巡查;弱电系统中电子巡更工作未进行,因此拒绝缴纳物业管理费。物业公司就龙某拖欠物业管理费事宜多次与龙某协商要求其缴纳,但龙某仍拒绝支付,物业公司遂诉至法院,请求判令龙某支付2012年1月至2013年12月的物业管理费。

物业公司称,房屋漏水问题属房屋质量问题,则应在质保期内追究开发商的责任,物业纠纷与房屋质量问题并非同一法律问题。物业公司履行了各项物业服务义务,小区内有百分之九十多的业主均支付了物业服务费,说明物业公司是在履行义务的。关于报修问题,物业公司未接到过龙某的报修。物业公司并提供了其制作的租赁情况统计表、违章搭建统计表、报居委会种蔬菜人家情况表、停工整改通知书,用以证明物业公司履行了劝阻制止、上报义务;提供了农药等发票复印件,用以证明自己履行了绿化管理义务;提供了物业公司报给业委会的申请共用部位维修报告,用以证明共用部位维修需经业委会同意才能动用维修基金,物业公司已履行上报义务,但业委会未批准;提供了对房屋漏水问题向业委递交的申请以及发给业主的告

---

① 参见(2014)沪二中民二(民)终字第1997号民事判决。

知书、维修基金征询意见表复印件，用以证明业委会至今未批准动用维修基金。同时该物业向法院申请向当地政府相关部门调查取证，以证明市民巡访团和房地局工作人员对于该小区每年一次巡访、走访的反馈表、记录表，同时向当地房办、京华居委会调查取证，即2012年5月6日就该小区物业管理问题召开的三方座谈会的会议纪要及居委会主任的发言稿。

● 法院判决

法院经审理认为：公民、法人的合法民事权益受法律保护。本案中，物业公司与业委会签订的《物业服务合同》合法有效，对物业公司、龙某均具有法律约束力，物业公司、龙某均应按约履行相应义务。合同到期后，业委会未与物业公司续签合同，但物业公司对小区提供了事实物业管理服务，按照诚实信用、等价有偿的原则，龙某理应向物业公司缴纳相应的物业服务费。物业服务收费应当遵循合理、公开以及费用与服务水平相适应的原则，既不能只收费不服务，也不能多收费少服务。本案所涉《物业服务合同》的附件对物业公司提供物业服务的五项内容作了具体约定，而物业公司在综合管理服务、公共区域秩序维护服务以及公共部位、共用设备设施日常运行、保养、维修服务的履行上与合同约定的具体要求存在一定差距，虽然房屋、安保监控系统的维修涉及业委会对维修基金的审核、批准程序，但物业公司未能及时、有效地做好动用维修基金的前期准备工作，仍属服务存在瑕疵，物业公司应当为此承担合同违约的责任，故法院酌定在物业公司主张的物业服务费总额上予以减收。龙某主张物业公司没有履行对公共区域清洁卫生服务和绿化日常养护服务的职责，物业公司不予确认，龙某对自己的主张未提供充分证据证明，法院不予采信。最终法院判决龙某支付物业公司物业服务费8 308.66元。

● 法律依据

《物业管理条例》第三十六条第一款、第四十二条第一款、第六十七条。

《关于审理物业服务纠纷案件具体应用法律若干问题的解释》第三条。

● **本案要点**

　　物业服务企业及业主作为物业服务合同的双方,均应按照合同约定履行合同义务。物业服务企业依约履行了提供物业服务的义务,业主也享受了物业服务企业提供的服务,则业主应当履行支付物业服务费的义务。当然,物业服务企业在提供物业服务时应当完全按照约定履行其服务职责,对存在瑕疵的服务,也应当承担违约责任。

　　(三)物业公司对公用设施疏于管理或擅自改变原始用途

××花园业主委员会诉××物业管理公司物业服务合同纠纷案①

● **案件事实**

　　××花园业委会(以下简称业委会)与××物业管理有限公司(以下简称物业公司)签订《物业管理服务合同》1份。2013年7月25日,业委会发函物业公司要求提供化粪池及管网的结构图及原始照片或视频,以便业委会对其进行清洗清淤。2013年10月20日,业委会向物业公司发函,明确要求物业公司提供小区建筑平面图、建设使用停车位、绿化等公共设施设备配置情况说明以及相关资料,并予以书面回复。2013年10月21日,物业公司管理处回函:图纸、配置情况说明及相关资料争取在周六之前把现有的归类整理好交给业委会,对于缺少或不完整的资料,物业公司愿意配合业委会到有关部门调印补齐相关资料。2013年10月28日,物业公司发函业委会,载明,业委会提出的管理用房及配套用房等图纸,物业公司已派人在业委会组织的会上多次解释,虽不能满足对方的要求,但实际情况确实如此,管理用房是由物业公司向某实业有限公司租赁,费用由物业管理成本支出,原先的管理用房及相关配套用房图纸从未提及,更无从谈起,因其是1999年年底交房,按照1997年上海政府出台的关于物业管理用房的要求,未提及具体细则及要求,故开发商确实未作配置。

---

　　① 参见(2015)沪二中民二(民)终字第1660号民事判决。

2014年2月26日,业委会发函物业公司,认为因工作需要于2013年起曾多次要求物业公司提供小区全部管线的竣工图纸、整体房屋实测图(除业主住宅外),均遭物业公司敷衍,仅提供部分(少量)不属上述范围内的图纸,现业委会按照政府相关部门的答复:"物业公司应该具有全部竣工图,这些没有是物业公司的责任",再次要求物业公司在7日内提供上述全部图纸,并给予书面答复。2014年11月,业委会诉至法院称,其因工作需要,于2013年起曾多次要求物业公司提供小区全部管线竣工图纸、小区非住宅房屋实测图纸,均遭到敷衍。业委会认为物业公司没有图纸是不可能继续小区管理的。业委会为此走访了街道、房办、城建档案馆等均被告知需通过法院调取,因此业委会只能起诉至法院,要求判令物业公司提供小区全部管线竣工图纸、非住宅房屋实测图纸,同时支付业委会交通费、误工费、诉讼费等费用。

● **法院判决**

法院经审理认为,当事人对自己提出的诉讼请求所依据的事实应当提供证据材料加以证明,未能提供证据或证据不足以证明事实主张的,由负有举证证明责任的当事人承担不利后果。现业委会并未举证证明物业公司已取得了小区竣工图纸而未向业委会提供,关于小区非住宅实测面积,物业公司已向业委会提供了小区各房屋的面积,综上,法院对业委会诉请要求物业公司提供小区管线竣工图纸及非住宅房屋实测面积并要求支付误工费、交通费损失,于法无据,法院不予支持。

● **法律依据**

《中华人民共和国民事诉讼法》第六十四条。

《关于民事诉讼证据的若干规定》第二条。

● **本案要点**

《民事诉讼法》第六十四条第1款规定:"当事人对自己提出的主张,有责任提供证据。"《最高人民法院关于民事诉讼证据的若干规定》第二条第4款规定:"没有证据或者证据不足以证明当事人的事实主张的,由负有举证责任的当事人承担不利后果。"本案中,业主委员会并未提供充分的证据证明其提出的主张,因此其诉请得不到支持。

某小区业主委员会诉上海××物业管理有限公司合同纠纷案①

● 案件事实

2001年,上海××物业管理有限公司(以下简称物业公司)与某小区开发商签订物业管理合同,约定物业公司自2001年作为前期物业管理单位,进驻小区提供物业管理服务,后于2014年4月8日退出该小区。自2007年起,与该小区毗邻的部分私房业主,因小区开发过程中遗留历史原因,开始拆除小区原有围墙,将私房范围扩建至小区围墙范围内,并在小区内开设房门从小区内道路通行。上述情况发生后,物业公司作为管理单位通过报警、联系属地居委、房地部门等到场调处等方式进行了劝阻,但始终未能完全制止。2009年开始,私房业主开始大量拆除小区围墙,并从小区内通行。2010年,已经破坏围墙的部分私房业主开始占用原有围墙内小区的绿地,将其改建为水泥地面,用以停放车辆及作为生活区域。其后,小区个别业主亦将小区内绿地改建为水泥地面以停放车辆。上述毁坏绿地情况发生后,物业公司通过报警等方式予以劝阻,但未能制止,随即对已经毁坏绿地停放车辆的小区业主收取停车费进行管理。小区业委会遂诉至法院,要求判令物业公司将小区内原为绿化的车位全部清除,恢复原状,同时将小区内被破坏的围墙重新恢复,并向业委会支付违约金297 613.30元。物业公司则认为,私房业主拆墙是由于该小区历史遗留问题造成的。拆墙和绿地毁坏改建车位状况发生时,物业公司通过报警等方式进行了劝阻,但无法阻止。其已根据合同约定履行了义务,不应承担责任。

---

① 参见(2014)沪二中民二(民)终字第2028号民事判决。

● 法院判决

法院经审理认为，依法成立的合同，对当事人具有法律约束力，当事人应当按照约定履行自己的义务。双方签订的《物业管理服务合同》约定服务期限为自 2009 年 10 月 1 日起至 2012 年 9 月 30 日止。合同约定的服务期限届满后，业委会未与物业公司签订新的合同，但仍由物业公司对小区提供物业服务直至其退出小区，业委会及小区业主也接受了管理和服务，故上述合同继续有效。业委会依据该合同向物业公司主张违约责任，与法不悖。根据相关法律规定，所有权人因相邻方实施侵权行为并受到损害的，应以相邻关系纠纷为由对侵权人提起民事诉讼。该小区内部分围墙的破坏，系与小区毗邻的部分私房业主实施侵权行为所致，故对此造成的损失，应当由相邻的侵权人承担责任。同时，部分私房业主破坏小区围墙的行为，是在该小区较为复杂的历史遗留问题的背景下出现的。物业公司在部分私房业主做出上述侵权行为后，通过劝阻、报警、联络属地管理部门到场协调等方式尽到了合同约定管理维护的义务，围墙遭受破坏之现状，已难以归咎于物业公司。故对业委会要求物业公司承担围墙部位管理维护的违约责任之主张，难以支持。综合考虑业主破坏绿地改建车位全过程，物业公司并未完全依照合同约定尽到管理维护义务，故应当承担相应违约责任。但考虑到共用部位、公共绿地的管理维护费用的实际损失，兼顾小区业主缴纳物业费用的实际情况以及相关当事人的过错程度，根据公平原则和诚实信用原则依法对违约金数额做出调整。最终法院判决物业公司向业委会支付违约金 18 180.20 元。

● 法律依据

《中华人民共和国合同法》第八条。

● 本案要点

根据物业管理服务合同的约定，作为物业管理单位，物业公司应当对小区内共用部位、公共绿地等尽到管理维护的义务。本案中，尽管物业公司做出一定的劝阻行为,但并未完全依照合同约定尽到管理维护义务,故应当承担相应违约责任。

上海××物业管理有限公司诉余某某物业服务合同纠纷案①

● **案件事实**

2009 年 5 月 6 日,上海××物业管理有限公司(以下简称物业公司)与A 投资有限公司关于某商业广场物业管理签订《前期物业服务合同》一份。2012 年 6 月,未采用集体讨论形式或者书面征求意见的形式召开业主大会,该广场业主委员会(下简称业委会)与物业公司签订《物业服务合同》一份,合同期限自 2012 年 6 月 1 日起至 2015 年 5 月 31 日止。因余某某房屋用途属店铺,物业公司以每月每平方米 3.80 元的标准向余某某催讨自 2012 年 1 月至 2012 年 10 月物业服务费 20 105.80 元。因催讨未果,物业公司遂于2013 年 3 月起诉至法院,要求判令余某某支付 2012 年 1 月至 2012 年 10 月的物业服务费 20 105.80 元及滞纳金 16 587.29 元。余某某则表示,自己及业主林某某、林某多次要求物业公司对电梯进行维修,但物业公司都置之不理,故余某某等只能自己找维修公司进行维修。电梯属共用设施,产生的维修费用应由物业公司承担,故要求在物业费用中扣除该笔维修费用。为此,余某某提供了电梯维修费发票 2 份。

● **法院判决**

法院经审理认为,物业公司与该商业广场开发商 A 投资有限公司签订的《前期物业服务合同》合法有效,对物业公司与余某某双方均具有法律约束力。而业委会于 2012 年 6 月与物业公司签订的续聘合同,未经业主大会采用集体讨论或书面征求意见的形式予以确定,至今也未得到过半数业主的追认,则该合同属效力待定,但其约定的物业服务收费标准与前期

---

① 参见(2014)沪二中民二(民)终字第 909 号民事判决。

物业服务合同相同,即便该合同无效,物业公司也可以参照前期物业收费标准收取物业服务费,故本案在每月每平方米 3.80 元的收费定价基础上再根据物业公司的服务质量确定物业公司应收物业服务费用并无不妥。根据前期物业服务合同的约定,物业公司承担对房屋及配套的设施设备、相关场地进行维修、养护、管理,维护相关区域内的绿化、环境卫生和秩序的义务,就应当根据合同确定的具体管理要求实施物业管理服务。本案中,前期物业服务合同具体约定物业公司服务内容的共有五项,而物业公司在四项内容上与合同约定的具体要求存在不符之处。物业服务收费应当遵循合理、公开以及费用与服务水平相适应的原则,既不能只收费不服务,也不能多收费少服务。现物业公司提供的物业服务质量与合同约定的物业服务收费标准有较大差距,物业公司应当为此承担合同违约的责任。由于合同未对物业服务项目进行分类定价,故法院酌定物业公司在物业服务费收费总额的基础上减收 30%。由于物业公司违约,余某某因此拒交物业服务费属正当理由,故对物业公司要求余某某支付滞纳金的诉请不予支持。对余某某主张的收费标准不统一的问题,系物业公司在同一收费标准的前提下对自己权益的处分,并不违反法律禁止性规定,故法院对余某某该主张不予采信。对余某某主张的电梯维修费用问题,与本案属两个法律关系,且涉及其他业主的利益,故本案中不予处理,余某某可通过包括另行诉讼在内的其他途径予以解决。最终法院判决余某某支付物业公司物业管理费 14 074.06 元。

● 法律依据

《物业管理条例》第三十六条第一款、第四十二条第一款、第六十七条。

《关于审理物业服务纠纷案件具体应用法律若干问题的解释》第三条。

《中华人民共和国民事诉讼法》第一百四十八条。

● 本案要点

作为小区的物业服务企业,物业公司应当按照物业服务合同的约定对小区实施物业管理的行为,如物业公司未能按照约定进行物业管理的,则应当承担违约责任。本案中,物业服务合同具体约定物业公司服务内容的共有五项,而物业公司在四项内容上与合同约定的具体要求存在不符之处,应当承担违约责任。

沈某某诉××物业管理有限公司生命权纠纷案①

● 案件事实

2008 年沈某某购买本市某花园小区 29 号楼 5 单元 102 室。2009 年 1 月 4 日,小区业主委员会与××物业管理有限公司(以下简称物业公司)签订《物业管理服务协议》一份。沈某某之子沈甲出生于 2001 年 5 月 12 日,系某学校二年级学生。2010 年 11 月 26 日 13:30 分左右,沈甲乘电梯至该小区 23 号楼 1 单元 11 层,又从楼梯步行至顶楼并通过楼梯口防盗门到达楼顶平台。因防盗门关闭无法开启,沈甲被困于楼顶平台。后从楼顶阳台夹缝中摔到地面,经医院抢救无效于 2010 年 11 月 26 日 16:21 分死亡。派出所现场勘察后发现事发的 23 号楼 1 单元阳台夹缝中有童鞋一只、摔坏的电子表一块、楼顶有橙色跳绳一根,另有一根铁丝沿墙体垂向两阳台门的夹缝,铁丝勒入墙体。楼道间通向楼顶平台的防盗门为单向开启,从平台方向无法打开。2008 年 12 月,沈某某以物业公司在管理上存在明显疏漏为由向法院提起诉讼,请求判令物业公司赔偿丧葬费、死亡赔偿金、精神抚慰金共计 272 184.1 元。

物业公司称,案发 23 号楼的电梯、通往顶楼楼梯的设计建造及管理均符合民用住宅在防火设计等方面的相关法律法规的要求,根据《物业管理条例》第 36 条,只有物业服务企业未能履行物业服务合同的约定,从而导致业主人身、财产安全受到损害的,才应承担相应赔偿责任。而事发的 23 号楼通往顶楼的楼梯以及防盗门必须保持畅通,否则反而是违反服务义务的行为。

---

① 参见(2011)甘民三(民)终字第 010 号民事判决。

本案系一般侵权案件,应由沈某某承担全部举证责任,警方的接处警记录只能证明沈甲坠楼身亡的事实,对于防盗门因何锁闭、跳绳为何垂挂在顶楼边缘以及沈甲如何坠楼沈某某并未提供相应证据。另外,沈某某作为沈甲的监护人,不仅放任沈甲在非到校时间出门玩耍,而且对其玩耍地点未进行必要的询问和制止,疏忽明显;对于《物业管理服务协议》中"未成年人乘坐电梯需有大人陪同"的条款对方明知且认可,却未对沈甲予以告诫、阻止,从源头上造成了此次悲剧的发生,实属监护不力,沈甲在其呼救已被同班同学发现的情况下,仍未远离顶楼边缘、等待救援,反而携带跳绳靠近边缘,最终从夹缝坠落,沈甲有自杀的可能。综上,物业公司无义务承担赔偿责任。

● 法院判决

法院经审理认为,案发的 23 号楼 1 单元楼道间通向楼顶平台的防盗门由物业公司控制,由于其管理上存在的明显漏洞,该防盗门只能单向开启,致使沈甲轻易进入楼顶平台且身困其中。物业公司无法解释防盗门单向开启、"非工作人员莫入"这两点与"保持消防通道畅通"之间的矛盾。沈某某提供的案发当时的照片证明:在通往楼顶的楼梯间以及该防盗门附近无任何警示标志。案发时沈甲年仅 9 岁,属无民事行为能力人,还不能完全预见到自己行为的危险和后果,从而通过防盗门到达楼顶平台。如果楼梯间与防盗门旁设有警示标志,对于小学二年级的学生是可以识别其内容,从而起到震慑作用的;对于物业公司称沈甲到达平台后防盗门的锁闭原因、坠楼原因不明,沈甲未等待救援,反而携带跳绳靠近阳台夹缝的问题,法院认为,虽然案发当时的坠楼情景已无法证实,但沈甲坠楼处的阳台夹缝存在于 23 号楼 1 单元的平台之上,沈某某提供的案发当时的照片显示:该阳台夹缝仅有标高 30 多公分的护栏,周围未设置任何警示标志,存在明显的安全隐患。如果物业公司在通往平台方向将防盗门锁闭,或者将该门安装成双向开启,沈甲要么进不到平台,要么可以原路回返;对于物业公司称沈甲乘坐电梯无家长陪同的问题,法院认为,沈甲的出事地点在平台上而非电梯内,如果通往平台的防盗门锁闭,沈甲出了电梯之后的唯一通道就会被切断。而且物业公司对其电梯的监控不到位,存在管理上的缺陷;此外,《物业管理服务协议》第二条第(六)项有"负责小区24小时值班和不定时进行巡逻"的条款,而沈甲于13:30分进入电梯到16时左右被发现的两个多小时时间内,无论是其在平台上的呼救,还是其坠落地面,均无人发现,物业公司未尽到治安巡视义务;至于物业公司称不排除沈甲自杀的可能,因无相应证据予以证明,不予支持。综上,物业公司在其物业管理和服务工作中存在明显过错,对沈甲的死亡应承担主要的民事责任。另一方面,沈甲在未告知家长的情况下进入楼顶平台,被困后又未采取理性措施等待救援,自身具有过错。沈甲离家时是13:30分,虽然当日下午学校正常上课,但在此期间家长也应进行必要的询问和督促;沈甲被困后未采取理性措施等待救援,与其监护人平日的安全防范教育不够亦有一定联系。根据过失相抵的规定,可以减轻侵权人的责任。最终法院判决对于沈甲的死亡由物业公司承担60%的责任,由其监护人承担40%的责任。沈甲死亡后,由其父母提出精神损害赔偿主体适当。综合考虑本案中的责任认定、各自过错程度、该市平均生活水平等因素,酌定由物业公司赔偿沈某某精神抚慰金5 000元。

● 法律依据

《中华人民共和国侵权责任法》第六条第一款、第十六条、第二十六条。

《中华人民共和国民法通则》第十六条第一款、第十八条。

《国务院物业管理条例》第三十六条。

《最高人民法院关于审理人身损害赔偿案件适用法律若干问题的解释》第二十七条、第二十九条。

《最高人民法院关于确定民事侵权精神损害赔偿责任若干问题的解释》第七条、第十条。

《最高人民法院关于民事诉讼证据的若干规定》第二条、第六十三条。

《中华人民共和国民事诉讼法》第一百五十三条。

● 本案要点

根据我国法律规定,物业服务企业未能履行物业服务合同的约定,从而导致业主人身、财产安全受到损害的,应承担相应赔偿责任。本案中,物业公司作为小区的物业管理企业,对该小区及住宅楼的共用部位、共有设施等负有法定的维护、修缮与管理义务。而通向楼顶平台的防盗门由物业公司控制,该防盗门只能单向开启,说明其管理上存在的明显漏洞;且物业公司并未按照约定进行 24 小时值班和不定时巡逻,未尽到治安巡视义务,故应承担部分责任。

王某某诉上海××物业有限公司物业服务合同纠纷案[①]

● 案件事实

王某某系本市某小区×××室的房屋产权人,上海××物业有限公司(以下简称物业公司)系王某某所在小区的物业管理单位。2008 年 4 月,因发生渗漏事故,经法院调解以民事调解书达成协议:王某某赔偿李某因渗漏导致的经济损失 1 000 元并承担案件受理费 43.50 元。2013 年 5 月 16 日,因王某某家中地漏下水堵塞致污水返溢积聚在地坪并通过楼板渗漏至李某家中致其受损,法院判决认定:王某某于判决生效之日起三十日内恢复内卫生间及厨房的原有结构及下水管道,恢复原状;赔偿案外人李某因渗漏造成的装修损失 5 973 元和物品损失 800 元,承担案件受理费和鉴定费共计 2 050元。现王某某以物业公司长期疏于对污水总管进行保养和维护为由,诉讼至法院,要求判令物业公司赔偿王某某因渗水造成两间卧室地板变形、厨房吊顶损坏、大卧室门框变形损失费用、修理人工费、物品损失,共计 7 100 元,同时赔偿王某某赔偿李某因渗水产生的损失 1 043.50 元(已支付)和 8 823元(已判决未支付),共计 9 866.50 元。物业公司则认为,其已尽了合理谨慎的维修保养义务。

———————

① 参见(2014)沪一中民二(民)终字第 1162 号民事判决。

● **法院判决**

法院经审理认为,依法成立的合同,对当事人具有法律约束力。当事人应当按照约定全面履行自己的义务。物业公司称其已尽了合理谨慎的维修保养义务,遭王某某否认,且物业公司提供的证据不足以证明其主张,法院不予采信。现王某某认为物业公司长期疏于对污水总管进行保养和维护,多次引发渗漏事故致王某某财产受损故要求赔偿的主张于法有据,法院予以支持。关于王某某要求判令物业公司赔偿其因渗水造成两间卧室地板变形、厨房吊顶损坏、大卧室门框变形损失费用、修理人工费、物品损失等费用的诉讼请求,双方对赔偿金额已达成一致,且于法不悖,法院予以支持。关于王某某要求物业公司赔偿其赔偿李某因渗水产生的损失的诉讼请求,因王某某已就渗漏原因非其改动管道所致提供了相应的证据,故其可向物业公司追偿。但综合考虑本案中管道堵塞应系多种原因所致,且王某某在之前民事赔偿案件中未尽举证义务及物业公司违约行为的程度等,法院酌情认定物业公司对该案确定的损失承担10%的责任,但鉴于王某某目前未支付该款项,故王某某尚未因此遭受实际损失,对此王某某应在实际支付后另行主张。至于王某某主张向物业公司追偿与李某自愿达成调解协议所支付的款项,因无证据证明物业公司在事发前已明知或者应当知道涉案污水总管存在可能引起污水泛溢的严重堵塞问题,故其对该案损失的发生不具有可预见性,故法院难以支持。最终法院判决物业公司赔偿王某某物品损失费人民币5 000元。

● **法律依据**

《中华人民共和国合同法》第八条、第六十条。

● **本案要点**

物业公司作为小区的物业管理单位,应当按照维修管理合同的约定确保房屋共用部位和设施的正常使用。对于未尽合理谨慎的维修保养义务,导致业主人身、财产损失的,应当予以赔偿。本案中,由于物业公司长期疏于对污水总管进行保养和维护,引发王某某家多次漏水,致使其财产遭受损失,物业公司应当进行赔偿。

吴某诉上海××物业管理有限公司健康权纠纷案①

● 案件事实

2008年7月16日上午,吴某途经某商业步行街时,不幸被路口的膨胀螺栓绊倒,当即,在旁人的帮助下,拨打"110"求助,接警民警接报后,于九时三十分左右到达吴某出事地点,发现吴某斜靠在该商业步行街东侧通道靠东边墙上,表情很痛苦。民警马上联系"120","120"即将吴某送入复旦大学附属中山医院治疗,经诊断为"左股骨颈骨折",后吴某家属要求出院将吴某转入上海市第六人民医院治疗,经手术治疗,吴某于2008年7月28日出院,出院后吴某继续在上海市某区中医医院住院治疗,于2008年9月10日出院,落下残疾。事后,吴某了解到该步行街为上海××物业管理有限公司(以下简称物业公司)管理,至物业公司管理处交涉未果。吴某遂于2008年10月向法院提起诉讼,请求判令物业公司赔偿吴某医疗费、护理费、住院伙食补助费、营养费、救护车费、交通费、住宿费、残疾辅助器具费,精神损害抚慰金,伤残赔偿金共计六万余元,同时诉讼费由物业公司负担。物业公司则认为,对于吴某受伤与商业步行街上的螺栓之间不存在因果关系,吴某所提供的证人证言不具真实性,警署及120救护站的证明也不是直接证据,均无法证明吴某是被商业步行街上的螺栓绊倒的,故其不应对吴某承担赔偿责任。

● 法院判决

法院经审理认为,侵害公民身体造成伤害的,应当赔偿医疗费、因误工减少的收入、残废者生活补助费等费用。受害人对于损害的发生也有过错

---

① 参见(2009)沪二中民一(民)终字第1032号民事判决。

的,可以减轻侵害人的民事责任。物业公司认为吴某的人身损害与其不作为之间不存在因果关系,但对吴某提供的证明因果关系的证据未提出反证,故对于物业公司关于因果关系的主张,无法采信。吴某作为完全行为能力人,对其自身权利应当尽到谨慎的照顾义务,吴某在行走过程中有所疏忽,故对其自身损害的发生存在一定的过失,可以适当减轻物业公司的损害赔偿责任,具体扣减数额根据案情酌定。最终法院判决物业公司赔偿吴某医疗费等人民币 18 669.47 元。

● **法律依据**

《中华人民共和国民法通则》第一百二十六条、第一百三十一条。

《中华人民共和国民事诉讼法》第一百五十三条。

● **本案要点**

物业公司作为该街道的管理人,在地面构筑物损坏的情况下,未及时排除安全隐患,亦未采取适当的警告措施,在其管理上存在瑕疵,因其管理瑕疵导致人身损害,应当承担相应的损害赔偿责任。本案中,吴某因物业公司的管理瑕疵受到损害,物业公司应予赔偿。

(四)物业公司对共有部分怠于维修或对专有部分怠于协助维修

陆某某诉上海××物业管理有限公司物业合同纠纷案①

● **案件事实**

上海市×××路×××弄×××号房屋为陆某某私有产权房,由上海××物业管理有限公司(以下简称物业公司)实施物业管理服务。陆某某自 2005 年 9 月办理入住手续至今已超过六年,物业公司疏于管理,从未清扫屋面,疏通管道,以至屋面垃圾堵塞下水道而无人知晓。2011 年 8 月 11

---

① 参见(2014)沪高民一(民)再提字第 14 号民事判决。

日 18 时许一场大雨,雨水从屋顶冲入陆某某屋内,贯通四至一楼,最终造成一楼积水 8 公分之深。陆某某向物业公司报修,物业公司到现场时积水时间已超过一个小时。物业公司维修人员又不敢上屋顶疏通管道,反由陆某某自行上屋顶疏通。事后,陆某某多次要求与物业公司协商解决,物业公司对此不予理睬。2012 年 1 月 18 日,陆某某起诉至法院请求判令物业公司赔偿其各项财产损失人民币 78 830 元及精神损失费 10 000 元,并要求物业公司承担案件诉讼费用。物业公司则认为,陆某某的房屋类型为联列住宅,属连栋纵切式房屋,各户有独立的出入口,楼梯是分开的,外部无通道通往屋顶,非经业主同意,无法上至屋顶,可以认定为具有构造上的独立性和利用上的独立性,陆某某房屋屋顶应属业主专有部位。而对于专有部位,不属合同约定的物业主动管理服务范围。陆某某在出现渗水后向物业公司提出维修服务申请,物业公司也对其屋顶进行了清理并疏通了下水管道,物业公司已尽到了报修后的维修服务责任,故拒绝陆某某的赔偿要求。

● 法院判决

法院经审理认为,由于系争小区业主委员会在本案纠纷发生时尚未成立,故根据《最高人民法院关于审理物业服务纠纷案件具体应用法律若干问题的解释》之规定,建设单位依法与物业服务企业签订的前期物业服务合同,对物业公司与陆某某户均有约束力。本案中物业公司在《前期物业管理服务合同》中明确承诺,对共用的上下水管道、落水管等设施定期、定人保养、维修,不能完成目标,造成经济损失的应给予经济赔偿。但自 2005 年陆某某户入住系争房屋以来,物业公司从未对共用屋顶及共用落水管道进行过清理、疏通,显已违反上述合同约定的义务。故陆某某户因 2011 年 8 月 11 日晚大雨,共用落水管道堵塞、漏水,造成的室内装修损失及相关物品损失理应由物业公司依约赔偿。物业公司认定堵塞的系争屋顶落水管属陆某某户专有,与事实不符。对于陆某某提出的损失项目及价值,经委托鉴定,法院另结合双方的举证、质证情况,酌情认定为 29 500 元,由物业公司予以赔偿。

● **法律依据**

《最高人民法院关于审理物业服务纠纷案件具体应用法律若干问题的解释》第一条、第三条。

● **本案要点**

物业公司作为小区的物业服务单位,应当按照合同约定履行合同义务。本案中,建设单位与物业公司签订的《前期物业管理服务合同》中明确承诺,对共用的上下水管道、落水管等设施定期、定人保养、维修,不能完成目标,造成经济损失的应给予经济赔偿。因物业公司属于管理,导致共用管道堵塞、漏水,造成业主的财产损失,物业公司应当赔偿。

杨某等诉上海××集团物业有限公司物业合同纠纷案①

● **案件事实**

杨某、虞某为×××路×××弄×××号202室房屋(以下简称系争房屋)的产权人。2012年9月2日,该小区业主大会与上海××集团物业有限公司(以下简称物业公司)签订《物业服务合同》,约定由物业公司为小区提供物业管理。附件四约定共用部位、共用设备设施日常运行、保养、维修服务标准,其中管道、排水沟、屋顶的运行、保养、维修服务标准为每季一次对屋面泄水沟、楼内外排水管道进行清扫、疏通,保障排水畅通。2014年1月8日晚,系争房屋厨房内水斗反水,污水自水斗中溢出后沿着橱柜的台面流到厨房的地面,并蔓延至餐厅的木地板上。由于杨某、虞某在事故发生时未在家,物业公司无法上门修理。次日,物业公司工作人员撬开餐厅、客厅几处地板,发现地板下都有水。后杨某、虞某起诉要求物业公司承担房屋损失

---

① 参见(2015)沪一中民二(民)终字第1484号民事判决。

42 712元和误工费及交通费损失20 000元,同时支付因房屋被污水损坏导致无法居住期间的房屋空置损失暂计48 000元。

● 法院判决

法院经审理认为,杨某、虞某是系争房屋的业主,物业公司是该小区的物业管理单位,物业公司作为物业管理服务单位,应当按照物业服务合同的约定,对共用设施、设备的维修、养护、运行和管理,包括:共用的上下水管道、落水管、污水管、共用照明等。现杨某、虞某的房屋因共用管道堵塞,引起系争房屋水斗泛水,造成损失,物业公司提供证据证明其已经按照物业服务合同的约定履行每季度疏通一次公共管道的义务,并且在事故发生后及时进行了维修。杨某、虞某则认为物业公司未能按照《上海市住宅物业服务分等收费标准》履行每月一次对排水管道进行疏通,构成违约。法院认为该标准系管理性规定而非强制性规定,物业公司与业主大会签订的《物业服务合同》中已经将疏通管道的时间予以变更,并不违反法律法规,为有效约定,物业公司行为不构成违约,故杨某、虞某按照合同之诉要求物业公司承担相应的民事赔偿责任,法院不予认可。然基于公平原则,法院根据损失的实际情况酌情判处。法院最终判决物业公司补偿杨某、虞某损失费15 000元。

● 法律依据

《中华人民共和国民法通则》第四条。

《中华人民共和国合同法》第五条、第八条。

● 本案要点

物业服务收费应当遵循合理、公开以及费用与服务水平相适应的原则,区别不同物业的性质和特点,由业主和物业服务企业按照国务院价格主管部门会同国务院建设行政主管部门制定的物业服务收费办法,在物业服务合同中约定。政府部门指定的收费标准并非强制性规定。本案中,业主大会与物业公司签订的《物业服务合同》的约定内容并不违反法律规定,属于合法有效,则合同双方应当按照合同约定履行各方义务。物业公司已经按照合同约定履行了对排水管道的疏通义务,并未违约。

刘某诉上海××物业管理有限公司物业服务合同纠纷案①

● 案件事实

刘某系上海市×××路×××弄×××号房屋(以下简称系争房屋)的所有权人之一。上海××物业管理有限公司(以下简称物业公司)是系争房屋的物业管理单位。2013年1月12日,因系争房屋阳台的雨水管道堵塞,刘某向物业公司报修。物业公司派遣工作人员上门查看并进行了疏通。因工作人员当日疏通未成,即与刘某约定2013年1月15日再次上门疏通,但该工作人员忘记把房屋三楼的卫生间地漏网罩还原,也未采取其他防水措施便离开。2013年1月12日晚天降大雨,水从未还原的地漏管口处涌出,致涉讼房屋三楼卧室地板、三楼过道、二楼过道及部分墙面浸水。刘某为减少损失,与家人一起清理积水至第二天早晨。物业公司经理上门查看后,向刘某出具情况说明一份,主要内容为:2013年1月12日,刘某向物业公司反映在1月10日发现屋顶雨水管堵塞,随即叫装修人员把屋顶清理。装修人员告知刘某系雨水管堵塞,要派物业来疏通。在1月12日,物业派维修工孔某上门查看,在屋顶疏通雨水管疏通不成,再到三楼卫生间疏通地漏,疏通不成功,与刘某约好下星期二与他人再一起疏通。由于没有疏通好屋顶雨水管及三楼卫生间地漏网罩没有及时放好原因,故昨天晚上一场大雨造成下水管溢水,三楼卫生间、卧室过道及二楼过道地板全部浸水。2013年3月2日,系争房屋楼顶再次积水,物业公司又派员上门疏通,未果。后刘某诉至法院请求判令物业公司限期对涉讼房屋的楼顶雨水管疏通、三楼卧室卫生间地漏疏通,排除对刘某的生活妨碍,并赔偿刘某物损共计34 015元、精神

① 参见(2014)沪一中民二(民)终字第729号民事判决。

损失费 10 000 元。

物业公司则称，其系在两年前接管涉讼房屋所在的小区，刘某当时已经装修完毕，刘某擅自将三楼的阳台改装成卫生间，安装了淋浴房、马桶、台盆等设施，并将上述设施产生的生活用水排入雨水管道，才是导致这次漏水的原因。关于刘某所述疏通雨水管道的经过，物业公司基本无异议。事发后，物业公司经理也向刘某出具了情况说明。物业公司在事发后愿意进行维修，是刘某不认可物业公司的维修金额。刘某的自行维修，物业公司不认可。

● 法院判决

法院经审理认为，物业公司作为小区的物业管理单位，应按物业服务合同的约定履行相关义务，其中包括疏通阳台的雨水管，故物业公司称疏通阳台雨水管道并非其职责范围的意见，不予采纳。根据溢水发生的时间系半夜，该时间段刘某一般不会使用三楼的浴室、台盆、马桶等设施，即使使用这些设施，也不会造成大量、持续性的溢水，故溢水的原因只能是当晚的雨水造成。况且，根据物业公司经理出具给刘某的情况说明，亦可证实溢水是物业公司工作人员施工不当导致雨水从地漏口处漫溢。综上，对物业公司称溢水是刘某擅自将生活用水排入雨水管道所造成的意见，亦不予采纳。由此，物业公司应当对刘某的物损予以赔偿。至于物损的范围，对刘某提供的三楼卧室地板发票金额 12 000 元，予以确认。关于其他维修的金额，根据情况说明的记载证实，三楼卧室过道及二楼过道地板均浸水，故刘某主张的该项物损确实存在，但鉴于刘某未提供相应的支付凭证，故法院酌定除三楼卧室地板物损之外的其他物损为 15 000 元。关于刘某提出的精神损失费，无相关法律依据，故难以支持。

● 法律依据

《中华人民共和国合同法》第一百零七条、第一百二十二条。

● **本案要点**

物业服务企业未能履行物业服务合同的约定,导致业主人身、财产安全受到损害的,应当依法承担相应的法律责任。本案中,《物业服务合同》中约定的物业公司的义务包括疏通阳台的雨水管,而溢水是由于物业公司工作人员施工不当导致的,因此,物业公司应当对刘某的财产损失进行赔偿。

苟某诉上海××物业管理有限公司物业合同纠纷案①

● **案件事实**

苟某系上海市×××路×××弄×××号1504室(以下简称涉讼房屋)产权人之一,上海××物业管理有限公司(以下简称物业公司)为涉讼房屋所在小区的物业管理单位。2014年2月苟某因家中渗水向物业公司报修。2014年6月27日物业公司向涉讼房屋所在6号楼业主发出征询函,载明6号1004室、1504室墙面渗水,建筑墙面渗水维修需动用小区维修资金,鉴于小区业委会至今未成立,维修资金无法启用,为解决1004室与1504室房屋存在的严重房屋外墙渗水问题,根据物权法相关规定,对6号全体业主征询是否同意外墙维修费拟用小区临时停车费垫付,待小区业委会成立后,该笔费用从维修资金内扣回。2015年3月物业公司曾向法院提起10594号民事诉讼,要求苟某支付拖欠的2014年1月至2014年8月期间的物业服务费1 737.84元,法院经审理认为,自苟某报修至物业公司维修期间时间确有拖延,物业公司启动维修程序需要征询业主意见、苟某财物损失严重及其损失可另案主张等因素,酌定苟某支付物业服务费1 390.27元,并依法判决苟某支付物业公司物业服务费1 390.27元。

2015年5月,苟某诉至法院,请求判令物业公司赔偿苟某涉讼房屋因渗水损坏的地板置换费用1 300元、误工费6 267.39元(15 500元/21天*9天,包括苟某回家处理积水及进行修复),并提供了工资单进行证明。

---

① 参见(2015)沪一中民二(民)终字第1794号民事判决。

物业公司认为,苟某因渗水所受损失已在 10594 号案件判决中酌情抵扣,作为物业管理服务企业,已尽到了相应的维修义务,迟延维修的主要原因是维修资金未及时筹措确定所致,并非自己的主观原因所致。现苟某要求其承担地板置换费和误工损失缺乏依据。

● **法院判决**

法院经审理认为,苟某、物业公司间依法成立了物业服务合同关系,物业公司应提供相应的物业服务,其中为业主修复外墙渗水系基本的服务义务。苟某于 2014 年 2 月报修后,物业公司直到同年 6 月 27 日发布征询函后才予以修复,维修期间确有拖延,虽然启动维修程序需征询业主意见,但物业公司应及时征询,物业公司主张曾于 2014 年 3 月首次征询失败,但对此未提供相应证据予以证明,法院不予采信。苟某主张因渗水家中被水淹并导致地板受损,符合常理,法院予以采信。而正是因为物业公司拖延维修,造成苟某财产受损,物业公司对此存有过错,应承担相应的赔偿责任。物业公司主张苟某因渗水所受损失已在 10594 号案件判决中酌情抵扣,但该案认定因维修期间拖延等因素而酌情扣除,并非因损失而扣除,且载明苟某的损失可另案主张,故对物业公司该主张,法院不予采纳。苟某主张之地板置换费,依法并无不当,金额亦较为合理,法院予以支持。苟某主张误工费,仅提供了工资单,并未提供收入实际减少证明等证据,该主张依据不足,法院不予支持。法院最终判决物业公司赔偿苟某地板置换费 1 300 元。

● **法律依据**

《中华人民共和国合同法》第八条。

《物业管理条例》第三十六条。

● **本案要点**

物业服务企业不履行或者不完全履行物业服务合同约定的或者法律、法规规定以及相关行业规范确定的维修、养护、管理和维护义务,应当承担继续履行、采取补救措施或者赔偿损失等违约责任。本案中,在业主报修后,物业公司未及时处理导致业主财产受损,物业公司应承担赔偿责任。

(五)物业公司未按合同约定与业委会分配物业管理活动所得收益

某小区业主委员会诉上海××物业管理有限公司物业合同纠纷案①

● 案件事实

2010 年 12 月 24 日,本市某小区业主大会(甲方、以下简称业主大会)与上海××物业管理有限公司(乙方、以下简称物业公司)签订《物业服务合同》,约定乙方为小区提供物业管理服务;商品房住宅物业服务费人民币(以下币种均为人民币)1.22 元/平方米/月,其中不含物业大修、中修和专项维修及更新的费用,若需使用应按规定程序报批,其费用在维修资金中列支,并按规定分摊;乙方按包干制收费形式确定物业服务费用,由业主向乙方支付,盈余或亏损由乙方享有或者承担;遇国家政策性规定调整,导致乙方物业服务成本上涨,如乙方提出补偿要求,经甲方提请业主大会按小区业主大会议事规则审议决定后,酌情从小区公共收益中予以补贴;露天停车场地属于全体业主共用的,甲方委托乙方向车位使用人收取占用场地使用费,按露天固定机动车停车位 100 元/个/月、临时机动车位 100 元/个/月的标准代收停车费,乙方从停车费总额中按 80% 提取停车管理服务费(税后);合同期自 2010 年 12 月 23 日至 2013 年 12 月 22 日止等。合同签订后,物业公司进入小区提供物业服务,至合同期满退出。

2014 年 5 月,业主大会诉至法院,要求物业公司返还 2010 年管理费、停车费 48 488.90 元,返还 2011 年 1 月 1 日至 2013 年 12 月 22 日停车费 171 477.60 元,返还广告费 26 418 元。物业公司提起反诉,请求业主大会返还已收取的 2010 年 12 月 23 日至 2013 年 12 月 22 日小区物业服务费 57 649.04 元、停车管理服务费 10 200 元,支付小区 2 号电梯 IPM 驱动功

---

① 参见(2015)沪二中民二(民)终字第 18 号民事判决。

力模块更换安装费用 4 500 元，支付 2011 年 4 月 1 日至 2012 年 1 月 31 日物业服务费补贴 2 万元。

● 法院判决

法院经审理认为，业主大会与物业公司签订《小区物业服务合同》后，物业公司对小区实际提供了物业管理服务，现物业公司退出该小区，理应对相关费用进行结算。关于 2010 年管理费、停车费的问题，业主大会已提供物业公司出具的《2010 年管理费、停车费账目明细》，证明 2011 年 3 月 1 日经物业公司结算，结余 11 784.90 元。物业公司虽然也提供了《停车费、管理费、收支账目（2011 年）》，但该账目并没有经过业主大会的确认，不足以推翻自己出具的前一份账目明细。而物业公司认为 2010 年 8 月 1 日之后的费用是代新物业收取，但物业公司至今未与新物业进行结算，并不合常理，而且这也属于物业公司与新物业之间的经济关系，与业主大会无关。因此，根据《2010 年管理费、停车费账目明细》，结余 11 784.90 元，加上之后物业公司从维修资金支取的 36 704 元，业主大会要求物业公司返还 48 488.90 元的请求，证据充分，法院予以准许。

关于 2011 年 1 月 1 日至 2013 年 12 月 22 日停车费的问题，上海某会计师事务所已对此出具《审计报告》，业主大会、物业公司参与此次审计工作并对《审计报告》真实性不持异议，该《审计报告》可作为有效证据。业主大会以停车费收费的原始资料、《审计报告征询稿》为依据计算停车费，在《审计报告》有效的情况下，证明效力不及《审计报告》，故法院以《审计报告》为依据，确定 2011 年 1 月 1 日至 2013 年 12 月 31 日停车费收入为 310 850 元。关于分成比例的问题，双方当事人存在争议，业主大会认为应分段计算，而物业公司认为应按物业合同二八分成。法院认为，业主大会的意见虽然证据不足，但考虑到 2012 年 2 月物业费、停车费均上调的事实，根据公平原则，结合案件相关事实，从利于计算的角度，确定 2011 年 1 月 1 日至 2013 年 12 月 22 日期间的停车费均按照五五分成。综上，扣除税金以及分成，物业公司还应向业主大会支付 146 643 元。关于广告费 28 000 元的问题，业主大会已提供《合作合同书》、《审计报告征询稿》等证据佐证，物业公司也认可收到广告费 28 000 元的事实,法院对此予以确认。物业公司认为该款应扣除税费后移交给新物业,首先物业公司与新物业签订的《委托催缴物业管理费协议》中并未涉及广告费,其次物业公司与新物业至今未结算该笔广告费,而且小区广告费理应由业主收取,故物业公司的意见不成立,该笔广告费应在扣除税金后,由物业公司支付给业主大会 26 418 元。关于 2011 年 4 月 1 日至 2012 年 1 月 31 日物业服务费补贴 2 万元的反诉请求,因物业合同并未对该项补贴作出约定,双方当事人也未对此作出补充约定,物业公司仅提供梁某、沈某出具的情况说明,证据不充分,法院难以支持。

● **法律依据**

《物业管理条例》第三十八条。

● **本案要点**

物业服务合同的权利义务终止后,业主委员会可以请求物业服务企业退出物业服务区域、移交物业服务用房和相关设施,以及物业服务所必需的相关资料和由其代管的专项维修资金。本案中,物业公司已退出该小区,应当根据相关的账目明细对相关费用进行结算。

某小区业委会诉上海××物业管理有限公司物业服务合同纠纷案①

● **案件事实**

2005 年 7 月 7 日,上海××物业管理有限公司(以下简称物业公司)与开发商上海甲房地产开发有限公司(以下简称开发商)签订《前期物业管理服务合同》,约定:开发商委托物业公司对位于上海市××区××路 751 弄的某小区进行前期物业管理,委托管理期限为自 2005 年 7 月起至业主大会成立之日止。合同签订后,物业公司于 2007 年 7 月 1 日起至 2013 年 6 月底

---

① 参加(2014)沪一中民二(民)终字第 2027 号民事判决。

入驻小区进行物业管理服务。2012 年 12 月,小区业主委员会(以下简称业委会)成立并备案登记。2013 年 7 月 1 日起至今,业委会委托其他物业管理公司对小区进行物业管理。物业公司于 2013 年 6 月底撤离涉案小区时,未将其在物业管理期间收取的地面停车费与业委会进行结算,业委会要求物业公司给付其收取的地面停车费未果,诉至法院请求判令物业公司归还地面停车费 779 568 元(自 2007 年 1 月起计算至 2013 年 6 月止,共计 78 个月)及利息,并承担律师费和诉讼费。

物业公司则称根据其与涉案小区开发商签订的《前期物业管理服务合同》第二十三条的约定,小区车位和使用管理费由物业公司收取,此系物业公司收取停车费的合同依据,另外,因涉案小区业主自身原因,导致业委会长期没有成立,无法使用维修基金,物业公司在为涉案小区服务期间,对超出保修期的日常维修费用,报经居委会同意后在停车费中支取,共计152 438.78 元,应从停车费中支取。

● 法院判决

法院经审理认为,就涉案小区地面停车费的归属问题,根据相关规定,停车费应属全体业主。就涉案小区前期物业合同第二十三条的约定,法院认为,暂且不论开发商与物业公司是否有权对应归属全体业主所有的停车费收益作出相应约定的问题,仅就该条约定本身也仅表明由物业公司收取小区车位和使用管理费用,但并未约定所收取的所有费用即归属物业公司所有,故物业公司以此主张涉案停车费归其所有,依据不足,不予采纳。对系争停车费金额,在物业公司对此应承担举证责任而其提供的证据尚不足以证实其主张的停车费金额之合理性的情况下,结合业委会提供的相应证据以及涉案小区的实际情况,酌情确定系争停车费金额,并根据惯例确定物业公司可收取的管理费用。就物业公司主张已经在停车费中支取的款项152 438.78 元,根据合同约定及相关规定,在业委会成立之前的费用应由开发商承担,故物业公司要求在停车费内扣除业委会成立之前的相关费用缺乏依据。业委会同意上述费用中发生在其成立后并经其确认的修复费用

851.76元在其应收取的停车费中予以扣除,此系业委会对自身权利的合理处分,法院予以准许。对发生在业委会成立后的办公设备费用6 000元,由于相应签报单中明确载明该笔费用应按实报销,而物业公司在法院指定的期限内未能提供上述费用支出的相应凭证,故其要求在系争停车费中扣除该笔费用依据尚不充分,法院对此不予支持。最终法院判决物业公司给付业委会地面停车费人民币359 148.24元以及利息。

● 法律依据

《中华人民共和国民法通则》第八十四条、第一百零六条、第一百三十五条。

《最高人民法院关于审理物业服务纠纷案件具体应用法律若干问题的解释》第十条。

《最高人民法院关于民事诉讼证据的若干规定》第二条。

《中华人民共和国民事诉讼法》第六十四条。

● 本案要点

业主对建筑物内的住宅、经营性用房等专有部分享有所有权,对专有部分以外的共有部分享有共有和共同管理的权利;建筑区划内的道路,属于业主共有,但属于城镇公共道路的除外;占用业主共有的道路或者其他场地用于停放汽车的车位,属于业主共有。因此,地面停车位应当属于全体业主共用,则其收益亦应当归全体业主所有。

某小区业主委员会诉上海××物业管理有限公司物业服务合同纠纷案①

● 案件事实

2008年11月28日,某小区业主委员会(以下简称业委会)与上海××物业管理有限公司(以下简称物业公司)签订《物业服务合同》,约定由物业

---

① 参见(2014)沪一中民二(民)终字第1370号民事判决。

公司对该小区提供物业管理服务;合同期限自 2008 年 9 月 1 日起至 2010 年 8 月 31 日止。合同到期后,双方于 2010 年 8 月 31 日签订了补充合同,约定由物业公司自 2010 年 9 月 1 日起继续履行原合同中的一切事宜。2012 年 6 月 26 日,业委会向物业公司发函称选聘了新一届物业服务企业,定于 2012 年 6 月 29 日上午 9∶00 在该小区物业管理处进行物业管理相关资料的移交,要求物业公司于 2012 年 6 月 30 日上午 9∶00 完成全部的交接工作并撤离小区。因新的物业公司进驻该小区,物业公司实际提供物业管理服务至 2012 年 6 月 30 日止。但物业公司退出该小区时并未与业委会就有关费用进行结算,业委会遂向法院起诉,请求判令对物业公司代为收取、保管的公益性收入进行确认、结算(结算日期自 2008 年 9 月 1 日至 2012 年 6 月 30 日止)。物业公司提起反诉,主张因业委会违约造成的损失,包括物业公司已支付给第三方的违约金、解除员工合同支付的经济补偿金、办公设施用品工具等损失、因合同履行可能获得利益损失。

● 法院判决

　　法院经审理认为,利用物业公共部分获取的收益归共同拥有该物业的业主所有,停车费属于利用物业公共部分获取的收益。按照合同约定,物业公司负有代为收取小区内停车费的义务,并应按约定扣除相应比例的款项后支付给业委会。因各方面的原因,物业公司在退出小区过程中未正常办理相关材料移交手续,导致没有完备的材料对停车费的具体金额进行审计,法院仅能根据现有证据材料对相关费用金额予以认定。根据现有证据材料认定 2008 年 9 月起至 2011 年 6 月期间业委会实际应得停车费 211 752.84 元。2011 年 7 月至 2012 年 6 月的停车费用虽无证据材料反映,但停车费的产生是必然的事实,但因双方当事人均未提供相应的证据材料印证,亦无法进行审计认定,故法院综合考虑停车费产生的必然性、缴纳停车费时间的不确定性以及双方矛盾发生的时间等各方面因素,酌情确定该时间段停车费金额为 120 000 元。业委会未明确除停车费外其他公益性收入的具体内容及金额,现有证据中也未反映出物业公司代为收取了除停车费以外的其他公益性收入,故对业委会该部分诉请,不予支持。

业委会与物业公司在物业服务合同期限届满后签订了补充合同,由物业公司按照原合同继续为小区提供物业服务,该补充合同未约定履行期限,应认定为系无固定期限的合同,因此双方均有权随时要求解除合同,同时小区现已由新选聘的物业公司进行物业管理,业委会与物业公司签订的合同亦无继续履行的可能,故物业公司关于双方合同应继续履行的主张,缺乏依据,不予采纳。法院认为,对于支付给第三方的违约金,物业公司与第三方签订合同的时间系在业委会与物业公司签订的《物业服务合同》到期后,鉴于业委会与物业公司续签的补充合同系无固定期限合同,物业公司应当知晓该补充合同存在可能提前解除的风险而应当采取措施予以规避,然物业公司与第三方签订的系固定期限合同,且合同内容未规避已经知晓的风险,其自身对此存在一定过错,故对物业公司上述反诉请求,不予支持。对于员工合同的经济补偿金,物业公司未提供证据证明此系业委会违约行为造成的损失,故亦不予支持。对于办公设施用品及工具等损失,由于系业委会的原因导致双方未能正常办理交接手续,且物业公司原办公场所实际长期处于业委会的实际控制之下,故现物业公司要求业委会赔偿办公场所内相应物品损失而不再主张相应物品的所有权,尚属合理。就损失的数额,鉴于物业公司主张损失金额的依据尚不充分,故本院根据一般物业管理办公场所所需物品及折旧因素,酌情确定业委会赔偿物业公司办公场所物品损失20 000元。对于可能获得的利益损失300 000元,因双方续签的系无固定期限合同,物业公司可能获得的利益损失于法无据,不予支持。

对于屋面修复费用,结合双方陈述及现有证据,法院确认小区屋面和外墙渗漏维修工程的存在,且物业公司垫付了屋顶外墙修漏费用50 000元,业委会称该费用应当已经由公共维修基金支付,但未提供证据予以证明,故业委会应当予以支付。对于公共设施修理费用,结合双方陈述及现有证据,物业公司未提供充分证据证明其垫付公共设施费用的真实性及具体金额,故难以支持。法院最终判决:物业公司支付业主委员会代收的停车费31 752.84元;业主委员会支付物业公司外墙修漏垫付款50 000元;业主委员会支付某办公场所物品损失人民币 20 000 元;驳回业主委员会的其余诉讼请求;驳回物业公司其余反诉请求。

● 法律依据

《中华人民共和国合同法》第六十条、第九十七条。

《物业管理条例》第二十七条、第五十五条。

● 本案要点

业主对建筑物专有部分以外的共有部分,享有权利,承担义务。共有部分在物业服务企业物业管理(包括前期物业管理)期间所产生的收益,在没有特别约定的情况下,应属全体业主所有,并主要用于补充小区的专项维修资金。物业服务企业对共有部分进行经营管理的,可以享有一定比例的收益。本案中,《物业服务合同》明确约定了物业公司负有代为收取小区内停车费的义务,并应按约定扣除相应比例的款项后支付给业委会,后因各种原因在收取停车费后没有把相应的款项支付给业委会,业委会在物业公司退出后要求其支付实属应当。

（六）物业服务合同终止后物业公司拒绝依约办理移交手续

某小区业主委员会诉上海××物业管理有限公司合同纠纷案[①]

● 案件事实

上海××物业管理有限公司(以下简称物业公司)系开发商聘请的为本市×××路×××号某小区提供前期物业管理服务的物业服务企业,物业公司从 2003 年实际管理小区至 2013 年 5 月 31 日撤离。后小区业委会诉至法院,要求判令物业公司向业委会移交公建配套用房即位于本市×××路×××号 1—3 楼以及小区靠近×××路出口处的门卫室和监控室,同时赔

---

　① 参见(2014)沪一中民二(民)终字第 1331 号民事判决。

偿业委会因拒不移交上述房屋而造成的业委会损失5万元。据调查,系争的×××号房屋系三层建筑,原规划为小区会所,现根据上海市房地产登记簿记载显示,房地产登记部门于2003年12月根据开发商提供的《关于提供物业管理用房的承诺》,将×××号101、301登记为物业用房;2005年3月,×××号201权利人登记为某地产经营有限公司,201登记的建筑面积为263.34平方米。×××号房屋除上述登记信息外,没有其他权利登记信息。

物业公司则认为,本案纠纷应属涉案×××号101、301房屋的权属争议,应由开发商参与本案诉讼,并应就权属争议作出处理后才可处理本案。其使用讼争房屋来源于开发商,而开发商将讼争房屋交付给自己使用,并非是作为物业管理用房而交付,故涉案房屋不属于物业管理用房,故无需向业委会移交。

● 法院判决

法院经审理认为,本案中,系争的×××号房屋中101、301经房地产管理部门审核登记为物业用房,根据法律规定101、301房屋应属小区业主共有,物业公司作为小区物业管理单位,在撤离小区时应将上述物业用房以及门卫室完整移交业委会。至于业委会、物业公司在本案中存有争议的×××号101、301是否即指×××号一层、三层整层面积的问题,法院认为根据某某业委会提供的×××号201产权及建筑面积的权利登记信息、来源于测绘部门的房屋分套建筑面积计算成果表等证据,另结合系争的×××号房屋除101、201、301的权利登记信息之外,再无×××号内其他房屋的相关登记信息的情况,法院认为房地产管理部门所登记的×××号101、201、301即指×××号一至三层的整层面积。物业公司虽然否认101、301即指一层、三层,但物业公司在本案中并未能提供×××号一层、三层中另有其他房屋权利登记信息等反驳证据予以佐证,故物业公司的抗辩缺乏依据,法院难以采信。关于×××号201是否应由物业公司向业委会移交的问题,法院认为,尽管×××号房屋在建设时规划为会所,但现在该房屋产权已明确登记为案外人某房地产经营有限公司所有,故业委会要求物业公司将201房屋一并移交的诉请,于法无据,法院不予支持。如业委会认为该案外人侵犯业主权利的,可另寻途径解决。关于业委会要求物业公司赔偿因拒绝移交公建配套用房而造成的损失5万元的诉讼请求,法院认为,物业公司在撤离小区之后仅将小部分物业管理用房面积移交业委会,仍占用上述房屋的大部分面积的行为确会给业委会造成一定损失,但鉴于业委会就其实际损失并未提供充分有效的证据予以证明,故法院酌定由物业公司赔偿某某业委会损失1万元。

● 法律依据

《中华人民共和国物权法》第七十三条。

● 本案要点

根据我国相关法律规定,建筑区划内的其他公共场所、公用设施和物业服务用房,属于业主共有。物业服务合同的权利义务终止后,业主委员会有权请求物业服务企业退出物业服务区域、移交物业服务用房和相关设施,以及物业服务所必需的相关资料和由其代管的专项维修资金。本案中,系争房屋为物业用房,则物业公司在退出小区时应当移交给业主委员会。

某小区业主委员会诉××物业服务有限公司物业服务合同纠纷案①

● 案件事实

2008年10月,某小区开发商向业主交房,引入××物业管理有限公司(以下简称物业公司)为该小区提供前期物业服务。双方因此签订前期物业服务合同一份,约定:物业服务期限自2008年10月1日起至2010年9月30日止,合同期满,业主委员会(以下简称业委会)未成立,则合同自动顺延;前期物业管理期间,三原物业公司按照包干制收费形式确定物业服务费用,

---

① 参见(2015)沪一中民二(民)终字第1351号民事判决。

由业主向三原物业公司支付物业服务费用,盈余或者亏损均由三原物业公司享有或者承担。合同还对停车费的收取标准作出了约定,并约定物业公司从停车费中按照25%的标准提取作为停车管理服务费。合同对其他相关内容均作出了约定。2011年9月,由甲公司接手该小区的前期物业服务。为此,物业公司、开发商、甲公司签订《××××费用移交清单》,内容为:1. 地面机动停车费(2011年10月始),应收人民币(下同)185 175元;2. 地面机动停车费(2011年10月前75%),应收1 085 151. 19元。合计为1 270 326.19元。2014年8月,甲公司出具工作联系单,载明2013年物业公司已向其移交了2011年10月之后的停车费185 175元中的181 195元,尚未移交2011年10月之前的停车费计1 085 151. 19元及2011年10月之后的部分停车费3 980元。因物业公司至今未能移交,故涉讼。物业公司称,在管理期间,小区设施设备大修因维修资金不到位导致由物业公司垫付维修费用,在移交资料时须重新核算扣减后再移交。同时认为其于2011年9月30日撤出小区,当时业委会还没有成立,物业公司一直未收到催讨凭证,故对诉讼时效提出异议。

● 法院判决

法院经审理认为,国务院《物业管理条例》规定专项维修资金属于全体业主所有。同时根据《上海市商品住宅维修基金管理办法》第九条关于业主委员会成立前发生的物业维修、更新,不得使用维修基金,其费用由房地产开发企业承担的相关规定,即便物业公司主张扣减的费用根据约定确实不应由其承担,但其要求在公共收益中扣减上述费用即要求该费用由全体业主共同承担,此显然与上述规定相悖而缺乏法律依据。最高人民法院《关于审理物业服务纠纷案件具体应用法律若干问题的解释》第十条规定,物业服务合同的权利义务终止后,业主委员会请求物业服务企业退出物业服务区域、移交物业服务用房和相关设施,以及物业服务所必需的相关资料和由其代管的专项维修资金的,人民法院应予支持。现业委会要求物业公司移交收取的停车费的诉讼请求,于法有据,予以支持。对于物业公司所称的在对小区实施物业服务期间代为支付的维修费用应当在返还的停车费中予以扣除的意见,法院认为,依据前期物业服务合同的约定,物业公司按照包干制收费形式确定物业服务费用,由业主向物业公司支付物业服务费用,盈余或者亏损均由物业公司享有或者承担,根据合同约定的收费标准、服务内容、权利义务等,结合物业公司提供的维修费支出凭证,该些费用均应当包含在物业公司的服务成本之中,不应列入维修资金中再行支出。况且,对于列入未成立业主大会的小区维修资金的使用,在住宅专项维修资金管理办法中予以了规定,物业公司应当履行相关的报批和征询手续,但物业公司未提供相关证据证明其已经履行了相关手续。再次,合同对于停车费收取标准作出了约定,物业公司从停车费中按照25%的标准提取作为停车管理服务费,其余部分作为公共收益归全体业主所有。故对于物业公司要求在停车费中扣除维修费用的意见,不予采信。

　　关于物业公司认为业委会的诉讼请求已经超过两年诉讼时效的意见,法院认为,物业公司曾经于2013年向案外人支付了部分停车费,视为诉讼时效中断,诉讼时效重新起算,故现业委会于2014年11月向物业公司主张权利,未超过两年诉讼时效。停车费应当在物业公司实际退出物业管理区域以后一并移交,物业公司未能及时移交,业委会为此要求物业公司支付停车费的利息损失,予以支持。最后法院作出判决:物业公司返还业主委员会公共收益1 089 131.19元并支付相应的利息损失。

● **法律依据**

　　《中华人民共和国物权法》第七十六条。

　　《关于审理物业服务纠纷案件具体应用法律若干问题的解释》第十条。

　　《物业管理条例》第十二条第一款、第五十五条。

　　《上海市商品住宅维修基金管理办法》第九条。

● **本案要点**

　　业主对建筑物专有部分以外的共有部分,享有权利,承担义务。共有部分在物业服务企业物业管理(包括前期物业管理)期间所产生的收益,在没有特别约定的情况下,应属全体业主所有,并主要用于补充小区的专项维修资金。因此,小区停车费应当属于全体业主所有,物业公司在退出小区管理时,对未移交的资料和相关账目应当移交给业主委员会。

某小区业主委员会诉××物业管理有限公司物业服务合同纠纷案①

● 案件事实

2009年9月14日,本市某小区业主大会(以下简称业主大会)与××物业管理有限公司(以下简称物业公司)签订《物业服务合同》,约定由物业公司对该公寓实施物业管理,管理期限为自2009年9月1日起至2012年8月31日止。上述合同期满后,双方未续签合同,目前小区仍由物业公司实施物业管理。2013年12月26日该小区举行公开招标投标会,确定案外人为中标人。2013年12月28日,小区业主委员会(以下简称业委会)向物业公司发送《关于物业交接基准日期的通知》,要求物业公司在2013年12月31日完成交接工作。因在物业交接过程中产生争议,故业委会起诉要求物业公司退出该公寓,并立即向业委会移交物业管理用房和物业管理资料。物业公司称其所使用的物业管理用房(101室房屋)系其自行向开发商租赁使用,并不是开发商提供的物业管理用房,物业公司对该房屋无处分权,无权向他人移交。

● 法院判决

法院经审理认为,业委会与物业公司签订的物业服务合同已于2012年8月31日到期,业委会现已另行选聘新的物业公司对公寓进行管理,物业公司在双方合同权利义务终止后依然留在公寓,无相关法律依据,业委会要求物业公司退出目前的物业管理区域公寓,于法有据,法院依法予以支持。物

---

① 参见(2015)沪一中民二(民)终字第964号民事判决。

业服务合同终止后,原物业管理公司应向业主委员会移交相关档案资料,业委会诉请要求移交的各公共设施结构图、公共设施设备维护保养清册、监控系统、电梯、水泵、消防设施、电子防盗门等共用设施设备档案及其运行、维修、养护记录、业主清册、车库用户名录等资料现均在物业公司处,物业公司应在撤离公寓时与业委会办理相关移交手续。

　　关于物业管理用房,上海市房屋土地资源管理局 2003 年 8 月 20 日颁布《上海市实施物业管理条例的若干意见》,其中规定,对于物业管理用房,建设单位应在物业管理区域内配置物业管理用房和业主委员会用房,在前期物业管理期间,提供给物业管理企业使用;业主大会成立后,无偿提供给业主大会。产权归全体业主所有。提供的物业管理用房应为地面以上的独用成套房屋,并具备水、电等基本使用功能。上海市房屋土地资源管理局于 2003 年 11 月 14 日发出的《关于〈上海市实施物业管理条例的若干意见〉的应用解释》第七条规定,2003 年 9 月 1 日以后竣工的物业管理区域,其物业管理用房的配置按若干意见的规定执行。1997 年 7 月 1 日至 2003 年 8 月 31 日竣工的居住物业管理区域,其物业管理用房应按规划中配置的标准提供;规划中未配置的,按照物业管理区域实际使用情况予以提供。涉案小区竣工于 2001 年,故应适用 1997 年 7 月 1 日至 2003 年 8 月 31 日竣工的居住物业管理区域的有关规定,因规划中未配置物业管理用房,故应按照物业管理区域实际使用情况予以提供。本案中,各方当事人确认除书房外,101 室其余各部分现均由物业公司使用,物业公司及开发商虽称书房由开发商用于堆放资料,但未提供相关证据予以证明,且该书房不具备破墙开门条件,故物业公司应将 101 室整体移交给业委会。最终法院判决,物业公司退出该小区,并将物业管理用房 101 室房屋以及各项物业管理资料移交给业务委员会。

● **法律依据**

　　《最高人民法院关于审理物业服务纠纷案件具体应用法律若干问题的解释》第十条。

● **本案要点**

物业服务合同的权利义务终止后,业主委员会请求物业服务企业退出物业服务区域、移交物业服务用房和相关设施,以及物业服务所必需的相关资料和由其代管的专项维修资金的,物业服务企业应当予以归还。本案中,经确认系争房屋为物业管理用房,则物业公司在退出时应当归还给业委会。

第八章 涉及物业管理的其他法律 关系常见纠纷及解决方案

一、业主与物业公司之间除 物业服务合同以外的纠纷

（一）业主与物业公司之间的侵权纠纷

1. 人身权侵权纠纷

余某诉张某、××物业管理有限公司等生命权、健康权、身体权纠纷案①

● **案件事实**

    ××物业管理有限公司（以下简称物业公司）系上海市××路320弄某小区的物业管理单位，该小区分为南北两区，中间被绿林路相隔，南北两区在绿林路上的两个门口相对，门口均设有门卫室。余家及张家均系该小区南区的住户。2014年9月12日15时许，张某在南区内持刀伤害余某（12岁），余某即从南区北大门口逃离，张某持刀追赶，其在南区北大门口东侧8.2米，南区北围墙北侧0.1米处的人行道上追上余某后，持刀戳刺余某胸腹部等处，致余某死亡。在逃离和追赶过程中，余某和张某沿门卫室南侧、西侧、北侧绕行，其中张某手持的凶器在门卫室西侧掉落2次。后经鉴定，张某患有精神分裂症，属于无刑事责任能力人。

    后余父余母向法院提起诉讼称，张某案发时为无民事行为能力人，故其

---

① 参见（2015）沪一中民一（民）终字第3425号民事判决。

父母应共同承担赔偿责任。物业公司系小区的物业管理单位。案发地点与物业保安门卫室近在咫尺，且余某在被袭过程中曾敲打门卫室的门窗、要求躲避，但值班保安贪生怕死、见死不救，违反法定的安全保卫义务，为张某进一步实施加害行为提供条件，最终导致余某当场死亡。故请求法院判决张某、张父张母赔偿丧葬费、死亡赔偿金、精神损害抚慰金、遗体保存费、墓地费用、误工费、交通费、律师费等，合计 2 040 072 元，物业公司对上述诉讼请求承担补充赔偿责任，并且张某、张父、张母、物业公司作出口头或书面道歉。

● 法院判决

法院经审理认为，公民、法人由于过错侵害他人财产、人身的，应当承担民事责任。张某实施严重危害公民人身安全的故意杀人行为，经鉴定，其患有精神分裂症。余父、余母要求张某、张父、张母承担因余某死亡而产生的全部赔偿责任，赔偿义务人无异议，法院予以支持。另外，根据《物业管理条例》第四十六条规定："对物业管理区域内违反有关治安、环保、物业装饰装修和使用等方面法律、法规规定的行为，物业服务企业应当制止，并及时向有关行政管理部门报告。"本案严重暴力行为发端于小区之内，终止于紧邻小区门卫室外侧，追逐中余某与张某先后经过小区门卫室，整个暴力行为并无中断，是一个持续的行为，物业公司作为事发小区的物业管理企业，应当采取相应的措施进行制止。当然，物业管理企业毕竟不是公安机关，不能强求保安像警察一样冲上去与手持凶器的歹徒进行搏斗，但保安完全可以采取其他力所能及的行为，最起码也应对行凶者予以喝斥。紧邻案发所在地的门卫室内有两位保安，马路对面的××新苑北区门口也有一位保安，根据公安机关对保安魏某所作的询问笔录，张某在小区内伤害被害人时，该保安即已发现，但其"并未在意"，更不要说采取制止措施了，当张某实施最后的疯狂行为时，近在咫尺的三位保安仍然没有采取制止措施。物业公司在物业管理服务方面存在过错，应承担一定的民事责任。关于物业管理企业是否属于《中华人民共和国侵权责任法》第三十七条所规定的安全保障义务责任的承担主体的问题。法院认为，该法条对责任承担主体采用了列举加概括式，物业管理企业亦是公共场所的管理人，故余父、余母要求物业公司承担补充责任，法院予以支持，但其主张的比例过高，法院酌情支持20%。张父、张母并代表张某已当庭赔礼道歉，故对此项诉讼请求法院不再作裁判。余父、余母要求物业公司赔礼道歉，于法无据，法院不予支持。

◉ 法律依据

《物业管理条例》第四十六条。

《中华人民共和国侵权责任法》第三十七条。

◉ 本案要点

根据《中华人民共和国侵权责任法》第三十七条的规定，物业管理企业是公共场所的管理人，负有安全保障义务。又根据《物业管理条例》第四十六条的规定："对物业管理区域内违反有关治安、环保、物业装饰装修和使用等方面法律、法规规定的行为，物业服务企业应当制止，并及时向有关行政管理部门报告。"物业公司作为小区的物业管理企业，对发生在小区内的违法暴力行为应当采取相应的措施进行制止。

马某诉××物业管理有限公司人身损害赔偿案①

◉ 案件事实

马某居住在本市××路×××号11座，××物业管理有限公司（以下简称物业公司）系马某所在小区的物业管理单位。11座大楼楼厅与地面之间，有一格14厘米高的台阶，楼厅入口处的大门宽约1.68米，门口设置有一不锈钢脚踏板（与台阶相接），脚踏板高14厘米、宽1米、与地面接触的底部长1.22米，脚踏板表面密布有T字形起鼓状设置，均已作打磨处理，起到增加

---

① 参见(2015)沪二中民一(民)终字第1785号民事判决。

摩擦度的作用。2014年12月14日下午5时许,马某在11座大楼门口处,摔倒在地,后回家。当日晚,马某至上海市第一人民医院急诊,住院治疗,12月23日出院,后又至医院进行复诊检查等,马某提供了门诊票据4张,计83.20元,未提供住院医疗费票据原件。马某认为,由于物业公司铺设的斜坡铁皮板不符合安全要求,导致其滑倒,造成身体和精神损害。遂诉至原审法院,要求物业公司赔偿医疗费55 159.73元、营养费1 800元、护理费2 400元。而物业公司称:涉案钢板在物业公司进驻事发小区时已经存在,钢板设置的目的在于方便业主进出,特别是老弱病残、小孩等需要轮椅、童车的群体,如果撤除这块钢板,业主是不同意的。事发时,保安已经询问过马某是否需要报警、是否需要送医,物业公司已经尽到责任。

● 法院判决

法院经审理后认为,马某提起的是一般侵权赔偿,在此诉讼中,马某应承担举证责任,即主要对侵权行为的存在、损害事实的发生,以及行为与损害后果之间存在因果关系予以证明。本案中,马某对于其摔倒的事实,仅有自己单方面陈述,没有其他相应证据予以佐证,且事发当时天气晴好,光线尚可,马某也穿着防滑鞋,因此,马某主张其系因大楼门口的脚踏板滑倒致伤,法院无法确认。而在整个审理过程中,马某多次提及小区设施改建问题,认为系物业公司过错。此主张与马某在本案中要求物业公司承担损害赔偿责任的请求,亦不存在因果关系。综上,对于马某要求物业公司赔偿医疗费等损失的诉讼请求,不予支持。

● 法律依据

《中华人民共和国侵权责任法》第六条。

● 本案要点

一般侵权行为,包括侵害人身权和财产的一般侵权行为,归责适用严格的过错责任原则,因此,在一般侵权诉讼中,举证责任完全由受害人承担。

其举证证明的范围,是证明侵权人构成侵权责任的要件,即原告应当证明其所主张的侵权行为的存在、损害事实的发生以及行为与损害后果之间的因果关系,并围绕证明全部构成要件而系统地证明确定赔偿责任、赔偿数额等具体事实。

俞某某诉小区业主委员会知情权纠纷案①

● 案件事实

俞某某为上海市某公寓小区的业主。2014 年 8 月,俞某某向法院起诉称,其在购买涉案房屋时缴纳了 3 665 元作为维修基金。虽然银行每年向其寄送维修基金年度结存单,但俞某某对每笔费用发生的具体原因、过程和数额都不清楚。俞某某多次要求小区业主委员会(以下简称业委会)告知维修基金使用情况,但无果。俞某某认为业委会侵犯了其业主知情权,故诉至法院请求判令:业委会向俞某某提供自 2000 年 6 月至 2013 年 12 月的涉案房屋维修基金使用明细清单。

而业委会则称,其已按规定每半年向全体业主公布小区维修资金的使用情况,完全履行了己方职责;俞某某称其侵犯了业主知情权,但在诉讼之前的这么多年俞某某从未向×业委会提出过查阅相关材料的要求,俞某某所述与事实不符。现俞某某要求业委会提供涉案房屋维修资金的使用清单明细,委会认为其无此义务,但可以提供 2005 年以后涉案房屋维修资金的账目给俞某某查阅,至于 2005 年之前的账目情况,因年代久远目前已无法提供。

● 法院判决

法院经审理认为,根据法律规定,业主有权要求公布或查阅维修基金的筹集、使用情况。作为业主,现有法律规范体系对其知情权的保障是通过多

角度实现的,比如规定了业委会或物业公司需每半年公布一次的小区维修资金整体使用情况和分摊情况,规定了维修基金开户银行需每年向业主发送分户对账单,设立了维修资金相关网站,业主可凭身份信息和房屋信息进行注册并登录查询房屋维修基金的相关信息等。从小区维修基金的使用情况来看,根据已查明的事实,由于涉案房屋所在楼的维修基金仅用于该楼的维修、更新、改造,而小区公共区域发生维修、更新、改造,亦未从小区公共维修基金账户中支出,不会分摊到涉案房屋分账户,故俞某某主张"知情"的涉案房屋维修基金历年来的使用情况,实际上仅限于该幢楼维修基金账户中发生的用于该楼维修、更新、改造方面的支出。而这些内容,在物业公司处留存的历年小区开支情况的原始资料和凭证中,通过业委会报批单上的走账指示,即可查询。现物业公司在审理中明确表示愿意将与该楼有关的原始材料提供给俞某某查阅,但俞某某仍表示因看不懂而坚持要求业委会另行制作清单,法院认为俞某某该主张并不具备合理性和必要性,亦有违经济原则。综上,法院认为俞某某主张业委会提供的其个人维修基金分账户历年来使用清单的诉请,法律依据不足,也不具备充分的必要性,难以支持。

● 法律依据

《物业管理条例》第六条。

● 本案要点

专项维修资金是专门用于物业共用部位、共用设施设备保修期满后的维修和更新、改造的资金,属于全体业主共有。根据《物业管理条例》规定,业主对物业共用部位、共用设施设备和相关场地使用情况享有知情权和监督权;业主有权监督物业共用部位、共用设施设备专项维修资金的管理和使用,即有权要求公布或查阅维修基金的筹集、使用情况。但当业委会或物业公司已按规定公布维修资金整体使用情况和分摊情况,业主对其知情权的主张应当具备基本的合理性和必要性,否则法院难以支持业主之诉求。

2. 财产权侵权纠纷

干某某等诉×××自来水公司、上海××物业公司财产损害赔偿纠纷案①

● 案件事实

干某某、杨某某、干某(以下简称干某某等三人)为上海市××路××弄××号801室房屋(以下简称801室房屋)的产权人。上海××物业公司(以下简称物业公司)为801室房屋所在小区的物业管理单位。×××自来水有限公司(以下简称自来水公司)为801室房屋的供水单位。2014年7月14日上午,801室房屋水表前的自来水管由于严重锈蚀后开裂,造成801室房屋严重浸水,同时向下渗漏至下层房屋。干某某等三人遂诉至法院,请求判令物业公司、自来水公司赔偿其装修损失、因维修801室房屋所产生的房屋租赁损失、因维修上述房屋所产生的家具搬运费、律师费等。

物业公司称,事发时,801室房屋房门锁着,物业公司接到六楼业主反映事故发生后,与干某某等三人取得联系,干某某等三人赶回801室房屋。进入801室房屋后,物业公司发现水管破裂,遂将漏水点堵住。事发前,物业公司没有接到干某某等三人的报修,因此本次事故是突发事件,与物业公司无关。作为物业服务企业,物业公司的义务为对小区内房屋配套设施设备进行维护保养管理。根据现场情况,北阳台玻璃门关闭可以阻挡一部分水,干某某等三人擅自拆除玻璃门,影响了隔水功能。原本事发点北阳台有防漏功能,且存在地漏,现在地漏已被地砖封闭,失去了原来的排水功能。事发当时,卫生间地上铺了报纸,将地漏封闭,影响了卫生间地漏排水。上述情况证明干某某等三人在事故中本身存在责任。水管发生爆裂的位置是总管与水表连接的部分,水表位于户内。对于业主屋内的设施,由于物业公司无法进入,故无义务管理。干某某等三人对其屋内的情况没有报修,物业公司无法知晓或预防,没有义务防止类似事件的发生。对于爆裂的水管,物业公

---

① 参见(2015)沪一中民二(民)终字第963号民事判决。

司没有维护义务。六楼业主报修后,物业公司马上予以处理,故已经尽到了相关义务,因此不同意赔偿。

自来水公司称,对于本案事实情况,自来水公司不清楚,收到诉状后才知晓。干某某等三人和物业公司从未与该公司联系过此事。对于干某某等三人要求其承担共同赔偿责任,不予同意。计量表即水表及表前阀门和两边各一个接口的产权属于该公司。据干某某等三人诉状上反映的情况,其认为损坏点不属于其维修养护范围。根据相关办法规定,如果经过二次供水设施改造即市政府启动的针对居民区供水设施的改造项目,进户水表之前的设施养护责任在于其,如果没有经过二次供水设施改造并办理移交手续,水表前的设施养护责任还是由原物业管理企业承担。根据干某某等三人描述的部位,养护责任在物业公司或干某某等三人。

● 法院判决

法院经审理认为,公民的合法财产受法律保护。侵害公民合法财产造成损害的,侵害人应当予以赔偿。行为人因过错侵害他人民事权益,应当承担侵权责任。本次事故水管爆裂部位为自来水表前,为供水设施,应不属于干某某等三人自行维护管理的范围。事发小区为新建小区,物业公司称该小区不属于二次供水设施改造范围,根据本市相关规定,对于新建居民住宅的二次供水设施,应由供水企业进行验收,竣工验收合格后物业管理企业与供水企业办理二次供水设施移交手续。移交之后,供水计量表及计量表前的供水设施维修管理责任由供水企业承担,在移交之前,供水设施的维修、管理服务仍由原物业企业负责。物业企业不得擅自中止二次供水设施管理或者降低管理和服务标准。现物业公司作为事发小区的物业管理企业,未能提供相关证据证明该小区的二次供水设施已移交供水企业即自来水公司,故法院对其上述主张不予采信,事发小区的供水设施的管理养护责任应由物业公司承担。虽然因本次爆裂水管的位置不佳致维修养护并不便利,但干某某等三人对此并无过错,物业公司并不能以此推脱维修养护责任或降低维修服务标准。现物业公司对本次事故中爆裂的水管未加以养护,致干某某等三人损失,应承担相应的赔偿责任。自来水公司在本案中并无侵权行为及过错,故干某某等三人要求物业公司、自来水公司共同承担责任的依据不足,不予支持。就物业公司关于干某某等三人改造北阳台对本次事故引起的损失亦应该承担责任的主张,根据现场勘查,干某某等三人虽对北阳台进行了改造,但对损害后果的发生并无因果关系。经勘查和鉴定,法院支持了干某某等三人所主张的部分损失,对于未实际发生的费用及律师费不予支持。

● 法律依据

《中华人民共和国侵权责任法》第六条、第十二条、第十五条。

● 本案要点

公民的合法财产受法律保护,行为人侵害公民合法财产造成损害的,应当承担侵权责任。小区的供水设施,应不属于业主自行维护管理的范围,其管理养护责任应由物业公司承担。即使设施位置导致维修养护不便利,如果业主对此没有过错,物业公司并不能以此推脱维修养护责任或降低维修服务标准。因此物业公司因维修养护不善导致业主损失,应承担相应的赔偿责任。

××置业公司诉××物业管理有限公司侵权责任纠纷案①

● 案件事实

上海市××路××弄××号房屋(以下简称涉讼房屋)的产权人为××置业有限公司(以下简称置业公司),房屋用途为住宅。该小区业主委员会(以下简称业委会)与××物业服务有限公司(以下简称物业公司)就小区的物业管理服务签订《物业管理服务合同》一份,业委会《管理规约》第六条规

---

① 参见(2015)沪一中民二(民)终字第 1471 号民事判决。

定:"业主、使用人按照规划管理部门批准或者房地产权证书载明的用途使用物业,不擅自改变物业使用性质。擅自改变物业使用性质的,损害其他业主或使用人合法权益的,业主或使用人可以向人民法院提起诉讼。"

2013 年 5 月 24 日,置业公司与甲公司签订《房屋租赁合同》,约定置业公司将涉讼房屋出租给公司作为公司办公接待使用,租期 3 年。同年 8 月,甲公司开始对房屋进行装修,并安置若干美容设备,以作接待部分客户用。2013 年 9 月,物业公司开始对甲公司人员进入房屋进行零星阻挠。9 月 28 日,业委会、物业公司向置业公司发出《关于别墅 52 号租用性质的讨论函》,告知:疑似置业公司所有的涉讼房屋租用性质有所改变,如要变更房屋使用性质需根据相关规定予以办理,并要求置业公司对此予以回复。2013 年 10 月,业委会发出《征询函》,为不同意涉讼房屋改变租用性质向小区业主征询意见,别墅小区全部 46 户业主中有 24 户签字确认不同意涉讼房屋改变租用性质。10 月 15 日,业委会向物业公司发函,告知因涉讼房屋改变租用性质,而涉讼房屋业主及承租人均不改正,故要求物业公司对公司进行严格管理:"……1. 在他们没有作出任何有诚意的承诺之前,他们不得运送任何物品进入小区。2. 由于是过半住户联合签名反对他们的行为,所以他们的承诺也需征询过半住户同意、相信,得到住户的谅解,他们才可以进入小区居住。3. 鉴于他们不诚信在先,我们要求凡是进入 52 号的访客都要到物业前台带上本人身份证件或护照进行登记。4. 常住人口需到物业管理处进行有效登记,家政人员需在合理范围内。5. 不得每天有很多访客进入,变相从事美容美发、私人会所等商业活动。"10 月 16 日,业委会向物业公司出具《委托书》:"……52 号租客在没有把美容床、美发椅、洗发床等用作商业用途的东西搬出创世纪别墅以前,不准搬入其他家具,陌生闲杂人员也不得进入小区……"物业公司遂依照上述要求行事,至此,物业公司对甲公司人员及访客进入或搬运物品进入涉讼房屋的阻挠开始升级,双方矛盾升温。2014 年 4 月,甲公司出具《情况说明》,指出因物业公司的行为造成其损失,经协商由置业公司赔偿其 55 000 元以弥补损失。2014 年 11 月,置业公司起诉至法院,要求判令物业公司向置业公司赔偿经济损失 55 000 元并赔礼道歉。

● 法院判决

法院经审理认为,行为人因过错侵害他人民事权益,应当承担侵权责任。本案中,置业公司作为涉讼房屋的产权人,明知房屋的用途为住宅而将房屋出租给甲公司作为甲公司办公接待使用,违反相关法律法规对住宅房屋使用的规定,亦违反业委会《管理规约》的相关规定,其行为存在过错,并为此后物业公司与甲公司之间的纠纷埋下隐患。物业公司为涉讼房屋所在小区的物业服务公司,其有权对物业使用人不当使用物业影响其他业主的行为进行劝阻,并且因为涉讼房屋改变租用性质而房屋的业主及承租人均不改正,故业委会要求物业公司对甲公司进行严格管理,物业公司据此对甲公司人员及访客进入或搬运物品进入涉讼房屋进行严格管控系事出有因;置业公司出租涉讼房屋给甲公司作为办公接待使用,其不当使用房屋以获取租金,××置业公司赔偿甲公司 55 000 元在本质上系置业公司对其非法营利行为埋单,与物业公司的物业管理行为无关。故法院认定物业公司对涉讼房屋的管理并未构成侵权,置业公司的损失系其自身不当行为所致,法院不予支持置业公司赔偿损失的请求。

● 法律依据

《中华人民共和国侵权责任法》第六条。

《物业管理条例》第六条。

《物权法》第七十七条。

● 本案要点

根据《物权法》规定,业主不得违反法律、法规以及管理规约,将住宅改变为经营性用房。业主将住宅改变为经营性用房的,除遵守法律、法规以及管理规约外,应当经有利害关系的业主同意。又根据《物业管理条例》规定,业主在物业管理活动中,应当遵守管理规约、业主大会议事规则。因此,业主擅自改变或允许承租人改变住宅用途,对其他业主造成影响,物业公司对其物业采取合法措施造成损失的,物业公司管理行为不构成侵权,损失由其自身承担。

陈某诉××物业有限公司、郑某、沈某财产损害赔偿纠纷案①

● 案件事实

　　陈某是本市××路××弄××号201室业主,郑某、沈某为本市××路××弄××号301室业主,两人系母女关系。××物业有限公司(以下简称物业公司)系该小区物业管理服务企业。2008年9月16日,301室因室内水管阀门损坏而发生大量自来水泄漏。积水渗漏至楼下201室内,造成陈某家中多条被褥、部分墙面及地板等浸水而影响使用。漏水情况发生后,陈某曾对现场情况进行拍摄并印制照片并要求郑某、沈某及物业公司赔偿,但因对责任主体及赔偿金额等意见不一协商未果,后陈某诉至法院,要求郑某、沈某、物业公司共同赔偿其财产损失4 000元及印制照片费用190元。

● 法院判决

　　法院经审理认为,本案为财产损害赔偿,系侵权纠纷,郑某、沈某作为陈某的相邻方,在日常使用自己房屋及其附属设施、设备的过程中,应当尽到谨慎注意的义务,避免因自己的不当使用或维修行为给相邻各方造成影响或损害。现因郑某、沈某在使用或维修己方水管过程中,未能尽到相邻关系中应尽的谨慎注意义务,致使楼下陈某的财产受损,侵害到了陈某的合法权益,郑某、沈某作为相邻方应当首先对陈某承担侵权损害的赔偿责任。物业公司的服务范围应为物业共用部位、共用设施设备的使用管理和维护,业主家中的附属设施、设备一般不属于物业公司的维修职责范围。郑某、沈某在家中水龙头发生故障后,向物业公司报修,物业公司派员上门维修,与郑某、沈某形成的是修理合同关系,而非基于物业服务合同形成的物业服务关系。郑某、沈某如认为物业公司在修理过程中存在一定的过错,当可在先行赔偿

① 参见(2009)沪一中民二(民)终字第1203号民事判决。

陈某的财产损失后,再基于双方的修理合同关系向物业公司追偿,但并不能免除其在本案中对陈某应承担的侵权损害赔偿责任。故法院判决郑某、沈某赔偿陈某财产损失人民币2 500元及印制照片费用人民币190元。

● 法律依据

《中华人民共和国民法通则》第一百零六条。

● 本案要点

物业公司对小区内共用部位、公共设施设备负有维修养护义务,对业主家中的设施一般不负有维修养护职责。因此,业主的对自家设施养护不当造成其他业主的损失,应当由侵权业主承担赔偿责任。

钱某诉××物业管理有限公司、××自来水公司财产损害赔偿纠纷案①

● 案件事实

钱某系上海市××镇××村58号402室业主,××物业管理有限公司为该小区的物业管理企业,该住宅未向××自来水公司进行二次供水设施移交。2014年11月17日凌晨4时许,位于该小区58号602室水表外(前)自来水管爆裂,造成钱某房屋渗水,导致钱某房屋东南房间顶部西北角涂料脱落约2平方米,西南房间东北角墙面墙纸霉变约2平方米。2015年3月,钱某诉至法院,请求判令××自来水有限公司与物业公司赔偿损失人民币5 000元。

● 法院判决

法院经审理认为,公民的财产权益受法律保护,侵害他人财产权的,应当承担侵权责任。居民住宅二次供水设施管理移交前,供水设施的维修、管理服务仍由原物业企业负责。本案中,钱某住宅所在小区二次供水在事发

---

① 参见(2015)沪一中民二(民)终字第1887号民事判决。

时尚未移交供水企业,而钱某的财产受损系楼上 602 室住户表前自来水管爆裂渗水所致。物业公司作为物业服务企业,对于居民住宅共用自来水管存在的隐患未能及时发现并予以更换,导致钱某财产损害后果发生,具有完全不作为过错,故应承担赔偿责任,结合钱某的受损程度、装修的新旧程度等因素酌定赔偿金额为 1 000 元。

● 法律依据

《中华人民共和国民法通则》第一百零六条。

《上海市居民住宅二次供水设施改造工程管理办法(试行)》第十四条。

● 本案要点

物业公司对于小区共用部分的供水设施养护不力,造成业主财产损失的,应当对侵权行为造成的损害后果承担赔偿责任。本案中,存在违约责任和侵权责任的竞合,业主在起诉时可以选择其一进行诉讼。

(二)业主与物业公司之间的其他纠纷

甲、乙诉上海××物业管理有限公司相邻关系纠纷案①

● 案件事实

甲、乙系本市某小区 23 号 601 室房屋共有产权人。上海××物业公司管理有限公司(以下简称物业公司)原系上述房屋所在小区的物业管理单位。2008 年底左右甲、乙曾因房屋顶部、墙体漏水向物业公司报修,后物业公司进行了漏水修缮。之后 2010 年左右甲、乙仍提出房屋漏水,并向有关部门信函反映。经街道、居委会、物业公司等部门上门查看,认为原房屋漏水在 2008 年底作过修缮,但房屋东山墙处有裂缝,存在漏水可能,可通过报修物业公司,由业委会动用维修基金进行报批程序处理。后由于业委会未批

---

① 参见(2015)沪一中民二(民)终字第 299 号民事判决。

准动用维修基金,故物业公司未对东山墙体进行修复。2012年甲、乙发觉其收藏的18张连号的红色一角人民币发生霉变。而房屋墙面也因受潮起壳脱落,故2014年3月甲、乙自行出资委托他人对受损墙面等进行了修复。另物业公司已于2013年4月退出甲、乙所在小区的物业管理。现甲、乙诉至法院,请求判令物业公司赔偿甲、乙收藏的六零版枣红色的一角人民币18张、每张2 500元,计45 000元,同时赔偿因房屋受损所支出的修理费2 500元。

● 法院判决

法院经审理认为,物业管理是一种服务行为,是物业公司依据物业服务合同为小区业主提供包括物业公共部位、公共设置设备的使用管理和维护、公共区域的秩序维护、环境卫生、安全防范等综合项目的有偿服务行为。物业公司的主要职责就是为小区业主提供相关的服务,现甲、乙称其房屋渗水,则属于房屋本身的质量问题,依据相关的法律规定,如果该问题发生在房屋质量保修期内,应由开发商承担相应的保修责任,保修期后需要动用维修基金对房屋的公共部分进行维修、更新、改造和养护的,需经小区业委会同意,此系涉及小区业主的自身利益,物业管理服务单位,并无此决定权。同时,当事人对自己的主张有义务提供证据。对甲、乙主张的其房屋内墙、橱柜受损,因甲、乙对2008年底修缮至今房屋依旧漏水造成其新的损失一节事实未有证据证明,且甲、乙已自行委托他人修复,故对甲、乙实际受损范围、程度及因果关系无法查明,甲、乙要求物业公司支付2 500元修理费用,缺乏事实依据,难以支持。另甲、乙要求物业公司赔偿其收藏的六零版枣红色的一角人民币18张,以每张2 500元计,共45 000元损失费,对此甲、乙亦未能提供相应证据证明系房屋漏水所致,与物业公司存在直接的因果关系,且甲、乙自述2012年即已发觉收藏品受损,但未有证据证明甲、乙曾向物业公司予以主张,故甲、乙的该项诉请,亦不予支持。

● 法律依据

《中华人民共和国民事诉讼法》第六十四条。

《物业管理条例》第十一条、第十二条。

● **本案要点**

业主因房屋本身质量问题遭受的损失，尚在房屋质量保修期内时，损失应当由房屋开发商承担相应责任。已过质量保修期后，若需要使用专项维修基金对房屋公共部分进行维修的，应当通过业主大会，经专有部分占建筑物总面积 2/3 以上的业主且占总人数 2/3 以上的业主同意方可动用。物业公司物权决定专项维修基金的使用。

吴某诉××物业服务有限公司物业服务合同纠纷案①

● **案件事实**

吴某系本市某小区×××室房屋的产权人。××物业服务有限公司（以下简称物业公司）系上述房屋所在小区的物业服务单位。2009 年，小区业主大会（甲方）与物业公司（乙方）签订《物业管理合同》，约定：甲方将系争小区委托给乙方实行物业管理。乙方有义务代甲方收取车位管理费，乙方收取了地面停车位管理费后，乙方有义务为持有地面固定停车位停车证者提供相应的停车位，但与车辆的保管无关。对于地面固定车位和临时停车位，乙方仅提供车位的租赁服务和停车秩序的管理，而不承担车辆（包括各种类型的汽车、摩托车、助动车和自行车）及车内财物的保管责任（业主/物业使用人与乙方另行订立保管合同的除外）；除非能够证明车辆及车辆内财物的被盗，灭失或毁损是乙方的过错直接造成的，否则乙方不应承担任何责任。同时，该小区的《业主公约》约定：停放车辆，应遵守本物业管理区域停车场使用规则和停车协议。本小区的地下车库系用于停放汽车，地面有指定区域用于停放摩托车。

2011 年 3 月 2 日，摩托车的所有人吴某将该车卖给了胡某某。并开具

---

① 参见（2014）沪一中民二（民）终字第 1263 号民事判决。

了买方为胡某某,卖方为吴某的二手车销售统一发票,转让价格为 10 000 元。转移登记日期为 2011 年 3 月 3 日,转入地车辆管理所名称为芜湖市公安局交通警察支队车辆管理所。2011 年 3 月 3 日,胡某某为摩托车办理了临时行驶车号牌。2011 年 8 月 14 日 9 时 43 分,吴某报警称:其于 8 月 12 日凌晨 0 时许将系争摩托车停放在浦东大道 2521 号北楼地下车库内,到 8 月 14 日 7 时许发现车辆被盗。在与此相关的上海市公安局案(事)件接报回执单上载明:吴某的报警内容尚未经公安机关核实,该回执单仅证明公安机关已经接到报警人所报告的情况,不作任何其他证明。同日,物业公司出具《证明书》,内容为:本小区北楼 807 室业主在 2011 年 8 月 14 日早上 7:00 左右来物业处调阅 2011 年 8 月 13 日至 2011 年 8 月 14 日的监控录像。原因是业主的珠峰摩托车(原车牌号沪 AH6118)在本小区的地下车库 B1 层被盗。由于小区的监控设备过旧,无法调阅确定被盗时间。经过业主及小区保安人员的询问和推算,把具体被盗时间确定在 2011 年 8 月 14 日凌晨 1:00 至 4:00 左右。后物业公司表示:该《证明书》是吴某打印后让物业公司盖章的。当时吴某很着急,称派出所没有证明无法立案。物业公司为了协助吴某报案,所以开具了证明。物业公司没有时间调查系争摩托车的情况,不能确认系争摩托车当时是否停在小区内并被盗。后派出所因吴某证据不足也没有立案。吴某诉至法院,请求判令物业公司赔偿摩托车损失 10 000 元。

● **法院判决**

法院经审理认为,吴某明确表示其系基于对系争摩托车的所有权提起本案诉讼,但事发前约 5 个月,吴某已将系争摩托车卖给了案外人胡某某并办理了转移登记手续,胡某某也为系争摩托车办理了临时行驶车号牌,吴某也仅称系争摩托车原本属于自己。系争摩托车系机动车,其转让登记具有公示效力,因此,应认定事发时吴某已非系争摩托车的所有人,故吴某基于对系争摩托车的所有权提起本案诉讼,不能成立,对于吴某的诉请,应予驳回。

● **法律依据**

《中华人民共和国物权法》第二十三条、第二十四条。

● **本案要点**

根据《物权法》第二十三条、第二十四条的规定,动产物权的设立和转让,自交付时发生效力,但法律另有规定的除外。船舶、航空器和机动车等物权的设立、变更、转让和消灭,未经登记,不得对抗善意第三人。机动车经转移登记后权利人已发生改变,原所有权人已不再为权利人,因此对原财产不再有权主张以上权利。

二、业主与开发商之间的纠纷

杨某等诉××房地产开发有限公司商品房预售合同纠纷案①

● **案件事实**

2013年10月31日,杨某与××房地产开发有限公司(以下简称房产公司)签订《上海市商品房预售合同》,约定由杨某购买房产公司开发的××公路××弄××号1062室(以下简称"系争房屋"),房产公司应于2014年10月31日前按合同约定的交付标准交付系争房屋。2014年10月25日,房产公司通知杨某交付房屋。2014年10月28日,杨某在验收房屋时发现系争房屋存有质量瑕疵,遂要求房产公司进行整改。2015年1月,杨某以房产公司拒绝对质量问题进行整改构成违约为由,向法院提起诉讼,请求判令房产公司排除××公路××弄××号1603室房屋(以下简称"1603室")进户门对系争房屋造成的使用妨碍及安全隐患、重新安装系争房屋进户门内侧门框使之与地面垂直并对厨房窗户进行维修、更换系争房屋主卧、次卧内的窗扇。房产公司称,1603室现已经出售并已交付,杨某的诉请会涉及1603室

---

① 参见(2015)沪二中民二(民)终字第2624号民事判决。

的业主。而且系争房屋的进户门向内开启,1603 室的进户门向外开启,两扇门在开启过程中并不会碰到,1603 室进户门向外开启时即使碰到人也不会造成伤害。两户人家的进户门的设计也是符合消防要求和设计规范的。至于杨某要求重新安装系争房屋进户门内侧门框使之与地面垂直并对厨房窗户进行维修、更换系争房屋主卧、次卧内的窗扇。后房产公司已经进行了相关维修工作且部分已经完成。

● 法院判决

法院经审理后认为,相邻关系中的不动产相邻各方,通常是指相邻不动产的登记权利人。本案中,如按此确定相邻法律关系的双方主体,则会出现因系争房屋和 1603 室房屋均登记在房产公司名下,房产公司将同时成为相邻法律关系的双方主体。鉴此,考虑到房产公司作为开发商已分别和杨某及 1603 室买受人签订预售合同并均已实际交付房屋,1603 室房屋和系争房屋所有权项下的占有、使用等权利亦均由杨某和 1603 室买受人实际行使,且 1603 室买受人及杨某办理各自的产权证已无法律上的障碍,故与杨某构成相邻关系的相对方应是 1603 室买受人而非房产公司。实际上,在杨某将自己作为相邻法律关系一方主体的情况下,即使按照杨某自己的逻辑,相对应地作为相邻法律关系另一方的主体也应是 1603 室的买受人。综上,房产公司并不适合作为本案相邻法律关系的一方主体。在此情形下,杨某要求判令房产公司排除 1603 室进户门对其造成的使用妨碍及安全隐患,无法履行,否则将会构成对 1603 室买受人合法权益的侵害。故法院无法支持杨某的诉讼请求。

● 法律依据

《中华人民共和国物权法》第三十五条。

● 本案要点

相邻关系中的不动产相邻各方,通常是指相邻不动产的登记权利人。但实践中,开发商与房屋买受人已签订预售合同,已经实际交付房屋,并且买受人办理产权证已无法律上的障碍的情况下,相邻关系的双方主体应为实际买受人。

根据《物权法》第三十五条的规定,妨害物权或者可能妨害物权的,权利人可以请求排除妨害或者消除危险。但权利人应当有证据证明存在妨害物权或妨害可能性的存在。同时,权利人行使其权利时不得造成对他人权利的侵害。

某小区业主委员会诉××置业发展有限公司排除妨碍案[①]

● 案件事实

某小区房屋于 2002 年 8 月 21 日竣工,2002 年 9 月交付使用。2012 年 6 月 23 日,系争小区内的 29 号 102 室房屋外墙 GRC 装饰线条发生坍塌。2012 年 6 月 23 日,该小区业主委员会(以下简称业委会)及物业管理单位上海××物业管理有限公司(以下简称物业公司)向小区所在街道报告小区内 29 号 102 室房屋外墙装饰线条坍塌情况。2012 年 6 月 25 日,针对 29 号 102 室房屋外墙坍塌情况,某区房屋管理办事处向物业公司发函,要求物业公司提请业委会邀请专业房屋质量检测机构进行检测并协助小区业委会制定维修更新方案,消除外墙安全隐患。2012 年 6 月 26 日,物业公司与业委会共同向小区建设单位××置业有限公司(以下简称置业公司)发函,告知置业公司 29 号 102 室房屋外墙装饰线条坍塌情况及小区安全隐患,请求置业公司会同街道、居委会、物业公司、房办等部门共同商讨善后解决措施。2012 年 7 月 13 日,业委会及小区业主大会、物业公司向置业公司发函,表示为查明 29 号房屋外墙装饰线条坍塌原因、确定整改措施,要求置业公司帮助提供 29 号房屋坍塌装饰线条部分的设计图、施工图、竣工图以及第 1 幢楼整体结构装饰线条部分相应的图纸资料。2012 年 7 月 23 日,经物业公司和业主大会委托,上海某房屋质量检测站对系争小区内 29 号 102 室房屋外墙的

---

① 参见(2015)沪一中民二(民)终字第 1234 号民事判决。

GRC 装饰线条坍塌原因出具《专项检测报告》作出以下检测结论：该装饰线条存在严重安全隐患,脱落的主要原因为：① 该处装饰线条(GRC)的出图并非于施工前统一出图,而是施工后出的设计变更图,改为结构一体装饰线。② 该装饰线条(GRC)未设内置钢筋。该部分金属支架均未作防腐防锈措施。③ 装饰线条(GRC)为石棉板,后又在表面粉刷 30—40 mm 找平层,使荷载加重。④ 装饰线条(GRC)与楼体未得到较好密封,长期热胀冷缩形成线条与楼体间隙缝,雨水渗入,使支架及螺栓等金属发生锈涨,装饰线条支撑减弱以至断裂脱落。业委会为上述检测支付检测费 10 000 元。

2012 年 12 月 6 日,系争小区内的 30 号 501 室房屋外墙装饰线条发生坍塌。2013 年 3 月 27 日,小区召开了第一次业主大会,经表决通过了就小区墙面 GRC 线条脱落问题进行法律诉讼的议案。2013 年 6 月 20 日,街道居民委员会出具证明称,"兹证明上海市某小区业主大会于 2013 年 3 月 16 日召开的 2013 年第一次会议审议通过的关于同意就小区外墙 GRC 线条脱落问题与开发商沟通并进行法律诉讼的决议合法有效,小区业主委员会有权代表全体业主向人民法院提起诉讼。"业委会遂诉至法院,请求判令：置业公司拆除小区内全部住房外墙的 GRC 装饰线条,以消除安全隐患,排除妨碍并承担检测费用 10 000 元。经业委会申请,法院委托上海市某建筑设计院有限公司对该 GRC 装饰线条的坍塌原因及其他尚未坍塌的 GRC 装饰线条是否存在坍塌危险及进行检测。2014 年 7 月 25 日,该建筑设计院依据《房屋质量检测规程》(DG/TJ08-79-2008)和《建筑装饰工程施工及验收规范》(JGJ73-91)出具了《司法鉴定意见书》：29 号 102 室、30 号 501 室已脱落线条的直接原因无法查明;GRC 装饰线条不满足设计和《建筑装饰工程施工及验收规范》(JGJ73-91)要求,存在施工质量缺陷和安全隐患;建议对该 8 幢房屋外立面 GRC 装饰线条进行拆除,或另行委托有资质设计单位重新设计,或按原设计及规范要求重新施工,确保安全。

● 法院判决

法院经审理认为,建筑物、构筑物或者其他设施倒塌造成他人损害的,由建设单位与施工单位承担连带责任。根据《司法鉴定意见书》的认定,系争小区 GRC 装饰线条不满足设计和《建筑装饰工程施工及验收规范》(JGJ73-91)要求,存在施工质量缺陷,是导致系争小区房屋外墙 GRC 装饰线条多处出现裂缝、坍塌及安全隐患的原因。因残留的外墙装饰线条有坍塌危险,危及他人人身或财产安全,故业委会诉请置业公司拆除相关装饰线条,以消除安全隐患,合法有据,法院予以支持。虽然《司法鉴定意见书》指出,"因系争小区 29 号 102 室和 30 号 501 室室外装饰线条脱落部位墙面已经过处理,无明显损坏痕迹,故已无法查明线条坍塌直接原因",但根据《司法鉴定意见书》对系争小区装饰线条脱落原因的分析,并结合《专项检测报告》的相关内容,法院认为,系争小区 29 号 102 室和 30 号 501 室室外装饰线条脱落原因应与《司法鉴定意见书》指出的小区房屋外墙 GRC 装饰线条坍塌原因一致。业委会为查明 29 号 102 室和 30 号 501 室外墙装饰线条脱落原因而委托专业检测机构进行检测,系根据某区某房屋管理办事处的相关指示而进行,也是业委会为查明危险原因、防范安全隐患采取的必要救济措施,因此而产生的相关费用,应由导致危险产生的置业公司方承担。业委会提供的《关于某(名苑)小区 2013 年第一次业主大会决议公告》、《某区某(名苑)小区业主大会第一次审议选举表决统计汇总情况表》、《上海市某区某名苑业主大会议事规则》等证据表明,业委会起诉符合法律规定。因此,法院判决置业公司拆除上海市某区某名苑小区房屋外立面 GRC 装饰线条并赔偿小区业主委员会检测费 10 000 元。

● 法律依据

《中华人民共和国侵权责任法》第十五条。

《业主大会和业主委员会指导规则》第三十五条。

《中华人民共和国物权法》第八十三条。

● 本案要点

根据《业主大会和业主委员会指导规则》的规定,业主委员会经业主大会决议通过,可以代表业主对侵害业主权益的行为进行诉讼。建筑物、构筑物或者其他设施倒塌造成他人损害的,由建设单位与施工单位承担连带责任。小区房屋公共部分存在施工质量缺陷,可能危及他人人身或财产安全时,业委会有权要求开发商维修或拆除缺陷部分,以消除安全隐患。

三、开发商、物业公司、业主
三者之间的纠纷

吴某等诉上海××房地产开发有限公司等财产损害赔偿纠纷案①

● 案件事实

2006 年 8 月 31 日,上海××房地产开发有限公司(以下简称"房产公司")与上海××物业公司管理有限公司(以下简称"物业公司")签订了《前期物业管理服务合同》,由物业公司承担某小区前期物业管理的咨询服务、业主入户、装修管理及常规的物业管理事宜,包括设备、设施核查、物业共用设施设备的运行、维修、养护和管理、物业共用部位的清洁卫生、垃圾收集、清运及雨污水管道的疏通等;合同附件五对公共部位中管道、排水沟、屋顶的运行、保养、维修服务要求又做出了具体约定:每月一次对屋面泄水沟、楼内外排水管道进行清扫、疏通、保障排水畅通(6 月至 9 月每半月检查一次),每半年检查一次屋顶,发现防水层有气臌、碎裂,隔热板有断裂、缺损的,应及时维修。2009 年 4 月,吴某、周某与房产公司签订《上海市商品房预售合同》,吴某、周某向房产公司购买了该小区 6 号 202 室房屋一套,2010 年 4 月吴某、周某接到房产公司的《入户通知书》后,于当月 24 日进行验收并领取了钥匙、资料确认单等。2010 年 4 月 21 日××房产公司取得"某区某新城 B-20 地块海望某小区住宅小区一、二、三、四期工程"的《建设工程竣工备案证书》。2010 年 9 月吴某、周某取得涉案房屋的房地产权证。2013 年 9 月

---

① 参见(2015)沪一中民二(民)终字第 444 号民事判决。

13日,物业公司保安在小区巡查时发现涉案房屋的门口有水溢出,当即关闭水表,并即通知吴某、周某,要求吴某、周某回家处理;9月14日,吴某回到家中(吴某、周某不住在涉案房屋已一周),证实厨房排水管道堵塞造成污水倒灌,吴某即通知物业,对现场进行了清理。后又经查实,小区地下排水管道断裂造成堵塞。

经上海某资产评估有限公司对该小区202室房屋内的相关物品进行价值评估,评估价值为70 400元,其中各方无争议的是房屋装修中的实木地板、地板龙骨、保洁工程费用(评估价值为29 842元)以及地毯(评估价值为302元),即无争议部分评估价值合计30 144元;有争议的是沙发、餐桌、茶几、电视柜、窗帘、防盗门、厨房橱柜、客厅钛合金门(评估价值为7 055元)以及房屋装修中的墙面漆、墙纸、自制橱柜、电线、水管(评估价值为33 201元),即有争议部分评估价值合计40 256元。

● **法院判决**

法院经审理认为,根据已查明的事实,房产公司虽为涉案房屋所在住宅小区的开发商,但涉案房屋发生污水倒灌时,给排水管道确已超过两年的保修期,故房产公司对于上述管道不再负有保修责任。而物业公司未尽涉案小区地下排水管道畅通的保障义务,导致污水倒灌至涉案房屋并造成财产损失,其行为违反了物业服务合同的约定,理应承担相应的违约责任。同时,吴某、周某作为涉案房屋业主,在物业公司发现渗水并通知其后未及时到达现场处理,客观上导致了损失的扩大,因而对其财产损失亦应承担相应的过错责任。对于有争议部分的损失,法院认为,对于沙发、餐桌、茶几、电视柜、窗帘、防盗门、客厅钛合金门,考虑到浸水部位以及材质,吴某、周某主张该部分物品的损害赔偿,缺乏依据,不予支持。对于墙面漆、墙纸、橱柜,根据鉴定机构的陈述,墙体上水的痕迹系渗入还是水淹无法判断,同时涉案房屋污水倒灌发生的具体时间亦无法查明,在此情况下,法院难以认定上述物品的损失完全系上诉人未及时清理涉案房屋所造成,故根据公平原则,物业公司对于该部分损失亦应承担一定的赔偿责任。对于水管,地板更换则水管亦需更换,而地板部分属于无争议部分,故水管的评估价值亦应计入损失范围。据此,考虑到各部分财产受损的原因以及当事人的过错程度,法院酌定物业公司应赔偿的损失数额为 35 000 元。

● **法律依据**

《中华人民共和国合同法》第一百零七条。

● **本案要点**

业主因房屋质量问题遭受的损失,尚在房屋质量保修期内时,损失应当由房屋开发商承担相应责任。已过保修期后,属于小区公共设施的应有物业公司进行维护。小区地下排水管道属于小区公共设施,物业公司对管道负有维修养护的职责。物业公司未履行保障管道畅通的义务,并且在管道渗水发生后未能及时处理,应对管道渗水造成的损失承担赔偿责任。

陶某诉××置业公司、上海××物业管理公司财产损害赔偿纠纷案①

● **案件事实**

陶某是本市某小区××号×层×××室房屋(以下称涉案房屋)登记的权利人。××置业公司(以下简称置业公司)是该花园小区的建设单位,上海××物业管理公司(以下简称物业公司)是置业公司为该小区选聘的前期物业服务企业。

上海中心气象台于 2013 年 10 月 7 日 20 点 00 分发布暴雨蓝色预警信号,7 日 21 点 52 分更新暴雨蓝色为黄色预警信号,10 月 8 日 05 点 36 分更新暴雨黄色为橙色预警信号,8 日 07 点 38 分更新暴雨橙色为红色预警信号。受"菲特"台风外围云系和冷空气的共同影响,10 月 7 日到 8 日两天期间,本市普遍出现暴雨到大暴雨。其中,10 月 7 日 08 时到 8 日 08 时(24 小

---

① 参见(2015)沪一中民二(民)终字第 323 号民事判决。

时),上海市代表站——徐家汇自动气象站达184.8毫米(大暴雨),松江自动气象站236.4毫米(特大暴雨),松江九亭自动气象站230.5毫米(特大暴雨)。

上述暴雨期间,涉案房屋所在小区人工河道的河水越过防护堤,倒灌进涉案房屋的地下室,造成房屋地下室内装修及物品不同程度的毁损。暴雨过后,置业公司、物业公司对小区人工河道靠近涉案房屋一侧的防护堤进行了加高。

后陶某诉至法院要求判令置业公司、物业公司赔偿其财产损失共计人民币(下同)61 000元,并提交了发票、收据、照片及装修合同等,证明陶某因此次事故所遭受的实际损失。

● 法院判决

法院经审理认为,不可抗力,是指不能预见、不能避免并不能克服的客观情况。本案中,天降暴雨作为一种天气现象固然不可避免,但随着现代科技的发展,降雨是可以预见的,其危害后果也并非不可避免,因此不构成不可抗力免责条件。本案中,涉案房屋的地下室地势较低,当天长时间下暴雨,涉案房屋附近人工河道内的水涨过了河堤,倒灌至涉案房屋的地下室,是造成这次事故的主要原因。置业公司虽称涉案房屋已通过竣工验收,但根据《上海市城市规划管理技术规定(土地使用建筑管理)》第四十条,沿河道规划蓝线(城市总体规划确定的长期保留的河道规划线)两侧新建、扩建建筑物,其后退河道规划蓝线的距离除有关规划另有规定外,不得小于6米。经现场勘验情况可知,置业公司所建房屋离人工河道的距离不足六米,违反了本市关于河道防汛要求的规定,对于陶某的财物受损存在一定程度的过错。至于物业公司是否应当承担责任,法院认为,特大暴雨引发涉案房屋地下室遭河水倒灌,物业公司难以采取有效的措施排除水患,物业公司对于涉案房屋地下室河水倒灌受损无过错,故陶某向物业公司主张财产损失没有依据,法院不予支持。陶某在遇到突降暴雨的情况下,对自己放置于地下室内的财产应有充分注意义务,但因疏忽大意,造成了损失,也应承担相应的责任。依据置业公司的过错大小、参考陶某的受损情况等酌定置业公司赔偿陶某12 000元。

● **法律依据**

《中华人民共和国民法通则》第一百零七条。

● **本案要点**

实践中,暴雨作为一种天气现象虽不可避免,但若气象台提前做出预期预警,降雨不属于不可抗力,其危害后果也并非不可避免,因此不构成不可抗力免责条件。因开发商违反法律法规对房屋建设的规定导致业主遭受财产损失的,由开发商在责任范围内承担赔偿责任。

四、业主之间的纠纷

崔某诉姚某相邻关系纠纷案①

● **案件事实**

崔某与夏某、姚某为邻居关系。姚某是夏某的儿媳。崔某为本市××路××号三层东南间(内附壁橱二只)、三层西中小卫生间的房屋承租人,公用三层北小卫生间、底层东南间、园地、晒台。夏某则为同号三层西南间、三层东中间的房屋承租人,公用底层东南间、底层灶间、底层中东间、园地。崔某于2000年左右将其租赁房屋出租他人,后于2009年与姚某签订租赁合同,租期两年,期满后又续签两年。期间崔某对夏某、姚某在三层走道上安装的煤气灶具、灶台、橱柜等及夏某、姚某房门外安装的栅栏式防盗门、放置在卫生间门后的橱柜、三楼晒台上的水斗提出异议,并向小区物业管理公司反映。双方经多次协调无果,崔某遂起诉至法院,请求判令夏某、姚某将三层西南间的防盗门改为向西开启、拆除放置在崔某卫生间门后的橱柜及在三层过道上安装的煤气灶具、灶台、橱柜、油烟机、公用晒台上的水斗。

---

① 参见(2015)沪一中民二(民)终字第2701号民事判决。

● **法院判决**

法院经审理认为,不动产的相邻权利人应当按照有利生产、方便生活、团结互助、公平合理的原则,正确处理相邻关系。同时相邻方亦应合理限制自己的权利,保持忍让和克制。崔某与夏某、姚某租赁的房屋均系老式里弄房屋,建造年代久远,生活设施等各方面条件不完善。夏某作为房屋承租人在此居住已数十年,虽在底层灶间有使用部位,但随着岁月更替,夏某现已八十余岁,其为生活便利,将煤气灶台放置在三层走道一死角处,与崔某居住房屋存在一定距离,并无严重的影响,对此崔某从相邻方角度应该给予一定的容忍义务。对放置在崔某卫生间门后的大型橱柜因在使用中会对崔某产生一定的妨碍,故夏某、姚某理应将该橱柜予以搬除。夏某、姚某在房门外安装的折叠式铁栅栏门,虽开启方向朝向崔某房门,但因该门系栅栏式且可以折叠,具有透光性,故夏某、姚某在进出时较易看清门外状况,对崔某的进出通行不存在严重妨碍,故崔某要求夏某、姚某改变该门开启方向之诉请,法院不予支持。此外崔某要求拆除的三楼晒台上的水斗从相邻角度出发亦对崔某的通风、采光、通行、安全等均不构成影响。崔某对姚某的诉请,因姚某非房屋承租人,其户籍亦不在此,崔某也未提供充分证据证明姚某现在此实际居住、崔某所诉称的全部搭建物系姚某所为并由其实际使用,因此崔某要求姚某承担相关民事责任的主张,法院不予支持。

● **法律依据**

《中华人民共和国民法通则》第五条、第八十三条。

● **本案要点**

根据《物权法》的规定,不动产的相邻权利人应当按照有利生产、方便生活、团结互助、公平合理的原则,正确处理相邻关系。同时相邻方亦应合理限制自己的权利,保持忍让和克制。实践中,相邻双方应当秉持互相理解的态度,法院仅认可权利人对自身受到的确实的权利侵害所主张的事实。相邻关系人并未造成权利人权利侵害的情况下,法院对权利人相关主张不予支持。

韩某诉许某相邻关系纠纷案①

● **案件事实**

韩某与许某系相邻关系,韩某系上海市××路××弄××号603室房屋的预购房屋权利人,许某系上海市××路××弄××号604室房屋的权利人。

2015年2月9日,因许某在装修过程中存在损坏承重结构、改变使用性质、破坏外貌等行为,具体违规情况为拆除阳台门两边的承重墙、占用空调外机位置,为此,双方所在小区的物业公司——上海××物业管理有限公司(以下简称物业公司)出具了住宅小区违规行为上报表。另外,许某在进户门靠近电梯的墙壁上安装电器插座;改变原有空调外机管道走向,在公共平台上方拉出空调外机管道。2015年2月28日,上海市某区房地产登记处在许某所有的位于上海市××路××弄××号604室房屋的登记信息上备注:"经认定,该房屋附有违法建筑。根据《上海市房地产登记条例》第二十条、第二十一条的相关规定,将上述房屋附有违法建筑的情况在房地产登记簿上记载。"

因韩某要求许某恢复承重墙原状、拆除私自安装的电器插座及恢复空调外机管道走向并赔偿损失未果,遂诉至法院,请求法院判令许某将其擅自敲掉承重墙而被破坏原有结构的房屋恢复原状、拆除私自在公用部位安装的电器插座及恢复空调外机管子走向、赔偿因侵权行为导致韩某的经济损失共计5 000元。

● **法院判决**

法院经审理认为,韩某主张许某在装修过程中对阳台门两边的承重墙进行了部分拆除,虽然许某拒绝法院至现场进行勘查,但结合物业公司所出具的住宅小区违规行为上报表以及房地产登记处对许某房屋登记信息上的备注,法院认定许某对阳台门两边的承重墙进行了部分拆除。法院认为,许某拆除承重墙的行为给整幢大楼带来了危害隐患和危险因素,对韩某以及全楼业主的居住安全造成不良影响,应当予以恢复。此外,韩某要求许某赔

---

① 参见(2015)沪一中民二(民)终字第3013号民事判决。

偿经济损失 5 000 元,缺乏充分的依据,法院难以支持。不动产的相邻权利人应当按照有利生产、方便生活、团结互助、公平合理的原则正确处理相邻关系。关于许某在进户门靠近电梯的墙壁上安装电器插座,该行为在相邻权方面并没有对韩某造成实质性的影响;许某改变原有空调外机管道,在公共平台上方拉出空调外机管道的行为,在通风、采光、安全等方面并没有对韩某造成侵害,许某的该行为符合日常生活习惯,合情合理合法,作为相邻方的韩某,对许某的上述行为应当负有一定的容忍义务,因此韩某要求许某拆除在公用部位安装的电器插座及恢复空调外机管道走向的请求,法院不予支持。

● 法律依据

《中华人民共和国物权法》第八十四条、第九十一条。

● 本案要点

相邻关系双方都负有一定的容忍义务,当一方行为合理合法,并未对相邻方造成实质的影响时,相邻方应当给予容忍。但业主拆除承重墙的行为给整座物业大楼带来危险因素和危害隐患,会对所有业主的居住安全造成不利影响,根据《物权法》第九十一条,有利害关系的业主有权要求侵害方排除妨害、消除危险。

郑某诉沈某相邻关系纠纷案①

● 案件事实

郑某系上海市××路××弄××号 2902 室房屋所有人,沈某系上海市××路××弄××号 2901 室房屋所有人。郑某与沈某系邻居。沈某在 2014 年装修房屋时,在该幢房屋 29 楼拉力平台上搭建一间房屋。现郑某以沈某搭建的房屋破坏了房屋整体结构,给郑某的采光、通风等带来影响为

---

① 参见(2015)沪一中民二(民)终字第 3364 号民事判决。

由,诉至法院,要求沈某拆除上海市××路××弄××号29楼北面平台上东侧的房屋,并恢复原状。沈某称平台上东侧的房屋的确是沈某搭建的,但没有严重影响郑某的通风、采光,并留出了一定的空间,现沈某希望与郑某协商,在不拆除的前提下改善搭建的房屋,减少对郑某的影响。

● **法院判决**

法院经审理认为,不动产的相邻各方,应当按照有利生产、方便生活、团结互助、公平合理的精神,正确处理截水、排水、通行、通风、采光等方面的相邻关系。给相邻方造成妨碍和损失的,应当停止侵害、排除妨害、赔偿损失。由于沈某擅自在拉力平台上搭建房屋,确实给郑某生活带来一定的安全隐患,故郑某要求沈某拆除搭建上海市××路××弄××号29楼北面平台东侧的房屋,恢复原状之诉讼请求,于法有据,予以支持。

● **法律依据**

《中华人民共和国民法通则》第九十一条、第一百三十四条。

● **本案要点**

业主擅自搭建房屋,破坏房屋整体结构,给相邻方业主造成采光、通风等不利影响的,应当停止侵害、排除妨害。若给相邻方造成损失,还应当赔偿损失。

张某诉施某、陆某相邻关系纠纷案①

● **案件事实**

张某与施某、陆某系邻居。张某系本市某小区××号302室业主(以下简称302室)。施某、陆某系该小区××号301室业主(以下简称301室)。301室在其家门前公共楼道上安装了防盗门一扇,铝合金窗户两扇,并在隔

---

① 参见(2016)沪02民终542号民事判决。

出的空间内安装了鞋柜一个,由此将张某家中卫生间窗户亦隔在其中,致使张某家中卫生间窗户无法正常开启,影响了张某的日常生活。同时,施某、陆某将空调外机安装在其自家南阳台西侧正对张某房间窗户的位置。张某认为该空调外机的安装致使其家中阳台和房间均受到该空调外机排出热气的影响,同样干扰其日常生活。为此,张某多次要求施某、陆某拆除上述安装和设施,但施某、陆某一直予以拒绝。为此,张某至上海市该区住房保障和房屋管理局反映了301室的上述情况,该局于2015年8月19日、9月17日两次答复张某如下:该局某办事处于2015年7月29日上门进行了查看,并于同年8月3日针对301室安装防盗门占用物业公共部分的行为,向施某、陆某下发了《责令整改通知书》,要求施某、陆某自行予以整改;至于301室在公共楼道安装的窗户以及安装在施某、陆某南阳台边空调外机的行为,该局建议张某可向小区居委会反映后由居委会进行协调解决,或可通过司法途径保障其自身权益。因施某、陆某一直未予理会,2015年10月26日,张某向法院提起诉讼,请求判决施某、陆某拆除占用楼道公共部位的铁门、铁窗、橱柜、电线、恢复楼道原状、拆除安装紧靠在张某窗口下的空调外机。

● 法院判决

法院经审理认为,不动产的相邻权利人应当按照有利生产、方便生活、团结互助、公平合理的原则,正确处理相邻关系。张某、施某、陆某所居住小区为老式小区,一梯多户,作为邻居,应本着互相忍让、互谅互助的精神妥善处理邻里纠纷。施某、陆某在公共楼道上安装防盗门,且将张某家中卫生间窗户亦隔在其中,并安装了鞋柜,该行为确实影响了张某的正常生活,现张某作为邻居已对此提出异议,且相关部门亦向施某、陆某出具违规行为整改通知书,要求施某、陆某立即停止上述违规行为,并予整改,施某、陆某对此应予以彻底整改,消除妨碍,恢复原样,保持公共楼道的整洁,故张某要求施某、陆某拆除安装在公共楼道上的防盗门、鞋柜的诉讼请求,合法有据,法院予以支持。但施某、陆某安装在公共楼道东北角靠墙处的两扇铝合金窗户,可以开合,且有遮风挡雨之用处,在施某、陆某拆除了上述防盗门、鞋柜之后,相信该两扇窗户不会对张某的日常生活造成任何影响,故对张某要求施某、陆某拆除公共楼道上安装的两扇窗户的诉讼请求,法院不予支持。施某、陆某后已将家门前电线整理清楚,现对张某亦无任何影响,更何况拆除电线必然导致施某、陆某家中生活受到影响,张某对此亦不应过于苛责,故对张某要求施某、陆某拆除电线的诉讼请求,法院亦不予支持。至于施某、陆某安装在自家南阳台西侧的空调外机,确实正对张某房间窗户,既然张某认为受到影响,本着和睦相处的原则,施某、陆某可将该空调外机移至阳台南侧即可。俗话说,远亲不如近邻,希望张某、施某、陆某在今后的生活中能够互谅互助,和谐相处,多作忍让,为创建良好的睦邻关系提供条件和可能。

● **法律依据**

《中华人民共和国物权法》第八十三条。

《中华人民共和国侵权责任法》第六条、第十五条。

● **本案要点**

根据《物权法》第八十三条的规定,业主对建筑物内的住宅、经营性用房等专有部分享有所有权,对专有部分以外的共有部分享有共有和共同管理的权利。对建筑物专有部分以外的共有部分,享有权利的同时也承担义务。同时,业主行使权利不得危及建筑物的安全,不得损害其他业主的合法权益。业主随意侵占共有楼道,确实对他人通行造成不便的,应当自行移除妨碍物。若并未造成实际通行障碍,则相邻业主应当予以容忍。若业主在建筑物共有部分装设其他装置侵害相邻业主权益,则应当及时排除妨害。

孙某诉高某相邻关系纠纷案①

● **案件事实**

孙某与高某系相邻关系。孙某系上海市××路××弄××号303室房

---

① 参见(2015)沪一中民二(民)终字第3359号民事判决。

屋产权人。高某则为同号 304 室的房屋权利人。孙某早于高某入住,304 室房屋位于走道顶端,与孙某 303 室房屋进户门成直角状态,两户房门之间相隔有孙某卫生间窗户。2011 年高某入住时在其门外的公用走道上安装了一扇铁门,将孙某的卫生间窗户拦在其内。同时高某在其南面卧室窗户外安装了突出外墙的防盗窗,紧贴 303 室阳台东侧外墙。在该防盗框下方紧靠 303 室阳台东侧外墙装有高某使用的空调外机一台。为此孙某对高某的上述搭建提出异议,认为对其正常生活等带来影响,并向小区居委会、物业管理公司反映,要求高某整改,但无果。孙某遂诉至法院,请求判令高某拆除 304 室南面窗户外突出外墙的防盗窗及 304 室门外公用走道上的防盗门、304 室南面外墙上安装的空调外机。

● 法院判决

法院经审理认为,高某未经有关部门同意擅自在门外公用走道上安装防盗铁门,将孙某的卫生间窗户拦在其内,高某的行为不仅对孙某造成相邻妨碍,而且违反了相关的物业管理条例,故孙某要求高某拆除该铁门的诉请,理由正当予以支持。同时按照空调设备安装使用管理的有关规定,空调设备应当尽可能远离相邻方的门窗,即空调设备安装所选位置为多种可选位置时,应选择与相邻方固有门窗距离最大或对相邻方影响最小处。现高某安装的空调外机紧贴孙某 303 室阳台东侧外墙,距孙某房屋固定门窗相对距离不足 3 米,且高某尚有其他可选位置,故高某的行为违反了空调设备安装使用管理的有关规定,而且客观上对孙某的日常生活也带来一定的相邻影响,故孙某要求高某拆除空调室外机的请求,符合法律规定,亦予以支持。至于高某在其房屋南面窗户安装的突出外墙的防盗窗,虽与孙某阳台东侧墙体距离甚近,但按房屋原有设计,阳台原属敞开式的挑出阳台,因此高某安装的防盗窗并未对孙某的通风采光、通行安全存在影响,孙某要求高某拆除的请求,难以支持。高某安装防盗窗行为是否妥当则不属审理范围,孙某可通过相关行政部门另行处理。

⦿ 法律依据

《中华人民共和国物权法》第七十条、第八十四条、第八十五条。

⦿ 本案要点

业主未经有关部门同意,违反物业管理条例,擅自在建筑物共用部分上安装防盗门,对相邻业主权利造成侵害的,应当及时排除妨害。同时,依据空调设备安装使用管理的有关规定,空调设备应当尽可能远离相邻方的门窗,即空调设备安装所选位置为多种可选位置时,应选择与相邻方固有门窗距离最大或对相邻方影响最小处。业主安装空调设备外机时,若对相邻方造成影响,也应当及时拆除排除妨害。但对于未对相邻方造成影响的突出外墙式防盗窗的安装,不属于法院审理范围,应当由行政部门进行处理。

顾某诉王某相邻关系纠纷案①

⦿ 案件事实

顾某系本市某小区 301 室房屋产权人,王某系该小区 401 室房屋产权人。顾某与王某系同楼上下邻居关系。某日,顾某发现家中靠近卫生间与厨房部位的房顶和墙面有不同程度的渗水痕迹,造成墙面涂料起泡脱落,墙面严重发霉变形对正常生活造成严重影响。2014 年 11 月 15 日,上海××物业管理有限公司出具违法建筑整改通知书一份,载明:王某擅自改变房屋结构造成房屋渗水,并且小区居民委员会在其上加盖公章,添附顾某与王某确因违章引发纠纷,居委会多次调解,双方未取得谅解,调解失败等内容。因协商无果,顾某诉至法院,请求判令王某恢复其房屋结构,修缮排水管道,并赔偿顾某因漏水造成的损失人民币 10 000 元。

王某则否认漏水系其所致,并申请进行漏水原因鉴定,法院委托上海某房屋质量检测站对漏水原因进行检测,后王某表示因检测站不做承重墙、承

---

① 参见(2015)沪二中民一(民)终字第 2963 号民事判决。

重梁的鉴定,故未缴纳鉴定费,为此,法院告知了王某不缴纳鉴定费的法律风险,王某在给予的期限内仍未缴费,致鉴定未能启动。后经现场勘查,顾某家客厅左上方顶部东南角、西北角有渗水痕迹,导致墙壁霉变脱落,主卧室北面墙体、东南角屋顶霉变脱落。

● 法院判决

法院经审理认为,不动产的相邻权利人应当按照有利生产、方便生活、团结互助、公平合理的原则,正确处理相邻关系。顾某与王某系同楼上下邻居关系。顾某提供了物业公司的违法建筑整改通知书证明王某改变房屋结构造成渗水,影响顾某的正常生活,故对于顾某家中所受损失,王某理应承担赔偿责任。王某对漏水原因虽然提出异议但最终因未能缴纳鉴定费视为自动撤回漏水原因鉴定申请,王某对此应承担举证责任。故法院对物业出具的漏水证明予以确认。关于具体的赔偿金额,法院综合考虑顾某房屋的实际受损范围、侵权时间、受损程度、装修折旧、修复时间等因素酌情确定为3 000元。至于王某抗辩的承重墙、承重梁问题,因顾某否认变动过房屋结构,仅凭王某提供的照片不能证明其主张,因此法院不予采信。

● 法律依据

《中华人民共和国物权法》第九十二条。

● 本案要点

根据《物权法》规定,业主对建筑物内的住宅、经营性用房等专有部分享有所有权,有权对其进行管理,但业主对专有部分行使权利不得危及建筑物的安全,也不得损害其他业主的合法权益。因业主擅自改变房屋结构导致渗水,造成其他业主的权利受到损害,损害方应当对受害业主的财产损失进行赔偿。

当事人申请法院鉴定,逾期未交纳鉴定费的,视为自动撤回鉴定申请。

龚某诉苏某排除妨害纠纷案①

● 案件事实

龚某系本市某小区101室房屋的权利人之一,苏某系该小区201室房屋的权利人。龚某、苏某系上下楼邻居关系。2015年7月26日下午,苏某在其房屋天井的东面搭建了一间铝合金的简易房。该搭建物的顶部在龚某房屋南卧室的下面,其顶部与龚某房屋阳台地坪的垂直距离为2.17米,与苏某房屋南卧室窗户外墙的水平距离为1.23米。夏天时,阳光通过屋顶反射,增加了大量热量,给龚某生活造成极大不便。龚某是一位眼睛高度近视、听力有残疾的独居老人,该搭建物对龚某的人身和财产安全造成了很大的隐患。龚某通过居委会、物业和城管与苏某协商,要求苏某拆除该违章搭建,但苏某当面答应并自己动手拆了屋顶和两扇窗,等居委会和城管人员一离开,苏某马上又将屋顶安装上去,反复多次,屡教不改。龚某遂诉至法院,要求苏某拆除在天井内搭建的搭建物,恢复原状。

苏某称,其房屋天井内原来就有简易房。2015年7月,苏某装修时,做了新的简易房,用于洗衣,也防楼上掉东西。简易房在苏某房屋天井的东南角,离龚某房屋南卧室窗沿的水平距离为1.5米,垂直距离有2.3米,对龚某的安全不构成隐患,故苏某不同意拆除。

● 法院判决

法院经审理认为,不动产的相邻各方,应当按照有利于生产、方便生活、团结互助、公平合理的原则,正确处理相邻关系。苏某在其房屋天井内搭建简易房,但该搭建物距龚某房屋阳台地坪的高度及距龚某房屋南卧室窗户外墙的距离,不足以对龚某的安全造成影响。苏某的搭建物在龚某房屋南卧室的正南面,而龚某房屋的阳台在龚某房屋南卧室的西面,故该搭建物对龚某的生活并无影响,龚某要求苏某拆除该搭建物,不予支持。至于苏某在

---

① 参见(2015)浦民一(民)初字第43855号民事判决。

天井内的搭建属于违章建筑,龚某可以通过其他合法途径解决。

● 法律依据

《中华人民共和国物权法》第八十三条。

● 本案要点

业主未经有关部门同意,违反物业管理条例,擅自违章搭建,对相邻业主权利造成侵害的,应当及时排除妨害。但若违章搭建物对相邻业主的生活并无实际影响则不属于法院民事诉讼审理范围,应当通过其他合法途径进行处理。

张某诉吴某等相邻关系纠纷案①

● 案件事实

吴某、杨某系夫妻关系,上海市××路××弄××号 301 室和同号 401 室(以下分别简称 301 室、401 室)房屋分别为张某和吴某、杨某所有之私房。吴某、杨某对其所有的 401 室房屋装潢过程中,将主卫生间改为衣帽间,并将中央空调冷凝水管接入主卫生间地漏处。2012 年 7 月,张某向上列房屋所在地物业管理单位报修,称其主卫生间顶面漏水,物业管理单位维修人员前往张某房屋内查看,发现张某主卫生间顶面有渗漏水,漏水位置扣板已经生锈。后维修人员至吴某、杨某房屋内检查,认为吴某、杨某房屋存在漏水源,要求配合检修。因双方为检修事宜未能协商一致,物业管理单位在告知张某和吴某、杨某双方若维修以注浆堵漏方式可能导致张某房屋渗水点转移至其他区域,导致实施多次注浆堵漏,而吴某、杨某房屋因渗水长期积存于地面而腐坏地板等后果后,对张某房屋主卫生间顶部采用注浆堵漏方式进行维修。自 2013 年 10 月起,吴某、杨某房屋内中央空调冷凝水不从主卫生

---

① 参见(2015)沪一中民二(民)终字第 3105 号民事判决。

间地漏进行排水,张某房屋主卫生间不再渗水。期间,张某曾于 2012 年
10 月 29 日向法院提起诉讼,要求吴某、杨某赔偿因渗水导致张某房屋主
卫生间吊顶扣板及顶面受损而造成的经济损失。法院委托甲公司对张某
主卫生间漏水原因进行鉴定,经鉴定,鉴定结论为:张某房屋主卫生间顶
板曾经发生渗漏,但根据目前检测和灌水试验结果不能推断吴某、杨某对
其房屋主卫生间地漏改造和使用存在因果关系。由此法院判决驳回张某
的诉讼请求。

　　近年来,张某发现其房屋靠近主卫生间的卧室顶部、客厅顶部及墙面
粉刷层因渗水起壳、脱落,故张某现诉至法院,要求吴某、杨某立即修复渗
水部位,赔偿张某修复客厅、卧室顶部、墙面粉刷层费用 12 850 元,并赔偿
张某修复期间外借房屋费用 7 500 元、误工费及精神损害抚慰金 4 500 元。
法院在征得双方当事人同意排除甲公司作为鉴定人的前提下,委托上海某
科技有限责任公司(以下简称乙公司)对张某房屋渗水原因进行鉴定。鉴
定单位对涉讼房屋进行现场勘查后,于 2015 年 7 月 8 日作出鉴定意见为:
上海市××路××弄××号 301 室房屋主卧顶部及西墙,客厅顶部、餐厅顶
部粉刷层渗水原因系 401 室房屋曾渗漏水所致。为鉴定之需,张某支付鉴定
费 12 000 元。

● 法院判决

　　法院经审理认为,侵害物权,造成权利人损害的,权利人可以请求损害
赔偿。虽然张某在(2012)浦民一(民)初字第 35762 号一案中因鉴定人甲公
司对张某房屋主卫生间顶板部位检测时作出吴某、杨某房屋主卫生间地漏
改造和使用与张某房屋主卫生间顶板曾经发生渗漏之间不存在因果关系的
结论而败诉,但是,该鉴定人在对现场检测时发现张某房屋主卫生间顶板地
漏四周存在明显渗漏痕迹,而涉讼房屋所在地物业管理单位在对张某房屋
主卫生间顶板渗漏部位采用注浆堵漏方式修缮前告知双方可能会引起渗水
转移至其他部位,况且,本案在审理过程中,法院委托乙公司对张某房屋内
主卧顶部及西墙,客厅顶部、餐厅顶部粉刷层渗水原因进行鉴定,鉴定人乙

公司明确上述部位的渗水系吴某、杨某房屋曾渗水所致。现张某据此要求吴某、杨某赔偿上述部位因渗水导致粉刷层起壳、脱落的修缮费用之请求，于法有据，法院应予支持。至于上述部位修缮费用及为修缮导致张某无法正常使用其房屋而造成的相关经济损失，由法院根据上述部位修缮的情况，酌情予以核定。张某要求吴某、杨某赔偿修缮期间的误工费及因损害造成的张某精神损害抚慰金之主张，缺乏法律依据，法院不予支持。

● **法律依据**

　　《中华人民共和国物权法》第三十二条、第三十七条。

● **本案要点**

　　根据《物权法》规定，业主对建筑物内的住宅、经营性用房等专有部分享有所有权，有权对其进行管理，但业主对专有部分行使权利不得危及建筑物的安全，也不得损害其他业主的合法权益。因业主擅自改变房屋结构导致渗水，造成其他业主的权利受到损害，损害方应当对受害业主的财产损失进行赔偿。

　　虽有已生效判决中鉴定结论作为参考，但当事人仍可申请重新鉴定，得出的新鉴定结论可与以往鉴定结论不同，法院可以依据更为符合现实情况的鉴定结论进行事实认定。

万某诉张某、××物业管理有限公司生命权、健康权、身体权案①

● **案件事实**

　　万某于2012年5月获得本市临时居住证，同年9月起就读于上海市某小学。张某为该小区××室房屋产权人，该户搭建的天井外墙上安装有一部空调外机，支架底部距地面约110厘米，延伸出外墙约54厘米，事发时支

———————

① (2015)沪一中少民终字第7号民事判决。

架外缘未予包裹。据悉,该小区物业管理单位××物业管理有限公司(以下简称物业公司)曾向张某送达制止违章通知书,要求其整改相应违章建设行为。2014年5月1日14时左右,万某与几名小伙伴在本市某小区内东门口附近玩耍,万某奔跑中头部不慎撞击张某安装在该弄某天井外墙上安装的空调外机支架,当场流血。万某家人经通知后赶到现场将万某送医。经诊断,万某头外伤顶骨骨折,当日入院治疗,同月12日出院,此后复查数次。万某与张某、物业公司双方就赔偿事宜协商未果诉至法院,请求判令张某、物业公司共同赔偿万某医疗费、交通费、查档费、诉讼代理费、残疾赔偿金、护理费、营养费、鉴定费、诉讼代理费及查阅费共15万余元。

● **法院判决**

　　法院经审理认为,行为人因过错侵害他人民事权益,应当承担侵权责任。根据万某的报警及就诊记录,万某于事发当天下午头部受伤的事实可予确认。但万某、张某对万某碰撞的是否系张某所有的空调外机支架存在分歧,对此,当事人向公安机关报案处理有关纷争,主要目的系为尽早固定有关事实与证据,为纷争的解决提供依据和帮助,接报内容虽有待公安机关调查核实,但亦是报警人向公安机关所报告内容的真实反映。同时,本案事发瞬间的情况除在场目击人员外并无其他直接证据可予还原,分析徐某、汤某某的陈述可见,其关于事发情况尤其是万某等人玩耍区域、事后处置等描述基本一致,可相互印证,同时结合万某的身高、活动状态、伤势以及张某户空调外机的安装方位等因素来看,万某因碰撞张某户空调外机支架而受伤一节与现场情况较为吻合,法院予以采信。至于徐某反映的事发时间存在出入的情况,根据时间间隔及一般记忆规律来看,存在偏差亦在情理之中,并不能全盘否定证言的可信程度及有证据支撑的关键事实。张某虽予否认,却未能提供有效反证予以推翻,其关于万某系打闹中受伤、伤后坐在涉案空调外机处等更系主观推测,缺乏依据。

　　涉案空调外机安装在沿公共通道一侧的外墙上,且安装架底部距地面仅1.1米,事发时支架外缘裸露部分亦未包裹,不符合相关安装要求,给他人的通行便利及人身安全带来危害,存在明显的安全隐患,故张某应对万某遭受的损害承担相应赔偿责任。当然,未成年人的监护人应当履行监护职责,保护被监护人的各项合法权益。被侵权人对损害的发生也有过错的,可以减轻侵权人的责任。根据万某的年龄及认知水平,应当知晓活动区域内的场地环境及奔跑追逐的危害后果,但万某却忽视相关风险,选择不恰当的活动方式,在奔跑过程中更未能充分观察、谨慎注意并加强自我保护,直接造成自身受伤。其监护人亦未能在万某玩耍期间善尽监护职责,及时发现并制止其危险举动,保障万某的人身安全,同属失职。因此,综合当事人的过错程度、致害原因力及本案实际情况,法院确定张某对万某的损伤承担30%的赔偿责任。鉴于直接侵权主体业已明确,万某亦未能举证证明物业公司对损害发生存在共同过错或有直接结合的相应管理瑕疵,故其要求物业公司承担连带赔偿责任的请求,不予支持。

● 法律依据

《中华人民共和国侵权责任法》第六条、第二十六条。

《最高人民法院关于审理人身损害赔偿案件适用法律若干问题的解释》第十七条、第十九条、第二十一条、第二十二条、第二十四条、第二十五条。

● 本案要点

根据《中华人民共和国侵权责任法》规定,行为人因过错侵害他人民事权益,应当承担侵权责任。业主在公共通道外墙上安装空调外机时,应当确保安装符合相关安装要求,不会给他人的通行便利及人身安全造成危害,亦不存在明显的安全隐患。若安装不符合规定造成他人的人身损害,则应对被侵害人遭受的损害承担相应的赔偿责任。被侵权人对损害的发生也有过错的,可以减轻侵权人的责任。被侵害人未能证明物业公司或其他主体对损害发生存在过错或存在物业管理瑕疵的,物业公司不对损害结果承担连带赔偿责任。

五、业主与物业公司的多方纠纷

王某诉××物业管理有限公司等物业服务合同纠纷案①

● 案件事实

2014年,××物业管理有限公司(以下简称物业公司)与××房产公司(以下简称房产公司)签订前期物业服务合同,约定物业公司对某小区物业实施管理,管理期限自2014年1月1日至2015年12月31日止。2014年2月26日,物业公司出具收据,载明收到缴款人为"62♯502室沪F××××"864元,支付停车费(2014.1.1—2015.1.31),收据左上方注"79位"。王某是该小区××号502室房屋的业主,持有房产公司出具的该小区停车证,车牌号沪F××××,付费截止日期为2014年1月31日。2014年12月8日,小区居民委员会出具证明,内容为:"本小区62号502室王某先生79号固定车位从该小区成立到今一直属该车主王某先生租用(租用期达陆年之久)。"2014年12月左右,黄某家车牌为沪A×××××的车辆曾停放在王某所称79号现已被沥青路面盖掉的车位上。期间,也有其他车辆停放在王某所称的79号车位上。

王某诉至法院,请求判令物业公司、黄某共同清除79号车位上沪A××××××车辆及其他固定杂物并将车位归还给王某、物业公司赔偿经济损失3000元。物业公司称,小区系房产公司为安置动迁居民而于2001年完工,于2002年3月连续入住的动迁房小区。小区入住初期停车位为80个,近年来,小区车辆不断增加,到2013年底已达300多辆,停车矛盾日益尖锐。物业公司通过招投标形式于2014年1月1日起接管该小区,仍为前期物业服务。王某出示的2014年1月由其开具的停车费收据,而小区停车费分为临时停车费和固定停车费,固定停车费是针对居住在小区内车辆停放一个

---

① 参见(2015)沪一中民二(民)终字第994号民事判决。

月以上的车主收缴,至2014年7月,小区内属固定停放车辆共368辆,业主大部分都缴纳停车费,期间,道路上出现100多个地桩锁。2014年6月,小区1—3期区域内道路进行大修,原来水泥路改造成沥青路面,改造后的道路车位达到201个。201个车位由物业公司、居委会、楼组长多次开会协调,并向业主发征求意见单,最早的80个车位业主主张恢复原固定车位,其他业主认为必须同等享受待遇,有100多户居民要求不要固定车位,致使无法取得基本一致的意见。物业公司基于前期物业合同履行相应物业管理职责,未有违约及侵权等情况。王某也没有签订过租用协议,小区也没有固定车位的概念。王某停放车辆的权益未被侵犯,王某是可以在小区停放车辆的。物业公司和王某之间未约定有固定车位属于王某。王某的损失没有相关依据。黄某则称小区对所有业主统一收费,其按期缴纳停车费,停在任何车位都不侵犯他人权利,小区也实行先到先停,不存在其占用车位的情况。现在小区没有79号车位,没有侵犯王某的权益。经现场勘查,王某指认的79号车位停放黄某家车牌为沪A×××××车辆一辆,现车位没有标明车位号码。就79号车位的方位,王某出具书面说明,指出其所称的79号车位在该小区××号楼南边,即62号楼前方,靠近小区道路。物业公司、黄某分别出具书面说明,指出王某所称的79号车位,在该小区××号楼朝南窗前排,58号楼门前面,在草坪左侧即由东向西第二个车位。

● 法院判决

法院经审理认为,根据物权法相关规定,占用业主共有的道路或者其他场地用于停放汽车的车位,属于业主共有。当事人一方认为物权受到侵害,主张另一方返还原物的,应当举证证明享有相应物权权利,以及另一方无权占有该物的要件事实。由于当事人均未提供证据证明上海市徐汇区钦州北路××弄××号楼南窗前排、58号楼大门前方在绿化地带东向西第二个车位属于规划用于停放汽车的车位,根据各方分别陈述车位的方位,王某所称的79号车位属于占用业主共有道路或其他场所增设的车位,应属于业主共有。王某出示的物业公司出具的"'62#502室沪F××××'人民币864

元,支付停车费(2014.1.1—2015.1.31),收据左上方注‘79位’"的收据虽显示 79 号车位,但该收据非车位租赁协议,在小区路面标明 79 号时,王某享有 79 号车位的占用权,在小区路面未标明 79 号车位时,王某仍在小区内享有车位使用权,但不是固定的占用权,且王某未进一步提供其对现未标明 79 号的车位享有固定占用权的相关证据,在小区道路改造后没有标明车位号码后,黄某作为小区业主,对占用业主共有的道路或者其他场地用于停放汽车的车位,均享有占用、使用的权利。因此,对王某要求物业公司、黄某共同清除 79 号车位上沪 A×××××× 车辆及其他固定杂物,黄某将车位归还给其之诉讼请求,不予支持。王某要求物业公司赔偿 3 000 元之诉讼请求,未提供相关依据,难以支持。考虑到物业公司出具给王某的收据载明"79位",而在 2014 年 12 月左右小区道路无标明"79位"的车位,小区其他业主包括黄某将车辆停放在王某原停放的车位上,给王某正常停车造成不便,从公平原则出发,避免累讼,由物业公司退还王某 2014 年 12 月 1 日至 2015 年 1 月 31 日的停车费 144 元。

● **法律依据**

《中华人民共和国物权法》第七十四条。

《最高人民法院关于审理建筑物区分所有权纠纷案件具体应用法律若干问题的解释》第六条。

● **本案要点**

根据《物权法》规定,占用业主共有的道路或者其他场地用于停放汽车的车位,属于业主共有。当事人一方认为物权受到侵害,主张另一方返还原物的,应当举证证明享有相应物权权利,以及另一方无权占有该物的要件事实。小区业主缴纳停车费的收据并非当然等同于车位租赁协议,若小区路面并未表明收据所示车位号时,业主仅对小区内车位享有使用权而非固定占有权。因此,小区内其他业主也对小区内车位均享有占用、使用的权利。

史某诉××物业管理有限公司等财产损失纠纷案[①]

● 案件事实

  史某是本市某小区401室的产权人,501室产权人为徐某,601室产权人为刘某,701室产权人为钱某。××物业管理有限公司(以下简称物业公司)为该小区物业管理单位。201室、301室产权人在接收房屋后不久另行铺设厨房下水管道。2012年史某对401室进行了装修并搬入家具、电器,之后该房屋处于闲置状态。2014年2月27日,物业公司接报得知401室内有水溢出后通知了史某,史某与物业公司工作人员进入401室,发现室内有严重积水。次日物业公司协助排障,最终发现楼内下水管道(与室内厨房水斗相连用于排放生活用水)一楼至二楼位置有两块毛巾堵塞管道导致反溢,清理后故障排除。本起事故导致401室内的地面硬装修及家具、电器设备的底部浸水,造成财产损失,双方当事人因调解未果,诉至法院,史某请求判令501、601、701的业主及物业公司连带赔偿硬装维修费46 938元、沙发损失1 000元、床及桌椅损失1 300元、组合音响损失3 000元,并从2014年2月27日起至判决生效之日止按每月3 000元的租金标准计算其未能入住的损失。

● 法院判决

  法院经审理认为,现无证据证明堵塞物的确切来源及形成时间,应按常理推断为住户过失行为所致。物业公司作为该小区的物业管理单位,负有对小区生活设施进行日常维护和保养的义务,堵点位于公用部位而非业主专有部分,属物业公司维护保养的范围。涉事下水管在开发商交房后发生过堵塞现象,但之后物业公司仍未予以重视,怠于履行定期检查、维护的物业管理职责,存在过失,与本起事故存在因果关系,理应承担民事赔偿责任。考虑到该下水管用于排放厨房用水,而实质造成堵塞的为两块毛巾而非众多杂物的累积,堵塞物的类型超出该管道的容纳功能,更多的是业主过失的

---

  ① 参见(2015)沪一中民二(民)终字第764号民事判决。

原因,且根据管径大小,两块毛巾叠加后极有可能在较短时间内完全堵塞管道,即使物业公司采取定期检查或疏通的措施也难以完全避免本起事故的发生,加之物业公司于事发后及时采取疏通措施,因此史某主张在未查明具体侵权人的情况下要求物业公司承担全部责任之诉请缺乏依据。综合违反注意义务的程度和避免事故的可能性等因素,确定该公司承担次要责任,主要责任应由存在不当使用过失的房屋产权人负担。201室、301室坐落于堵点与反溢漏水的楼层之间,如果其室内与公用管道存有通路的话,按排水被堵后的逆流顺序,则将首先在该二套住房内发生反溢事故,因此201室、301室产权人陈述其另用管路之事实成立。401室至701室产权人共用下水管道,均应履行妥善处理相邻各方关系,尽到维护管道畅通的义务。堵塞的毛巾是偶发过失引起,用水多寡并不能成为免责事由,且是分别还是同时以及何时进入管道的时间并不明确,401室至701室产权人所举证据均不足以证明排除自己行为造成事故的可能性达到高度必然的要求,均应承担相应的民事赔偿责任。根据相关用水记录载明401室、601室产权人在事发前数月内数值没有变动,表明该二户产权人用水的时点距离事发有相当长的时间,造成日后堵塞的机率小于其他产权人。反之,501室内设置有多个床位,明显超出普通家庭的居住需求,众多租客使用厨房的频率以及多样性的使用习惯,通常会导致不合理地增大不当使用行为的机率。从公平合理的原则出发,上述行为引发事故的不同机率可作为认定责任大小的考量因素。鉴于致损物的来源与物业公司无关,而又不能排除上述毛巾来源于401室至701室任何一室的可能性。以及史某空关401室致未能及时发现反溢并报修而导致损失扩大等因素,因此史某应承担相当的责任。综上,由于各责任主体的过错大小及原因力可以区分,故史某主张连带赔偿责任之诉请依据不足,不予支持,并酌定就本起事故对史某造成的损失,由徐某承担30%份额,刘某承担7.5%份额,钱某承担15%份额,物业公司承担20%份额,剩余损失由史某自负。

● 法律依据

《中华人民共和国侵权责任法》第六条。

● 本案要点

物业公司作为小区的物业管理单位,负有对小区生活设施进行日常维护和保养的义务,位于小区公用部位的下水管属物业公司维护保养的范围。若下水管曾发生过堵塞现象,物业公司应当更加予以重视,定期巡查疏通,若物业公司怠于履行定期检查、维护的物业管理职责,存在过失,造成业主因水管堵塞遭受损失,应承担民事赔偿责任。但是,若下水管的堵塞并非众多杂物的累积,而是因为其他业主或业主自身过失导致,即便物业公司采取定期检查或疏通的措施,于事发后及时采取疏通措施,也难以完全避免堵塞的发生,那么应当由造成堵塞的业主承担主要责任,结合违反注意义务的程度和避免事故的可能性等因素认定物业公司的责任。

傅某诉尤某、××物业公司生命权、健康权、身体权纠纷案①

● 案件事实

2008 年 7 月 26 日下午 3 点许,傅某外出,途经恒德里×××号后门,见夏某一人坐在×××号门口,即与其闲聊。期间,傅某突然发现一条无人看管的白色狗向她冲来,傅某害怕之下转身向铁门方向逃去,随手将铁门关闭想阻挡狗,不料狗已冲过铁门,继续向傅某追来,傅某慌不择路向门后墙角躲去,被竖在铁门边的一根三角铁桩子绊倒。事发后,白色狗的主人尤某赶到,随后回家取钱陪傅某到医院就诊,诊断为粉碎性骨折。尤某支付了医疗费人民币(以下币种同)143 元。2008 年 7 月 28 日,傅某入住仁济医院。7 月 30 日,进行了手术。现傅某认为,首先,尤某饲养的狗为无证犬,带入公共场所违反了有关饲养规定,同时事发时,尤某并未用绳索牵住狗,致狗追傅某后,傅某受到伤害,故尤某应承担赔偿责任;其次,××物业公司(以下简称物业公司)作为小区的物业管理部门,在铁门边安装了三角铁桩子,周围又没有任何警示标志,导致傅某被该三角铁桩子绊倒,并造成了严重的后

---

① 参见(2009)静民三(民)初字第 15 号民事判决。

果,亦应承担赔偿责任。傅某要求尤某、物业公司赔偿医疗费 31 189.61 元、护理费 3 595 元、营养费 3 000 元、交通费 300 元、精神抚慰金 15 000 元,其中尤某承担三分之一赔偿责任,物业公司承担三分之二赔偿责任。

● 法院判决

法院经审理认为,公民的生命、健康权受法律保护。尤某在人流通行较多的铁门处遛狗,且并未用绳索将狗牵住,引起傅某恐慌,并进而跌倒受伤,其行为与傅某受损后果之间存在一定的因果关系,理应按照百分之十的赔偿比例,承担相应的赔偿责任。物业公司已经在合理范围内尽到了安全保障义务,傅某要求其承担赔偿责任,于法无据,法院不予支持。

● 法律依据

《中华人民共和国侵权责任法》第七十八条。

《中华人民共和国民法通则》第九十八条、第一百一十九条。

《最高人民法院关于审理人身损害赔偿案件适用法律若干问题的解释》第六条。

● 本案要点

根据《侵权责任法》规定,饲养的动物造成他人损害的,动物饲养人或者管理人应当承担侵权责任,但能够证明损害是因被侵权人故意或者重大过失造成的,可以不承担或者减轻责任。业主饲养的动物造成其他业主人身损害的,应当承担赔偿责任。物业管理企业是公共场所的管理人,负有安全保障义务责任。若物业公司未尽合理限度范围内的安全保障义务致使他人遭受人身损害,应当承担相应赔偿责任。因第三人侵权导致损害结果发生的,由实施侵权行为的第三人承担赔偿责任。安全保障义务人有过错的,应当在其能够防止或者制止损害的范围内承担相应的补充赔偿责任。但物业公司若已在合理范围内尽到了安全保障义务,便不再承担赔偿责任。

于某诉××物业公司物业服务合同纠纷案①

● 案件事实

于某系上海市××路××弄××号8B室(以下简称8B室)的产权人。××物业公司(以下简称物业公司)于2007年至2013年期间为于某房屋所在的小区提供物业管理服务。小区业主委员会与物业公司签订的《物业管理合同》中约定,物业公司确保所有业主及使用者遵守物业管理法规定的用途正确使用其所占有之部分,如有任何业主或者使用者违反规定,物业公司会尽量使用可行的办法制止此等违规行为等。潘某某系该小区8A室(以下简称8A室)房屋产权人,其于2011年11月对8A室进行了二次装修,将东南卧室北侧的卫生间南墙拆掉后与卧室连通,在原北侧卫生间及部分卧室位置紧贴东墙安装玻璃淋浴房一间,又在淋浴房南侧沿东墙安装洗漱台一个,再在洗漱台南侧、东南卧室的东南角安装浴缸一个。

2012年8月,于某发现8B室卧室西墙的墙面开始发霉、涂料起泡开裂等现象,遂通过物业公司与潘某某交涉,要求潘某某查找渗漏水原因。2012年11月8日,物业公司等单位组织双方调解,并形成调解纪要。后因调解并未得到落实,2012年11月13日于某将潘某某诉至法院。后上海某房屋质量检测站出具了《司法鉴定意见书》一份,确认8B室卧室西墙渗水损坏主要由于8A室东南卧室淋浴房部位防水措施不到位,生活用水通过填充墙向相邻8B室卧室渗漏导致南侧下部有渗水痕迹,涂料受潮起泡,局部起皮脱落,踢脚板漆面受潮翘皮脱落,西侧复合地板轻度变形;8B室卧室东墙下部渗水痕迹与其南侧开敞阳台雨天时雨水倒泛水进入室内有关,并提出了相关修缮建议。

● 法院判决

法院经审理后认为,8A室房屋东南卧室的淋浴房全面翻修,重做周围

---

① 参见(2015)沪一中民二(民)终字第2373号民事判决。

地面、墙面防水层,导致 8B 室房屋西墙渗水损坏,因此,潘某某应当排除向同号 8B 室房屋墙面、地面渗水的妨碍,并向于某赔偿经济损失人民币 26 000 元。另外,从于某提供的现有证据中,无法证明物业公司存在违反物业服务合同约定义务的行为,召开协调会的行为也是物业公司尽量使用可行办法化解纠纷的体现。故对于于某向物业公司主张租金损失及营养费损失,缺乏事实依据与法律依据,也并无法律上的因果关系,故不予支持。

● **法律依据**

《中华人民共和国民法通则》第四条、第一百三十五条。

● **本案要点**

根据《物权法》规定,业主对建筑物内的住宅、经营性用房等专有部分享有所有权,有权对其进行管理,但业主对专有部分行使权利不得危及建筑物的安全,也不得损害其他业主的合法权益。因业主擅自改变房屋结构导致渗水,造成其他业主的权利受到损害,损害方应当对受害业主的财产损失进行赔偿。物业管理企业是公共场所的管理人,负有安全保障义务责任。但物业公司若已在合理范围内尽到了应尽义务,也不存在违反物业服务合同约定的行为,不应承担赔偿责任。

六、业主与业委会之间的纠纷

朱某、许某诉小区业主委员会等排除妨害纠纷案①

● **案件事实**

2004 年 1 月 16 日,朱某、许某取得了上海市××路××弄××区××号 306 室(面积为 23.46 平方米)、307 室(面积为 12.41 平方米)、308 室(面

———————
① 参见(2015)沪一中民二(民)终字第 2970 号民事判决。

积为 13.65 平方米）、309 室（面积为 21.65 平方米）房屋（以下简称涉案房屋）的产权，产权证附记显示上述房屋类型为其他，用途为特种用途，平面图显示为夹层平面图，同层房屋尚有 04、05 室房屋。涉案房屋自 2015 年 1 月 24 日晚被上海市小区业主委员会（以下简称业委会）、××物业公司管理服务有限公司（以下简称物业公司）实际控制至今。朱某、许某诉至法院，请求判令业委会、物业公司拆除安装在该小区××号 306、307、308、309 室房屋上的门锁，排除妨害、恢复原状，并赔偿其各类损失人民币 12 000 元。

业委会则称，4 套涉案房屋至今还是由朱某、许某自行使用出租，不存在其侵占房屋的事实，因此谈不上排除妨害、恢复原状。朱某、许某无法证明涉案房屋的产权归属于其二人，2 楼有两层，但朱某、许某用 3 楼产证来证明 2 楼夹层，朱某、许某又拿出田×路、龙×路房屋产证以证明 3 楼房屋的产权，其解释具有随意性。朱某、许某起诉程序有问题，其应先确认 2B 层房屋的产权归其二人后再主张排除妨害。

● **法院判决**

法院经审理认为，根据朱某、许某提供的房屋土地权属调查报告书及上海市房地产权证来分析，涉案房屋处在 2B 层（夹层），其同一平面上所对应的房屋是 204、205 室房屋，而 204、205 室房屋所在位置亦在 2B 层，虽然房产证上标注的房号为 79 号 306、307、308、309 室，但并不影响到涉案房屋所有权人为朱某、许某，因此，对朱某、许某认为涉案房屋权利人属其二人所有的主张，予以支持。由于涉案房屋权利人为朱某、许某，而业委会、物业公司无正当理由占有朱某、许某的房屋，该行为显然违反了法律规定，现朱某、许某要求业委会、物业公司停止妨害并归还涉案房屋的请求，符合法律规定，应予以支持。业委会、物业公司占有涉案房屋后，势必影响了朱某、许某的出租使用权，现朱某、许某要求业委会、物业公司赔偿损失，亦符合法律规定，综合考虑到房屋的结构、面积等情况，法院酌定业委会、物业公司赔偿朱某、许某房租损失费 6 750 元（按每月 1 500 元计）。

● 法律依据

《中华人民共和国物权法》第三十四条、第三十五条、第三十七条。

● 本案要点

根据《物权法》规定，无权占有不动产，权利人可以请求返还原物。妨害物权或者可能妨害物权的，权利人可以请求排除妨害或者消除危险。侵害物权造成权利人损害的，权利人可以请求损害赔偿，也可以请求承担其他民事责任。因此，业委会、物业公司擅自侵占业主房屋，应当停止妨害归还房屋，并赔偿业主因侵占行为受到的财产损失。

××实业公司诉小区业委会、乙物业公司物业服务合同纠纷案①

● 案件事实

××实业公司（以下简称实业公司）是本市某公寓地下车库1 600.27平方米、底层商场612.03平方米、二层商场562.89平方米、地下商场2 731.34平方米、地下人防411.85平方米的产权人，建筑面积共计5 918.38平方米。

该公寓原由甲物业管理有限公司（以下简称甲物业物业）管理。2011年8月，甲物业公司告知业委会，其将撤离该公寓小区。2011年8月，经业主大会表决通过，小区实施自主管理。2011年8月20日，实业公司复函业委会，表示地下车库由其自行管理，称地下车库有37个停车位，可以有限考虑对小区内居民开放，每位每月350元。地下车库1 600平方米及地下一层的物业管理费0.8元/平方米/月，一、二层物业管理费1.78元/平方米/月。2011年9月28日，业委会回复实业公司，告知实业公司经全体业主投票决议，由业委会自主管理，要求实业公司支付物业管理费并通知实业公司旗下业主，尽快至乙物业公司办理停车证手续。2013年2月19日实业公司向业委会发函表示业委会未经其同意将公寓物业委托给乙物业公司进行管理，侵害

---

① 参见(2014)沪一中民二(民)终字第3392号民事判决。

了其知情权,并拒绝向实业公司支付已收地下车库停车费,因此,实业公司决定将地下车库收回自行管理,并向法院提起诉讼,请求法院确认业委会、乙物业公司签订的物业管理合同无效并由实业公司自行管理地下车库,同时向其支付2011年9月至判决生效之日止的地下车库停车费。

● **法院判决**

法院经审理认为,业委会、乙物业公司之间未订立书面的物业服务合同,也无一方提供服务,另一方支付报酬的履约行为,因而无法认定业委会、乙物业公司之间存在物业服务合同关系,故对实业公司要求确认合同无效的诉讼请求不予支持。为维持区分所有权人的共同生活秩序,实业公司要求自行管理地下车库的请求不予支持。但业委会、乙物业公司自认的乙物业公司代为开具发票的行为,显属不当。根据上海市人民政府批转市住房保障房屋管理局关于实施《上海市住宅物业管理规定》若干意见的通知的规定,业主大会决定开具自行管理发票的,业主委员会可持区、县住房保障房屋管理部门的证明材料,到物业所在地的税务部门申请代为开具,而乙物业公司在没有收取或支出费用的情况下开具发票,也违反公司的财务管理原则,业委会、乙物业公司应予改正。

实业公司系地下车库所有人,该公寓小区地下只有一个车库,地下车库口虽挂××××门牌,但该门牌下并无地下车库的产权登记信息,至于业委会、乙物业公司提出的实业公司将地下车库、人防、地下商铺的使用区域重新划分的意见,由于这三部分的产权人均为实业公司,即使实业公司存在重新划分使用用途的情况,仍不能免除实际使用人支付停车费的义务,实业公司要求业委会支付停车费的诉讼请求,应予支持。

● **法律依据**

《中华人民共和国物权法》第八十一条。

《上海市住宅物业管理规定》第四十七条。

● **本案要点**

业主可以自行管理建筑物及其附属设施,也可以委托物业服务企业或者其他管理人管理,业主应共同决定选聘和解聘物业服务企业或者其他管理人,经专有部分占建筑物总面积过半数的业主且占总人数过半数的业主同意,业主可以自行管理物业。若小区经业主表决确定小区的物业管理方式为业主自主管理,即使有部分业主不同意该决定,也应当尊重并执行该决定。在建筑物区分所有的状态下,专有部分虽然是各区分所有人单独所有的对象,但共有部分却为全体或部分区分所有人所共有,各区分所有权人之间因而发生利害关系,从而产生了从管理上予以调整的必要性,以维持区分所有权人的共同生活秩序,故应当结合实际考虑建筑物区分所有状态下专有部分的业主单独管理问题。

谢某诉业委会、物业公司物业管理服务合同纠纷案①

● **案件事实**

谢某是本市××路××号××大厦顶层 26 楼 12 室(以下简称系争房屋)的业主。2012 年 1 月 11 日,大厦业主大会(甲方)与物业公司(乙方)签订的《物业管理服务合同》载明,乙方为本物业管理区域的业主、物业使用人提供下列委托物业管理事项:一、物业共有部位(楼盖、屋顶、内外墙体、外墙面……)的维护;二、物业共有设施设备(共用上下水管道、落水管……)的日常运行和维护……;委托管理期限为三年,自 2011 年 11 月 1 日起至 2014 年 10 月 31 日。后经双方协商,被告物业公司的服务期延长至 2014 年 12 月 31 日。

2013 年 5 月,谢某发现系争房屋屋顶和窗下墙面有漏水和渗水现象,即书面向业委会和物业申请维修,但业委会以维修经费无法解决等各种理由进行推诿、搪塞,以至于渗漏面积越来越大。2014 年 4 月,谢某与其他业主

① 参见(2015)闸民三(民)初字第 505 号民事判决。

向区房办反映了屋顶严重漏水的情况,区房办即派专人对顶层大多数业主房屋渗水现象进行了勘查鉴定,并制作了鉴定报告,同时责成业委会走绿色通道尽快解决楼顶严重漏水的问题。2014年5月,施工队对楼顶进行了全面的维修,现暂未出现再次漏水的现象。但系争房屋屋顶的天花板经一年多雨水的浸泡,石膏、水泥已大面积严重脱落,实际无法居住,而这些都是业委会和物业拖拉,未对楼顶按规定进行必要的保养维修所致。故谢某诉至法院,要求业委会和物业对屋顶漏水和渗水问题承担责任,恢复室内被破损墙面处的原状,主要有卧室房顶、卧室和内阳台分割处的包墙板,同时给付因漏水造成家中断电维修的相关费用人民币400元(以下币种均为人民币)。

物业公司称,其公司是从2011年11月进驻大厦小区的,现在已经退出该小区。进驻时有人说顶楼有漏水现象,但是顶楼的业主没有来报修过,2013年5月份业主来报修,其就向业委会发了工作联系函,要求业委会动用维修基金。业委会也于2013年7月15日给物业发出联系函,称决定动用维修基金对屋顶进行修理。2013年7月18日,业委会发出告全体业主的告示书,明确物业已经请求紧急修复,本次修复将会动用维修基金,并对施工队进行招投标,这份公示是张贴在小区的。当时物业也做过一份预算,但是因维修项目较大,就用招投标的方式来确定维修单位。招投标的事情后来就没有下文了。业主也没有再来报修过。系争小区的管理公约上其动用维修基金的权限是零元,所以在未得到授权的情况下,物业是不能动用维修基金的。2014年2月25日,因关于修复的预算业委会没有通过,物业公司向区抢修中心、房办请示,请政府部门予以协调。之后物业向房地局发函,申请对房屋渗漏情况进行认定,鉴定结论是确有渗漏情况,但没有写明渗漏的原因。2014年3月20日,物业公司与维修单位签订了施工合同,并在维修基金的网站进行申报;4月6日,防水数量确认单由业委会盖章;5月21日竣工。后来经维修基金指定的机构进行审价,审价后物业公司就尽快支付了钱款,保证工程顺利进行。因为小区中无法动用维修基金,就无法进行修复,最后还是通过绿色通道修理的,通过绿色通道是业委会、物业公司、实际维修人三方签订了合同。对于谢某主张电线的赔偿情况不清楚。因为破损的部位是室内部位,物业公司可以请人修复,但是费用应由谢某自行承担。

　　大厦业主大会、业委会共同称,要用所有业主的公共费用来为谢某修复,是不符合维修基金的管理条例的。楼顶漏水的原因是年久失修,长期无人管理。从2011年开始小区才有人管理,成立业主委员会,聘请了物业公司。漏水的事情谢某曾经找过业委会的负责人,其让谢某写份报告给物业。后来物业找到谢某,说南楼有01、03室房屋漏水,物业公司说先捉漏。捉漏后南楼漏水的情况解决了,但是北楼还在漏,因为房屋结构是南高北低,水全部漏到北楼去了,然后物业查看后说因为房屋建造时间长了,防腐层都腐烂了,水沟堵塞,材料也老化了。要彻底维修,需要动用维修基金,但要三分之二的业主同意,后来是通过绿色通道进行了修复。谢某要求修复是可以的,但是需要其自己出钱。

● 法院判决

　　法院经审理认为,公民、法人的合法的民事权益受法律保护,任何组织和个人不得侵犯。造成不动产毁损的,权利人可以请求修理、重作、更换或者恢复原状。首先,系争房屋顶漏水原因之一系大厦年久失修。根据业主大会与物业公司签订的《物业管理服务合同》的约定,物业公司有对大厦的屋顶进行维护的义务。但根据物业公司的陈述,未对屋顶进行定期维护,在不漏水的情况下,物业也不会至屋顶查看。法院认为,物业公司明知大厦房屋状况,但仍未履行《物业管理服务合同》的约定,疏于对屋顶进行定期维护,对因屋顶漏水造成系争房屋的损失负有主要过错。其次,根据《上海市住宅物业管理规定》第六十六条的规定,发生下列紧急情况时,物业服务企业应当立即采取应急防范措施,并制定维修、更新方案,同时向业主委员会和物业所在地房管办事处报告……(三)外墙墙面有脱落危险、屋顶或外墙渗漏等情况,严重影响房屋使用和安全,经有资质的鉴定机构出具证明的。根据该条规定,在发生屋顶渗漏等紧急情况时,各责任单位应当立即采取应急防范措施,但物业公司向业委会报修后,物业公司、业委会未及时采取应急措施,尤其是业委会在首次业主征询未通过后,亦未采取应急措施,疏于履行己方义务,致使屋顶长时间渗漏造成系争房屋室内装修破损。因此,谢某要求其恢复室内破损处原状的诉讼请求可予支持,但谢某要求业主大会承担修复责任缺乏法律依据,法院不予支持。综合本案情况,修复费用本院酌定由物业公司承担70%,业委会承担30%,由业委会承担的费用应从该大厦维修资金中列支。

● **法律依据**

《中华人民共和国民法通则》第五条。

《中华人民共和国物权法》第三十六条。

《中华人民共和国侵权责任法》第六条、第十五条。

● **本案要点**

根据《上海市住宅物业管理规定》第六十六条的规定,发生下列紧急情况时,物业服务企业应当立即采取应急防范措施,并制定维修、更新方案,同时向业主委员会和物业所在地房管办事处报告……(三) 外墙墙面有脱落危险、屋顶或外墙渗漏等情况,严重影响房屋使用和安全,经有资质的鉴定机构出具证明的。因此,在发生屋顶渗漏等紧急情况时,各责任单位应当立即采取应急防范措施,若物业公司向业委会报修后,物业公司、业委会未及时采取应急措施,疏于履行义务,致使损失进一步扩大,应当承担相应责任。

曹某诉××业主委员会知情权纠纷案①

● **案件事实**

曹某系某小区业主。该小区由甲、乙、丙三个小区合并而成,小区业主委员会(以下简称"业委会")成立于2006年。在该小区内,仅丙小区内有地下车库,目前该处地下车库登记的权利人仍为该小区的开发商上海××地

---

① 参见(2015)沪一中民二(民)终字第289号民事判决。

产开发有限公司(以下简称开发商)。

2006年11月23日,开发商(甲方)与某区戍镇土地管理所(乙方)、××置业有限公司(丙方)签订了《商品房预订购协议书》,约定:乙丙方因动迁安置用房之需要,向甲方购买甲方新建于××路××弄商品房用于动迁安置,购买的房屋为该址期房418套,乙丙方向甲方购买的地下车位价格为每个单价30 000元,共250个。合同另对付款方式等事项进行了约定。业委会在2013年1—6月公益性收支情况表中,并未将该小区地下车库的收支情况予以公布。

2013年11月曹某向法院提起业主知情权诉讼,要求业委会提供自2013年1月起至2013年11月止的非经营性收入钱款总数(停车费及小区业主共有的门面房租金)及明细账目。业委会称该小区地下车库的收益全部由物业公司收取,相关收支账目、凭证均在物业公司处,公益性收入中没有地下车库的收益。法院至××置业有限公司和小区物业公司调查核实相关情况,上述公司反映,地下车库是××置业公司与土地管理所共同向开发商购买的,因维修基金未交纳,故地下车库的产权证至今没有办下来,现地下车库由物业公司收费,并设立账目,收益尚未分配。

● **法院判决**

法院经审理认为,业主享有了解建筑区划内涉及业主共有权以及共同管理权相关事项的权利。根据《最高人民法院关于审理建筑物区分所有权纠纷案件具体应用法律若干问题的解释》第十三条之规定,业主请求公布、查阅建筑物及其附属设施的维修基金的筹集、使用情况;管理规约、业主大会议事规则,以及业主大会或者业主委员会的决定及会议记录;物业服务合同、共有部分的使用和收益情况;建筑区划内规划用于停放汽车的车位、车库的处分情况;其他应当向业主公开的情况和资料的,人民法院应予支持。上述规定明确了业主知情权的范围,业主委员会作为知情权的义务主体,理应依法配合业主行使知情权。曹某虽然作为该小区的业主,享有对该小区相关事项的知情权,但目前该小区的地下车库的权利人仍登记为开发商,而结合双方的陈述和《商品房预订购协议书》等现有证据可知,该小区的地下车库已由开发商转让给第三方,实际由第三方委托物业公司进行管理,登记的权利人和实际的控制人均非小区业主,该地下车库尚不属于小区业主共有,故曹某作为业主向业委会主张地下车库收支情况的知情权,缺乏依据,法院对于曹某所提相关诉讼请求,不予支持。

● **法律依据**

《最高人民法院关于审理建筑物区分所有权纠纷案件具体应用法律若干问题的解释》第十三条。

● **本案要点**

业主有权要求业委会、物业公司公布或查阅建筑物及其附属设施的维修基金的筹集、使用情况;管理规约、业主大会议事规则,以及业主大会或者业主委员会的决定及会议记录;物业服务合同、共有部分的使用和收益情况;建筑区划内规划用于停放汽车的车位、车库的处分情况;其他应当向业主公开的情况和资料。

七、业主或业委会与公共服务
提供方之间的纠纷

巢某诉××物业管理有限公司、××自来水公司生命权、健康权、身体权纠纷案①

● **案件事实**

巢某系本市××路×××弄小区居民,居住×××号×××室,××物业管理有限公司(以下简称物业公司)系该小区物业管理公司。在小区

---

① 参见(2015)徐民一(民)初字第 4367 号民事判决。

×××号所在大楼前的公共道路上,××自来水公司(以下简称自来水公司)设置有一水表箱窨井并负责日常维护,其水泥窨井盖原与路面水平,2008年小区路面为迎接世博会而统一进行治理时加铺了水泥,导致路面高出上述窨井盖,事发时其窨井盖四周与路面之间存在缝隙。2014年10月6日8时30分许,巢某在小区内慢步走动时,因未加注意而受到上述路面与窨井盖之间的高低不平及缝隙影响致摔倒受伤。随即,巢某至复旦大学附属中山医院就诊,诊断为左足第5跖骨基底部骨折,予保守治疗,之后其又经4次复诊,为此巢某支出医疗费614元。2015年6月17日,复旦大学上海医学院司法鉴定中心出具鉴定意见书,评定巢某因2014年10月6日被绊倒受伤致左足第5跖骨基底部骨折;经石膏外固定等对症治疗,目前伤处触压痛,结合伤者损伤愈合情况,其伤后可予以休息90日、营养30日、护理60日。巢某支出鉴定费1 000元。后在三方交涉过程中,自来水公司同意沟通协商,但物业公司拒绝承担责任,两方相互推诿,导致多次协商不成。巢某遂诉至法院要求自来水公司、物业公司共同赔偿全额医疗费、全额交通费以及误工费的80%、营养费的80%、护理费的80%,案件受理费及鉴定费。

物业公司称,事发的窨井设施并非小区公用配套设施,其是自来水公司因用户扩容改造而修建的,权属属于自来水公司,且其施工时未通知我公司,竣工后也未与我方进行过交接。之后在2008年,因世博会前的治理工作,由政府出面为小区路面加铺了水泥,造成路面高出窨井盖高度。事发时,巢某摔倒原因也可能是窨井盖因存在垃圾或未盖好而松动造成。故对于本次事件的发生不存在未尽管理责任的过错。

自来水公司称,事发窨井实为水表箱,其原即已存在,物业公司认为系我司为用户扩容而修建,没有依据。如果上述水表箱盖存在缺陷造成巢某受伤,我司应承担相应责任,但事发时巢某系因路面高出水表箱盖而受伤,而存在高度差的情况不属于我方日常巡视范围,故不应承担责任。保持小区道路平整是物业公司的责任,当时施工后路面高出水表箱盖,物业公司没有进行认真验收,之后要求施工队整改时,施工队以已验收为由拒绝返工,而后物业公司又对此问题无动于衷,最终发生了本次伤害事件,为此物业公司应当承担责任,我司不同意承担赔偿责任。

● 法院判决

　　法院经审理认为,物业公司作为事发小区的物业服务企业,对于小区公共道路的通行安全负有相应管理职责,对于路面的安全瑕疵,其应及时维护、修缮以排除隐患,涉及第三方的,其亦应积极予以协调处理。但物业公司对于事发道路上所存在的明显安全隐患长期予以忽视,未及时修缮、整改,亦未与自来水公司及时协调处理,未尽到物业管理职责,故对于巢某在涉案事故中受伤,物业公司具有过错,其应就巢某的人身损害承担赔偿责任。自来水公司作为公用事业单位,负责涉案水表箱窨井的日常维护管理工作,由于窨井盖属于小区道路路面的一个组成部分,故其职责并不仅限于窨井盖本身,在发现窨井盖与路面不平整等妨碍道路通行的瑕疵时,亦应及时与物业公司沟通协调整改,但在多年的维护期间其未与物业公司有沟通及协调处置,造成路面瑕疵长期存在,故自来水公司亦存在过错,依法应与物业公司承担共同赔偿责任。巢某作为小区居民,对于其楼前公共道路情况应予明知,事发时其未尽谨慎注意、安全通行义务,自身存在过错,故可减轻自来水公司、物业公司的赔偿责任。

● 法律依据

　　《中华人民共和国侵权责任法》第六条、第十一条、第十二条、第十六条、第二十六条。

● 本案要点

　　根据《中华人民共和国侵权责任法》第三十七条的规定,物业管理企业是公共场所的管理人,负有安全保障义务责任。物业公司作为小区的物业服务企业,对于小区公共道路的通行安全负有相应管理职责,对于路面的安全瑕疵,其应及时维护、修缮以排除隐患,涉及第三方的,其亦应积极予以协调处理。自来水公司作为公用事业单位,负责涉案水表箱窨井的日常维护管理工作,由于窨井盖属于小区道路路面的一个组成部分,故其职责并不仅限于窨井盖本身,在发现窨井盖与路面不平整等妨碍道路通行的瑕疵时,亦应及时与物业公司沟通协调整改。若因疏于履行义务造成人员人身伤害,应当承担相应的责任。

干某诉××自来水公司、××物业管理有限公司财产损害赔偿纠纷案①

● 案件事实

干某为上海市×××路××弄××号801室房屋(以下简称801室房屋)的产权人。上海××物业管理有限公司(以下简称物业公司)为801室房屋所在小区的物业管理单位。上海××自来水有限公司(以下简称自来水公司)为801室房屋的供水单位。2014年7月14日上午,801室房屋水表前的自来水管由于严重锈蚀后开裂,造成801室房屋严重浸水,同时向下渗漏至下层房屋。干某诉至法院,请求判令物业公司、自来水公司赔偿其装修损失46 768元、家具烘干损失6 000元、因维修801室房屋所产生的房屋租赁损失36 000元、因维修上述房屋所产生的家具搬运费2 400元、律师费5 000元。

物业公司称,事发时,801室房屋房门锁着。物业公司接到六楼业主反映事故发生后,与干某取得联系,干某赶回801室房屋。进入801室房屋后,物业公司发现水管破裂,遂将漏水点堵住。事发前,物业公司没有接到干某的报修,因此本次事故是突发事件,与物业公司无关。作为物业服务企业,物业公司的义务为对小区内房屋配套设施设备进行维护保养管理。根据现场情况,北阳台玻璃门关闭可以阻挡一部分水,干某擅自拆除玻璃门,影响了隔水功能。原本事发点北阳台有防漏功能,且存在地漏,现在地漏已被地砖封闭,失去了原来的排水功能。事发当时,卫生间地上铺了报纸,将地漏

---

① 参见(2015)沪一中民二(民)终字第963号民事判决。

封闭,影响了卫生间地漏排水。上述情况证明干某在事故中本身存在责任。水管发生爆裂的位置是总管与水表连接的部分,水表位于户内。对于业主屋内的设施,由于物业公司无法进入,故无义务管理。干某对其屋内的情况没有报修,物业公司无法知晓或预防,没有义务防止类似事件的发生。对于爆裂的水管,物业公司没有维护义务。六楼业主报修后,物业公司马上予以处理,故已经尽到了相关义务,因此不同意赔偿。自来水公司称,干某和物业公司从未与该公司联系过此事。对于干某要求其承担共同赔偿责任,其不予同意。计量表即水表及表前阀门和两边各一个接口的产权属于该公司。据干某诉状上反映的情况,其认为损坏点不属于其维修养护范围。根据相关办法规定,如果经过二次供水设施改造即市政府启动的针对居民区供水设施的改造项目,进户水表之前的设施养护责任在于其,如果没有经过二次供水设施改造并办理移交手续,水表前的设施养护责任还是由原物业管理企业承担。根据干某描述的部位,养护责任在物业公司或干某。

● 法院判决

法院经审理认为,公民的合法财产受法律保护。侵害公民合法财产造成损害的,侵害人应当予以赔偿。行为人因过错侵害他人民事权益,应当承担侵权责任。本次事故水管爆裂部位为自来水表表前,为供水设施,应不属于干某自行维护管理的范围。事发小区为新建小区,物业公司称该小区不属于二次供水设施改造范围,根据本市相关规定,对于新建居民住宅的二次供水设施,应由供水企业进行验收,竣工验收合格后物业管理企业与供水企业办理二次供水设施移交手续。移交之后,供水计量表及计量表前的供水设施维修管理责任由供水企业承担,在移交之前,供水设施的维修、管理服务仍由原物业企业负责。物业企业不得擅自中止二次供水设施管理或者降低管理和服务标准。现物业公司作为事发小区的物业管理公司,未能提供相关证据证明该小区的二次供水设施已移交供水企业即自来水公司,故法院对其上述主张不予采信,事发小区的供水设施的管理养护责任应由物业公司承担。现物业公司对本次事故中爆裂的水管未加以养护,致干某损失,应承担相应的赔偿责任。自来水公司在本案中并无侵权行为及过错,故干某要求物业公司、自来水公司共同承担责任的依据不足,不予支持。就物业公司关于干某改造北阳台对本次事故引起的损失亦应该承担责任的主张,根据现场勘查,干某虽对北阳台进行了改造,但对损害后果的发生并无因果关系。根据本次漏水事故的客观情况,上述改造亦不会对最终的损害后果大小产生根本的影响,故对物业公司的该项主张不予采纳。对于干某所主张的损失,其中客厅及南卧室内家具的损失即干某所主张的家具烘干损失,干某与物业公司、自来水公司予以确认与本次事故有关,且损失数额为 6 000 元,并无不当,法院予以确认。对于 801 室房屋的其他损失即地板、贴脚线、七个门套,南北卧室、厨房、卫生间木门、储藏室内护墙板、北阳台的四扇橱门、客厅内的落地钟,经现场勘查,法院采信干某关于此均为本次事故中受损的主张。关于客厅内的落地钟损失数额,法院认为应采取修复的原则确定损失,鉴定机构在补充鉴定报告中经过询价所确定损失金额 5 600 元并无不当,故予以确认。对于地板的损失数额,鉴定机构按照市场价格加上安装费用得出该项损失的费用并无不当,故予以确认。对于客厅、南卧室、北卧室所有墙面(底部贴脚线向上 30 厘米)修复费用,虽然在现场勘查中未记录该项损失,但干某在起诉时已有此诉求,且鉴定人员现场可见上述损失,应与本次漏水事故有关,故予以纳入赔偿范围。由此,801 室房屋内损失应为 44 368 元。

● 法律依据

《中华人民共和国侵权责任法》第六条、第十二条、第十五条。

● 本案要点

公民的合法财产受法律保护,行为人侵害公民合法财产造成损害的,应当承担侵权责任。小区的供水设施,应不属于业主自行维护管理的范围,其管理养护责任应由物业公司承担。即使设施位置导致维修养护不便利,如果业主对此没有过错,物业公司并不能以此推脱维修养护责任或降低维修服务标准。因此物业公司因维修养护不善导致业主损失,应承担相应的赔偿责任。

江某诉国网电力公司、××物业管理有限公司生命权、健康权、身体权纠纷案①

◉ 案件事实

　　江某于自 2010 年 10 月起租住在上海市×××路×××弄×××号五楼 102 室。2013 年 12 月 16 日 20:28 许,该楼底楼楼梯间发生火灾,过火面积约 50 平方米,底楼楼梯间内公共部位的电力设施及停放的自行车、电瓶车等被烧毁。经上海市公安消防支队认定,该起火灾起火部位为底楼楼梯间内近门口右侧的木质电表箱内;起火原因系电气短路引燃周边可燃物并扩大成灾。江某在逃生时受伤,于 2013 年 12 月 16 日至 2014 年 1 月 11 日在上海交通大学医学院附属瑞金医院住院治疗。经 12.16 火灾善后工作小组与江某妻子陈某协商,由上海××物业管理有限公司(以下简称物业公司)先行垫付医药费人民币(以下币种同)46 382.84 元及其他费用 13 851 元,共计 60 233.84 元,江某支付了后续医疗费 1 079.40 元。

　　2014 年 4 月 8 日,经司法鉴定科学技术研究所司法鉴定中心对江某损伤后的伤残等级及休息、营养、护理期限进行法医学鉴定,鉴定意见为:江某在火灾中逃生时致左侧 4 根肋骨骨折,其损伤相当于道路交通事故×××伤残;伤后休息 120 日,营养 60 日,护理 60 日。江某支付了鉴定费 2 400 元。江某认为其因火灾受到人身损害,电力公司与物业公司作为电力主管单位及物业管理部门应承担相应责任,遂向法院起诉,要求电力公司与物业公司共同赔偿医药费、误工费、家属护理费、营养费、住院伙食补助费、交通费、物损费、鉴定费、律师费、伤残赔偿金、精神损害抚慰金,共

---

① 参见(2015)沪二中民一(民)终字第 1686 号民事判决。

计 154 235.40 元。

法院判决

　　法院经审理认为,电力公司对电力设施负有法定的维护检修义务。本起火灾事故,经公安消防部门事故认定,起火点为底楼楼梯间的电表箱内;起火原因系电气线路短路引燃周边可燃物并扩大成灾。现起火点在电表箱,属于电力公司负责维护检修的范围,并无证据证明发生电气线路短路是因电流过载所致,并且如果电气线路因超过一定使用年限而存在老化的情况,电力公司亦应在定期巡查中及时发现并向物业管理单位提出更新改造的建议。因此法院认定电力公司应承担主要赔偿责任,物业公司应承担相应的赔偿责任。其中,医疗费、鉴定费、律师费按照江某提供发票予以计算;精神损害抚慰金应根据鉴定结论及相关标准予以计算;误工费、家属护理费按江某及妻子陈家凤的实际收入,根据鉴定报告的结论予以计算;营养费按鉴定报告及相关标准予以考虑;住院伙食补助费按江某实际住院天数及相关标准予以计算;残疾赔偿金、精神损害抚慰金按鉴定报告确定的伤残等级及相关标准予以计算;关于物损费、交通费,江某虽未能提供相关发票,但属江某的实际损失,应按江某诉请予以计算;事发后物业公司已向江某支付的60 233.84 元,亦属江某的实际损失,并应在物业公司承担的赔偿金额中予以抵扣。

法律依据

　　《中华人民共和国侵权责任法》第十六条、第十九条、第二十二条。

本案要点

　　根据《中华人民共和国侵权责任法》第三十七条的规定,物业管理企业是公共场所的管理人,负有安全保障义务责任。物业公司作为小区的物业服务企业,对于小区公共设施安全负有相应管理职责,涉及第三方的,其亦应积极予以协调处理。电力公司对电力设施负有法定的维护检修义务,电力公司应在定期巡查中及时发现并向物业管理单位提出更新改造的建议。若因疏于履行义务造成火灾事故,导致人员人身伤害,电力公司和物业公司应当根据各自责任范围承担相应的赔偿责任。

吴某诉自来水公司等财产损害赔偿纠纷案[①]

● 案件事实

2013 年 6 月 10 日上午 12 时许,吴某的孙子所玩的玩具飞机飞到了××新村的屋顶,其亲戚王某爬上屋顶去拿玩具飞机,在下来时不慎将水管接口踩脱落,致自来水大量流出,造成该村九户居民家里漏水,财产受损。后经该村调解委员会主持调解,吴某与该九户居民达成调解协议,共计赔偿人民币(以下币种相同)83 500 元(该款已赔付)。因吴某认为水阀长期缺乏维护,造成损失扩大,故所在地区政府作为物业管理单位、自来水公司作为供水单位均有责任,遂诉至法院,请求判令所在地区政府和自来水公司支付其83 500 元、本案诉讼费用由所在地区政府和自来水公司承担。

● 法院判决

法院经审理认为,行为人因过错侵害他人民事权益,应当承担侵权责任。本案中,王某作为非专业人员爬上顶楼通道,并将水管踩脱落,自来水大量漏出,系造成本次事故最主要的原因,应承担本次事故大部分的责任。因吴某确认王某应承担的责任其不予追究,并由其自行负担,故该责任应由吴某承担。关于吴某请求自来水公司承担责任的请求,法院认为,根据《上海市住宅物业管理规定》第五十四条的规定:"供水、供电、供气等专业单位应当承担分户计量表和分户计量表前管线、设施设备的维修养护责任。"故分户计量表前设施设备的维修养护责任应由供水专业单位即自来水公司承担。根据吴某所提供的证据、证人证言及法院实地查看,本案系争的楼道水

---

① 参见(2014)沪一中民一(民)终字第 3164 号民事判决。

阀及大楼总阀确因年久失修,无法关闭,系造成本次事故损失扩大的原因,故自来水公司应对此承担相应的过错责任。至于吴某请求所在地区政府承担相应的责任的请求,法院认为,吴某始终无法提供证据证明政府系其小区的物业管理公司,且吴某亦无证据证明应由小区物业公司承担赔偿责任,故法院对此请求不予支持。据此,法院根据双方在本次事故中的过错程度确认自来水公司应承担20%的责任。至于因本次事故造成的具体损失,吴某在该村调解委员会的实地调查与主持调解下,根据九户受损居民的实际损失,赔偿了83 500元,符合相关的事实与法律依据,法院对此予以确认。

● 法律依据

《中华人民共和国物权法》第三十七条。

《上海市住宅物业管理规定》第五十四条。

● 本案要点

根据《物权法》规定,侵害物权,造成权利人损害的,权利人可以请求损害赔偿,也可以请求承担其他民事责任。行为人因过错侵害他人民事权益,应当承担侵权责任。根据《上海市住宅物业管理规定》第五十四条的规定:"供水、供电、供气等专业单位应当承担分户计量表和分户计量表前管线、设施设备的维修养护责任。"自来水公司对水管水阀并未履行定期维护责任,导致损失进一步扩大,也应当承担相应的责任。

张某等诉物业公司、电力公司等生命权、健康权案[①]

● 案件事实

袁某系本市×××路×××号商铺水果店业主,2014年7月25日23时54分许,袁某在水果店金属卷帘门上触电倒地,送医院抢救无效后于7月

---

① 参见(2015)沪二中民一(民)终字第1003号民事判决。

26 日 0 时 45 分死亡。2014 年 7 月 28 日,上海市安全生产科学研究所对该商铺及相邻的 402 号、404 号、406 号商铺门面房的电气安全性能检测发现:406 号商铺的广告灯箱电源由 406 号提供接入,广告灯箱的电源的接地端悬空,广告灯箱的绝缘性能不符合要求。对 400 号、402 号、404 号、406 号商铺门面房的金属边框进行电位检测发现其已实现电位连接,在 406 号广告灯箱通电情况下,400 号、402 号、404 号、406 号商铺门面房的金属卷帘门及门框将带电,人体接触时会导致触电事故的发生。2014 年 10 月 20 日,复旦大学上海医学院司法鉴定中心针对袁某死亡原因出具法医病理司法鉴定意见书,鉴定结论为袁某之死符合电击死。家属张某支付尸检费 12 000 元。张某、袁母、袁甲、袁乙认为该商铺产权人邹某、406 号商铺产权人王某及承租人骆某、400 号—406 号商铺物业管理公司(以下简称物业公司)、电力公司在本次事故中存在共同过错,故诉至法院,要求上述五过错主体连带赔偿死亡赔偿金、丧葬费、精神损害抚慰金、律师费、衣物损、交通费、被抚养人生活费、尸检费。

2013 年 6 月邹某将房屋出租给袁某,租期三年。邹某称其从未对该商铺电线进行过改动。房屋出租给袁某后,袁某对商铺进行内部装潢。事发后,邹某支付过受害人家属 3 000 元,并表示无需返还。王某系 406 商铺的产权人,2013 年 10 月 1 日王某将其出租给骆某。406 号的灯箱在承租时已经存在,承租后骆某找广告公司把原先灯箱上服装店的装饰纸撕掉,换成了水果店的装饰纸,又在灯箱上装了三个照明灯,三个照明灯直接连在灯箱内原来就有的一根电源线上,除此之外未对灯箱进行过改动。2014 年 5 月份的一天曾感觉到卷帘门带电。也曾听到隔壁的店主提到过房屋存在漏电现象,但直到袁某死亡,才知道是广告灯箱漏电。该灯箱只在晚上开启,7 月 25 日晚上是在 19 时许打开的灯箱。肖某某系相邻商铺承租人,听房东讲 402 号直接向供电局申请的供电,今年夏季开始不久出现漏电现象,多发生在 18 时至 23 时的时段。7 月 24 日晚上 11 时许,店内一个员工又被电到,其电力公司报修,7 月 25 日 16 时许电力公司检修人员上门检修,由于漏电现象不是持续性的当时检测未发现漏电。肖某某称当时给工作人员讲过一般是晚上才会有电，希望工作人员能够晚上再来检测，但电力工作人员并未在晚上上门维修。殷某某、沈某某系物业公司工作人员，均表示在袁某死亡之前物业公司并未接到过 400 号、402 号、404 号、406 号门面房漏电的报修。

◉ 法院判决

法院经审理后认为，邹某作为×××路×××号商铺的产权人，2013 年 10 月其出租给受害人的房屋本身并不存在缺陷，虽然受害人死亡时该房屋门框存在带电现象，但漏电源自骆某使用广告灯箱而并非受害人承租房屋的自身原因，这已经超出了邹某可预见的范围。此外也无证据证明事发前邹某知晓该门面房带电。故邹某对于受害人的死亡并不存在过错，不应承担赔偿责任。肇事的广告灯箱虽在骆某承租 406 号商铺之前就已存在，且骆某自述是更换了灯箱装饰纸并在灯箱上加装了三个照明灯，但不论改装后的广告灯箱合规与否，事实上已经成为该店铺的附属设施，骆某作为改动后的广告灯箱的实际控制使用人，在利用广告灯箱从事经营的同时即负有相应的管护义务。该灯箱此前已经存在多年，属于用电设备，是否存在设备损耗、线路老化等隐患，骆某应当予以关注，而且事后已查明存在电源线接地端悬空、灯箱绝缘性不符合要求等内在缺陷。所以，若骆某在改造初期即注意检查并弥补缺陷，完全可以避免事故的发生。骆某作为广告灯箱的使用管理人，不加以修缮维护，最终广告灯箱漏电导致伤人事件发生，对该事故的发生负有直接责任，对合理损失应承担全部赔偿责任。王某作为骆某承租房屋的产权人，其与家人的出租行为本无不当，但即使有租赁合同约定了双方的权利和义务，作为出租人其对于出租房仍负有管理义务，而非放任不管，应确保出租房屋及附属设施不存在危及他人人身或财产的安全隐患。王某对于出租房屋存在疏于管理的责任，其事实上的不作为，致使广告灯箱的安全隐患持续下去，未能及时得以补救，故王某对赔偿权利人的合理损失应承担相应的补充赔偿责任。物业公司作为商铺物业管理人，应积极履行物业服务合同相关约定，对于辖区物业负有日常管理、维护责任，保障业主人身、财产安全免受损害。但本案中未见物业公司有任何管理行为。作为物业管理人在对涉案商铺的物业管理中仍存在疏漏,故应承担相应的补充赔偿责任。电力公司作为电力运营维护专门机构,应当对电力设施定期进行检修和维护,保证其正常运行。电力资源在给人类带来便利的同时,电的特性也决定了其在特定条件下会造成极强的危害性,用电安全事关公众利益,所以电力公司在依合同或产权归属对供用电进行管护时,必须承担高度的注意义务,对所谓合同维护范围不应作狭义适用,作为供电企业,应落实用户的安全生产责任,对发现危害供电安全或存在安全事故隐患、用电秩序的,电力公司有权予以制止并及时排除隐患,以避免危害发生。姑且不论国力公司的日常维护范围应做到何种程度,本案中电力公司在接到402号漏电报修后,仍未以其专业能力对可能存在的关联原因进行排除性检查,检查内容过于简单,故有失其应承担的高度注意义务。虽然在事故发生后最终查到漏电处不在其合同用电户402号,但此前电力公司的疏忽使包括合同用电户在内的相邻商铺都已处于危险之中,电力公司仍不能完全免责,应承担相应的补充赔偿责任。综上,法院结合骆某、王某、物业公司、电力公司在本次事故的过错关联程度,酌情判令骆某承担全部赔偿责任即 1 137 642.28 元;王某对骆某的赔偿部分承担30%补充赔偿责任即 341 292.68 元、物业公司对骆某的赔偿部分承担15%补充赔偿责任即 170 646.34 元、国网电力公司对骆某的赔偿部分承担25%补充赔偿责任即 284 410.57 元,并均享有追偿权。张某、袁母、袁甲、袁乙的其余诉讼请求不予支持。

● 法律依据

《中华人民共和国侵权责任法》第六条、第十六条、第二十二条。

● 本案要点

多个行为人造成受害人人身损害的,行为人根据责任大小承担相应的赔偿责任。广告灯箱属于用电设备,造成事故的广告灯箱的实际控制使用人,在利用广告灯箱从事经营的同时即负有相应的管护义务,应当关注是否存在设备损耗、线路老化等隐患。广告灯箱的使用管理人,不加以修缮维护,最终广告灯箱漏电导致伤人事件发生,应对该事故的发生负有直接责任。电力公司作为供电企业,在依合同或产权归属对供用电进行管护时,必须承担高度的注意义务,应落实用户的安全生产责任,对发现危害供电安全或存在安全事故隐患、用电秩序的,电力公司有权予以制止并及时排除隐患,以避免危害发生。物业公司作为商铺物业管理人,应积极履行物业服务合同相关约定,对于辖区物业负有日常管理、维护责任,保障业主人身、财产安全免受损害。

八、业委会与物业公司之间的纠纷

某小区业主委员会诉上海××物业服务公司物业服务合同纠纷案①

● 案件事实

1999 年 6 月,××物业管理有限公司(以下简称物业公司)受开发商上海市××合作社(以下简称开发商)的委托,管理上海市某花园小区,管理期限自 1999 年 7 月 1 日至业委会成立止。2003 年 8 月,物业公司受××花园业委会委托继续管理该小区,管理期限自 2003 年 8 月 23 日至 2005 年 8 月 22 日。合同到期后双方未续签合同,但物业公司仍在该小区内提供物业服务。2012 年 1 月,该小区业委会聘请甲物业管理有限公司提供物业服务,但因招标过程中存在不符合《中华人民共和国招标投标法》规定的程序和条件的行为,经物业公司提起诉讼,法院于 2012 年 11 月 23 日作出(2012)普民二(商)初字第 173 号民事判决,判决业委会与案外物业服务企业甲物业管理有限公司于 2012 年 1 月关于该小区物业管理中标无效。业委会不服提起上诉。2013 年 2 月 26 日,上海市第二中级人民法院作出"维持原判"之判决。目前小区尚未能有效聘请到其他物业服务企业,也没有成立小区业主自治

---

① 参见(2014)沪二中民二(民)终字第 1894 号民事判决。

管理物业的相关组织,仍由物业公司向小区提供物业服务。2014年6月,业委会提起诉讼,请求判令物业公司移交相关档案、资料及物业管理用房并撤离小区。

● 法院判决

法院经审理认为,根据法律规定,选聘和解聘物业服务企业或者其他管理人应当经专有部分占建筑物总面积过半数且占总人数过半数的业主同意。物业服务合同的权利义务终止后,原来物业服务企业应当负有一定的后合同义务,以保证物业服务的继续和顺畅衔接。小区业主大会应在物业服务合同终止时,通过合法有效的程序,做好物业服务企业的选聘工作,确保小区物业服务的有序开展,维护小区全体业主的利益。根据查明的事实,涉案小区业主大会未能通过合法有效的程序选聘新的物业服务企业,目前物业公司仍根据原物业管理服务合同实际承担涉案小区的物业服务。由于业委会的诉求涉及小区全体业主的合法利益,且业委会与甲物业管理有限公司约定的《托管协议》是否已经专有部分占建筑物总面积过半数且占总人数过半数的业主同意,至今未提供证据证明,故为维护业主的合法权益,对业委会的诉讼请求难以支持。

● 法律依据

《物业管理条例》第十一条。

● 本案要点

选聘和解聘物业服务企业或者其他管理人应当经专有部分占建筑物总面积过半数且占总人数过半数的业主同意。物业服务合同的权利义务终止后,原来物业服务企业应当负有一定的后合同义务,以保证物业服务的继续和顺畅衔接。小区业主大会应在物业服务合同终止时,通过合法有效的程序,做好物业服务企业的选聘工作,确保小区物业服务的有序开展,维护小区全体业主的利益。

××物业有限公司诉某小区业主委员会物业服务合同案①

● 案件事实

2011年4月1日,××物业有限公司(以下简称物业公司)与某小区业主大会签订《物业服务合同》,约定由物业公司为该小区提供物业服务,管理期限自2011年4月1日起至2014年3月31日止;物业公司按包干制收费形式确定物业管理费,即由业主向物业公司支付本合同第七条约定的物业管理费,盈余或者亏损均由物业公司享有或承担;合同期满前两个月,物业公司与业委会双方应就是否另行签订物业服务合同进行协商,经双方协商未能达成协议的,物业公司应在本合同期满后一个月内继续履行合同,业委会应在此期间选聘新的物业服务企业。2014年3月1日,物业公司向业委会发出关于请业委会出具"改选"书面通知的专函,表示物业公司与业委会所签的《物业服务合同》将于2014年3月31日届满,根据合同约定,是否续约可由双方提前两个月协商确定,物业公司于春节前已口头征询意见未获明确回应;后于2014年2月19日就续约问题进行了洽商,表明了由于成本上升导致物业公司经营难以维持的困难,会上双方约定在2014年3月10日前由业委会给予是否续约的明确答复;2014年2月27日接到业委会口头通知"因业委会改选,要求物业公司工作到2014年4月15日,之后再决定是否续约"。

2014年6月16日,物业公司再次向业委会发出专函表示,鉴于合同到期后新一届业委会正在筹备,物业公司在发出合同期满不再续约的函告而未获原业委会任何答复的状况下,仍在帮助维持小区运转;自2014年4月1日后,最低工资已上涨至每月1 820元,公共水、电费施行阶梯收费,其他成本也在持续上涨,造成物业公司亏损不断增大;由于收入和成本不成正比,物业公司在该项目不断亏钱的同时还要承担公寓上亿元楼宇资产的管理风险,故物业公司再次要求于2014年6月30日撤出该公寓的物业管理。2014年6月19日,新一届业委会取得备案证。同日,业委会答复物业公司,同意

---

① 参见(2014)沪二中民二(民)终字第2420号民事判决。

物业公司于 2014 年 6 月 30 日撤出公寓，并请物业公司在撤出前尽快约定时间进行相关的移交工作。2014 年 6 月 27 日，物业公司诉至法院，请求判令业委会支付自 2014 年 4 月 1 日起至 2014 年 6 月 30 日止物业公司物业管理新增成本 48 020 元。2014 年 6 月 30 日，业委会发出《公告》，将选聘上海旭程物业公司作为新的物业公司的投票结果予以公示，投票结果表明面积过半、票数过半的业主同意新的物业公司提供物业管理服务。

● 法院判决

法院经审理认为，根据物业公司与业委会签订的《物业服务合同》，合同期限届满前二个月内，物业公司与业委会双方应就是否另行签订物业服务合同进行协商，但该段时间内该小区正在进行业主委员会的换届选举，在新的业主委员会产生之前，业主委员会不得组织召开业主大会会议对选聘、解聘物业服务企业作出决定，因此业委会无法就是否与物业公司另行签订物业服务合同进行协商，物业服务合同期限届满后，物业公司应该按照《物业服务合同》的约定继续为小区提供物业服务，原合同权利义务延续，直至新一届业主委员会产生后召开业主大会决定续聘或者另聘物业服务企业的决定。合同期满后，物业公司继续为小区提供物业服务，并向业主收取了 2014 年 4 月至 2014 年 6 月的物业管理费。现物业公司主张 2014 年 4 月 1 日起政府调整最低工资和社会保险费缴纳标准等导致其增加了成本，业委会应该补偿其增加的成本。《物业服务合同》期满后物业公司继续为小区提供服务期间，原合同约定的权利义务继续有效，而《物业服务合同》约定物业公司按包干制收费形式确定物业管理费，盈余或者亏损均由物业公司享有或承担，且物业公司提供的证据并不能表明物业公司实际增加了经营的成本，故物业公司要求业委会支付 2014 年 4 月至 2014 年 6 月物业管理新增成本的诉请，没有事实和法律依据，依法不应支持。

● 法律依据

《中华人民共和国合同法》第一百零九条。

● **本案要点**

《物业服务合同》约定物业公司按包干制收费形式确定物业管理费,盈余或者亏损均由物业公司享有或承担,且物业公司提供的证据并不能表明物业公司实际增加了经营的成本的,物业公司无权单方面要求业委会支付物业管理新增成本。

××业主委员会诉上海××物业有限公司合同纠纷案①

● **案件事实**

2006 年 3 月 31 日,某小区业主委员会(甲方、以下简称业委会)与上海××物业有限公司(乙方、以下简称物业公司)签订《物业服务合同》一份,约定甲方委托乙方对小区实施物业管理服务。合同约定:合同为期 13 个月,自 2006 年 4 月 1 日起至 2007 年 4 月 30 日止。如无异议,本合同可延续至 2008 年 4 月 30 日,2006 年 1 月至 3 月合同约定延续 2005 年签订的合同执行。2006 年 3 月 31 日,业委会(委托方、甲方)与物业公司(受托方、乙方)签订《车辆委托管理协议》,约定甲方委托乙方管理小区内的机动车辆和非机动车、助动车、电动车等车辆的行驶和停放管理,露天车位为 95 只,按 120 元/月,部分停放不便的车位按折扣价 60 元/月或 90 元/月收取;停车费用物业公司按规定的标准,每季度向车主收取,临时停车费由车管人员当场收取。协议第五条管理服务费用支出约定,在临时停车费的收入中提取 20% 作为车辆管理人员及保安的奖励费。第八条停车费收益的分配约定,每年 1 月和 7 月各进行一次半年的收益分配,分配原则:总收入减去部分必要开销后,再按甲方 7 成、乙方 3 成的比例分配。第九条约定,合同期限为 2006 年 4 月 1 日至 2007 年 4 月 30 日。当天,双方另签订委托协议书一份,约定从 2005 年 12 月 1 日起由乙方对四幢大楼地下车库及地面一、二号楼原垃圾房设立的车库统一经营管理、盈亏自负,同时解决地上和大楼内非机动车乱停放问

---

① 参见(2014)沪一中民二(民)终字第 2800 号民事判决。

题,甲方协助做好宣传动员工作。注:1.地下车库管理人员的工资、电费等费用支出由乙方负责;2.地面非机动车小车库的收益归乙方收益,合同期限为2006年4月1日至2007年4月30日。2007年4月21日,业委会(甲方)与物业公司(乙方)签订《关于续签事宜的补充协议》,约定双方愿意续签《物业服务(分等收费)合同》,续签合同的有效期为2007年5月1日至2008年5月31日止,在继续履行甲、乙双方于2006年3月31日签订的《物业服务合同》内容的同时,增加补充协议,并具有同等法律效力。根据乙方对小区电梯管理的实际情况,甲方同意按照小区电梯全包形式的维修保养费提取10%(每年的全包总价为201 600元)作为管理费支付给乙方,甲方每月向乙方支付1 680元,此款支付方式与地面收益结算时同步进行,从2006年11月24日起执行。2009年10月19日,业委会(甲方)与物业公司(乙方)签订《物业服务合同续签备忘录》,约定原来签订的《物业服务合同》延长2年,续签至2010年4月30日(原合同期限:2006年4月1日至2008年4月30日)。

2010年11月19日,物业公司出具小区地面收益结算清单,载明:2007年、2008年、2009年地面收益、电梯运行费补贴已经全部结算支付给业委会。业委会在该结算单下方注同意支付,并加盖公章。2011年2月17日,物业公司出具地面收益结算清单,载明:2010年度小区扣除地面收益后物业公司需支付的费用为24 737.02元。2012年8月15日,物业公司出具2011年度费用结算清单,载明:2011年度小区扣除地面收益后仍需补贴物业公司费用为14 964.63元。业委会未在该清单上盖章。2012年8月28日,小区业主大会将14 966.23元支付给物业公司。2012年,业委会委托某会计师事务所对小区2008年7月23日起至2012年8月31日止第三届业主委员会的维修资金收支情况和小区公共收益资金收支情况进行审计。审计报告载明:经审计,自2008年7月23日至2012年8月31日止,业主大会公共收益资金余额20 667.40元,收入合计807 611元,支出合计716 385.74元,结余111 892.66元,在上述期间,小区公共收益资金累计交入业主大会银行账户金额共计为43 511.97元。小区公共收益资金分两块核算,广告费、租金收入等由小区业委会自行核算,停车费委托物业公司管理,管理费用按停车费收益总额减去税金,减去管理人员费用、再减去相关停车费用成本后物业 3 成,业主 7 成,但停车费总收入物业公司账面数与向业主公布数不一致,2008 年 8 月至 2011 年 12 月(2012 年未公布)物业公司账面数为固定车位费收入 600 385 元、临时车位收入 56 590 元,合计 656 975 元,向业主公布数为固定车位收入 616 605 元,相差 40 370 元,因业委会主任 2011 年 6 月辞职,物业财务人员已更换,故差异原因不明;2008 年 8 月至 2011 年 12 月小区公共收益维修支出中,用于弥补电梯运行费 226 958.08 元,虽有协议约定,但未通过业主大会表决。2013 年 2 月 26 日,物业公司出具关于小区停车费收益情况的说明,载明:关于审计报告提及的固定车位收入、临时车位收入合计数与向业主公布的固定车位收入相差 40 370 元,物业公司认为该部分属于临时停车费,20% 作为保安人员停车管理奖励,其余部分业委会口头同意全部归物业公司所有,物业公司自管理小区以来,在上报给业委会的停车费收益统计表中都不包括临时停车费的收入。2013 年 4 月 18 日,业委会出具通知给物业公司,催促物业公司将 2012 年机动车地面收益纳入业主大会账户并分摊进全体业主账户,否则将采取通知业主停止支付 2013 年 1 月至 6 月的物业管理费等措施。2013 年 11 月 12 日,物业公司出具关于小区停车费收益情况的说明,载明:2012 年度费用结算,业委会应当返还物业公司垫资支付的费用 86 293.19 元,……因此,2012 年 1 月至 2013 年 6 月业委会尚应支付物业公司总计 146 466.37 元。

　　业委会诉至法院请求判令物业公司返还 2008 年 8 月至 2011 年 12 月期间的公共收益 310 620 元及上述期间的小区停车费差额 40 370 元的 80%,即 32 296 元,同时结算并返还 2012 年 1 月至 2013 年 6 月间的小区停车费 162 434 元。物业公司称,首先,关于 2008 年 8 月至 2010 年 12 月的车位地面收益,双方已经进行过结算,且已经实际履行,不存在返还。其次,审计报告中 226 958 元用于补贴电梯运行费,有物业公司与上一届小区业委会之补充协议约定。第三,关于停车费差额 40 370 元,系上一届小区业委会事实上同意补贴给物业公司。此外,业委会诉讼请求超过诉讼时效。

● 法院判决

法院经审理认为,业委会与物业公司签订的《物业服务合同》、补充协议、续签备忘录、情况说明等,系双方真实意思表示,对双方均具有约束力。由于业委会至今未提供其与物业公司于 2006 年 3 月 31 日签订的《车辆委托管理协议》,双方进行的 2008、2009、2010、2011 年度费用结算存在法律规定无效情形的充分证据,现双方对 2008 年度至 2011 年度期间费用结算均已实际履行,故业委会提出上述结算、《车辆委托管理协议》无效之意见,法院不予采纳,业委会要求物业公司返还非法占有的 2008 年 8 月至 2011 年 12 月间公共收益 354 131 元之诉讼请求,不予支持。关于 2008 年 8 月至 2011 年 12 月间小区停车收费差额 40 370 元,物业公司在 2013 年 2 月出具的说明中自认有该笔差额,但认为属于临时停车费,20% 作为保安人员停车管理的奖励,其余部分业委会口头同意归其所有,但其未进一步提供相关证据予以证明。至于物业公司提出该请求超过诉讼时效期间的抗辩意见,根据法律规定,诉讼时效期间从权利人知道或应当知道权利受侵害时起计算,而业委会在 2012 年委托审计单位进行审计时才知道物业公司向其公布停车费收益存在差额,虽然双方已对 2008 年 8 月至 2011 年 12 月停车费进行过结算,但差额 40 370 元未在该期间的结算费用中体现,故对物业公司上述答辩意见,法院不予采纳,业委会要求物业公司返还 2008 年 8 月至 2011 年 12 月期间的小区停车费差额 40 370 元的 80% 即 32 296 元,理由正当,予以支持。根据物业公司出具的 2012 年度费用结算、2013 年 1 月至 6 月间费用结算,现物业公司自认 2012 年 7 月起无车管员由保安兼职,关于物业公司提出车管员的工资作为对保安工资的补贴之意见,未提供相关的依据,故物业公司要求业委会在结算中扣除 2012 年 7 月起车管员工资的意见,法院不予采纳。至于业委会提出 2013 年尚有临时停车费 5 000 元,其未提供相关的依据,故亦不予采纳,综上,业委会要求物业公司支付 2012 年 1 月至 2013 年 6 月间停车费之诉讼请求,理由正当,予以支持。物业公司当庭表示,对未收到 2013 年 1 月至 6 月间的停车费放弃追讨的权利,由业委会自行追讨,并放弃今后向业委会追索分成的权利,业委会表示同意,并无不当,予以准许。对于物业公司多收的 2013 年 7 月至 12 月间停车费,物业公司表示在扣除税金后给付业委会,由业委会与小区新物业公司进行结算,业委会表示同意,并无不当,予以准许。关于物业公司提出根据业委会出具关于小区物业分等收费调整征询工作公告中涉及地面机动车收益20%补贴等,物业公司已另案起诉主张权利,故本案不予处理。

● 法律依据

《中华人民共和国合同法》第六十条。

● 本案要点

业委会与物业公司依法签订的《物业服务合同》、补充协议、续签备忘录、情况说明等,对双方均具有约束力。

根据法律规定,诉讼时效期间从权利人知道或应当知道权利受侵害时起计算。

××物业管理公司诉小区业主委员会物业服务合同纠纷案①

● 案件事实

2009年6月16日,上海××物业物业管理有限公司(以下简称物业公司)与某小区业委会签订物业服务合同,补充条款约定,在物业公司管理期间,如遇政府有关政策法规调整致使物业公司物业管理刚性成本增加(如员工最低工资提高等导致物业管理成本增加),则业主大会同意用小区公益性收入补足物业公司差额。2010年3月,该小区业主委员会召开业主代表大会,就最低工资上调、对物业公司补偿差价事宜进行讨论。决定从4月1日起,把原来的物业费从0.88元/平方米/月上调到0.95元/平方米/月,用于补足物业公司因调整最低工资而产生的差额并进行了公告。自2010年4月起,小区业主即按照0.95元/平方米/月向物业公司交纳物业费。2011年7

---

① 参见(2014)沪一中民二(民)终字第646号民事判决。

月,业委会与物业公司签订协议,物业服务延期到 2011 年 7 月 15 日止,物业公司在 7 月 15 日撤离小区;业主大会同意承担 2011 年 7 月 1 日至 7 月 15 日的小区业主的物业管理费(按 1.20 元/月/平方米计算)。业委会在该协议下方书写:"业主大会同意支付 2011 年 7 月 1 日至 2011 年 7 月 15 日的小区业主的物业管理费按 0.95 元/月/平方米计算。"新的物业公司入驻小区后,双方存在较大争议,物业公司起诉业主委员会,要求业委会支付 2011 年 7 月 1 日至 2011 年 7 月 15 日期间 14 户业主欠缴的物业费 656 元及滞纳金 1 438.10 元及 2010 年 4 月 1 日至 2011 年 7 月 15 日刚性成本上调费用合计 27 382.10 元。业委会则表示,物业服务费都是由物业公司直接向业主收取,故与其无关。关于刚性成本上调的费用,自 2010 年 4 月起,其已经以增加物业费的方式对物业公司进行补偿,物业公司亦已收取。

● 法院判决

法院经审理认为,首先,业主大会由物业管理区域内全体业主组成,业主委员会由业主选举产生,业主委员会执行业主大会的决定事项,履行职责。根据《物业管理条例》规定,违反物业服务合同约定,业主逾期不交纳物业服务费用的,业主委员会应当督促其限期交纳;逾期仍不交纳的,物业服务企业可以向人民法院起诉。其次,根据物业公司与业主大会签订的物业服务合同约定,业主应在每季度的第一个月履行交纳物业管理费的义务。由此,无论是法律法规的规定,还是物业服务合同的约定,交纳物业管理费的主体应为业主,而非业主委员会,物业公司要求业委会交纳部分业主欠交的物业费,缺乏依据,故不予支持。

物业服务合同约定,在物业公司管理期间,如遇政府有关政策法规调整致使其物业管理刚性成本增加,则业主大会同意用小区公益性收入补足差额。业委会已举证其在 2010 年 3 月召开业主代表大会,将物业费从 0.88 元/平方米/月上调到 0.95 元/平方米/月,用于补足物业公司因调整最低工资而产生的差额,并张贴了公告。双方虽未就调整物业费数额及调整原因签订书面协议,但业委会张贴了告知书并写明有关情况,物业公司并未提出异议,且自当年4月1日起物业公司实际按0.95元/平方米/月向业主收取物业费,故双方以实际行为变更了合同内容。物业公司在本案中不能对该次物业费调整系其他原因作出解释,物业公司如认为0.95元/平方米/月的物业费不包括刚性成本增加的费用,理应及时提出异议并与××业委会协商。现物业公司在撤出涉案小区一年后提出要求业委会支付刚性成本上调费用27 382.10元,缺乏合同和法律依据,故亦难以支持。最后判决驳回物业公司的诉讼请求。

● **法律依据**

《中华人民共和国合同法》第三十六条、第六十条第1款。

《物业管理条例》第十五条、第六十七条。

● **本案要点**

业主委员会由业主选举产生,业主委员会执行业主大会的决定事项,履行职责。根据《物业管理条例》规定,违反物业服务合同约定,业主逾期不交纳物业服务费用的,业主委员会应当督促其限期交纳;逾期仍不交纳的,物业服务企业可以向人民法院起诉。因此,交纳物业管理费的主体应为业主,而非业主委员会。

九、物业公司与开发商之间的纠纷

××物业公司诉××置业公司财产损害赔偿纠纷案①

● **案件事实**

××物业公司管理有限公司(以下简称物业公司)系某小区物业服务单位,××置业公司系该小区的开发建设单位(以下简称开发商)。2013年1月26日,小区地下车库发生积水导致停放在车库内的16辆轿车被淹受损。

---

① 参见(2014)沪二中民二(民)终字第2585号民事判决。

2013年1月26日，各方代表及各车主共同召开会议，就进水导致一号楼地下车库淹没，停在该车库中的车辆损坏一事进行协商，《会议纪要》载明，所有关于事故车辆发生一切维修费用，皆由物业公司承担。各车辆维修费用金额由维修点出具的维修费用单为准。2013年4月22日，物业公司委托上海市房屋建筑设计院房屋质量检测站出具《房屋质量检测报告》载明，检测表明：1. 水池进水管未按图安装水池液位控制电磁阀，在浮球阀失灵的情况下不能控制水池进水，不符合相关设计要求；2. 溢水管标高与进水管标高相差较大，未引入泵房集水坑，同时封闭了溢水管口，致使溢水管不能正常工作，如进水浮球阀损坏，水池溢水处于无序状态，不符合相关设计要求。2014年2月18日，上海市房屋建筑设计院房屋质量检测站出具《房屋质量检测报告补充报告》，检测结论：1. 1号楼地下室水池内上方两根白色塑料管，为污水管；2. 1号楼地下室水池原溢水管被封堵，无有效的溢水措施；3. 1号楼地下室水池检修孔右侧上方侧壁有一根通向室外窨井的出水管，该管未在竣工图纸中有所标识。2014年1月，物业公司向法院提起诉讼，称事故发生后，鉴于开发商系该地下车库的产权人及开发建设单位，物业公司致函开发商要求共同解决本次事故的善后事宜，但开发商不愿承担责任，也不采取任何措施和行动。故请求判令开发商承担损害赔偿金额99.3523万元。

开发商则认为：1. 从现场来看，溢水口是做好之后再被切割封堵的，没有道理是其操作的。在其工程竣工后检测单位也没有说溢水管无法通到集水井；2. 相关的涉水车辆买入价格与出售价格差距太大，没有进行评估，价格公允性无法体现。因为第三人的责任导致车辆被水淹，保险公司是会进行赔偿的；3. 检测机构系物业公司自行聘请，不是法院委托，对其检测主体是否适格存在异议。故拒绝赔偿。

● 法院判决

法院经审理认为，二人以上共同侵权造成他人损害的，应当承担连带责任。二人以上分别实施侵权行为造成同一损害，能够确定责任大小的，各自承担相应的责任；难以确定责任大小的，平均承担赔偿责任。因泵房施工设计所涉领域专业性较强,物业公司委托具有相关资质的上海市房屋建筑设计院房屋质量检测站进行相关检测尚属合理,法院予以认可。物业公司作为小区物业管理单位,平时对物业设施有管理、维护职责,其因疏于管理、巡查,在泵房漏水至车库过程中未及时发现,导致损失发生系本案主要责任,物业公司应承担80%侵权责任。开发商作为小区车库、泵房建设单位,其未能完全按照图纸施工,存在施工瑕疵,应承担20%侵权责任。至于对16辆涉水车辆的具体损失金额及相关定损费、鉴定费等,物业公司提供相关的协议书、维修清单、买卖发票、贷记凭证等证据予以证明,尚属合理,法院予以采纳。基于物业公司已经先行履行相关赔付义务,物业公司主张开发商向其支付共同侵权赔偿款于法不悖,法院予以支持。关于物业公司所主张之律师费,因法律依据不足,法院不予支持。法院据此作出判决:开发商应于判决生效之日起十日内给付物业公司损害赔偿金39.19万元。

● 法律依据

《中华人民共和国侵权责任法》第十二条。

● 本案要点

物业公司作为小区物业管理单位,平时对物业设施有管理、维护职责,其因疏于管理、巡查,在泵房漏水至车库过程中未及时发现,导致损失发生,物业公司应承担主要侵权责任。开发商作为小区车库、泵房建设单位,其未能完全按照图纸施工,存在施工瑕疵,也应承担侵权责任。

上海××物业管理有限公司诉××置业公司物业服务合同纠纷案[①]

● 案件事实

××置业公司系 A 大厦的开发商,上海××物业管理有限公司(以下简

---

① 参见(2015)沪二中民二(民)终字第1715号民事判决。

称"物业公司")曾为该物业提供前期物业管理服务。2007 年 7 月 19 日,物业公司(甲方)和开发商(乙方)签订《协议书》,大致内容为:因双方签订的前期物业管理合同已到期,经双方协商一致,甲方于 2007 年 7 月开始办理移交手续。双方确认:一、截至 2007 年 6 月底,乙方应付甲方共计人民币(以下所涉币种均为人民币)571 258 元,并自本日起至 2007 年 11 月 17 日止清偿全部债务。甲方收到乙方首期 200 000 元支票后三个工作日内向乙方指定的物业管理公司全部移交完毕,2007 年 7 月 20 日乙方开始正式接管,甲方保证五个工作日内全部撤离完毕。二、双方确认按下列时间偿还:1. 2007年 7 月 19 日支付 200 000 元;2. 2007 年 8 月 17 日支付 100 000 元;3. 2007年 9 月 17 日支付 120 000 元;4. 2007 年 10 月 17 日支付 121 000 元;5. 2007年 11 月 17 日支付 30 258 元。三、乙方对第二条所载偿还债务日期若有延迟,则自当日起至实际清偿日止,除偿还本金外,还须支付以本金乘以日息千分之三计算的违约金。2007 年 11 月 1 日,开发商(甲方)与物业公司(乙方)签订《物业管理补偿及咨询服务合同书》,主要约定:一、为确保物业移交后的工作连续性及楼盘的服务品质,甲方同意在今后的物业管理中自愿给予乙方 450 000 元的物业管理费补偿。甲方同意该费用分期在 24 个月内按以下方式给付:1. 合同签订之日起至 2007 年 11 月底为第 1 个月,之后按照日历月计算。合同签订当日甲方支付 30 000 元;第 2 个月至第 12 个月的每个月的 25 日前,甲方支付 20 000 元,即前 12 个月累计支付 250 000元;2. 第 13 个月至第 23 个月的每个月的 25 日前,甲方支付 16 700 元,第24 个月甲方支付 16 300 元,即后 12 个月累计支付 200 000 元。二、如果由于乙方原因而导致物业交接后物业管理费全部下降 20%的,则甲方支付给乙方的两年补偿费在原先承诺的基础上也按 20%下降。同时,合同第 5.1 条约定,如甲方对乙方的物业管理指导服务工作不满意的,甲方有权向乙方提出相关意见,但由于物业管理指导服务属于乙方的自愿行为,因此无论如何,甲方无权以物业管理指导服务是否满意作为理由否定其应向乙方支付补偿款的义务。2008 年 3 月 4 日,物业公司(甲方)、开发商(乙方)就变更 2007 年 7 月 19 日《协议书》中债务偿还时间及违约金事宜,再次签订《补充协议书》，确认截止补充协议签订之日起，乙方已向甲方偿还 230 259 元，尚欠甲方 340 999 元，现约定：截至 2008 年 6 月 30 日止，乙方向甲方付清余款 340 999 元，原协议约定的违约金不用支付，若届时乙方仍不能付清，未付金额违约金由日千分之三变更为日千分之二（违约金自 2007 年 9 月份开始计算）。

2014 年 9 月，物业公司向法院提起诉讼，主张上述协议约定的履行期间届满后，经物业公司多次书面催告，开发商仍未按约履行付款义务，故请求法院判令开发商归还物业公司欠款 180 740 元及利息损失（以 180 740 元为本金，从 2007 年 9 月 1 日起计算至判决生效之日止，按照中国人民银行同期贷款利率计算）并支付《物业管理补偿及咨询服务合同书》约定的物业管理补偿款 450 000 元及利息损失（以 450 000 元为本金，从 2009 年 11 月 1 日起计算至判决生效之日止，按照中国人民银行同期贷款利率计算），另外，诉讼费由开发商承担。开发商称，物业公司本系物业管理方，根据双方之前签订的补充协议的约定，物业费由双方进行分成，但是物业公司一直未向其支付相应款项，而在清退物业公司之后也一直没有支付过该笔钱款，其认为两笔钱款已经抵消了，故物业公司无需向开发商支付 180 740 元欠款及相应的利息。双方签订的《物业管理补偿及咨询服务合同书》中约定，物业公司需要向其提供物业管理咨询服务，但物业公司从未履行过该服务，相反，物业公司在给大厦提供物业服务期间，因服务质量存在问题，致全体业主签名要求与物业公司解约，就此开发商也遭受了巨大的损失，故物业公司无权主张 450 000 元补偿款及利息。另外，物业公司的诉请已经过了诉讼时效，从 2007 年至今，从未收到过物业公司的付款催告函件。

● **法院判决**

法院经审理认为，依法成立的合同，受法律保护。物业公司与开发商签订的《协议书》、《补充协议书》、《物业管理补偿及咨询服务合同书》均系双方真实的意思表示，合法有效，各方应恪守遵循。从《物业管理补偿及咨询服务合同书》签订的背景及约定的内容来看，物业公司向开发商提供的仅系物业管理方面的咨询服务,目的在于帮助开发商实现物业移交后物业服务质量与水平的持续发展。根据合同约定,物业公司的上述指导服务系基于开发商的要求而提供,且开发商即便对物业公司的指导服务工作不满意,也不得以此为由拒绝向物业公司支付补偿款,故物业公司据此主张开发商支付450 000元款项及利息,于法有据,可予支持。物业公司对相关债务以邮寄挂号信或寄发快递方式进行了书面催讨,虽然邮寄的地址非开发商的工商注册地,但考虑到开发商为大厦的开发商,且当初物业公司亦在该大厦内提供物业管理服务,故物业公司以此作为开发商接收上述催款函件的送达地,符合社会的一般认知,尚属合理。且从物业公司在快递单据上多次标注开发商法定代表人陈刚的电话联系方式之行为看,亦反映出物业公司希望相关函件能有效送达的主观意图。而实践中企业法人的工商注册地与实际经营地不一致的现象亦属常见,开发商仅以物业公司的邮寄地址非开发商注册地为由,否认上述函件的有效送达,理由尚不充分,法院难以支持。由此,物业公司关于450 000元补偿款的数次催讨已构成了诉讼时效的中断,物业公司就开发商该笔欠款的起诉并未超过诉讼时效。而对于开发商所欠的340 999元物业管理费等费用,物业公司于2009年11月2日寄发催款通知书后,直至2012年1月19才再次发函催讨,已超过两年的诉讼时效。虽物业公司称期间开发商有过多次经物业公司认可的还款行为,但在开发商予以否认的情况下,仅凭物业公司提供的现有证据,尚不足以证明物业公司收取的相关款项的来源及性质,故物业公司要求开发商支付180 740元欠款的诉讼请求因超过诉讼时效,法院难以支持。

● 法律依据

《中华人民共和国合同法》第八条。

● 本案要点

依法成立的合同,受法律保护。物业公司与开发商依法签订的《协议书》、《补充协议书》、《物业管理补偿及咨询服务合同书》均系双方真实的意思表示,合法有效,各方应恪守遵循。

实践中企业法人的工商注册地与实际经营地不一致的现象亦属常见,开发商仅以物业公司的邮寄地址非开发商注册地为由,否认上述函件的有效送达,理由尚不充分。

上海××物业管理有限公司诉上海××旅游公司物业服务合同纠纷案①

● 案件事实

2005年6月30日,上海××物业管理有限公司(以下简称物业公司)通过招投标的方式与上海××旅游有限公司(以下简称开发商)签订了《前期物业服务合同》,合同明确约定,物业公司为某广场提供的实际物业服务包括物业共用部位维修及养护管理、车辆停放管理、装饰装修管理等。但开发商却未遵守合同约定,自2014年9月6日起于广场公共部位私设金属栏杆,严重限制广大业主的活动自由。同时,以装修为名于公共部位堆放沙石却并不实际施工,导致正常物业管理秩序被打乱,对物业公司及业主合法权益造成侵害。9月23日,该开发商更向物业公司发文,以改造地下车库为名干预停车管理,甚至自主决定停车收费优惠。物业公司认为上述一切行为既未征得其同意,亦未进行任何形式的报备,违反了合同约定及作为业主应当遵守的规则,造成其多项直接及间接损失,包括地面停车管理费收入的大幅度减少及因业主对物业服务的评价下降导致物业管理费收入减少。鉴于该区域尚未成立业主委员会,故开发商的占用行为应得到物业公司的审批与报备,其未经许可实施的行为已属违约并对全体业主造成严重妨害与影响,为此物业公司曾向开发商及其主管单位交涉但未获回复,向当地街道、警署反映情况后,上述部门知悉后均未进行干预,故物业公司依法提起诉讼,请求判令开发商停止干扰物业公司物业管理的行为,限期恢复原状,包括撤除设置的金属栏杆、移走堆放的沙石、恢复正常公共秩序;同时赔偿因违约导

---

① 参见(2014)普民四(民)初字第2406号民事判决。

致的各类损失10万元,其中包括:自2014年9月16日起算至判决生效之日止每日800元的停车管理费收入损失、物业管理费收入的损失,具体金额由法院酌定;案件受理费由开发商负担。

开发商称,前期物业服务合同约定将某广场的1、3、5号楼委托物业公司进行管理,但因其自己作为物业管理企业的资质有限,故2号楼在2010年至2013年期间临时委托物业公司进行管理,此后物业公司对2号楼即不再享有管理权,而纠纷涉及的广场区域系2号楼前的场地,故不在物业公司的管理范围之内;物业公司对广场的管理缺乏相应的资质,为此我方已多次发函指出物业公司的资质问题对物业管理产生了影响,并表示将择时解除前期物业服务合同、重新选聘物业服务企业;因涉案的广场区域经常有车辆停放,对广场客户的出入及被告的招商工作造成妨害,在广场上设置栏杆恰恰是为了通行安全并阻止车辆停放,该栏杆位于广场与地下车库之间,并不妨碍业主对场地的使用及通行,且目前未接到任何业主的投诉。同时,广场部分商铺的广告牌应司法执行工作的要求将予以拆除,设置栏杆是配合司法机关做好安全措施;相关的图纸可以证明,为提高广场的美观度,加速招商工作,我方已向规划部门提出申请对场地进行绿化改造,故在广场上有秩序、有管理的堆放了沙石,现工程施工已开始,并已向相关部门报备,此施工行为无须征得物业公司同意,鉴于业主委员会即将成立,后续事宜将交由业委会处理。

● 法院判决

法院经审理认为,建筑区划内共有部分的权益属全体业主所有,在业主大会、业主委员会产生之前,应由开发商通过签订前期物业管理服务合同的方式选聘相关企业对物业实施管理。根据《前期物业服务合同》的约定,物业公司与开发商,显然在物业管理服务方面应该共同协商、相互配合——此约定与我国物业管理法规与政策的精神与宗旨相符,目的系为维护全体业主的共同利益,其合法性与合理性应当予以确定。因此法院认为,基于合同约定及前期物业管理的特殊性,在系争场所的规划与管理方面,当事人之间既是委托与被委托关系,亦是共管与合作关系,即使物业公司拥有管理权,在管理服务方面亦应与委托方即开发商共同协商,因管理理念不同而产生矛盾的,双方均应适度容忍,如物业公司认为开发商确有妨害管理行为且矛盾已不可调和的,应根据合同约定向物业所在地管理部门报告以确定妨害行为的性质与过错,而物业公司例举的所谓妨害行为可能系违规行为,亦可能是正当的、符合法律规定与合同约定的共同管理行为,在行为性质尚无法确定、更无证据证实物业公司因此产生利益损失的前提下,本着"谁主张谁举证"的原则,物业公司行使妨害排除权及要求赔偿的依据不足,法院难以支持。

● 法律依据

《中华人民共和国物权法》第八十一条、第八十二条。

● 本案要点

建筑区划内共有部分的权益属全体业主所有,在业主大会、业主委员会产生之前,应由开发商通过签订前期物业管理服务合同的方式选聘相关企业对物业实施管理。根据《前期物业服务合同》的约定,为维护全体业主的共同利益,物业公司与开发商在物业管理服务方面应该共同协商、相互配合。

十、物业公司与第三方公司之间的纠纷

乙物业管理有限公司诉甲物业管理有限公司合同纠纷案[①]

● 案件事实

上海××房地产有限公司(以下简称房产公司)是位于上海市××路×

---

① 参见(2014)沪二中民二(民)终字第 1394 号民事判决。

×弄某住宅小区的开发商,该小区地下系争车库亦系房产公司开发,但至今未办理房地产权证。2001年6月8日,房产公司(甲方)与甲物业管理有限公司(以下简称甲物业)(乙方)签订《地下车库委托管理合同》约定:甲方将自有物业××路××弄一住宅小区地下车库委托乙方管理;地下车库管理收入不设保底数,按照乙方实际收到停车管理费金额为结算依据,甲、乙双方按照90%与10%的比例分配;收入管理费后应缴各种税费,由乙方代为缴纳;管理费收入每年结算一次。合同签订后,甲物业收取系争车库停车费至今。2004年8月,房产公司股东对该公司债权债务进行了清算,承诺债权债务之纠纷或民事诉讼事由,由股东上海××实业有限公司和王某按出资比例承担责任,并办理了企业法人注销登记。2013年3月10日,该小区业委会在小区张贴告知书,明确告知全体业主小区业主大会已聘请乙物业为小区物业服务企业,从当月1日开始的物业管理费、停车费及相关费用,请业主交给乙物业。同年3月13日,业主大会(甲方)与乙物业(乙方)签订《物业服务合同》约定:乙方为本物业管理区域的业主、物业使用人提供物业管理服务事项;地下汽车库停车场属于小区物业管理范围,由乙方管理,业主和物业使用人有优先使用权,车位使用人应按车库车位每个每月人民币300元的标准向物业公司交纳停车费;合同另行约定了其他有关物业管理事项。2013年5月,业主大会将该物业服务合同报上海市××区住房保障和房屋管理局备案。由于2013年的车库停车费均被甲物业收取,现乙物业诉至法院请求判令对方返还系争车库停车费180 000元。

● **法院判决**

法院经审理认为,车库停车费的收费权属于用益物权,依法应当由车库所有权人或用益物权人行使。双方当事人一致确认系争车库未办理产权登记,亦即该车库产权所有人尚未确定。业主大会非系争车库所有权人,乙物业亦未提供证据证明业主大会对该车库享有用益物权,故业主大会将系争车库停车费收费权授予乙物业,系无效民事法律行为。乙物业基于与业主大会签订的《物业服务合同》中有关停车费收费的约定,要求甲物业返还系争车库停车费,无法律依据,难以支持。

● 法律依据

《中华人民共和国物权法》第三十九条、第一百一十七条。

● 本案要点

根据《物权法》规定,车库停车费的收费权属于用益物权,依法应当由车库所有权人或用益物权人行使。

××保洁有限公司诉××物业管理有限公司物业服务合同纠纷案①

● 案件事实

××保洁有限公司(以下简称保洁公司)与××物业管理有限公司(以下简称物业公司)签订《保洁、绿化服务合同》一份,约定:保洁公司受物业公司委托,承包某小区中的绿化养护及日常清洗保洁项目。合同期限,自2013年7月1日至2014年6月30日止;项目概况:小区的公共部位保洁和绿化养护;承包金额,保洁、绿化养护费为每月人民币23 990元;支付方式,先做后拿;如遇国家对最低保障工资调整,双方应及时在原有的基础上递减或递增;合同对其他事项也做了相应约定。合同履行期间,上海市最低工资标准自2014年4月1日起,由原来的每月1 620元调整为每月1 820元。2014年4月29日,保洁公司向物业公司出具承诺书一份,载明:2013年第四季度10—12月份,物业公司请某运输公司运出建筑垃圾21车,共计8 400元。物业公司请保洁公司能在本年度6月底帮助物业公司分担4 200元费用。保洁公司同意在6月底一次性付于物业公司4 200元。另请物业公司即刻把保洁外包合同给保洁公司,并尽快把2014年2月、3月保洁服务费付与保洁公司。甲物业公司于当日汇付保洁公司2014年2月的保洁外包费23 990

---

① 参见(2015)沪一中民二(民)终字第2949号民事判决。

元,于 2014 年 5 月 23 日汇付保洁公司 2014 年 3 月的保洁外包费 23 990 元,于 2014 年 6 月 27 日汇付保洁公司 2014 年 4 月、5 月的保洁外包费 47 980 元,于 2014 年 7 月 3 日汇付保洁公司 2014 年 6 月的保洁外包费 19 790 元。2014 年 6 月 30 日,《保洁、绿化服务合同》终止。2014 年 7 月 18 日,保洁公司向物业公司发函,该函落款日期为 2014 年 4 月 1 日,函件主要内容为,因国家自 2014 年 4 月 1 日起调升最低工资至每月 1 820 元,城市保险调整至 1 011 元,两项调升了 331 元,保洁公司日常保洁、绿化人数为 10 人,故要求物业公司每月增加保洁绿化费用 3 310 元。

2015 年 4 月 30 日,保洁公司诉至法院,要求判决物业公司向保洁公司支付 2014 年 6 月承包金额 4 200 元、调整最低保障工资 9 930 元、归还押金 200 元、购买材料款 525 元,共计 14 855 元。

● 法院判决

法院经审理认为,保洁公司与物业公司签订的《保洁、绿化服务合同》系双方当事人真实意思表示,合法有效,双方均应当按照合同约定全面履行自己的义务。保洁公司按合同履行义务后,即享有要求物业公司给付对应价款的权利。法律规定权利可以放弃。保洁公司于 2014 年 4 月 29 日向物业公司出具承诺书,自愿承担本应由物业公司承担的垃圾清运费 4 200 元,即是其对享有要求物业公司给付对应价款的权利所作放弃的处分。保洁公司放弃权利后,又反悔要求物业公司履行给付义务,法院不予支持。保洁公司关于上述承诺书系受蒙骗、胁迫所签,缺乏依据,难以采信。《保洁、绿化服务合同》约定"如遇国家对最低保障工资调整,双方应及时在原有的基础上递减或递增",根据上述约定,在国家对最低工资调整时,保洁公司的人工成本提高,保洁公司有权利要求递增承包费。但上海的最低工资标准是在 2014 年 4 月 1 日调整的,在之后的合同履行期间,保洁公司没有证据证明保洁公司曾要求物业公司递增承包费,保洁公司以实际行动放弃了所享有的议价的权利。当保洁公司向物业公司发函要求递增承包费的时候,双方签订的合同已到期,双方的权利义务已终止。保洁公司自行催要无着,诉至法院,法院亦难以支持。关于押金,保洁公司未提供支付押金的依据,法院不予支持。保洁公司要求支付材料费,缺乏依据,难以支持。

● 法律依据

《中华人民共和国合同法》第八条。

● 本案要点

根据《合同法》规定,依法成立的合同,对当事人具有法律约束力。当事人应当按照约定履行自己的义务,不得擅自变更或者解除合同。双方均应当按照合同约定全面履行自己的义务。一方合同履行义务后,即享有要求合同相对方给付对应价款的权利。法律规定权利可以放弃,一方对自身享有的权利所作出的放弃处分后,又反悔要求对方履行给付义务的,法院不予支持。

十一、物业公司与非业主因发生在小区内的事件所产生的纠纷

夏某诉甲物业公司、乙物业公司违反安全保障义务责任纠纷案①

● 案件事实

2014年5月4日18时20分许,雨天。夏某驾驶未依法登记的电动自行车在上海市××区××路西侧非机动车道内由北向南行驶至××路××号门口处时,倒在表面覆盖有一层油污渍的××路西侧非机动车道内,造成夏某受伤及车辆损坏。交警部门事故进行调查后确认:事发地位于××路西侧边上,属某房地产开发公司所有的商铺,该商铺长期用于出租给居民办酒席,甲物业公司为某房地产开发公司的下属公司,负责商铺的

_____

① 参见(2015)沪一中民一(民)终字第862号民事判决。

管理及商铺门前上街沿的保洁工作,酒席产生的污水在排放过程中漫延到××路上,日积月累,××路西侧非机动车道内覆盖一层面积较大的油污渍,该道路的保洁工作由上海乙物业管理有限公司(以下简称乙物业公司)负责。交警部门因夏某倒地的原因不明,事故成因无法查清,故出具《道路交通事故证明》。夏某受伤后被送至上海市某医院进行救治,共产生医疗费35 448.53元。

夏某认为事发路段的保洁工作由甲物业公司和乙物业公司负责,其二者在道路管理上存在疏忽,未尽到责任,以确保道路整洁。由于就夏某人身损害的赔偿事宜不能达成一致意见,故夏某诉至法院,请求判决甲物业公司和乙物业公司各自按照50%的比例承担下列损失:医疗费39 839.10元、住院伙食补助费590元、律师费1 500元。

● 法院判决

法院审理后认为,本起交通事故中,导致电动自行车倒地的原因可能存在雨天路滑、驾驶不当、车速过快等多方面因素,但综合本案目前的在案证据,并结合物理作用的基本常识,即便不能确认地面油污是造成电动自行车倒地进而导致夏某受伤的唯一原因,也足以确定事故现场的油污是重要因素。故甲物业公司和乙物业公司仅以交警部门未查明电动自行车倒地的具体原因为由,要求驳回夏某诉讼请求的意见,法院不予采信。宾馆、商场、银行、车站、娱乐场所等公共场所的管理人或者群众性活动组织者,未尽到安全保障义务,造成他人损害的,应当承担侵权责任。本案中,甲物业公司是××路××号商铺及商铺店门前街沿的管理人和保洁负责人,乙物业公司是××路××号商铺门前人行道和非机动车道的保洁负责人。事故现场由于××路××号商铺长期出租给居民举办酒席产生的污水在排放过程中漫延到道路上,日积月累,××路西侧非机动车道内覆盖一层面积较大的油污渍。根据甲物业公司的陈述,其公司系××路××号商铺的管理者和保洁负责人,该商铺平时用于出租给居民办酒席之用,在居民办理完酒席收拾走大的垃圾后,甲物业公司再行组织工作人员进行保洁,将商铺及街沿打扫干净。故一方面,甲物业公司作为××路××号商铺的管理者,对居民举办酒席过程中污水如何排放有一定的管理职责;另一方面,每次举办酒宴后商铺及街沿的最后保洁责任人是甲物业公司,即便居民在办理酒席过程中污水垃圾处理不到位,甲物业公司作为专门的保洁公司和商铺最后的保洁负责人,都有责任做好最后的保洁工作,不应放任污水漫延到街沿外。而乙物业公司作为人行道和非机动车道的保洁负责人,即便确实安排了工作人员对事故现场按时进行了清扫,但非机动车道上地面大面积油污渍的形成是不争的事实。因此,对涉案地面油污的形成,甲物业公司和乙物业公司均具有不可推卸的责任,考虑到油污的形成源头系××路××号商铺用于出租举办酒筵引起,甲物业公司的过错要大于乙物业公司的过错。受害人对损害的发生也有过错的,可以减轻侵权人的责任。就夏某而言,首先,涉案事故发生的地点为公共道路,不同于其他公共场所,在公共道路上行驶的任何人本身都负有更多的安全行驶、行走、避让危险的注意义务。其次,涉案事故发生的时间天色尚未全黑,视野尚可,即使地面有一摊油污,亦非不能发现、不能避让。再次,地面的油污系日积月累形成,而非突然出现,事故发生地点又系夏某从单位下班回家的经过之路,夏某对附近的路况应当熟悉,当天天气为雨天,路面本身湿滑,夏某自身行驶过程中应当对可能存在的危险。综上,夏某自身疏忽,不注意安全行驶亦是导致摔倒受伤重要原因。综合前述因素,酌定由甲物业公司对夏某的人身损害承担25%的赔偿责任,乙物业公司对夏某的人身损害承担15%的赔偿责任,其余损失由夏某自负。

● **法律依据**

《中华人民共和国侵权责任法》第三十七条。

● **本案要点**

宾馆、商场、银行、车站、娱乐场所等公共场所的管理人或者群众性活动组织者,未尽到安全保障义务,造成他人损害的,应当承担侵权责任。因此,物业公司因对小区公共道路、公共设施维护不善,导致业主或非小区业主的人身损害,应承担相应的损害赔偿责任。

鲁某诉××物业管理有限公司财产纠纷案①

● 案件事实

2014年7月28日晚20点30分左右,鲁某驾驶沪MF××××的别克轿车进入上海市××路××弄××家园小区,将该车停泊在该小区的112#固定车位后离去,据悉该固定车位为××物业管理有限公司(以下简称物业公司)提供给本小区上海市××路×××弄×××号×××室业主曹某有偿使用。××家园小区业主委员会在2012年10月26日出具的关于启用智能停车收费系统的通知中规定:车主不要在车内存放贵重物品,注意安全。在小区内停放车辆,物业公司不承担保管责任。如有业主对停放的车辆有保管要求的,另与物业公司签订车辆停放保管合同。当日晚上海××投资有限公司法定代表人于某某和公司员工及小区民警到上海市××路××弄××家园小区内寻找到该公司失去控制的沪MF××××的别克轿车。在确认该车为上海××投资有限公司所有后,物业公司让上海××投资有限公司法定代表人于某某将该车另行开锁后在次日29日凌晨开走,鲁某7月31日发现车库中的MF××××的别克轿车业已失踪,报警后发现系物业公司让他人开走。2014年8月11日,鲁某诉至法院请求判令:物业公司赔偿鲁某别克君悦轿车损失(含牌照,车牌号:沪MF×××)35万元,其他财产损失155 600元(包括涉案车辆行驶证一本、曹某和鲁某驾驶证各一本、内有27 000元的黑色手提包一只、飞天茅台酒12瓶、30年茅台酒2瓶、67年人民公社牌茅台酒1瓶、法国"玛哥"红酒4瓶、中华牌香烟8条、"和天下"牌香烟4条、冬虫夏草1盒、海参2盒、卡迪亚眼镜1副、墨镜2副,以上项目金额是按照市场价格的估价),以上合计赔偿505 600元。

---

① 参见(2015)沪二中民一(民)终字第552号民事判决。

● **法院判决**

　　法院经审理后认为,鲁某、物业公司双方不存在物业管理合同关系,鲁某以物业管理合同纠纷起诉物业公司缺乏法律和事实依据,且鲁某对其其他财产损失未提供相应证据予以证实,故法院难以支持其诉讼请求。

● **法律依据**

　　《中华人民共和国合同法》第八条。

● **本案要点**

　　根据《合同法》规定,依法成立的合同,对当事人具有法律约束力。物业合同的当事人为物业公司和业主,因此,物业公司与非小区业主之间发生的纠纷不属于物业合同纠纷。

十二、涉及行政的物业管理纠纷

胡某诉上海市××区住房保障、房屋管理局行政不作为案①

● **案件事实**

　　自 2010 年起,胡某因对其所在某小区未能按时将停车费等公共收益存入业主大会专项维修资金账户,多次向××房管局投诉举报,××房管局分别于 2010 年 9 月 25 日、2011 年 10 月 18 日、2012 年 11 月 21 日向祥茂公司和小区业主委员会发出整改通知。2013 年 7 月 9 日,××房管局接胡某投诉举报后,再次向祥茂公司发出《整改通知书》。2013 年 8 月 26 日,祥茂公司和某业主委员会出具《情况说明》:关于公益收入存入维修基金事宜,因业委会今年 4 月份成立,各种手续在办理中,现备案证建行手续已办完,维修基金中心手续在办理中,已和业委会沟通,办理后以公益收入中存入维修基金

---

　　① 参见(2014)沪一中行终字第 221 号民事判决。

人民币5万元。2013年12月19日,胡某因认为祥茂公司未按期整改,再次信访至××房管局处。2014年1月15日××房管局下属莘庄房管办事处答复胡某:胡某于2013年12月19日信访反映某小区公共收益使用所存在的问题已收悉,经查,胡某多次反映的小区公共收益未及时存入维修资金专户的问题,情况基本属实,××房管局已根据相关法律法规多次发出限期整改通知,督促整改。现根据物业公司表示,由于目前某小区换届审计尚在进行中,审计未有结果前不能进行相关维修资金账户变更,故目前维修资金账户不能进行资金存入或转出,无法及时将小区公共收益纳入银行账户。胡某不服,遂起诉。

经查,胡某所在小区自2012年7月起启动小区业主大会、业主委员会的换届改选工作,于2013年4月完成新一届业主大会、业主委员会的备案。2014年4月24日,上海某会计师事务所有限公司于出具了《审计报告》,祥茂公司于2014年5月6日将5万元作为2012年公共收益存入小区专项维修基金账户。

● 法院判决

法院经审理认为,根据《物业管理规定》第四条的规定,××房管局作为辖区内物业管理的监督管理机关,依法具有对专项维修资金归集、使用进行指导与监督的行政职责。《信用信息评价试行标准》第五条第(七)项规定,物业服务企业未依照相关规定或约定将公共收益纳入业主大会银行账户的,或者擅自使用公共收益的,对企业给予记录6分的处理。本案中,××房管局接胡某投诉举报后,自2010年起先后数次对某小区未能将小区公共收益纳入专项维修基金账户的问题作出处理。现胡某以祥茂公司收到××房管局2013年7月9日发出的《整改通知书》后未能按期整改,而要求××房管局按照《信用信息管理办法》的规定,对祥茂公司记6分。因上述管理办法系自2012年9月1日起实施,适用于物业服务企业及项目经理在本市从事物业管理服务活动中所产生的信用信息的征集、处理、使用和监管,其中所涉及的记分处理并非对违法行为的行政处罚。而根据本案查明的事实,胡某所在某小区自2012年7月起因业主大会、业主委员会的换届选举,小区业主大会专项维修资金账户的相关变更手续直至本案诉讼中才办妥。为此,祥茂公司在收到××房管局2013年7月9日的《整改通知书》后,与小区业主委员会共同向××房管局作出了说明,陈述了未能按照整改通知的要求将2012年度公共收益存入小区专项账户的客观原因。基此,××房管局接受胡某的投诉举报后,进行了核实,并将相关情况向胡某作了书面告知,考虑客观原因未对祥茂公司作出记6分的处理,并无明显不当。且祥茂公司已将与小区业主委员会所约定的2012年度公共收益纳入小区专项维修基金账户。因此,胡某的诉讼请求,法院不予支持。

● 法律依据

《上海市物业服务企业和项目经理信用信息评价试行标准》第五条。

● 本案要点

房管局作为辖区内物业管理的监督管理机关,依法具有对专项维修资金归集、使用进行指导与监督的行政职责。物业服务企业未依照相关规定或约定将公共收益纳入业主大会银行账户的,或者擅自使用公共收益的,房管局对企业给予依法处理。

行政机关已就同一事项进行处理,并且涉事物业公司并无继续违反法律法规的行为,业主对于已处理事项再诉至法院的,难以得到支持。

附　录

相关法律法规、司法解释

中华人民共和国民法通则

第六十六条 【无权代理及其法律后果】没有代理权、超越代理权或者代理权终止后的行为，只有经过被代理人的追认，被代理人才承担民事责任。未经追认的行为，由行为人承担民事责任。本人知道他人以本人名义实施民事行为而不作否认表示的，视为同意。

代理人不履行职责而给被代理人造成损害的，应当承担民事责任。

代理人和第三人串通，损害被代理人的利益的，由代理人和第三人负连带责任。

第三人知道行为人没有代理权、超越代理权或者代理权已终止还与行为人实施民事行为给他人造成损害的，由第三人和行为人负连带责任。

中华人民共和国合同法

第四十八条 【无权代理人订立的合同】行为人没有代理权、超越代理权或者代理权终止后以被代理人名义订立的合同,未经被代理人追认,对被代理人不发生效力,由行为人承担责任。

相对人可以催告被代理人在一个月内予以追认。被代理人未作表示的,视为拒绝追认。合同被追认之前,善意相对人有撤销的权利。撤销应当以通知的方式作出。

第九十二条 【合同终止后的义务】合同的权利义务终止后,当事人应当遵循诚实信用原则,根据交易习惯履行通知、协助、保密等义务。

第九十六条 【解除权的行使】当事人一方依照本法第九十三条第二款、第九十四条的规定主张解除合同的,应当通知对方。合同自通知到达对方时解除。对方有异议的,可以请求人民法院或者仲裁机构确认解除合同的效力。

法律、行政法规规定解除合同应当办理批准、登记等手续的,依照其规定。

第一百零七条 【违约责任】当事人一方不履行合同义务或者履行合同义务不符合约定的,应当承担继续履行、采取补救措施或者赔偿损失等违约责任。

第三百六十五条 【定义】保管合同是保管人保管寄存人交付的保管物,并返还该物的合同。

第三百七十四条 【保管物的毁损灭失与保管人责任】保管期间,因保管人保管不善造成保管物毁损、灭失的,保管人应当承担损害赔偿责任,但保管是无偿的,保管人证明自己没有重大过失的,不承担损害赔偿责任。

第四百零六条 【受托人的损害赔偿】有偿的委托合同,因受托人的过错给委托人造成损失的,委托人可以要求赔偿损失。无偿的委托合同,因受托人的故意或者重大过失给委托人造成损失的,委托人可以要求赔偿损失。

受托人超越权限给委托人造成损失的,应当赔偿损失。

第四百一十条 【任意解除权】委托人或者受托人可以随时解除委托合同。因解除合同给对方造成损失的,除不可归责于该当事人的事由以外,应当赔偿损失。

中华人民共和国物权法

第三十七条 【损害赔偿和其他民事责任请求权】侵害物权,造成权利人损害的,权利人可以请求损害赔偿,也可以请求承担其他民事责任。

第七十条 【对建筑区分所有权】业主对建筑物内的住宅、经营性用房等专有部分享有所有权,对专有部分以外的共有部分享有共有和共同管理的权利。

第七十三条 【建筑区划内的产所归属】建筑区划内的道路,属于业主共有,但属于城镇公共道路的除外。建筑区划内的绿地,属于业主共有,但属于城镇公共绿地或者明示属于个人的除外。建筑区划内的其他公共场所、公用设施和物业服务用房,属于业主共有。

第七十六条 【业主决定建筑区划内重大事项及表决权】下列事项由业主共同决定:

(一)制定和修改业主大会议事规则;

(二)制定和修改建筑物及其附属设施的管理规约;

(三)选举业主委员会或者更换业主委员会成员;

(四)选聘和解聘物业服务企业或者其他管理人;

(五)筹集和使用建筑物及其附属设施的维修资金;

(六)改建、重建建筑物及其附属设施;

(七)有关共有和共同管理权利的其他重大事项。

决定前款第五项和第六项规定的事项,应当经专有部分占建筑物总面积三分之二以上的业主且占总人数三分之二以上的业主同意。决定前款其他事项,应当经专有部分占建筑物总面积过半数的业主且占总人数过半数的业主同意。

中华人民共和国侵权责任法

第三十四条　用人单位的工作人员因执行工作任务造成他人损害的，由用人单位承担侵权责任。

劳务派遣期间，被派遣的工作人员因执行工作任务造成他人损害的，由接受劳务派遣的用工单位承担侵权责任；劳务派遣单位有过错的，承担相应的补充责任。

最高人民法院关于审理物业服务纠纷案件具体应用法律若干问题的解释

为正确审理物业服务纠纷案件,依法保护当事人的合法权益,根据《中华人民共和国民法通则》、《中华人民共和国物权法》、《中华人民共和国合同法》等法律规定,结合民事审判实践,制定本解释。

第一条　建设单位依法与物业服务企业签订的前期物业服务合同,以及业主委员会与业主大会依法选聘的物业服务企业签订的物业服务合同,对业主具有约束力。业主以其并非合同当事人为由提出抗辩的,人民法院不予支持。

第二条　符合下列情形之一,业主委员会或者业主请求确认合同或者合同相关条款无效的,人民法院应予支持:

(一)物业服务企业将物业服务区域内的全部物业服务业务一并委托他人而签订的委托合同;

(二)物业服务合同中免除物业服务企业责任、加重业主委员会或者业主责任、排除业主委员会或者业主主要权利的条款。

前款所称物业服务合同包括前期物业服务合同。

第三条　物业服务企业不履行或者不完全履行物业服务合同约定的或者法律、法规规定以及相关行业规范确定的维修、养护、管理和维护义务,业主请求物业服务企业承担继续履行、采取补救措施或者赔偿损失等违约责任的,人民法院应予支持。

物业服务企业公开作出的服务承诺及制定的服务细则,应当认定为物业服务合同的组成部分。

第四条　业主违反物业服务合同或者法律、法规、管理规约,实施妨害物业服务与管理的行为,物业服务企业请求业主承担恢复原状、停止侵害、排除妨害等相应民事责任的,人民法院应予支持。

第五条　物业服务企业违反物业服务合同约定或者法律、法规、部门规章规定,擅自扩大收费范围、提高收费标准或者重复收费,业主以违规收费为由提出抗辩的,人民法院应予支持。

业主请求物业服务企业退还其已收取的违规费用的,人民法院应予支持。

第六条　经书面催交,业主无正当理由拒绝交纳或者在催告的合理期限内仍未交纳物业费,物业服务企业请求业主支付物业费的,人民法院应予支持。物业服务企业已经按照合同约定以及相关规定提供服务,业主仅以未享受或者无需接受相关物业服务为抗辩理由的,人民法院不予支持。

第七条　业主与物业的承租人、借用人或者其他物业使用人约定由物业使用人交纳物业费,物业服务企业请求业主承担连带责任的,人民法院应予支持。

第八条　业主大会按照物权法第七十六条规定的程序作出解聘物业服务企业的决定后,业主委员会请求解除物业服务合同的,人民法院应予支持。

物业服务企业向业主委员会提出物业费主张的,人民法院应当告知其向拖欠物业费的业主另行主张权利。

第九条　物业服务合同的权利义务终止后,业主请求物业服务企业退还已经预收,但尚未提供物业服务期间的物业费的,人民法院应予支持。

物业服务企业请求业主支付拖欠的物业费的,按照本解释第六条规定处理。

第十条　物业服务合同的权利义务终止后,业主委员会请求物业服务企业退出物业服务区域、移交物业服务用房和相关设施,以及物业服务所必需的相关资料和由其代管的专项维修资金的,人民法院应予支持。

物业服务企业拒绝退出、移交，并以存在事实上的物业服务关系为由，请求业主支付物业服务合同权利义务终止后的物业费的，人民法院不予支持。

第十一条　本解释涉及物业服务企业的规定，适用于物权法第七十六条、第八十一条、第八十二条所称其他管理人。

第十二条　因物业的承租人、借用人或者其他物业使用人实施违反物业服务合同，以及法律、法规或者管理规约的行为引起的物业服务纠纷，人民法院应当参照本解释关于业主的规定处理。

第十三条　本解释自 2009 年 10 月 1 日起施行。

本解释施行前已经终审，本解释施行后当事人申请再审或者按照审判监督程序决定再审的案件，不适用本解释。

物业管理条例

第一章 总 则

第一条 为了规范物业管理活动,维护业主和物业服务企业的合法权益,改善人民群众的生活和工作环境,制定本条例。

第二条 本条例所称物业管理,是指业主通过选聘物业服务企业,由业主和物业服务企业按照物业服务合同约定,对房屋及配套的设施设备和相关场地进行维修、养护、管理,维护物业管理区域内的环境卫生和相关秩序的活动。

第三条 国家提倡业主通过公开、公平、公正的市场竞争机制选择物业服务企业。

第四条 国家鼓励采用新技术、新方法,依靠科技进步提高物业管理和服务水平。

第五条 国务院建设行政主管部门负责全国物业管理活动的监督管理工作。

县级以上地方人民政府房地产行政主管部门负责本行政区域内物业管理活动的监督管理工作。

第二章 业主及业主大会

第六条 房屋的所有权人为业主。

业主在物业管理活动中,享有下列权利:

（一）按照物业服务合同的约定,接受物业服务企业提供的服务;

（二）提议召开业主大会会议,并就物业管理的有关事项提出建议;

（三）提出制定和修改管理规约、业主大会议事规则的建议;

（四）参加业主大会会议,行使投票权;

（五）选举业主委员会成员,并享有被选举权;

（六）监督业主委员会的工作;

（七）监督物业服务企业履行物业服务合同;

（八）对物业共用部位、共用设施设备和相关场地使用情况享有知情权和监督权;

（九）监督物业共用部位、共用设施设备专项维修资金(以下简称专项维修资金)的管理和使用;

（十）法律、法规规定的其他权利。

第七条　业主在物业管理活动中,履行下列义务:

（一）遵守管理规约、业主大会议事规则;

（二）遵守物业管理区域内物业共用部位和共用设施设备的使用、公共秩序和环境卫生的维护等方面的规章制度;

（三）执行业主大会的决定和业主大会授权业主委员会作出的决定;

（四）按照国家有关规定交纳专项维修资金;

（五）按时交纳物业服务费用;

（六）法律、法规规定的其他义务。

第八条　物业管理区域内全体业主组成业主大会。

业主大会应当代表和维护物业管理区域内全体业主在物业管理活动中的合法权益。

第九条　一个物业管理区域成立一个业主大会。

物业管理区域的划分应当考虑物业的共用设施设备、建筑物规模、社区建设等因素。具体办法由省、自治区、直辖市制定。

第十条　同一个物业管理区域内的业主,应当在物业所在地的区、县人民政府房地产行政主管部门或者街道办事处、乡镇人民政府的指导下成立业主大会,并选举产生业主委员会。但是,只有一个业主的,或者业主人数较少且经全体业主一致同意,决定不成立业主大会的,由业主共同履行业主大会、业主委员会职责。

第十一条　下列事项由业主共同决定:

(一)制定和修改业主大会议事规则;

(二)制定和修改管理规约;

(三)选举业主委员会或者更换业主委员会成员;

(四)选聘和解聘物业服务企业;

(五)筹集和使用专项维修资金;

(六)改建、重建建筑物及其附属设施;

(七)有关共有和共同管理权利的其他重大事项。

第十二条　业主大会会议可以采用集体讨论的形式,也可以采用书面征求意见的形式;但是,应当有物业管理区域内专有部分占建筑物总面积过半数的业主且占总人数过半数的业主参加。

业主可以委托代理人参加业主大会会议。

业主大会决定本条例第十一条第(五)项和第(六)项规定的事项,应当经专有部分占建筑物总面积 2/3 以上的业主且占总人数 2/3 以上的业主同意;决定本条例第十一条规定的其他事项,应当经专有部分占建筑物总面积过半数的业主且占总人数过半数的业主同意。

业主大会或者业主委员会的决定,对业主具有约束力。

业主大会或者业主委员会作出的决定侵害业主合法权益的,受侵害的业主可以请求人民法院予以撤销。

第十三条　业主大会会议分为定期会议和临时会议。

业主大会定期会议应当按照业主大会议事规则的规定召开。经 20% 以上的业主提议,业主委员会应当组织召开业主大会临时会议。

第十四条　召开业主大会会议,应当于会议召开 15 日以前通知全体业主。

住宅小区的业主大会会议,应当同时告知相关的居民委员会。

业主委员会应当做好业主大会会议记录。

第十五条 业主委员会执行业主大会的决定事项,履行下列职责:

(一)召集业主大会会议,报告物业管理的实施情况;

(二)代表业主与业主大会选聘的物业服务企业签订物业服务合同;

(三)及时了解业主、物业使用人的意见和建议,监督和协助物业服务企业履行物业服务合同;

(四)监督管理规约的实施;

(五)业主大会赋予的其他职责。

第十六条 业主委员会应当自选举产生之日起 30 日内,向物业所在地的区、县人民政府房地产行政主管部门和街道办事处、乡镇人民政府备案。

业主委员会委员应当由热心公益事业、责任心强、具有一定组织能力的业主担任。

业主委员会主任、副主任在业主委员会成员中推选产生。

第十七条 管理规约应当对有关物业的使用、维护、管理,业主的共同利益,业主应当履行的义务,违反管理规约应当承担的责任等事项依法作出约定。

管理规约应当尊重社会公德,不得违反法律、法规或者损害社会公共利益。

管理规约对全体业主具有约束力。

第十八条 业主大会议事规则应当就业主大会的议事方式、表决程序、业主委员会的组成和成员任期等事项作出约定。

第十九条 业主大会、业主委员会应当依法履行职责,不得作出与物业管理无关的决定,不得从事与物业管理无关的活动。

业主大会、业主委员会作出的决定违反法律、法规的,物业所在地的区、县人民政府房地产行政主管部门或者街道办事处、乡镇人民政府,应当责令限期改正或者撤销其决定,并通告全体业主。

第二十条 业主大会、业主委员会应当配合公安机关,与居民委员会相互协作,共同做好维护物业管理区域内的社会治安等相关工作。

在物业管理区域内,业主大会、业主委员会应当积极配合相关居民委员会依法履行自治管理职责,支持居民委员会开展工作,并接受其指导和监督。

住宅小区的业主大会、业主委员会作出的决定,应当告知相关的居民委员会,并认真听取居民委员会的建议。

第三章　前期物业管理

第二十一条　在业主、业主大会选聘物业服务企业之前,建设单位选聘物业服务企业的,应当签订书面的前期物业服务合同。

第二十二条　建设单位应当在销售物业之前,制定临时管理规约,对有关物业的使用、维护、管理,业主的共同利益,业主应当履行的义务,违反临时管理规约应当承担的责任等事项依法作出约定。

建设单位制定的临时管理规约,不得侵害物业买受人的合法权益。

第二十三条　建设单位应当在物业销售前将临时管理规约向物业买受人明示,并予以说明。

物业买受人在与建设单位签订物业买卖合同时,应当对遵守临时管理规约予以书面承诺。

第二十四条　国家提倡建设单位按照房地产开发与物业管理相分离的原则,通过招投标的方式选聘具有相应资质的物业服务企业。

住宅物业的建设单位,应当通过招投标的方式选聘具有相应资质的物业服务企业;投标人少于3个或者住宅规模较小的,经物业所在地的区、县人民政府房地产行政主管部门批准,可以采用协议方式选聘具有相应资质的物业服务企业。

第二十五条　建设单位与物业买受人签订的买卖合同应当包含前期物业服务合同约定的内容。

第二十六条　前期物业服务合同可以约定期限;但是,期限未满、业主委员会与物业服务企业签订的物业服务合同生效的,前期物业服务合同终止。

第二十七条 业主依法享有的物业共用部位、共用设施设备的所有权或者使用权，建设单位不得擅自处分。

第二十八条 物业服务企业承接物业时，应当对物业共用部位、共用设施设备进行查验。

第二十九条 在办理物业承接验收手续时，建设单位应当向物业服务企业移交下列资料：

（一）竣工总平面图，单体建筑、结构、设备竣工图，配套设施、地下管网工程竣工图等竣工验收资料；

（二）设施设备的安装、使用和维护保养等技术资料；

（三）物业质量保修文件和物业使用说明文件；

（四）物业管理所必需的其他资料。

物业服务企业应当在前期物业服务合同终止时将上述资料移交给业主委员会。

第三十条 建设单位应当按照规定在物业管理区域内配置必要的物业管理用房。

第三十一条 建设单位应当按照国家规定的保修期限和保修范围，承担物业的保修责任。

第四章 物业管理服务

第三十二条 从事物业管理活动的企业应当具有独立的法人资格。

国家对从事物业管理活动的企业实行资质管理制度。具体办法由国务院建设行政主管部门制定。

第三十三条 一个物业管理区域由一个物业服务企业实施物业管理。

第三十四条 业主委员会应当与业主大会选聘的物业服务企业订立书面的物业服务合同。

物业服务合同应当对物业管理事项、服务质量、服务费用、双方的权利义务、专项维修资金的管理与使用、物业管理用房、合同期限、违约责任等内容进行约定。

第三十五条　物业服务企业应当按照物业服务合同的约定，提供相应的服务。

物业服务企业未能履行物业服务合同的约定，导致业主人身、财产安全受到损害的，应当依法承担相应的法律责任。

第三十六条　物业服务企业承接物业时，应当与业主委员会办理物业验收手续。

业主委员会应当向物业服务企业移交本条例第二十九条第一款规定的资料。

第三十七条　物业管理用房的所有权依法属于业主。未经业主大会同意，物业服务企业不得改变物业管理用房的用途。

第三十八条　物业服务合同终止时，物业服务企业应当将物业管理用房和本条例第二十九条第一款规定的资料交还给业主委员会。

物业服务合同终止时，业主大会选聘了新的物业服务企业的，物业服务企业之间应当做好交接工作。

第三十九条　物业服务企业可以将物业管理区域内的专项服务业务委托给专业性服务企业，但不得将该区域内的全部物业管理一并委托给他人。

第四十条　物业服务收费应当遵循合理、公开以及费用与服务水平相适应的原则，区别不同物业的性质和特点，由业主和物业服务企业按照国务院价格主管部门会同国务院建设行政主管部门制定的物业服务收费办法，在物业服务合同中约定。

第四十一条　业主应当根据物业服务合同的约定交纳物业服务费用。业主与物业使用人约定由物业使用人交纳物业服务费用的，从其约定，业主负连带交纳责任。

已竣工但尚未出售或者尚未交给物业买受人的物业，物业服务费用由建设单位交纳。

第四十二条　县级以上人民政府价格主管部门会同同级房地产行政主

管部门,应当加强对物业服务收费的监督。

第四十三条 物业服务企业可以根据业主的委托提供物业服务合同约定以外的服务项目,服务报酬由双方约定。

第四十四条 物业管理区域内,供水、供电、供气、供热、通信、有线电视等单位应当向最终用户收取有关费用。

物业服务企业接受委托代收前款费用的,不得向业主收取手续费等额外费用。

第四十五条 对物业管理区域内违反有关治安、环保、物业装饰装修和使用等方面法律、法规规定的行为,物业服务企业应当制止,并及时向有关行政管理部门报告。

有关行政管理部门在接到物业服务企业的报告后,应当依法对违法行为予以制止或者依法处理。

第四十六条 物业服务企业应当协助做好物业管理区域内的安全防范工作。发生安全事故时,物业服务企业在采取应急措施的同时,应当及时向有关行政管理部门报告,协助做好救助工作。

物业服务企业雇请保安人员的,应当遵守国家有关规定。保安人员在维护物业管理区域内的公共秩序时,应当履行职责,不得侵害公民的合法权益。

第四十七条 物业使用人在物业管理活动中的权利义务由业主和物业使用人约定,但不得违反法律、法规和管理规约的有关规定。

物业使用人违反本条例和管理规约的规定,有关业主应当承担连带责任。

第四十八条 县级以上地方人民政府房地产行政主管部门应当及时处理业主、业主委员会、物业使用人和物业服务企业在物业管理活动中的投诉。

第五章 物业的使用与维护

第四十九条 物业管理区域内按照规划建设的公共建筑和共用设施,不得改变用途。

业主依法确需改变公共建筑和共用设施用途的,应当在依法办理有关手续后告知物业服务企业;物业服务企业确需改变公共建筑和共用设施用途的,应当提请业主大会讨论决定同意后,由业主依法办理有关手续。

第五十条 业主、物业服务企业不得擅自占用、挖掘物业管理区域内的道路、场地,损害业主的共同利益。

因维修物业或者公共利益,业主确需临时占用、挖掘道路、场地的,应当征得业主委员会和物业服务企业的同意;物业服务企业确需临时占用、挖掘道路、场地的,应当征得业主委员会的同意。

业主、物业服务企业应当将临时占用、挖掘的道路、场地,在约定期限内恢复原状。

第五十一条 供水、供电、供气、供热、通信、有线电视等单位,应当依法承担物业管理区域内相关管线和设施设备维修、养护的责任。

前款规定的单位因维修、养护等需要,临时占用、挖掘道路、场地的,应当及时恢复原状。

第五十二条 业主需要装饰装修房屋的,应当事先告知物业服务企业。

物业服务企业应当将房屋装饰装修中的禁止行为和注意事项告知业主。

第五十三条 住宅物业、住宅小区内的非住宅物业或者与单幢住宅楼结构相连的非住宅物业的业主,应当按照国家有关规定交纳专项维修资金。

专项维修资金属于业主所有,专项用于物业保修期满后物业共用部位、共用设施设备的维修和更新、改造,不得挪作他用。

专项维修资金收取、使用、管理的办法由国务院建设行政主管部门会同国务院财政部门制定。

第五十四条 利用物业共用部位、共用设施设备进行经营的,应当在征得相关业主、业主大会、物业服务企业的同意后,按照规定办理有关手续。业主所得收益应当主要用于补充专项维修资金,也可以按照业主大会的决定使用。

第五十五条 物业存在安全隐患,危及公共利益及他人合法权益时,责任人应当及时维修养护,有关业主应当给予配合。

责任人不履行维修养护义务的,经业主大会同意,可以由物业服务企业维修养护,费用由责任人承担。

第六章　法　律　责　任

第五十六条　违反本条例的规定,住宅物业的建设单位未通过招投标的方式选聘物业服务企业或者未经批准,擅自采用协议方式选聘物业服务企业的,县级以上地方人民政府房地产行政主管部门责令限期改正,给予警告,可以并处 10 万元以下的罚款。

第五十七条　违反本条例的规定,建设单位擅自处分属于业主的物业共用部位、共用设施设备的所有权或者使用权的,由县级以上地方人民政府房地产行政主管部门处 5 万元以上 20 万元以下的罚款;给业主造成损失的,依法承担赔偿责任。

第五十八条　违反本条例的规定,不移交有关资料的,由县级以上地方人民政府房地产行政主管部门责令限期改正;逾期仍不移交有关资料的,对建设单位、物业服务企业予以通报,处 1 万元以上 10 万元以下的罚款。

第五十九条　违反本条例的规定,未取得资质证书从事物业管理的,由县级以上地方人民政府房地产行政主管部门没收违法所得,并处 5 万元以上 20 万元以下的罚款;给业主造成损失的,依法承担赔偿责任。

以欺骗手段取得资质证书的,依照本条第一款规定处罚,并由颁发资质证书的部门吊销资质证书。

第六十条　违反本条例的规定,物业服务企业将一个物业管理区域内的全部物业管理一并委托给他人的,由县级以上地方人民政府房地产行政主管部门责令限期改正,处委托合同价款 30% 以上 50% 以下的罚款;情节严重的,由颁发资质证书的部门吊销资质证书。委托所得收益,用于物业管理区域内物业共用部位、共用设施设备的维修、养护,剩余部分按照业主大会的决定使用;给业主造成损失的,依法承担赔偿责任。

第六十一条　违反本条例的规定，挪用专项维修资金的，由县级以上地方人民政府房地产行政主管部门追回挪用的专项维修资金，给予警告，没收违法所得，可以并处挪用数额 2 倍以下的罚款；物业服务企业挪用专项维修资金，情节严重的，并由颁发资质证书的部门吊销资质证书；构成犯罪的，依法追究直接负责的主管人员和其他直接责任人员的刑事责任。

第六十二条　违反本条例的规定，建设单位在物业管理区域内不按照规定配置必要的物业管理用房的，县级以上地方人民政府房地产行政主管部门责令限期改正，应给予警告，没收违法所得，并处 10 万元以上 50 万元以下的罚款。

第六十三条　违反本条例的规定，未经业主大会同意，物业服务企业擅自改变物业管理用房的用途的，应由县级以上地方人民政府房地产行政主管部门责令限期改正，给予警告，并处 1 万元以上 10 万元以下的罚款；有收益的，所得收益用于物业管理区域内物业共用部位、共用设施设备的维修、养护，剩余部分按照业主大会的决定使用。

第六十四条　违反本条例的规定，有下列行为之一的，由县级以上地方人民政府房地产行政主管部门责令限期改正，给予警告，并按照本条第二款的规定处以罚款；所得收益，用于物业管理区域内物业共用部位、共用设施设备的维修、养护，剩余部分按照业主大会的决定使用：

（一）擅自改变物业管理区域内按照规划建设的公共建筑和共用设施用途的；

（二）擅自占用、挖掘物业管理区域内道路、场地，损害业主共同利益的；

（三）擅自利用物业共用部位、共用设施设备进行经营的。

个人有前款规定行为之一的，处 1 000 元以上 1 万元以下的罚款；单位有前款规定行为之一的，处 5 万元以上 20 万元以下的罚款。

第六十五条　违反物业服务合同约定，业主逾期不交纳物业服务费用的，业主委员会应当督促其限期交纳；逾期仍不交纳的，物业服务企业可以向人民法院起诉。

第六十六条　业主以业主大会或者业主委员会的名义，从事违反法律、法规的活动,构成犯罪的,依法追究刑事责任;尚不构成犯罪的,依法给予治安管理处罚。

第六十七条 违反本条例的规定,国务院建设行政主管部门、县级以上地方人民政府房地产行政主管部门或者其他有关行政管理部门的工作人员利用职务上的便利,收受他人财物或者其他好处,不依法履行监督管理职责,或者发现违法行为不予查处,构成犯罪的,依法追究刑事责任;尚不构成犯罪的,依法给予行政处分。

第七章 附　　则

第六十八条 本条例自 2003 年 9 月 1 日起施行。

最高人民法院关于审理物业服务纠纷案件具体应用法律若干问题的解释

第一章 总 则

第一条 为了规范物业管理活动,维护业主和物业服务企业的合法权益,改善人民群众的生活和工作环境,制定本条例。

第二条 本条例所称物业管理,是指业主通过选聘物业服务企业,由业主和物业服务企业按照物业服务合同约定,对房屋及配套的设施设备和相关场地进行维修、养护、管理,维护物业管理区域内的环境卫生和相关秩序的活动。

第三条 国家提倡业主通过公开、公平、公正的市场竞争机制选择物业服务企业。

第四条 国家鼓励采用新技术、新方法,依靠科技进步提高物业管理和服务水平。

第五条 国务院建设行政主管部门负责全国物业管理活动的监督管理工作。

县级以上地方人民政府房地产行政主管部门负责本行政区域内物业管理活动的监督管理工作。

第二章 业主及业主大会

第六条 房屋的所有权人为业主。

业主在物业管理活动中,享有下列权利:

（一）按照物业服务合同的约定，接受物业服务企业提供的服务；

（二）提议召开业主大会会议，并就物业管理的有关事项提出建议；

（三）提出制定和修改管理规约、业主大会议事规则的建议；

（四）参加业主大会会议，行使投票权；

（五）选举业主委员会成员，并享有被选举权；

（六）监督业主委员会的工作；

（七）监督物业服务企业履行物业服务合同；

（八）对物业共用部位、共用设施设备和相关场地使用情况享有知情权和监督权；

（九）监督物业共用部位、共用设施设备专项维修资金（以下简称专项维修资金）的管理和使用；

（十）法律、法规规定的其他权利。

第七条　业主在物业管理活动中，履行下列义务：

（一）遵守管理规约、业主大会议事规则；

（二）遵守物业管理区域内物业共用部位和共用设施设备的使用、公共秩序和环境卫生的维护等方面的规章制度；

（三）执行业主大会的决定和业主大会授权业主委员会作出的决定；

（四）按照国家有关规定交纳专项维修资金；

（五）按时交纳物业服务费用；

（六）法律、法规规定的其他义务。

第八条　物业管理区域内全体业主组成业主大会。

业主大会应当代表和维护物业管理区域内全体业主在物业管理活动中的合法权益。

第九条　一个物业管理区域成立一个业主大会。

物业管理区域的划分应当考虑物业的共用设施设备、建筑物规模、社区建设等因素。具体办法由省、自治区、直辖市制定。

第十条　同一个物业管理区域内的业主，应当在物业所在地的区、县人民政府房地产行政主管部门或者街道办事处、乡镇人民政府的指导下成立业主大会,并选举产生业主委员会。但是,只有一个业主的,或者业主人数较少且经全体业主一致同意,决定不成立业主大会的,由业主共同履行业主大会、业主委员会职责。

第十一条 下列事项由业主共同决定:

(一)制定和修改业主大会议事规则;

(二)制定和修改管理规约;

(三)选举业主委员会或者更换业主委员会成员;

(四)选聘和解聘物业服务企业;

(五)筹集和使用专项维修资金;

(六)改建、重建建筑物及其附属设施;

(七)有关共有和共同管理权利的其他重大事项。

第十二条 业主大会会议可以采用集体讨论的形式,也可以采用书面征求意见的形式;但是,应当有物业管理区域内专有部分占建筑物总面积过半数的业主且占总人数过半数的业主参加。

业主可以委托代理人参加业主大会会议。

业主大会决定本条例第十一条第(五)项和第(六)项规定的事项,应当经专有部分占建筑物总面积2/3以上的业主且占总人数2/3以上的业主同意;决定本条例第十一条规定的其他事项,应当经专有部分占建筑物总面积过半数的业主且占总人数过半数的业主同意。

业主大会或者业主委员会的决定,对业主具有约束力。

业主大会或者业主委员会作出的决定侵害业主合法权益的,受侵害的业主可以请求人民法院予以撤销。

第十三条 业主大会会议分为定期会议和临时会议。

业主大会定期会议应当按照业主大会议事规则的规定召开。经20%以上的业主提议,业主委员会应当组织召开业主大会临时会议。

第十四条 召开业主大会会议,应当于会议召开15日以前通知全体业主。

住宅小区的业主大会会议,应当同时告知相关的居民委员会。

业主委员会应当做好业主大会会议记录。

第十五条　业主委员会执行业主大会的决定事项，履行下列职责：

（一）召集业主大会会议，报告物业管理的实施情况；

（二）代表业主与业主大会选聘的物业服务企业签订物业服务合同；

（三）及时了解业主、物业使用人的意见和建议，监督和协助物业服务企业履行物业服务合同；

（四）监督管理规约的实施；

（五）业主大会赋予的其他职责。

第十六条　业主委员会应当自选举产生之日起 30 日内，向物业所在地的区、县人民政府房地产行政主管部门和街道办事处、乡镇人民政府备案。

业主委员会委员应当由热心公益事业、责任心强、具有一定组织能力的业主担任。

业主委员会主任、副主任在业主委员会成员中推选产生。

第十七条　管理规约应当对有关物业的使用、维护、管理，业主的共同利益，业主应当履行的义务，违反管理规约应当承担的责任等事项依法作出约定。

管理规约应当尊重社会公德，不得违反法律、法规或者损害社会公共利益。

管理规约对全体业主具有约束力。

第十八条　业主大会议事规则应当就业主大会的议事方式、表决程序、业主委员会的组成和成员任期等事项作出约定。

第十九条　业主大会、业主委员会应当依法履行职责，不得作出与物业管理无关的决定，不得从事与物业管理无关的活动。

业主大会、业主委员会作出的决定违反法律、法规的，物业所在地的区、县人民政府房地产行政主管部门或者街道办事处、乡镇人民政府，应当责令限期改正或者撤销其决定，并通告全体业主。

第二十条　业主大会、业主委员会应当配合公安机关，与居民委员会相互协作，共同做好维护物业管理区域内的社会治安等相关工作。

在物业管理区域内,业主大会、业主委员会应当积极配合相关居民委员会依法履行自治管理职责,支持居民委员会开展工作,并接受其指导和监督。

住宅小区的业主大会、业主委员会作出的决定,应当告知相关的居民委员会,并认真听取居民委员会的建议。

第三章　前期物业管理

第二十一条　在业主、业主大会选聘物业服务企业之前,建设单位选聘物业服务企业的,应当签订书面的前期物业服务合同。

第二十二条　建设单位应当在销售物业之前,制定临时管理规约,对有关物业的使用、维护、管理,业主的共同利益,业主应当履行的义务,违反临时管理规约应当承担的责任等事项依法作出约定。

建设单位制定的临时管理规约,不得侵害物业买受人的合法权益。

第二十三条　建设单位应当在物业销售前将临时管理规约向物业买受人明示,并予以说明。

物业买受人在与建设单位签订物业买卖合同时,应当对遵守临时管理规约予以书面承诺。

第二十四条　国家提倡建设单位按照房地产开发与物业管理相分离的原则,通过招投标的方式选聘具有相应资质的物业服务企业。

住宅物业的建设单位,应当通过招投标的方式选聘具有相应资质的物业服务企业;投标人少于3个或者住宅规模较小的,经物业所在地的区、县人民政府房地产行政主管部门批准,可以采用协议方式选聘具有相应资质的物业服务企业。

第二十五条　建设单位与物业买受人签订的买卖合同应当包含前期物业服务合同约定的内容。

第二十六条　前期物业服务合同可以约定期限;但是,期限未满、业主委员会与物业服务企业签订的物业服务合同生效的,前期物业服务合同终止。

第二十七条　业主依法享有的物业共用部位、共用设施设备的所有权或者使用权,建设单位不得擅自处分。

第二十八条　物业服务企业承接物业时,应当对物业共用部位、共用设施设备进行查验。

第二十九条　在办理物业承接验收手续时,建设单位应当向物业服务企业移交下列资料:

(一)竣工总平面图,单体建筑、结构、设备竣工图,配套设施、地下管网工程竣工图等竣工验收资料;

(二)设施设备的安装、使用和维护保养等技术资料;

(三)物业质量保修文件和物业使用说明文件;

(四)物业管理所必需的其他资料。

物业服务企业应当在前期物业服务合同终止时将上述资料移交给业主委员会。

第三十条　建设单位应当按照规定在物业管理区域内配置必要的物业管理用房。

第三十一条　建设单位应当按照国家规定的保修期限和保修范围,承担物业的保修责任。

第四章　物业管理服务

第三十二条　从事物业管理活动的企业应当具有独立的法人资格。

国家对从事物业管理活动的企业实行资质管理制度。具体办法由国务院建设行政主管部门制定。

第三十三条　一个物业管理区域由一个物业服务企业实施物业管理。

第三十四条　业主委员会应当与业主大会选聘的物业服务企业订立书面的物业服务合同。

物业服务合同应当对物业管理事项、服务质量、服务费用、双方的权利义务、专项维修资金的管理与使用、物业管理用房、合同期限、违约责任等内容进行约定。

第三十五条　物业服务企业应当按照物业服务合同的约定，提供相应的服务。

物业服务企业未能履行物业服务合同的约定，导致业主人身、财产安全受到损害的，应当依法承担相应的法律责任。

第三十六条　物业服务企业承接物业时，应当与业主委员会办理物业验收手续。

业主委员会应当向物业服务企业移交本条例第二十九条第一款规定的资料。

第三十七条　物业管理用房的所有权依法属于业主。未经业主大会同意，物业服务企业不得改变物业管理用房的用途。

第三十八条　物业服务合同终止时，物业服务企业应当将物业管理用房和本条例第二十九条第一款规定的资料交还给业主委员会。

物业服务合同终止时，业主大会选聘了新的物业服务企业的，物业服务企业之间应当做好交接工作。

第三十九条　物业服务企业可以将物业管理区域内的专项服务业务委托给专业性服务企业，但不得将该区域内的全部物业管理一并委托给他人。

第四十条　物业服务收费应当遵循合理、公开以及费用与服务水平相适应的原则，区别不同物业的性质和特点，由业主和物业服务企业按照国务院价格主管部门会同国务院建设行政主管部门制定的物业服务收费办法，在物业服务合同中约定。

第四十一条　业主应当根据物业服务合同的约定交纳物业服务费用。业主与物业使用人约定由物业使用人交纳物业服务费用的，从其约定，业主负连带交纳责任。

已竣工但尚未出售或者尚未交给物业买受人的物业，物业服务费用由建设单位交纳。

第四十二条　县级以上人民政府价格主管部门会同同级房地产行政主

管部门,应当加强对物业服务收费的监督。

第四十三条　物业服务企业可以根据业主的委托提供物业服务合同约定以外的服务项目,服务报酬由双方约定。

第四十四条　物业管理区域内,供水、供电、供气、供热、通信、有线电视等单位应当向最终用户收取有关费用。

物业服务企业接受委托代收前款费用的,不得向业主收取手续费等额外费用。

第四十五条　对物业管理区域内违反有关治安、环保、物业装饰装修和使用等方面法律、法规规定的行为,物业服务企业应当制止,并及时向有关行政管理部门报告。

有关行政管理部门在接到物业服务企业的报告后,应当依法对违法行为予以制止或者依法处理。

第四十六条　物业服务企业应当协助做好物业管理区域内的安全防范工作。发生安全事故时,物业服务企业在采取应急措施的同时,应当及时向有关行政管理部门报告,协助做好救助工作。

物业服务企业雇请保安人员的,应当遵守国家有关规定。保安人员在维护物业管理区域内的公共秩序时,应当履行职责,不得侵害公民的合法权益。

第四十七条　物业使用人在物业管理活动中的权利义务由业主和物业使用人约定,但不得违反法律、法规和管理规约的有关规定。

物业使用人违反本条例和管理规约的规定,有关业主应当承担连带责任。

第四十八条　县级以上地方人民政府房地产行政主管部门应当及时处理业主、业主委员会、物业使用人和物业服务企业在物业管理活动中的投诉。

第五章　物业的使用与维护

第四十九条　物业管理区域内按照规划建设的公共建筑和共用设施,不得改变用途。

业主依法确需改变公共建筑和共用设施用途的,应当在依法办理有关手续后告知物业服务企业;物业服务企业确需改变公共建筑和共用设施用途的,应当提请业主大会讨论决定同意后,由业主依法办理有关手续。

第五十条　业主、物业服务企业不得擅自占用、挖掘物业管理区域内的道路、场地,损害业主的共同利益。

因维修物业或者公共利益,业主确需临时占用、挖掘道路、场地的,应当征得业主委员会和物业服务企业的同意;物业服务企业确需临时占用、挖掘道路、场地的,应当征得业主委员会的同意。

业主、物业服务企业应当将临时占用、挖掘的道路、场地,在约定期限内恢复原状。

第五十一条　供水、供电、供气、供热、通信、有线电视等单位,应当依法承担物业管理区域内相关管线和设施设备维修、养护的责任。

前款规定的单位因维修、养护等需要,临时占用、挖掘道路、场地的,应当及时恢复原状。

第五十二条　业主需要装饰装修房屋的,应当事先告知物业服务企业。

物业服务企业应当将房屋装饰装修中的禁止行为和注意事项告知业主。

第五十三条　住宅物业、住宅小区内的非住宅物业或者与单幢住宅楼结构相连的非住宅物业的业主,应当按照国家有关规定交纳专项维修资金。

专项维修资金属于业主所有,专项用于物业保修期满后物业共用部位、共用设施设备的维修和更新、改造,不得挪作他用。

专项维修资金收取、使用、管理的办法由国务院建设行政主管部门会同国务院财政部门制定。

第五十四条　利用物业共用部位、共用设施设备进行经营的,应当在征得相关业主、业主大会、物业服务企业的同意后,按照规定办理有关手续。业主所得收益应当主要用于补充专项维修资金,也可以按照业主大会的决定使用。

第五十五条　物业存在安全隐患,危及公共利益及他人合法权益时,责任人应当及时维修养护,有关业主应当给予配合。

责任人不履行维修养护义务的,经业主大会同意,可以由物业服务企业维修养护,费用由责任人承担。

第六章 法 律 责 任

第五十六条 违反本条例的规定,住宅物业的建设单位未通过招投标的方式选聘物业服务企业或者未经批准,擅自采用协议方式选聘物业服务企业的,县级以上地方人民政府房地产行政主管部门责令限期改正,给予警告,可以并处 10 万元以下的罚款。

第五十七条 违反本条例的规定,建设单位擅自处分属于业主的物业共用部位、共用设施设备的所有权或者使用权的,由县级以上地方人民政府房地产行政主管部门处 5 万元以上 20 万元以下的罚款;给业主造成损失的,依法承担赔偿责任。

第五十八条 违反本条例的规定,不移交有关资料的,由县级以上地方人民政府房地产行政主管部门责令限期改正;逾期仍不移交有关资料的,对建设单位、物业服务企业予以通报,处 1 万元以上 10 万元以下的罚款。

第五十九条 违反本条例的规定,未取得资质证书从事物业管理的,由县级以上地方人民政府房地产行政主管部门没收违法所得,并处 5 万元以上 20 万元以下的罚款;给业主造成损失的,依法承担赔偿责任。

以欺骗手段取得资质证书的,依照本条第一款规定处罚,并由颁发资质证书的部门吊销资质证书。

第六十条 违反本条例的规定,物业服务企业将一个物业管理区域内的全部物业管理一并委托给他人的,由县级以上地方人民政府房地产行政主管部门责令限期改正,处委托合同价款 30% 以上 50% 以下的罚款;情节严重的,由颁发资质证书的部门吊销资质证书。委托所得收益,用于物业管理区域内物业共用部位、共用设施设备的维修、养护,剩余部分按照业主大会的决定使用;给业主造成损失的,依法承担赔偿责任。

第六十一条 违反本条例的规定,挪用专项维修资金的,由县级以上地方人民政府房地产行政主管部门追回挪用的专项维修资金,给予警告,没收违法所得,可以并处挪用数额 2 倍以下的罚款;物业服务企业挪用专项维修资金,情节严重的,并由颁发资质证书的部门吊销资质证书;构成犯罪的,依法追究直接负责的主管人员和其他直接责任人员的刑事责任。

第六十二条 违反本条例的规定,建设单位在物业管理区域内不按照规定配置必要的物业管理用房的,县级以上地方人民政府房地产行政主管部门责令限期改正,应给予警告,没收违法所得,并处 10 万元以上 50 万元以下的罚款。

第六十三条 违反本条例的规定,未经业主大会同意,物业服务企业擅自改变物业管理用房的用途的,应由县级以上地方人民政府房地产行政主管部门责令限期改正,给予警告,并处 1 万元以上 10 万元以下的罚款;有收益的,所得收益用于物业管理区域内物业共用部位、共用设施设备的维修、养护,剩余部分按照业主大会的决定使用。

第六十四条 违反本条例的规定,有下列行为之一的,由县级以上地方人民政府房地产行政主管部门责令限期改正,给予警告,并按照本条第二款的规定处以罚款;所得收益,用于物业管理区域内物业共用部位、共用设施设备的维修、养护,剩余部分按照业主大会的决定使用:

(一)擅自改变物业管理区域内按照规划建设的公共建筑和共用设施用途的;

(二)擅自占用、挖掘物业管理区域内道路、场地,损害业主共同利益的;

(三)擅自利用物业共用部位、共用设施设备进行经营的。

个人有前款规定行为之一的,处 1 000 元以上 1 万元以下的罚款;单位有前款规定行为之一的,处 5 万元以上 20 万元以下的罚款。

第六十五条 违反物业服务合同约定,业主逾期不交纳物业服务费用的,业主委员会应当督促其限期交纳;逾期仍不交纳的,物业服务企业可以向人民法院起诉。

第六十六条 业主以业主大会或者业主委员会的名义,从事违反法律、法规的活动,构成犯罪的,依法追究刑事责任;尚不构成犯罪的,依法给予治安管理处罚。

第六十七条 违反本条例的规定,国务院建设行政主管部门、县级以上地方人民政府房地产行政主管部门或者其他有关行政管理部门的工作人员利用职务上的便利,收受他人财物或者其他好处,不依法履行监督管理职责,或者发现违法行为不予查处,构成犯罪的,依法追究刑事责任;尚不构成犯罪的,依法给予行政处分。

第七章 附 则

第六十八条 本条例自 2003 年 9 月 1 日起施行。

最高人民法院关于审理建筑物区分所有权纠纷案件具体应用法律若干问题的解释

第一条　依法登记取得或者根据物权法第二章第三节规定取得建筑物专有部分所有权的人,应当认定为物权法第六章所称的业主。

基于与建设单位之间的商品房买卖民事法律行为,已经合法占有建筑物专有部分,但尚未依法办理所有权登记的人,可以认定为物权法第六章所称的业主。

第二条　建筑区划内符合下列条件的房屋,以及车位、摊位等特定空间,应当认定为物权法第六章所称的专有部分:

(一)具有构造上的独立性,能够明确区分;

(二)具有利用上的独立性,可以排他使用;

(三)能够登记成为特定业主所有权的客体。

规划上专属于特定房屋,且建设单位销售时已经根据规划列入该特定房屋买卖合同中的露台等,应当认定为物权法第六章所称专有部分的组成部分。

本条第一款所称房屋,包括整栋建筑物。

第三条　除法律、行政法规规定的共有部分外,建筑区划内的以下部分,也应当认定为物权法第六章所称的共有部分:

(一)建筑物的基础、承重结构、外墙、屋顶等基本结构部分,通道、楼梯、大堂等公共通行部分,消防、公共照明等附属设施、设备,避难层、设备层或者设备间等结构部分;

(二)其他不属于业主专有部分,也不属于市政公用部分或者其他权利人所有的场所及设施等。

建筑区划内的土地,依法由业主共同享有建设用地使用权,但属于业主专有的整栋建筑物的规划占地或者城镇公共道路、绿地占地除外。

第四条　业主基于对住宅、经营性用房等专有部分特定使用功能的合理需要,无偿利用屋顶以及与其专有部分相对应的外墙面等共有部分的,不应认定为侵权。但违反法律、法规、管理规约,损害他人合法权益的除外。

第五条　建设单位按照配置比例将车位、车库,以出售、附赠或者出租等方式处分给业主的,应当认定其行为符合物权法第七十四条第一款有关"应当首先满足业主的需要"的规定。

前款所称配置比例是指规划确定的建筑区划内规划用于停放汽车的车位、车库与房屋套数的比例。

第六条　建筑区划内在规划用于停放汽车的车位之外,占用业主共有道路或者其他场地增设的车位,应当认定为物权法第七十四条第三款所称的车位。

第七条　改变共有部分的用途、利用共有部分从事经营性活动、处分共有部分,以及业主大会依法决定或者管理规约依法确定应由业主共同决定的事项,应当认定为物权法第七十六条第一款第(七)项规定的有关共有和共同管理权利的"其他重大事项"。

第八条　物权法第七十六条第二款和第八十条规定的专有部分面积和建筑物总面积,可以按照下列方法认定:

(一)专有部分面积,按照不动产登记簿记载的面积计算;尚未进行物权登记的,暂按测绘机构的实测面积计算;尚未进行实测的,暂按房屋买卖合同记载的面积计算;

(二)建筑物总面积,按照前项的统计总和计算。

第九条　物权法第七十六条第二款规定的业主人数和总人数,可以按照下列方法认定:

(一)业主人数,按照专有部分的数量计算,一个专有部分按一人计算。但建设单位尚未出售和虽已出售但尚未交付的部分,以及同一买受人拥有

一个以上专有部分的,按一人计算;

(二)总人数,按照前项的统计总和计算。

第十条　业主将住宅改变为经营性用房,未按照物权法第七十七条的规定经有利害关系的业主同意,有利害关系的业主请求排除妨害、消除危险、恢复原状或者赔偿损失的,人民法院应予支持。

将住宅改变为经营性用房的业主以多数有利害关系的业主同意其行为进行抗辩的,人民法院不予支持。

第十一条　业主将住宅改变为经营性用房,本栋建筑物内的其他业主,应当认定为物权法第七十七条所称"有利害关系的业主"。建筑区划内,本栋建筑物之外的业主,主张与自己有利害关系的,应证明其房屋价值、生活质量受到或者可能受到不利影响。

第十二条　业主以业主大会或者业主委员会作出的决定侵害其合法权益或者违反了法律规定的程序为由,依据物权法第七十八条第二款的规定请求人民法院撤销该决定的,应当在知道或者应当知道业主大会或者业主委员会作出决定之日起一年内行使。

第十三条　业主请求公布、查阅下列应当向业主公开的情况和资料的,人民法院应予支持:

(一)建筑物及其附属设施的维修资金的筹集、使用情况;

(二)管理规约、业主大会议事规则,以及业主大会或者业主委员会的决定及会议记录;

(三)物业服务合同、共有部分的使用和收益情况;

(四)建筑区划内规划用于停放汽车的车位、车库的处分情况;

(五)其他应当向业主公开的情况和资料。

第十四条　建设单位或者其他行为人擅自占用、处分业主共有部分、改变其使用功能或者进行经营性活动,权利人请求排除妨害、恢复原状、确认处分行为无效或者赔偿损失的,人民法院应予支持。

属于前款所称擅自进行经营性活动的情形,权利人请求行为人将扣除合理成本之后的收益用于补充专项维修资金或者业主共同决定的其他用途的,人民法院应予支持。行为人对成本的支出及其合理性承担举证责任。

第十五条 业主或者其他行为人违反法律、法规、国家相关强制性标准、管理规约,或者违反业主大会、业主委员会依法作出的决定,实施下列行为的,可以认定为物权法第八十三条第二款所称的其他"损害他人合法权益的行为":

(一)损害房屋承重结构,损害或者违章使用电力、燃气、消防设施,在建筑物内放置危险、放射性物品等危及建筑物安全或者妨碍建筑物正常使用;

(二)违反规定破坏、改变建筑物外墙面的形状、颜色等损害建筑物外观;

(三)违反规定进行房屋装饰装修;

(四)违章加建、改建,侵占、挖掘公共通道、道路、场地或者其他共有部分。

第十六条 建筑物区分所有权纠纷涉及专有部分的承租人、借用人等物业使用人的,参照本解释处理。

专有部分的承租人、借用人等物业使用人,根据法律、法规、管理规约、业主大会或者业主委员会依法作出的决定,以及其与业主的约定,享有相应权利,承担相应义务。

第十七条 本解释所称建设单位,包括包销期满,按照包销合同约定的包销价格购买尚未销售的物业后,以自己名义对外销售的包销人。

第十八条 人民法院审理建筑物区分所有权案件中,涉及有关物权归属争议的,应当以法律、行政法规为依据。

第十九条 本解释自 2009 年 10 月 1 日起施行。

因物权法施行后实施的行为引起的建筑物区分所有权纠纷案件,适用本解释。

本解释施行前已经终审,本解释施行后当事人申请再审或者按照审判监督程序决定再审的案件,不适用本解释。

业主大会和业主委员会指导规则

第一条　为了规范业主大会和业主委员会的活动,维护业主的合法权益,根据《中华人民共和国物权法》、《物业管理条例》等法律法规的规定,制定本规则。

第二条　业主大会由物业管理区域内的全体业主组成,代表和维护物业管理区域内全体业主在物业管理活动中的合法权利,履行相应的义务。

第三条　业主委员会由业主大会依法选举产生,履行业主大会赋予的职责,执行业主大会决定的事项,接受业主的监督。

第四条　业主大会或者业主委员会的决定,对业主具有约束力。

业主大会和业主委员会应当依法履行职责,不得作出与物业管理无关的决定,不得从事与物业管理无关的活动。

第五条　业主大会和业主委员会,对业主损害他人合法权益和业主共同利益的行为,有权依照法律、法规以及管理规约,要求停止侵害、消除危险、排除妨害、赔偿损失。

第六条　物业所在地的区、县房地产行政主管部门和街道办事处、乡镇人民政府负责对设立业主大会和选举业主委员会给予指导和协助,负责对业主大会和业主委员会的日常活动进行指导和监督。

第七条　业主大会根据物业管理区域的划分成立,一个物业管理区域成立一个业主大会。

只有一个业主的,或者业主人数较少且经全体业主同意,不成立业主大会的,由业主共同履行业主大会、业主委员会职责。

第八条　物业管理区域内,已交付的专有部分面积超过建筑物总面积

50%时,建设单位应当按照物业所在地的区、县房地产行政主管部门或者街道办事处、乡镇人民政府的要求,及时报送下列筹备首次业主大会会议所需的文件资料:

(一)物业管理区域证明;

(二)房屋及建筑物面积清册;

(三)业主名册;

(四)建筑规划总平面图;

(五)交付使用共用设施设备的证明;

(六)物业服务用房配置证明;

(七)其他有关的文件资料。

第九条 符合成立业主大会条件的,区、县房地产行政主管部门或者街道办事处、乡镇人民政府应当在收到业主提出筹备业主大会书面申请后 60 日内,负责组织、指导成立首次业主大会会议筹备组。

第十条 首次业主大会会议筹备组由业主代表、建设单位代表、街道办事处、乡镇人民政府代表和居民委员会代表组成。筹备组成员人数应为单数,其中业主代表人数不低于筹备组总人数的一半,筹备组组长由街道办事处、乡镇人民政府代表担任。

第十一条 筹备组中业主代表的产生,由街道办事处、乡镇人民政府或者居民委员会组织业主推荐。

筹备组应当将成员名单以书面形式在物业管理区域内公告。业主对筹备组成员有异议的,由街道办事处、乡镇人民政府协调解决。

建设单位和物业服务企业应当配合协助筹备组开展工作。

第十二条 筹备组应当做好以下筹备工作:

(一)确认并公示业主身份、业主人数以及所拥有的专有部分面积;

(二)确定首次业主大会会议召开的时间、地点、形式和内容;

(三)草拟管理规约、业主大会议事规则;

(四)依法确定首次业主大会会议表决规则;

(五)制定业主委员会委员候选人产生办法,确定业主委员会委员候选人名单；

（六）制定业主委员会选举办法；

（七）完成召开首次业主大会会议的其他准备工作。

前款内容应当在首次业主大会会议召开15日前以书面形式在物业管理区域内公告。业主对公告内容有异议的，筹备组应当记录并作出答复。

第十三条　依法登记取得或者根据物权法第二章第三节规定取得建筑物专有部分所有权的人（房屋产权所有人），应当认定为业主。

基于房屋买卖等民事法律行为，已经合法占有建筑物专有部分，但尚未依法办理所有权登记的人，可以认定为业主。

业主的投票权数由专有部分面积和业主人数确定。

第十四条　业主委员会委员候选人由业主推荐或者自荐。筹备组应当核查参选人的资格，根据物业规模、物权份额、委员的代表性和广泛性等因素，确定业主委员会委员候选人名单。

第十五条　筹备组应当自组成之日起90日内完成筹备工作，组织召开首次业主大会会议。

业主大会自首次业主大会会议表决通过管理规约、业主大会议事规则，并选举产生业主委员会之日起成立。

第十六条　划分为一个物业管理区域的分期开发的建设项目，先期开发部分符合条件的，可以成立业主大会，选举产生业主委员会。首次业主大会会议应当根据分期开发的物业面积和进度等因素，在业主大会议事规则中明确增补业主委员会委员的办法。

第十七条　业主大会决定以下事项：

（一）制定和修改业主大会议事规则；

（二）制定和修改管理规约；

（三）选举业主委员会或者更换业主委员会委员；

（四）制定物业服务内容、标准以及物业服务收费方案；

（五）选聘和解聘物业服务企业；

（六）筹集和使用专项维修资金；

（七）改建、重建建筑物及其附属设施；

（八）改变共有部分的用途；

（九）利用共有部分进行经营以及所得收益的分配与使用；

（十）法律法规或者管理规约确定应由业主共同决定的事项。

第十八条　管理规约应当对下列主要事项作出规定：

（一）物业的使用、维护、管理；

（二）专项维修资金的筹集、管理和使用；

（三）物业共用部分的经营与收益分配；

（四）业主共同利益的维护；

（五）业主共同管理权的行使；

（六）业主应尽的义务；

（七）违反管理规约应当承担的责任。

第十九条　业主大会议事规则应当对下列主要事项作出规定：

（一）业主大会名称及相应的物业管理区域；

（二）业主委员会的职责；

（三）业主委员会议事规则；

（四）业主大会会议召开的形式、时间和议事方式；

（五）业主投票权数的确定方法；

（六）业主代表的产生方式；

（七）业主大会会议的表决程序；

（八）业主委员会委员的资格、人数和任期等；

（九）业主委员会换届程序、补选办法等；

（十）业主大会、业主委员会工作经费的筹集、使用和管理；

（十一）业主大会、业主委员会印章的使用和管理。

第二十条　业主拒付物业服务费，不缴存专项维修资金以及实施其他损害业主共同权益行为的，业主大会可以在管理规约和业主大会议事规则中对其共同管理权的行使予以限制。

第二十一条　业主大会会议分为定期会议和临时会议。

业主大会定期会议应当按照业主大会议事规则的规定由业主委员会组织召开。

有下列情况之一的,业主委员会应当及时组织召开业主大会临时会议:

(一)经专有部分占建筑物总面积20%以上且占总人数20%以上业主提议的;

(二)发生重大事故或者紧急事件需要及时处理的;

(三)业主大会议事规则或者管理规约规定的其他情况。

第二十二条 业主大会会议可以采用集体讨论的形式,也可以采用书面征求意见的形式;但应当有物业管理区域内专有部分占建筑物总面积过半数的业主且占总人数过半数的业主参加。

采用书面征求意见形式的,应当将征求意见书送交每一位业主;无法送达的,应当在物业管理区域内公告。凡需投票表决的,表决意见应由业主本人签名。

第二十三条 业主大会确定业主投票权数,可以按照下列方法认定专有部分面积和建筑物总面积:

(一)专有部分面积按照不动产登记簿记载的面积计算;尚未进行登记的,暂按测绘机构的实测面积计算;尚未进行实测的,暂按房屋买卖合同记载的面积计算;

(二)建筑物总面积,按照前项的统计总和计算。

第二十四条 业主大会确定业主投票权数,可以按照下列方法认定业主人数和总人数:

(一)业主人数,按照专有部分的数量计算,一个专有部分按一人计算。但建设单位尚未出售和虽已出售但尚未交付的部分,以及同一买受人拥有一个以上专有部分的,按一人计算;

(二)总人数,按照前项的统计总和计算。

第二十五条 业主大会应当在业主大会议事规则中约定车位、摊位等特定空间是否计入用于确定业主投票权数的专有部分面积。

一个专有部分有两个以上所有权人的,应当推选一人行使表决权,但共有人所代表的业主人数为一人。

业主为无民事行为能力人或者限制民事行为能力人的,由其法定监护人行使投票权。

第二十六条 业主因故不能参加业主大会会议的,可以书面委托代理人参加业主大会会议。

未参与表决的业主,其投票权数是否可以计入已表决的多数票,由管理规约或者业主大会议事规则规定。

第二十七条 物业管理区域内业主人数较多的,可以幢、单元、楼层为单位,推选一名业主代表参加业主大会会议,推选及表决办法应当在业主大会议事规则中规定。

第二十八条 业主可以书面委托的形式,约定由其推选的业主代表在一定期限内代其行使共同管理权,具体委托内容、期限、权限和程序由业主大会议事规则规定。

第二十九条 业主大会会议决定筹集和使用专项维修资金以及改造、重建建筑物及其附属设施的,应当经专有部分占建筑物总面积三分之二以上的业主且占总人数三分之二以上的业主同意;决定本规则第十七条规定的其他共有和共同管理权利事项的,应当经专有部分占建筑物总面积过半数且占总人数过半数的业主同意。

第三十条 业主大会会议应当由业主委员会作出书面记录并存档。

业主大会的决定应当以书面形式在物业管理区域内及时公告。

业主委员会

第三十一条 业主委员会由业主大会会议选举产生,由 5 至 11 人单数组成。业主委员会委员应当是物业管理区域内的业主,并符合下列条件:

(一)具有完全民事行为能力;

(二)遵守国家有关法律、法规;

(三)遵守业主大会议事规则、管理规约,模范履行业主义务;

(四)热心公益事业,责任心强,公正廉洁;

(五)具有一定的组织能力;

（六）具备必要的工作时间。

第三十二条　业主委员会委员实行任期制，每届任期不超过 5 年，可连选连任，业主委员会委员具有同等表决权。

业主委员会应当自选举之日起 7 日内召开首次会议，推选业主委员会主任和副主任。

第三十三条　业主委员会应当自选举产生之日起 30 日内，持下列文件向物业所在地的区、县房地产行政主管部门和街道办事处、乡镇人民政府办理备案手续：

（一）业主大会成立和业主委员会选举的情况；

（二）管理规约；

（三）业主大会议事规则；

（四）业主大会决定的其他重大事项。

第三十四条　业主委员会办理备案手续后，可持备案证明向公安机关申请刻制业主大会印章和业主委员会印章。

业主委员会任期内，备案内容发生变更的，业主委员会应当自变更之日起 30 日内将变更内容书面报告备案部门。

第三十五条　业主委员会履行以下职责：

（一）执行业主大会的决定和决议；

（二）召集业主大会会议，报告物业管理实施情况；

（三）与业主大会选聘的物业服务企业签订物业服务合同；

（四）及时了解业主、物业使用人的意见和建议，监督和协助物业服务企业履行物业服务合同；

（五）监督管理规约的实施；

（六）督促业主交纳物业服务费及其他相关费用；

（七）组织和监督专项维修资金的筹集和使用；

（八）调解业主之间因物业使用、维护和管理产生的纠纷；

（九）业主大会赋予的其他职责。

第三十六条　业主委员会应当向业主公布下列情况和资料：

（一）管理规约、业主大会议事规则；

（二）业主大会和业主委员会的决定；

（三）物业服务合同；

（四）专项维修资金的筹集、使用情况；

（五）物业共有部分的使用和收益情况；

（六）占用业主共有的道路或者其他场地用于停放汽车车位的处分情况；

（七）业主大会和业主委员会工作经费的收支情况；

（八）其他应当向业主公开的情况和资料。

第三十七条　业主委员会应当按照业主大会议事规则的规定及业主大会的决定召开会议。经三分之一以上业主委员会委员的提议，应当在7日内召开业主委员会会议。

第三十八条　业主委员会会议由主任召集和主持，主任因故不能履行职责，可以委托副主任召集。

业主委员会会议应有过半数的委员出席，作出的决定必须经全体委员半数以上同意。

业主委员会委员不能委托代理人参加会议。

第三十九条　业主委员会应当于会议召开7日前，在物业管理区域内公告业主委员会会议的内容和议程，听取业主的意见和建议。

业主委员会会议应当制作书面记录并存档，业主委员会会议作出的决定，应当有参会委员的签字确认，并自作出决定之日起3日内在物业管理区域内公告。

第四十条　业主委员会应当建立工作档案，工作档案包括以下主要内容：

（一）业主大会、业主委员会的会议记录；

（二）业主大会、业主委员会的决定；

（三）业主大会议事规则、管理规约和物业服务合同；

（四）业主委员会选举及备案资料；

（五）专项维修资金筹集及使用账目；

（六）业主及业主代表的名册；

（七）业主的意见和建议。

第四十一条　业主委员会应当建立印章管理规定，并指定专人保管印章。

使用业主大会印章，应当根据业主大会议事规则的规定或者业主大会会议的决定；使用业主委员会印章，应当根据业主委员会会议的决定。

第四十二条　业主大会、业主委员会工作经费由全体业主承担。工作经费可以由业主分摊，也可以从物业共有部分经营所得收益中列支。工作经费的收支情况，应当定期在物业管理区域内公告，接受业主监督。

工作经费筹集、管理和使用的具体办法由业主大会决定。

第四十三条

有下列情况之一的，业主委员会委员资格自行终止：

（一）因物业转让、灭失等原因不再是业主的；

（二）丧失民事行为能力的；

（三）依法被限制人身自由的；

（四）法律、法规以及管理规约规定的其他情形。

第四十四条　业主委员会委员有下列情况之一的，由业主委员会三分之一以上委员或者持有 20% 以上投票权数的业主提议，业主大会或者业主委员会根据业主大会的授权，可以决定是否终止其委员资格：

（一）以书面方式提出辞职请求的；

（二）不履行委员职责的；

（三）利用委员资格谋取私利的；

（四）拒不履行业主义务的；

（五）侵害他人合法权益的；

（六）因其他原因不宜担任业主委员会委员的。

第四十五条　业主委员会委员资格终止的，应当自终止之日起 3 日内将其保管的档案资料、印章及其他属于全体业主所有的财物移交业主委员会。

第四十六条　业主委员会任期内,委员出现空缺时,应当及时补足。业主委员会委员候补办法由业主大会决定或者在业主大会议事规则中规定。业主委员会委员人数不足总数的二分之一时,应当召开业主大会临时会议,重新选举业主委员会。

第四十七条　业主委员会任期届满前3个月,应当组织召开业主大会会议,进行换届选举,并报告物业所在地的区、县房地产行政主管部门和街道办事处、乡镇人民政府。

第四十八条　业主委员会应当自任期届满之日起10日内,将其保管的档案资料、印章及其他属于业主大会所有的财物移交新一届业主委员会。

第四十九条　物业所在地的区、县房地产行政主管部门和街道办事处、乡镇人民政府应当积极开展物业管理政策法规的宣传和教育活动,及时处理业主、业主委员会在物业管理活动中的投诉。

第五十条　已交付使用的专有部分面积超过建筑物总面积50%,建设单位未按要求报送筹备首次业主大会会议相关文件资料的,物业所在地的区、县房地产行政主管部门或者街道办事处、乡镇人民政府有权责令建设单位限期改正。

第五十一条　业主委员会未按业主大会议事规则的规定组织召开业主大会定期会议,或者发生应当召开业主大会临时会议的情况,业主委员会不履行组织召开会议职责的,物业所在地的区、县房地产行政主管部门或者街道办事处、乡镇人民政府可以责令业主委员会限期召开;逾期仍不召开的,可以由物业所在地的居民委员会在街道办事处、乡镇人民政府的指导和监督下组织召开。

第五十二条　按照业主大会议事规则的规定或者三分之一以上委员提议,应当召开业主委员会会议的,业主委员会主任、副主任无正当理由不召集业主委员会会议的,物业所在地的区、县房地产行政主管部门或者街道办事处、乡镇人民政府可以指定业主委员会其他委员召集业主委员会会议。

第五十三条　召开业主大会会议,物业所在地的区、县房地产行政主管部门和街道办事处、乡镇人民政府应当给予指导和协助。

第五十四条　召开业主委员会会议,应当告知相关的居民委员会,并听取居民委员会的建议。

在物业管理区域内,业主大会、业主委员会应当积极配合相关居民委员会依法履行自治管理职责,支持居民委员会开展工作,并接受其指导和监督。

第五十五条　违反业主大会议事规则或者未经业主大会会议和业主委员会会议的决定,擅自使用业主大会印章、业主委员会印章的,物业所在地的街道办事处、乡镇人民政府应当责令限期改正,并通告全体业主;造成经济损失或者不良影响的,应当依法追究责任人的法律责任。

第五十六条　业主委员会委员资格终止,拒不移交所保管的档案资料、印章及其他属于全体业主所有的财物的,其他业主委员会委员可以请求物业所在地的公安机关协助移交。

业主委员会任期届满后,拒不移交所保管的档案资料、印章及其他属于全体业主所有的财物的,新一届业主委员会可以请求物业所在地的公安机关协助移交。

第五十七条　业主委员会在规定时间内不组织换届选举的,物业所在地的区、县房地产行政主管部门或者街道办事处、乡镇人民政府应当责令其限期组织换届选举;逾期仍不组织的,可以由物业所在地的居民委员会在街道办事处、乡镇人民政府的指导和监督下,组织换届选举工作。

第五十八条　因客观原因未能选举产生业主委员会或者业主委员会委员人数不足总数的二分之一的,新一届业主委员会产生之前,可以由物业所在地的居民委员会在街道办事处、乡镇人民政府的指导和监督下,代行业主委员会的职责。

第五十九条　业主大会、业主委员会作出的决定违反法律法规的,物业所在地的区、县房地产行政主管部门和街道办事处、乡镇人民政府应当责令限期改正或者撤销其决定,并通告全体业主。

第六十条　业主不得擅自以业主大会或者业主委员会的名义从事活动。业主以业主大会或者业主委员会的名义,从事违反法律、法规的活动,构成犯罪的,依法追究刑事责任;尚不构成犯罪的,依法给予治安管理处罚。

第六十一条　物业管理区域内,可以召开物业管理联席会议。物业管理联席会议由街道办事处、乡镇人民政府负责召集,由区、县房地产行政主管部门、公安派出所、居民委员会、业主委员会和物业服务企业等方面的代表参加,共同协调解决物业管理中遇到的问题。

第六十二条　业主自行管理或者委托其他管理人管理物业,成立业主大会,选举业主委员会的,可参照执行本规则。

第六十三条　物业所在地的区、县房地产行政主管部门与街道办事处、乡镇人民政府在指导、监督业主大会和业主委员会工作中的具体职责分工,按各省、自治区、直辖市人民政府有关规定执行。

第六十四条　本规则自 2010 年 1 月 1 日起施行。《业主大会规程》(建住房[2003]131 号)同时废止。

住宅专项维修资金管理办法

第一章 总 则

　　第一条 为了加强对住宅专项维修资金的管理，保障住宅共用部位、共用设施设备的维修和正常使用，维护住宅专项维修资金所有者的合法权益，根据《物权法》《物业管理条例》等法律、行政法规，制定本办法。

　　第二条 商品住宅、售后公有住房住宅专项维修资金的交存、使用、管理和监督，适用本办法。

　　本办法所称住宅专项维修资金，是指专项用于住宅共用部位、共用设施设备保修期满后的维修和更新、改造的资金。

　　第三条 本办法所称住宅共用部位，是指根据法律、法规和房屋买卖合同，由单幢住宅内业主或者单幢住宅内业主及与之结构相连的非住宅业主共有的部位，一般包括：住宅的基础、承重墙体、柱、梁、楼板、屋顶以及户外的墙面、门厅、楼梯间、走廊通道等。

　　本办法所称共用设施设备，是指根据法律、法规和房屋买卖合同，由住宅业主或者住宅业主及有关非住宅业主共有的附属设施设备，一般包括电梯、天线、照明、消防设施、绿地、道路、路灯、沟渠、池、井、非经营性车场车库、公益性文体设施和共用设施设备使用的房屋等。

　　第四条 住宅专项维修资金管理实行专户存储、专款专用、所有权人决策、政府监督的原则。

　　第五条 国务院建设主管部门会同国务院财政部门负责全国住宅专项维修资金的指导和监督工作。

（一）业主大会应当委托所在地一家商业银行作为本物业管理区域内住宅专项维修资金的专户管理银行，开立住宅专项维修资金专户，应当以物业管理区域为单位设账，按房屋户门号设分户账。

（二）业主委员会应当通知所在地直辖市、市、县人民政府建设（房地产）主管部门；涉及已售公有住房的，应当通知负责管理公有住房住宅专项维修资金的部门。

（三）直辖市、市、县人民政府建设（房地产）主管部门或者负责管理公有住房住宅专项维修资金的部门应当在收到通知之日起 30 日内，通知专户管理银行将该物业管理区域内业主交存的住宅专项维修资金账面余额划转至业主大会开立的住宅专项维修资金账户，并将有关账目等移交业主委员会。

第十六条　住宅专项维修资金划转后的账目管理单位，由业主大会决定。业主大会应当建立住宅专项维修资金管理制度。

业主大会开立的住宅专项维修资金账户，应当接受所在地直辖市、市、县人民政府建设（房地产）主管部门的监督。

第十七条　业主分户账面住宅专项维修资金余额不足首期交存额 30％的，应当及时续交。

成立业主大会的，续交方案由业主大会决定。

未成立业主大会的，续交的具体管理办法由直辖市、市、县人民政府建设（房地产）主管部门会同同级财政部门制定。

第三章　使　　用

第十八条　住宅专项维修资金应当专项用于住宅共用部位、共用设施设备保修期满后的维修和更新、改造，不得挪作他用。

第十九条　住宅专项维修资金的使用，应当遵循方便快捷、公开透明、受益人和负担人相一致的原则。

第二十条　住宅共用部位、共用设施设备的维修和更新、改造费用，按照下列规定分摊：

（一）商品住宅之间或者商品住宅与非住宅之间共用部位、共用设施设备的维修和更新、改造费用，由相关业主按照各自拥有物业建筑面积的比例分摊。

（二）售后公有住房之间共用部位、共用设施设备的维修和更新、改造费用，由相关业主和公有住房售房单位按照所交存住宅专项维修资金的比例分摊；其中，应由业主承担的，再由相关业主按照各自拥有物业建筑面积的比例分摊。

（三）售后公有住房与商品住宅或者非住宅之间共用部位、共用设施设备的维修和更新、改造费用，先按照建筑面积比例分摊到各相关物业。其中，售后公有住房应分摊的费用，再由相关业主和公有住房售房单位按照所交存住宅专项维修资金的比例分摊。

第二十一条　住宅共用部位、共用设施设备维修和更新、改造，涉及尚未售出的商品住宅、非住宅或者公有住房的，开发建设单位或者公有住房单位应当按照尚未售出商品住宅或者公有住房的建筑面积，分摊维修和更新、改造费用。

第二十二条　住宅专项维修资金划转业主大会管理前，需要使用住宅专项维修资金的，按照以下程序办理：

（一）物业服务企业根据维修和更新、改造项目提出使用建议；没有物业服务企业的，由相关业主提出使用建议；

（二）住宅专项维修资金列支范围内专有部分占建筑物总面积三分之二以上的业主且占总人数三分之二以上的业主讨论通过使用建议；

（三）物业服务企业或者相关业主组织实施使用方案；

（四）物业服务企业或者相关业主持有关材料，向所在地直辖市、市、县人民政府建设（房地产）主管部门申请列支；其中，动用公有住房住宅专项维修资金的，向负责管理公有住房住宅专项维修资金的部门申请列支；

（五）直辖市、市、县人民政府建设（房地产）主管部门或者负责管理公有住房住宅专项维修资金的部门审核同意后，向专户管理银行发出划转住宅专项维修资金的通知；

（六）专户管理银行将所需住宅专项维修资金划转至维修单位。

第二十三条 住宅专项维修资金划转业主大会管理后，需要使用住宅专项维修资金的，按照以下程序办理：

（一）物业服务企业提出使用方案，使用方案应当包括拟维修和更新、改造的项目、费用预算、列支范围、发生危及房屋安全等紧急情况以及其他需临时使用住宅专项维修资金的情况的处置办法等；

（二）业主大会依法通过使用方案；

（三）物业服务企业组织实施使用方案；

（四）物业服务企业持有关材料向业主委员会提出列支住宅专项维修资金，同第二十二条第四项；

（五）业主委员会依据使用方案审核同意，并报直辖市、市、县人民政府建设（房地产）主管部门备案；动用公有住房住宅专项维修资金的，经负责管理公有住房住宅专项维修资金的部门审核同意；直辖市、市、县人民政府建设（房地产）主管部门或者负责管理公有住房住宅专项维修资金的部门发现不符合有关法律、法规、规章和使用方案的，应当责令改正；

（六）业主委员会、负责管理公有住房住宅专项维修资金的部门向专户管理银行发出划转住宅专项维修资金的通知；

（七）专户管理银行将所需住宅专项维修资金划转至维修单位。

第二十四条 发生危及房屋安全等紧急情况，需要立即对住宅共用部位、共用设施设备进行维修和更新、改造的，按照以下规定列支住宅专项维修资金：

（一）住宅专项维修资金划转业主大会管理前，按照本办法第二十二条第四项、第五项、第六项的规定办理；

（二）住宅专项维修资金划转业主大会管理后，按照本办法第二十三条第四项、第五项、第六项和第七项的规定办理。

发生前款情况后，未按规定实施维修和更新、改造的，直辖市、市、县人民政府建设（房地产）主管部门可以组织代修，维修费用从相关业主住宅专项维修资金分户账中列支；其中，涉及已售公有住房的，还应当从公有住房住宅专项维修资金中列支。

第二十五条　下列费用不得从住宅专项维修资金中列支：

（一）依法应当由建设单位或者施工单位承担的住宅共用部位、共用设施设备维修、更新和改造费用；

（二）依法应当由相关单位承担的供水、供电、供气、供热、通讯、有线电视等管线和设施设备的维修、养护费用；

（三）应当由当事人承担的因人为损坏住宅共用部位、共用设施设备所需的修复费用；

（四）根据物业服务合同约定，应当由物业服务企业承担的住宅共用部位、共用设施设备的维修和养护费用。

第二十六条　在保证住宅专项维修资金正常使用的前提下，可以按照国家有关规定将住宅专项维修资金用于购买国债。

利用住宅专项维修资金购买国债，应当在银行间债券市场或者商业银行柜台市场购买一级市场新发行的国债，并持有到期。

利用业主交存的住宅专项维修资金购买国债的，应当经业主大会同意；未成立业主大会的，应当经专有部分占建筑物总面积三分之二以上的业主且占总人数三分之二以上业主同意。

利用从公有住房售房款中提取的住宅专项维修资金购买国债的，应当根据售房单位的财政隶属关系，报经同级财政部门同意。

禁止利用住宅专项维修资金从事国债回购、委托理财业务或者将购买的国债用于质押、抵押等担保行为。

第二十七条　下列资金应当转入住宅专项维修资金滚存使用：

（一）住宅专项维修资金的存储利息；

（二）利用住宅专项维修资金购买国债的增值收益；

（三）利用住宅共用部位、共用设施设备进行经营的，业主所得收益，但业主大会另有决定的除外；

（四）住宅共用设施设备报废后回收的残值。

第四章 监督管理

第二十八条 房屋所有权转让时,业主应当向受让人说明住宅专项维修资金交存和结余情况并出具有效证明,该房屋分户账中结余的住宅专项维修资金随房屋所有权同时过户。

受让人应当持住宅专项维修资金过户的协议、房屋权属证书、身份证等到专户管理银行办理分户账更名手续。

第二十九条 房屋灭失的,按照以下规定返还住宅专项维修资金:

(一)房屋分户账中结余的住宅专项维修资金返还业主;

(二)售房单位交存的住宅专项维修资金账面余额返还售房单位;售房单位不存在的,按照售房单位财务隶属关系,收缴同级国库。

第三十条 直辖市、市、县人民政府建设(房地产)主管部门,负责管理公有住房住宅专项维修资金的部门及业主委员会,应当每年至少一次与专户管理银行核对住宅专项维修资金账目,并向业主、公有住房售房单位公布下列情况:

(一)住宅专项维修资金交存、使用、增值收益和结存的总额;

(二)发生列支的项目、费用和分摊情况;

(三)业主、公有住房售房单位分户账中住宅专项维修资金交存、使用、增值收益和结存的金额;

(四)其他有关住宅专项维修资金使用和管理的情况。

业主、公有住房售房单位对公布的情况有异议的,可以要求复核。

第三十一条 专户管理银行应当每年至少一次向直辖市、市、县人民政府建设(房地产)主管部门,负责管理公有住房住宅专项维修资金的部门及业主委员会发送住宅专项维修资金对账单。

直辖市、市、县建设(房地产)主管部门,负责管理公有住房住宅专项维修资金的部门及业主委员会对资金账户变化情况有异议的,可以要求专户管理银行进行复核。

专户管理银行应当建立住宅专项维修资金查询制度,接受业主、公有住房售房单位对其分户账中住宅专项维修资金使用、增值收益和账面余额的查询。

第三十二条　住宅专项维修资金的管理和使用,应当依法接受审计部门的审计监督。

第三十三条　住宅专项维修资金的财务管理和会计核算应当执行财政部有关规定。

财政部门应当加强对住宅专项维修资金收支财务管理和会计核算制度执行情况的监督。

第三十四条　住宅专项维修资金专用票据的购领、使用、保存、核销管理,应当按照财政部以及省、自治区、直辖市人民政府财政部门的有关规定执行,并接受财政部门的监督检查。

第五章　法　律　责　任

第三十五条　公有住房售房单位有下列行为之一的,由县级以上地方人民政府财政部门会同同级建设(房地产)主管部门责令限期改正:

(一) 未按本办法第八条、第十二条第三款规定交存住宅专项维修资金的;

(二) 违反本办法第十三条规定将房屋交付买受人的;

(三) 未按本办法第二十一条规定分摊维修、更新和改造费用的。

第三十六条　开发建设单位违反本办法第十三条规定将房屋交付买受人的,由县级以上地方人民政府建设(房地产)主管部门责令限期改正;逾期不改正的,处以 3 万元以下的罚款。

开发建设单位未按本办法第二十一条规定分摊维修、更新和改造费用的,同第三十六条第一款,处以 1 万元以下的罚款。

第三十七条　违反本办法规定,挪用住宅专项维修资金的,由县级以上地方人民政府建设(房地产)主管部门追回挪用的住宅专项维修资金,没收违法所得,可以并处挪用金额 2 倍以下的罚款;构成犯罪的,依法追究直接负责的主管人员和其他直接责任人员的刑事责任。

物业服务企业挪用住宅专项维修资金,情节严重的,除按前款规定予以处罚外,还应由颁发资质证书的部门吊销资质证书。

直辖市、市、县人民政府建设(房地产)主管部门挪用住宅专项维修资金的,由上一级人民政府建设(房地产)主管部门追回挪用的住宅专项维修资金,对直接负责的主管人员和其他直接责任人员依法给予处分;构成犯罪的,依法追究刑事责任。

直辖市、市、县人民政府财政部门挪用住宅专项维修资金的,由上一级人民政府财政部门追回挪用的住宅专项维修资金,同第三十七条第三款。

第三十八条　直辖市、市、县人民政府建设(房地产)主管部门违反本办法第二十六条规定的,由上一级人民政府建设(房地产)主管部门责令限期改正,同第三十七条第三款之规定。

直辖市、市、县人民政府财政部门违反本办法第二十六条规定的,由上一级人民政府财政部门责令限期改正,同上。

业主大会违反本办法第二十六条规定的,由直辖市、市、县人民政府建设(房地产)主管部门责令改正。

第三十九条　对违反住宅专项维修资金专用票据管理规定的行为,按照《财政违法行为处罚处分条例》的有关规定追究法律责任。

第四十条　县级以上人民政府建设(房地产)主管部门、财政部门及其工作人员利用职务上的便利,收受他人财物或者其他好处,不依法履行监督管理职责,或者发现违法行为不予查处的,依法给予处分;构成犯罪的,依法追究刑事责任。

第六章　附　　则

第四十一条　省、自治区、直辖市人民政府建设(房地产)主管部门会同同级财政部门可以依据本办法,制定实施细则。

第四十二条　本办法实施前,商品住宅、公有住房已经出售但未建立住宅专项维修资金的,应当补建。具体办法由省、自治区、直辖市人民政府建设(房地产)主管部门会同同级财政部门依据本办法制定。

第四十三条　本办法由国务院建设主管部门、财政部门共同解释。

第四十四条　本办法自 2008 年 2 月 1 日起施行,1998 年 12 月 16 日建设部、财政部发布的《住宅共用部位共用设施设备维修基金管理办法》(建住房〔1998〕213 号)同时废止。

第十七条　下列情况不属于本办法规定的保修范围：

（一）因使用不当或者第三方造成的质量缺陷；

（二）不可抗力造成的质量缺陷。

第十八条　施工单位有下列行为之一的，由建设行政主管部门责令改正，并处 1 万元以上 3 万元以下的罚款：

（一）工程竣工验收后，不向建设单位出具质量保修书的；

（二）质量保修的内容、期限违反本办法规定的。

第十九条　施工单位不履行保修义务或者拖延履行保修义务的，由建设行政主管部门责令改正，处 10 万元以上 20 万元以下的罚款。

第二十条　军事建设工程的管理，按照中央军事委员会的有关规定执行。

第二十一条　本办法由国务院建设行政主管部门负责解释。

第二十二条　本办法自发布之日起施行。

上海市住宅物业管理规定

第一章 总 则

第一条 为了规范住宅物业管理活动,维护业主和物业服务企业的合法权益,根据《中华人民共和国物权法》、国务院《物业管理条例》和其他有关法律、行政法规,结合本市实际情况,制定本规定。

第二条 本市行政区域内住宅物业管理、使用及其监督管理,适用本规定。

第三条 本规定所称住宅物业管理(以下简称物业管理),是指住宅区内的业主通过选聘物业服务企业,由业主和物业服务企业按照物业服务合同约定,或者通过其他形式,对房屋及配套的设施设备和相关场地进行维修、养护、管理,维护相关区域内的环境卫生和秩序的活动。

本规定所称业主,是指房屋的所有权人。

本规定所称使用人,是指房屋的承租人和实际居住人。

本规定所称物业服务企业,是指依法取得独立法人资格、具有相应资质,从事物业服务的企业。

第四条 市房屋行政管理部门负责全市物业管理的监督管理工作。区、县房屋行政管理部门负责本辖区内物业管理的监督管理;其设立的房屋管理办事机构(以下简称房管办事处)承担相关具体事务。

市和区、县房屋行政管理部门履行以下职责:

(一)业主大会和业主委员会的业务指导与监督管理;

(二)物业服务企业和从业人员的监督管理;

（三）专项维修资金归集、使用的指导与监督；

（四）物业使用和维护的监督管理；

（五）物业管理方面的其他监督管理职责。

第五条　区、县人民政府应当建立住宅小区综合管理工作制度，组织区、县相关行政管理部门和单位，部署、推进和协调辖区内物业管理各项工作，并指导监督业主大会、业主委员会的各项工作。

乡、镇人民政府和街道办事处应当建立本辖区住宅小区综合管理工作制度，协调和处理辖区内物业管理综合事务和纠纷，指导监督业主大会、业主委员会的组建及日常运作。

第六条　市物业管理行业协会是实行行业服务和自律管理的社会组织，依法制定和组织实施自律性规范，组织业务培训，对物业服务企业之间的纠纷进行调解，维护物业服务企业合法权益。

本市鼓励物业服务企业加入市物业管理行业协会。

第二章　业主及业主大会

第七条　住宅小区，包括分期建设或者两个以上单位共同开发建设的住宅小区，其设置的配套设施设备是共用的，应当划分为一个物业管理区域；但被道路、河道等分割为两个以上自然街坊或者封闭小区，且能明确共用配套设施设备管理、维护责任的，可以分别划分为独立的物业管理区域。

第八条　房屋行政管理部门负责核定物业管理区域。

规划行政管理部门在住宅建设工程设计方案审查时，应当征求区、县房屋行政管理部门对物业管理区域的预划意见。

建设单位在申请办理住宅建设工程规划许可证的同时，应当向区、县房屋行政管理部门提出划分物业管理区域的申请，区、县房屋行政管理部门应当在五日内核定物业管理区域。

建设单位在房屋销售时，应当将区、县房屋行政管理部门核定的物业管理区域范围，通过合同约定方式向物业买受人明示。

第九条　尚未划分或者需要调整物业管理区域的,区、县房屋行政管理部门应当会同乡、镇人民政府或者街道办事处,按照第七条的规定,结合当地居民委员会、村民委员会的布局划分物业管理区域。调整物业管理区域的,还应当征得专有部分占建筑物总面积过半数的业主且占总人数过半数的业主同意。

物业管理区域调整后,区、县房屋行政管理部门应当在相关物业管理区域内公告。

第十条　建设单位在办理房屋交付使用许可手续时,应当向房管办事处提交下列资料:

(一)竣工总平面图,单体建筑、结构、设备竣工图,配套设施、地下管网工程竣工图等竣工验收资料;

(二)设施设备的安装、使用和维护保养等技术资料;

(三)物业质量保修文件和物业使用说明文件;

(四)物业管理所必需的其他资料。

建设单位在办理物业承接验收手续时,应当向物业服务企业移交前款规定的资料。

业主可以向房管办事处、物业服务企业申请查询本物业管理区域内第一款规定的资料。

第十一条　业主在物业管理活动中,除享有《中华人民共和国物权法》、国务院《物业管理条例》规定的权利外,还有权提议召开首次业主大会会议。

业主在物业管理活动中,应当履行《中华人民共和国物权法》、国务院《物业管理条例》规定的义务。

业主应当直接或者通过建设单位、物业服务企业向业主委员会提供联系地址、通讯方式。

第十二条　业主大会由一个物业管理区域内的全体业主组成。

一个物业管理区域内,房屋出售并交付使用的建筑面积达到百分之五十以上,或者首套房屋出售并交付使用已满两年的,应当召开首次业主大会会议,成立业主大会。但只有一个业主的,或者业主人数较少且经全体业主一致同意,决定不成立业主大会的,由业主共同履行业主大会、业主委员会职责。

第十三条　物业管理区域符合本规定第十二条第二款所列应当成立业主大会条件之一的,建设单位应当在三十日内向物业所在地的乡、镇人民政府或者街道办事处提出成立业主大会的书面报告,并提供下列资料:

(一)物业管理区域核定意见;

(二)物业服务企业用房和业主委员会用房(以下合称物业管理用房)配置证明;

(三)业主清册和物业建筑面积;

(四)物业出售并交付使用时间;

(五)已筹集的专项维修资金清册。

建设单位未及时书面报告的,业主可以向乡、镇人民政府或者街道办事处提出成立业主大会的书面要求。

第十四条　乡、镇人民政府或者街道办事处应当在接到建设单位书面报告或者业主书面要求后的六十日内,会同区、县房屋行政管理部门组建业主大会筹备组(以下简称筹备组)。筹备组应当自成立之日起七日内,将成员名单在物业管理区域内公告。

筹备组由业主代表,建设单位代表,乡、镇人民政府或者街道办事处代表,房管办事处代表,物业所在地居民委员会或者村民委员会代表组成。筹备组人数应当为单数,其中业主代表应当符合本规定第十九条第二款的规定,人数所占比例应当不低于筹备组总人数的二分之一。筹备组组长由乡、镇人民政府或者街道办事处代表担任。

筹备组中的业主代表,由街道办事处或者乡、镇人民政府组织业主推荐产生。

业主对筹备组成员有异议的,由乡、镇人民政府或者街道办事处协调解决。

第十五条　筹备组应当做好以下筹备工作:

(一)确认并公示业主身份、业主人数以及所拥有的专有部分面积;

（二）确定首次业主大会会议召开的时间、地点、形式和内容；

（三）草拟管理规约、业主大会议事规则；

（四）确定首次业主大会会议表决规则；

（五）制定业主委员会成员候选人产生办法，确定业主委员会成员候选人名单；

（六）制定业主委员会选举办法；

（七）完成召开首次业主大会会议的其他准备工作。

前款内容应当在首次业主大会会议召开十五日前在物业管理区域内公告。业主对公告内容有异议的，筹备组应当记录并作出答复。

筹备组应当自成立之日起九十日内，组织召开首次业主大会会议。

筹备组在业主委员会依法成立后自行解散。

第十六条　业主大会除履行《中华人民共和国物权法》、国务院《物业管理条例》规定的职责外，还可以决定业主委员会的工作经费、撤销业主小组不适当的决定。

第十七条　业主大会会议可以采用集体讨论形式，也可以采用书面征求意见的形式。业主大会会议应当有物业管理区域内专有部分占建筑物总面积过半数的业主且占总人数过半数的业主参加。

业主大会作出决定，应当经专有部分占建筑物总面积过半数的业主且占总人数过半数的业主同意。业主大会决定筹集和使用专项维修资金，或者改建、重建建筑物及其附属设施的，应当经专有部分占建筑物总面积三分之二以上的业主且占总人数三分之二以上的业主同意。

业主可以委托代理人参加业主大会会议，代理人应当持业主书面委托书并依据委托人对所议事项的意见进行投票表决。

第十八条　首次业主大会会议通过的议事规则，应当就业主大会的议事方式、表决程序、业主小组的设立、业主委员会的组成、任期、罢免和补选等事项作出约定。

第十九条　业主委员会由业主大会会议选举产生，依法履行职责。业主委员会由五人以上单数组成，任期为三年到五年。

选聘方案经业主大会会议表决通过后,业主委员会应当在物业管理区域内公告。

第三十六条　选聘物业服务企业的,应当通过本市统一的物业管理招投标平台公开招标,但业主大会决定继续聘用原物业服务企业或者业主大会决定采用协议选聘等其他方式的除外。

市房屋行政管理部门负责建立本市统一的物业管理招投标平台,为选聘物业服务企业提供指导和服务。

第三十七条　建设单位在申请房屋预售许可前,应当参照市房屋行政管理部门制作的示范文本,制定临时管理规约和房屋使用说明书,作为房屋销售合同的附件。

临时管理规约应当对物业的使用和维护管理、业主义务、违反临时管理规约应当承担的责任等事项作出规定,但不得与法律、法规、规章相抵触,不得侵害物业买受人的合法权益。临时管理规约应当报区、县房屋行政管理部门备案。

房屋使用说明书应当载明房屋平面布局、结构、附属设备,注明房屋承重结构的房屋结构图,不得占用、移装的共用部位、共用设备,以及其他有关安全合理使用房屋的注意事项。

建设单位与物业买受人签订的房屋销售合同,应当包含前期物业服务合同约定的内容,以及建设工程规划许可文件载明的建设项目平面布局图,并在房屋交接书中列明物业管理区域内归全体业主所有的配套设施设备。

建设单位不得将物业共用部分的所有权或者使用权单独转让。

第三十八条　建设单位应当在物业管理区域地面上配置独用成套的物业管理用房,其中物业服务企业用房按照物业管理区域房屋总建筑面积的千分之二配置,但不得低于一百平方米;业主委员会用房按照不低于三十平方米配置。在物业交付时,物业管理用房由建设单位交付物业服务企业代管,并在业主大会成立后三十日内无偿移交给业主大会。

规划行政管理部门在核发建设工程规划许可证时,应当在许可证附图上注明物业管理用房的具体部位。

区、县房屋行政管理部门在核发房屋预售许可证和办理房屋所有权初始登记时，应当注明物业管理用房室号。

物业管理用房不得擅自变更位置，也不得分割、转让、抵押。

第三十九条 物业管理区域内的下列配套设施设备归业主共有：

（一）物业管理用房；

（二）门卫房、电话间、监控室、垃圾箱房、共用地面架空层、共用走廊；

（三）物业管理区域内按规划配建的非机动车车库；

（四）物业管理区域内的共有绿化、道路、场地；

（五）建设单位以房屋销售合同或者其他书面形式承诺归全体业主所有的物业；

（六）其他依法归业主共有的设施设备。

建设单位申请房屋所有权初始登记时，应当提出前款规定的配套设施设备登记申请，由房地产登记机构在房地产登记册上予以记载，但不颁发房地产权证书。

第四十条 物业服务企业应当按照物业服务合同的约定，提供相应的服务。物业服务合同可以约定下列服务事项：

（一）物业共用部位、共用设施设备的使用管理和维护；

（二）共有绿化的维护；

（三）共有区域的保洁；

（四）共有区域的秩序维护；

（五）车辆的停放管理；

（六）物业使用中对禁止性行为的管理措施；

（七）物业维修、更新、改造和养护费用的账务管理；

（八）物业档案资料的保管；

（九）业主大会或者业主委托的其他物业服务事项。

物业服务企业可以将物业服务合同中的专项服务事项委托给专业性服务企业，但不得将物业服务合同约定的全部事项一并委托给他人。

第四十一条 物业服务企业提供物业服务，应当遵守下列规定：

（一）符合国家和本市规定的技术标准、规范；

（二）及时向业主、使用人告知安全合理使用物业的注意事项；

（三）定期听取业主的意见和建议，改进和完善服务；

（四）配合居民委员会、村民委员会做好社区管理相关工作。

物业服务企业应当协助做好物业管理区域内的安全防范工作。

第四十二条　物业服务合同期限届满的三个月前，业主委员会应当组织召开业主大会，作出续聘或者另聘物业服务企业的决定，并将决定书面告知物业服务企业。业主大会决定续聘且物业服务企业接受的，业主委员会与物业服务企业应当在物业服务合同届满前重新签订物业服务合同。

物业服务企业决定物业服务合同期限届满后不再为该物业管理区域提供物业服务的，应当提前三个月书面告知业主委员会。

物业服务合同期限届满后，业主大会没有作出续聘或者另聘物业服务企业决定，物业服务企业按照原合同继续提供服务的，原合同权利义务延续。在合同权利义务延续期间，任何一方提出终止合同的，应当提前三个月书面告知对方。

第四十三条　物业服务企业应当建立和保存下列档案和资料：

（一）小区共有部分经营管理档案；

（二）小区监控系统、电梯、水泵、电子防盗门等共用设施设备档案及其运行、维修、养护记录；

（三）水箱清洗记录及水箱检测报告；

（四）住宅装饰装修管理资料；

（五）业主清册；

（六）物业服务企业或者建设单位与相关公用事业单位签订的供水、供电、垃圾清运、电信覆盖等书面协议；

（七）物业服务活动中形成的与业主利益相关的其他重要资料。

物业服务合同终止时，物业服务企业应当向业主委员会移交本规定第十条第一款和前款规定的档案和资料，以及物业管理用房。

第四十四条　物业服务收费应当遵循合理、公开、质价相符的原则。

物业服务收费实行政府指导价和市场调节价,同一物业管理区域内实施同一物业服务内容和标准的,物业服务收费执行同一价格标准。具体办法由市人民政府另行制定。

物业服务企业可以根据业主的委托提供物业服务合同约定以外的服务项目,服务报酬由双方协商确定。

物业服务企业应当在物业管理区域内书面公布物业服务项目及其收费标准。

第四十五条　前期物业服务合同生效之日至出售房屋交付之日的当月发生的物业服务费用,由建设单位承担。

出售房屋交付之日的次月至前期物业服务合同终止之日的当月发生的物业服务费用,由物业买受人按照房屋销售合同约定的前期物业服务收费标准承担;房屋销售合同未约定的,由建设单位承担。

业主应当根据物业服务合同约定,按时交纳物业服务费;业主逾期不交纳物业服务费的,业主委员会应当督促其交纳;物业服务企业可以依法向人民法院起诉。

业主转让物业时,应当与物业服务企业结清物业服务费;未结清的,买卖双方应当对物业服务费的结算作出约定,并告知物业服务企业。

第四十六条　利用物业共用部分获取的收益,归共同拥有该物业的业主所有,主要补充专项维修资金,也可以按照业主大会的决定用于业主委员会工作经费或者物业管理方面的其他需要。

第四十七条　经专有部分占建筑物总面积过半数的业主且占总人数过半数的业主同意,业主可以自行管理物业,并对下列事项作出决定:

(一)自行管理的执行机构;

(二)自行管理的内容、标准、费用和期限;

(三)聘请专业机构的方案;

(四)其他有关自行管理的内容。

电梯、消防、技防等涉及人身、财产安全以及其他有特定要求的设施设备管理,应当委托专业机构进行维修和养护。

业主大会可以委托具有资质的中介机构对管理费用、专项维修资金、公共收益等进行财务管理,根据委托财务管理合同开通专项维修资金账户,并应当向业主每季度公布一次自行管理账目。

业主自行管理物业的具体范围和实施办法由市人民政府另行制定。

第四章　物业的使用和维护

第四十八条　物业服务企业承接物业时,应当对移交的房屋及配套设施设备和相关场地进行检查验收,并对相关资料进行核对接收。

物业服务企业应当自承接验收之日起七日内签署验收确认书。

第四十九条　建设单位应当按照国家规定的保修期限和保修范围,承担物业的保修责任。建设单位委托物业服务企业维修的,应当与物业服务企业另行签订委托协议。

建设单位应当在房屋所有权初始登记前,将物业保修金交存至指定专户,专项用于保修期内物业维修的保障。保修期内,物业保修金不足的,建设单位应当补足;保修期满后,物业保修金有余额的,应当返还建设单位。

物业保修金监管实行统一交存、资金归属不变、专款专用、政府监管的原则。

第五十条　业主、使用人应当遵守国家和本市的规定以及临时管理规约、管理规约,按照房屋安全使用规定使用物业。

禁止下列损害公共利益及他人利益的行为:

(一)损坏房屋承重结构;

(二)违法搭建建筑物、构筑物;

(三)破坏房屋外貌;

(四)擅自改建、占用物业共用部分;

(五)损坏或者擅自占用、移装共用设施设备;

(六)存放不符合安全标准的易燃、易爆、剧毒、放射性等危险性物品,或者存放、铺设超负荷物品;

（七）排放有毒、有害物质；

（八）发出超过规定标准的噪声；

（九）法律、法规和规章禁止的其他行为。

第五十一条 业主、使用人装饰装修房屋，应当遵守国家和本市的规定以及临时管理规约、管理规约。

业主、使用人装饰装修房屋的，应当事先告知物业服务企业。物业服务企业应当将装饰装修工程的禁止行为和注意事项告知业主、使用人。

在业主、使用人装饰装修房屋期间，物业服务企业应当对装饰装修房屋情况进行现场巡查，业主应当予以配合。

第五十二条 业主、使用人应当按照规划行政管理部门批准或者房地产权证书载明的用途使用物业，不得擅自改变物业使用性质。

确需改变物业使用性质的，由区、县规划行政管理部门会同区、县房屋行政管理部门提出允许改变物业使用性质的区域范围和方案，并召开听证会听取利害关系人意见后，报区、县人民政府决定。

在允许改变物业使用性质的区域范围内，具体房屋单元的业主需要改变使用性质的，应当符合法律、法规以及管理规约，经有利害关系的业主同意后报区、县房屋行政管理部门审批，并依法向其他行政管理部门办理有关手续。

第五十三条 物业服务企业发现业主、使用人在物业使用、装饰装修过程中有违反国家和本市有关规定以及临时管理规约、管理规约行为的，应当依据有关规定或者临时管理规约、管理规约予以劝阻、制止；劝阻、制止无效的，应当在二十四小时内报告业主委员会和有关行政管理部门。有关行政管理部门在接到物业服务企业的报告后，应当依法对违法行为予以制止或者处理。

第五十四条 供水、供电、供气等专业单位应当承担分户计量表和分户计量表前管线、设施设备的维修养护责任。

第五十五条 物业管理区域内，规划用于停放机动车的车位、车库的归属，由当事人通过出售、附赠或者出租等方式约定。占用业主共有的道路或者其他场地用于停放机动车的车位,属于业主共有。

建设单位所有的机动车停车位向业主、使用人出租的,其收费标准应当按照价格主管部门的规定执行。

车辆在全体共用部分的停放、收费和管理等事项,由业主大会决定。业主大会决定对车辆停放收费的,参照价格主管部门的规定确定收费标准。业主大会成立前,车辆在物业管理区域内停放的,其收费标准应当按照价格主管部门的规定执行。

车主对车辆有保管要求的,由车主和物业服务企业另行签订保管合同。

公安、消防、抢险、救护、环卫等特种车辆执行公务时在物业管理区域内停放,不得收费。

第五十六条 物业管理区域内的机动车停车位,应当提供给本物业管理区域内的业主、使用人使用。建设单位尚未出售的停车位,应当出租给业主、使用人停放车辆。停车位不得转让给物业管理区域外的单位、个人;停车位有空余的,可以临时出租给物业管理区域外的单位、个人。

物业管理区域内停放车辆,不得影响其他车辆和行人的正常通行。

第五十七条 新建商品住宅、公有住宅以及住宅区内的非住宅物业出售时,物业出售人和买受人应当按照国家和本市的规定交纳专项维修资金。专项维修资金应当用于物业共用部分的维修、更新和改造,不得挪作他用。

第五十八条 未建立首期专项维修资金或者专项维修资金余额不足首期筹集金额百分之三十的,业主应当按照国家和本市的相关规定、管理规约和业主大会的决定,及时补建或者再次筹集专项维修资金。

补建或者再次筹集专项维修资金应当采用分期交纳的方式,并由物业服务企业在收取物业服务费时予以代收;业主大会也可以决定由业主一次性交纳。

业主申请房地产转移登记或者抵押登记时,应当同时向房地产登记机构提供已足额交纳专项维修资金的相关凭证。

第五十九条 专项维修资金应当存入银行专户,按幢立账、按户核算。

受委托的物业服务企业每半年至少公布一次专项维修资金和公共收益

的收支情况,接受业主的监督。

第六十条　专项维修资金使用实行工程审价和使用程序审核。

业主委员会任期届满前,应当在换届改选小组的指导下委托有资质的中介机构对专项维修资金、公共收益的使用情况以及业主委员会工作经费进行财务审计。

第六十一条　物业维修、更新、改造和养护的费用,按照下列规定承担:

(一)专有部分的所需费用,由拥有专有部分的业主承担;

(二)部分共用部分的所需费用,由拥有部分共用部分业主按照各自拥有的房屋建筑面积比例共同承担;

(三)全体共用部分的所需费用,由物业管理区域内的全体业主按照各自拥有的房屋建筑面积比例共同承担。

按照本规定设立专项维修资金的,部分共用部分、全体共用部分的维修、更新和改造费用在专项维修资金中列支。但物业的共用部分属于人为损坏的,费用应当由责任人承担。

第六十二条　物业部分共用部分的维修、更新和改造应当由部分共用的业主决定,并经专有部分占部分共用部分建筑物总面积三分之二以上的业主且占部分共用部分总人数三分之二以上的业主同意,其他决定事项,应当经专有部分占部分共用部分建筑物总面积过半数的业主且占部分共用部分总人数过半数的业主同意。

前款决定不得与业主大会对全体共用部分作出的决定相抵触;对上述决定,业主委员会应当执行。

第六十三条　机动车停车场(库)的维修、养护费用由其所有人承担。机动车停车场(库)的专项维修资金按照物业管理专项维修资金标准交纳,纳入业主大会的专项维修资金账户管理,单独核算。

第六十四条　建设单位未按照规定提出成立业主大会书面报告前,专项维修资金不得动用,住宅共用部位、共用设施设备需要维修、更新和改造的,应当由建设单位承担物业维修责任。

建设单位已经按照规定提出成立业主大会的书面报告但业主大会尚未

成立期间,需要动用专项维修资金的,物业服务企业应当提出维修实施方案,由物业所在地的居民委员会或者村民委员会组织征询业主意见,经全体共用部分业主依法讨论通过后,由物业服务企业组织实施。仅涉及部分共用部分的,可以提交涉及共用部分的业主依法讨论通过。

维修费用经市房屋行政管理部门指定的中介机构审价后,在专项维修资金中列支。

第六十五条 业主应当定期对物业进行维修养护,并按照规定检测和鉴定。

物业服务企业应当根据物业服务合同的约定,履行物业维修养护义务。

物业出现国家和本市规定的必须维修养护的情形时,业主或者物业服务企业应当及时履行维修养护义务。

第六十六条 发生下列紧急情况时,物业服务企业应当立即采取应急防范措施,并制定维修、更新方案,同时向业主委员会和物业所在地房管办事处报告:

(一)电梯、水泵故障影响正常使用的;

(二)消防设施损坏,消防部门出具整改通知书的;

(三)外墙墙面有脱落危险、屋顶或外墙渗漏等情况,严重影响房屋使用和安全,经有资质的鉴定机构出具证明的。

前款规定涉及维修费用需要动用住宅专项维修资金的,业主大会成立前,物业服务企业应当持有关材料,报区、县房屋行政管理部门审核同意,并经具有相应资质的中介机构审价后,在专项维修资金中直接列支;业主大会成立后,物业服务企业应当持有关材料,向业主委员会提出列支住宅专项维修资金,由业主委员会审核同意,报区、县房屋行政管理部门备案,并经具有相应资质的中介机构审价后,在专项维修资金中列支。

发生本条第一款所列情形,未按规定实施维修和更新、改造的,区、县房屋行政管理部门可以组织代为维修,维修费用在专项维修资金中列支。

第六十七条 物业存在房屋结构安全隐患或者被鉴定为危险房屋,可能危及公共利益或者他人合法权益时,责任人应当及时维修养护,有关业主应当予以配合。责任人不履行维修养护义务的,可以由物业服务企业报经业主大会同意或者直接按照管理规约的规定,代为维修养护或者采取应急防范措施,费用由责任人承担。

第六十八条 物业管理区域内的房屋外墙应当保持整洁和完好,并定期进行清洗或者粉刷,具体办法由市人民政府另行制定。

第六十九条 物业共用部分需要维修、养护、更新、改造的,相关专有部分的业主、使用人应当予以配合。

供水、供电、供气、信息、环卫、邮政、民防等专业单位进行相关作业需要进入物业管理区域的,物业服务企业应当予以配合;需要进入专有部分的,相关业主、使用人应当予以配合。

上述作业造成共有部分或者专有部分损失的,责任人应当依法恢复原状、承担赔偿责任。

第五章 法 律 责 任

第七十条 违反本规定的行为,法律、行政法规或者本市其他法规有处罚规定的,依照有关法律、法规处理。

第七十一条 业主、使用人违反管理规约应当承担相应的民事责任。对违反管理规约的,业主委员会应当予以劝阻、制止;对不听劝阻的,业主委员会可以在物业管理区域内就相关情况予以公示;相关业主可以依法向人民法院提起民事诉讼。

第七十二条 发现物业服务企业不再符合原资质等级条件的,房屋行政管理部门应当责令限期改正;逾期不改正的,重新核定其资质等级,其中原资质等级为一级的,报国务院建设主管部门处理。

第七十三条 建设单位违反本规定第十三条第一款规定,未将物业管理区域符合业主大会成立条件的情况书面报告物业所在地乡、镇人民政府或者街道办事处,或者未按照规定提供有关资料的,由区、县房屋行政管理部门责令限期改正,可处一万元以上十万元以下的罚款。

第七十四条　违反本规定第三十三条第一款规定,物业服务企业聘用的物业服务项目经理未取得相应的资格证书的,由区、县房屋行政管理部门责令物业服务企业限期改正,并可处五万元以上二十万元以下的罚款。

第七十五条　建设单位违反本规定第四十九条第二款规定,未交存物业保修金的,由区、县房屋行政管理部门责令限期改正;逾期不改正的,处一万元以上五万元以下的罚款,并自逾期之日起按日加收万分之三的滞纳金。

第七十六条　违反本规定第五十条第二款第一项规定,损坏房屋承重结构的,由区、县房屋行政管理部门责令立即改正,恢复原状,可处一万元以上十万元以下的罚款;情节严重的,可处十万元以上二十万元以下的罚款。

第七十七条　违反本规定第五十条第二款第二项规定,违法搭建建筑物、构筑物的,由房屋、城管执法或者规划行政管理部门按照职责分工,责令限期拆除,可处一万元以上十万元以下的罚款;当事人逾期未拆除的,房屋、城管执法或者规划行政管理部门可以申请区、县人民政府组织强制拆除。

对正在实施违法搭建建筑物、构筑物的,由房屋、城管执法或者规划行政管理部门按照职责分工,责令立即停止施工,可以暂扣施工工具、材料;拒不改正的,可以组织代为改正,代为改正的费用由当事人承担。

第七十八条　违反本规定第五十条第二款第三项、第四项、第五项规定,破坏房屋外貌,擅自改建、占用物业共用部分,损坏或者擅自占用、移装共用设施设备的,由区、县房屋行政管理部门责令改正,恢复原状,可处一千元以上一万元以下的罚款;情节严重的,可处一万元以上十万元以下的罚款。

第七十九条　业主、使用人违反本规定第五十二条规定,擅自改变物业使用性质的,由区、县房屋行政管理部门责令限期改正,恢复原状,可处一万元以上五万元以下的罚款。

第八十条　物业服务企业违反本规定第五十三条规定,对业主、使用人的违法行为未予以劝阻、制止或者未在规定时间内报告有关行政管理部门的,由区、县房屋行政管理部门责令改正,可处一千元以上一万元以下的罚款。

第八十一条　建设单位违反本规定第五十六条第一款规定,不将机动车停车位提供给本物业管理区域内业主、使用人使用的,由区、县房屋行政管理部门责令立即改正,并处一万元以上十万元以下的罚款。

第八十二条　违反本规定第五十七条规定,物业出售人未按规定交纳专项维修资金的,由房屋行政管理部门责令限期改正,可处应交专项维修资金数额一倍以下的罚款。

违反本规定第五十八条第一款规定,业主未按要求补建或者再次筹集专项维修资金的,由房屋行政管理部门责令限期改正。

第八十三条　当事人对房屋行政管理部门以及其他有关行政管理部门的具体行政行为不服的,可以依照《中华人民共和国行政复议法》或者《中华人民共和国行政诉讼法》的规定,申请行政复议或者提起行政诉讼。

当事人对具体行政行为逾期不申请复议,不提起诉讼,又不履行的,作出具体行政行为的行政管理部门可以依法申请人民法院强制执行。

第八十四条　房屋行政管理部门,乡、镇人民政府,街道办事处,房管办事处以及相关行政管理部门的工作人员违反本规定,有下列情形之一的,由其所在单位或者上级主管部门依法给予行政处分;构成犯罪的,依法追究刑事责任:

(一)违法实施行政许可或者行政处罚的;

(二)未按照本规定履行监督检查职责的;

(三)发现违法行为不及时查处,或者包庇、纵容违法行为,造成后果的;

(四)其他玩忽职守、滥用职权、徇私舞弊的情形。

第六章　附　　则

第八十五条　本规定中有关专业用语的含义:

(一)专有部分,是指在构造上及利用上具有独立性,由单个业主独立使用、处分的物业部位。

(二)部分共用部分,是指由部分业主共同使用、管理的物业部位、设施设备及场地等部分。

（三）全体共用部分，是指由全体业主共同使用、管理的物业部位、设施设备及场地等部分。

第八十六条　市房屋行政管理部门应当制定临时管理规约、管理规约、首次业主大会会议表决规则、业主大会议事规则、业主委员会成员候选人产生办法、业主委员会选举办法、物业服务合同等示范文本。

第八十七条　非住宅物业管理，参照本规定执行。

第八十八条　本规定自 2011 年 4 月 1 日起施行。

上海市商品住宅专项
维修资金管理办法

第一条　为了加强本市商品住宅专项维修资金的管理,保障商品住宅及其相关公共设施的正常维修、更新,根据《上海市住宅物业管理规定》,制定本办法。

第二条　本市行政区域内商品住宅专项维修资金(以下简称专项维修资金)的设立、使用和管理,适用本办法。

第三条　上海市住房保障和房屋管理局(以下简称市住房保障房屋管理局)是本市物业管理的行政主管部门,负责本办法的组织实施。区、县房屋管理部门是本辖区物业管理的行政主管部门,依照本办法对专项维修资金的设立和使用进行监督管理。

第四条　新建商品住宅应当设立专项维修资金,首期专项维修资金由房地产开发企业和购房人交纳。

第五条　业主委员会成立前,专项维修资金由物业所在地的区、县房屋管理部门代为监管,本息归业主所有,任何单位和个人不得使用。

区、县房屋管理部门应当与本市商业银行(以下称专户银行)签订委托协议,开立一个本辖区专项维修资金的专户。

专项维修资金专户的开立,应当以一个物业管理区域为单位,按每幢住宅立帐,并分列每套住宅单元的分户帐;一幢住宅有两个或者两个以上门号的,按门号立帐,并分列每套住宅单元的分户帐。

第六条　新建商品住宅的房地产开发企业和购房人,应当按照下列标准交纳首期专项维修资金:

(一) 配备电梯的住宅,房地产开发企业按照每平方米建筑面积成本价的4%交纳;不配备电梯的住宅,房地产开发企业按照每平方米建筑面积成本价的 3% 交纳。

（二）配备电梯的住宅,购房人按照每平方米建筑面积成本价的 3% 交纳;不配备电梯的住宅,购房人按照每平方米建筑面积成本价的 2% 交纳。新建商品住宅每平方米建筑面积成本价,由市住房保障房屋管理局和市物价部门核定。

第七条　新建商品住宅的房地产开发企业和购房人应当按照下列规定的时限交纳首期专项维修资金:

（一）房地产开发企业应当在办理新建商品住宅所有权初始登记前,按本办法第六条第一款第一项的规定,将该新建商品住宅的专项维修资金存入专户银行。

（二）购房人应当在办理房地产权转移登记前,按本办法第六条第一款第二项的规定,将所购商品住宅的专项维修资金存入专户银行。

（三）业主委员会成立时尚未出售的商品住宅,房地产开发企业应当在业主委员会成立之日起 15 日内,按本办法第六条第一款第二项的规定交纳专项维修资金,存入专户银行。新建商品住宅的房地产开发企业和购房人在办理新建商品住宅所有权初始登记、房地产权转移登记手续时,应当向房地产登记机构提交专户银行收款凭证。

第八条　区、县房屋管理部门应当定期核查首期专项维修资金的交存情况,并每年公布一次。

第九条　业主委员会成立后,应当与本市商业银行(以下称开户银行)签订委托协议,开立一个物业管理区域的专项维修资金帐户。专项维修资金帐户的开立,应当按每幢住宅立帐,并分列每套住宅单元的分户帐;一幢住宅有两个或者两个以上门号的,应当按门号立帐,并分列每套住宅单元的分户帐。

第十条　业主委员会开立专项维修资金帐户时,应当提交下列文件和资料:

（一）开户申请书;

（二）业主委员会成立的备案文件;

（三）业主分户清册；

（四）业主委员会主任、副主任私章和业主委员会财务专用章的印鉴；

（五）物业管理服务合同。

前款规定的业主分户清册由区、县房屋管理部门经核对后向业主委员会提供。业主分户　清册的格式，由市住房保障房屋管理局会同有关部门制定。业主委员会委托物业服务企业办理开户手续的，还应当提交书面委托书。

第十一条　业主委员会开立专项维修资金帐户后，应当通知区、县房屋管理部门，由区、县房屋管理部门将专项维修资金专户中已收取该物业管理区域首期专项维修资金的本息划转至业主委员会的专项维修资金帐户。

第十二条　业主大会许可他人利用住宅共用部位设置广告等经营性设施而收取的费用，应当存入专项维修资金帐户，归该幢住宅的业主共同所有，并设立单独帐目，专项用于该幢住宅共用部位、共用设备的维修、更新。

业主大会许可他人利用物业管理区域公共设施停放车辆、设置广告等经营性设施而收取的费用，应当存入专项维修资金帐户，归全体业主共同所有，并设立单独帐目，专项用于物业管理区域公共设施的维修、更新。

第十三条　专项维修资金应当专项用于住宅共用部位、共用设备和物业管理区域公共设施的维修、更新，不得挪作他用。住宅共用部位、共用设备和物业管理区域公共设施属于人为损坏的，其维修、更新费用应当由责任人承担。

第十四条　物业管理服务合同应当约定物业的日常维修、更新的范围、标准和实施程序等事项；合同未约定或者约定不明确的，按照下列规定实施：

（一）住宅共用部位、共用设备的维修、更新，应当事先征得业主小组书面同意；

（二）物业管理区域公共设施的维修、更新，应当事先征得业主大会书面同意。

发生危及房屋使用安全或者公共安全的紧急情况，物业服务企业应当立即组织物业维修、更新，并及时通知业主委员会。

住宅共用部位、共用设备和物业管理区域公共设施的维修、更新属于房地产开发企业保修责任范围的，应当由房地产开发企业或者其委托的物业服务企业负责实施。

第十五条　经房屋安全鉴定机构鉴定为危险房屋，或者出现法规、规章和有关技术标准规定必须维修房屋的情形，区、县房屋管理部门应当督促业主和业主委员会限期维修；逾期不维修的，区、县房屋管理部门可以组织代为维修，其费用由房屋所有人承担，或者按本办法第十六条第二款规定在专项维修资金中列支。

第十六条　物业维修、更新完成后，物业服务企业应当将加盖企业公章的费用清单、发票原件提交业主委员会审核，并经业主委员会主任、副主任共同签章后，有关的费用方可在专项维修资金中列支。

物业维修、更新费用按照下列规定在专项维修资金中列支：

（一）住宅共用部位、共用设备的维修、更新费用，由该幢住宅的业主按照拥有住宅建筑面积的比例共同承担；其中，一幢住宅有两个或者两个以上门号的，每个门号内共用部位、共用设备的维修、更新费用，由该门号内的业主按照拥有住宅建筑面积的比例共同承担。

（二）物业管理区域公共设施的维修、更新费用，由全体业主按照拥有住宅建筑面积的比例共同承担；其中，属于两个或者两个以上物业管理区域的公共设施维修、更新费用，由各物业管理区域的全体业主按照拥有住宅建筑面积的比例共同承担。

第十七条　专项维修资金应当按照下列规定支取：

（一）物业服务企业可以从专项维修资金中暂借相当于一个月的物业日常维修、更新费用的备用金，实际发生的日常维修、更新费用按月结算；物业管理服务合同另有约定的，从其约定。物业服务企业向开户银行支取备用金时，应当提交经业主委员会主任、副主任审核签章的支付凭证；支取实际发生的费用时，应当提交经业主委员会主任、副主任审核签章的支付凭证和有关费用清单。

（二）住宅需要大修或者专项维修、更新的，施工承包合同中可以约定预付款，但预付款最高不得超过工程款总额的 30％。物业服务企业向开户银行代为支取预付款时，应当提交经业主委员会主任、副主任审核签章的支付凭证和施工承包合同；代为支取实际发生的费用时，应当提交经业主委员会主任、副主任审核签章的支付凭证和有关费用清单。

物业的日常维修、更新费用由物业服务企业按季度进行按户分摊；物业管理服务合同另有约定的，从其约定。住宅大修和专项维修、更新费用，应当单项即时按户分摊。业主分户帐外设立单独帐目的，可以先在该帐目中列支。

物业服务企业应当向开户银行提交按户分摊费用清单，由开户银行计入业主分户帐和业主分户帐外的单独帐目。

第十八条　业主委员会或者其委托的物业服务企业应当每月与开户银行核对专项维修资金帐目，并将下列情况每半年向全体业主公布一次：

（一）专项维修资金交纳、使用和结存的金额；

（二）发生物业维修、更新的项目和费用以及按户分摊情况；

（三）专项维修资金使用和管理的其他有关情况。

前款第二项规定的情况，应当按每幢住宅公布；一幢住宅有两个或者两个以上门号的，应当按门号公布。

业主对公布的专项维修资金帐目情况有异议的，可以要求业主委员会和物业服务企业提供有关的费用清单、发票原件和按户分摊费用清单进行核对。

开户银行应当每月向业主委员会发送专项维修资金帐户对帐单，每年向全体业主发送专项维修资金分户对帐单。业主委员会和业主可以向开户银行查询其帐户或者分户帐的情况。

第十九条　一幢或者一个门号住宅的专项维修资金余额不足首期专项维修资金的 30％时，业主委员会应当向该幢或者该门号住宅的业主再次筹集专项维修资金。具体筹集工作由业主委员会或者其委托的业主小组实施。

再次筹集专项维修资金的标准由业主委员会拟订,提交业主大会讨论通过,但再次筹集后的专项维修资金余额不得少于首期专项维修资金。

第二十条　因买卖、赠与等发生住宅转让的,住宅受让人应当持本人身份证件、房地产权证和业主委员会的证明,向开户银行办理分户帐更名手续。住宅转让时,原业主交纳的专项维修资金剩余款额,由住宅受让人向原业主支付;住宅转让合同或者转让当事人另有约定的,从其约定。房地产开发企业出售住宅时,其按本办法第七条第一款第三项规定交纳的专项维修资金剩余款额,按前款规定执行。

第二十一条　有下列情形之一的,业主委员会应当向开户银行办理专项维修资金帐户的有关变更手续:

(一)物业管理区域发生调整的;

(二)业主委员会主任、副主任发生更换的;

(三)物业服务企业发生更换的。

第二十二条　因拆迁、自然灾害或者其他原因致使住宅灭失的,业主可以持本人身份证件、注销房地产权证的证明和业主委员会的证明,向开户银行提取其专项维修资金分户帐中的剩余款额,并办理分户帐注销手续。

因拆迁、自然灾害或者其他原因致使一个物业管理区域内的住宅全部灭失的,业主委员会应当凭区、县房屋管理部门的有关证明,向开户银行办理专项维修资金帐户注销手续。业主分户帐外设立单独帐目的,其剩余款额由本办法第十二条规定的共同所有人按照原拥有住宅建筑面积的比例分别提取。

第二十三条　市住房保障房屋管理局和区、县房屋管理部门应当建立投诉受理制度,接受业主委员会、业主和物业服务企业对违反本办法行为的投诉。区、县房屋管理部门受理投诉后,应当进行调查、核实,并自受理之日起60日内答复投诉人。投诉人对区、县房屋管理部门的投诉答复有异议的,可以向市住房保障房屋管理局申请复核;市住房保障房屋管理局应当自受理之日起30日内,将复核意见告知投诉人。

第二十四条　房地产开发企业或者物业服务企业违反本办法规定的,

由市住房保障房屋管理局或者区、县房屋管理部门按照《上海市住宅物业管理规定》的有关规定予以处理；业主或者业主委员会可以依法向人民法院提起民事诉讼。

业主委员会或者业主委员会成员违反本办法规定，侵占应当存入专项维修资金帐户的经营服务收益或者挪用专项维修资金的，由市住房保障房屋管理局或者区、县房屋管理部门责令限期改正，并通告全体业主；业主或者业主委员会可以依法向人民法院提起民事诉讼。因物业服务企业的过错致使专项维修资金被挪用的，物业服务企业应当依法承担连带责任。

第二十五条　物业管理区域内纳入住宅竣工配套计划的新建商品住宅的配套公共建筑设施，应当由设施接收单位按本办法第六条第一款第一项和第二项规定标准的总和，在办理设施移交手续之日起的 15 日内交纳首期专项维修资金；其中，单幢的配套公共建筑设施由一家单位接收的，按规定标准的 50% 交纳。

前款规定以外的物业管理区域内非居住房屋，应当由房地产开发企业和购房人按本办法第六条和第七条的规定交纳首期专项维修资金。

物业管理区域内非居住房屋专项维修资金的使用和管理，依照本办法的有关规定执行。

第二十六条　业主大会可以委托社会中介机构代为管理专项维修资金。具体办法由市住房保障房屋管理局制定。

第二十七条　市住房保障房屋管理局可以对本办法的具体应用问题作出解释。

第二十八条　本办法自 2001 年 1 月 1 日起施行。本办法施行前已出售商品住宅的专项维修资金的设立、使用和管理，参照本办法的有关规定执行，具体执行办法由市住房保障房屋管理局制定。

供电营业规则

第四十七条　供电设施的运行维护管理范围,按产权归属确定。责任分界点按下列各项确定:

1. 公用低压线路供电的,以供电接户线用户端最后支持物为分界点,支持物属供电企业。

2. 10千伏及以下公用高压线路供电的,以用户的厂界外或配电室前的第一断路器或第一支持物为分界点,第一断路器或第一支持物属供电企业。

3. 35千伏及以上公用高压线路供电的,以用户厂界外或用户变电站外第一基电杆为分界点。第一基电杆属供电企业。

4. 采用电缆供电的,本着便于维护管理的原则,分界点由供电企业与用户协商确定。

5. 产权属于用户且由用户运行维护的线路,以公用线路支杆或专用线接引的公用变电站外第一基电杆为分界点,专用线路第一电杆属用户。在电气上的具体分界点,由供用双方协商确定。

第四十八条　供电企业和用户分工维护管理的供电和受电设备,除另有约定者外,未经管辖单位同意,对方不得操作或更动;如因紧急事故必须操作或更动者,事后应迅速通知管辖单位。

娱乐场所管理条例

第七条　娱乐场所不得设在下列地点：

（一）居民楼、博物馆、图书馆和被核定为文物保护单位的建筑物内；

（二）居民住宅区和学校、医院、机关周围；

（三）车站、机场等人群密集的场所；

（四）建筑物地下一层以下；

（五）与危险化学品仓库毗连的区域。

娱乐场所的边界噪声，应当符合国家规定的环境噪声标准。

最高人民法院关于民事
诉讼证据的若干规定

为保证人民法院正确认定案件事实公正、及时审理民事案件,保障和便利当事人依法行使诉讼权利,根据《中华人民共和国民事诉讼法》(以下简称《民事诉讼法》)等有关法律的规定,结合民事审判经验和实际情况,制定本规定。

一、当事人举证

第一条 原告向人民法院起诉或者被告提出反诉,应当附有符合起诉条件的相应的证据材料。

第二条 当事人对自己提出的诉讼请求所依据的事实或者反驳对方诉讼请求所依据的事实有责任提供证据加以证明。

没有证据或者证据不足以证明当事人的事实主张的,由负有举证责任的当事人承担不利后果。

第三条 人民法院应当向当事人说明举证的要求及法律后果,促使当事人在合理期限内积极、全面、正确、诚实地完成举证。

当事人因客观原因不能自行收集的证据,可申请人民法院调查收集。

第四条 下列侵权诉讼,按照以下规定承担举证责任:

(一)因新产品制造方法发明专利引起的专利侵权诉讼,由制造同样产品的单位或者个人对其产品制造方法不同于专利方法承担举证责任;

(二)高度危险作业致人损害的侵权诉讼,由加害人就受害人故意造成损害的事实承担举证责任;

（三）因环境污染引起的损害赔偿诉讼，由加害人就法律规定的免责事由及其行为与损害结果之间不存在因果关系承担举证责任；

（四）建筑物或者其他设施以及建筑物上的搁置物、悬挂物发生倒塌、脱落、坠落致人损害的侵权诉讼，由所有人或者管理人对其无过错承担举证责任；

（五）饲养动物致人损害的侵权诉讼，由动物饲养人或者管理人就受害人有过错或者第三人有过错承担举证责任；

（六）因缺陷产品致人损害的侵权诉讼，由产品的生产者就法律规定的免责事由承担举证责任；

（七）因共同危险行为致人损害的侵权诉讼，由实施危险行为的人就其行为与损害结果之间不存在因果关系承担举证责任；

（八）因医疗行为引起的侵权诉讼，由医疗机构就医疗行为与损害结果之间不存在因果关系及不存在医疗过错承担举证责任。

有关法律对侵权诉讼的举证责任有特殊规定的，从其规定。

第五条　在合同纠纷案件中，主张合同关系成立并生效的一方当事人对合同订立和生效的事实承担举证责任；主张合同关系变更、解除、终止、撤销的一方当事人对引起合同关系变动的事实承担举证责任。

对合同是否履行发生争议的，由负有履行义务的当事人承担举证责任。

对代理权发生争议的，由主张有代理权一方当事人承担举证责任。

第六条　在劳动争议纠纷案件中，因用人单位作出开除、除名、辞退、解除劳动合同、减少劳动报酬、计算劳动者工作年限等决定而发生劳动争议的，由用人单位负举证责任。

第七条　在法律没有具体规定，依本规定及其他司法解释无法确定举证责任承担时，人民法院可以根据公平原则和诚实信用原则，综合当事人举证能力等因素确定举证责任的承担。

第八条　诉讼过程中，一方当事人对另一方当事人陈述的案件事实明确表示承认的，另一方当事人无需举证。但涉及身份关系的案件除外。

对一方当事人陈述的事实，另一方当事人既未表示承认也未否认，经审判人员充分说明并询问后,其仍不明确表示肯定或者否定的,视为对该项事实的承认。

当事人委托代理人参加诉讼的,代理人的承认视为当事人的承认。但未经特别授权的代理人对事实的承认直接导致承认对方诉讼请求的除外;当事人在场但对其代理人的承认不作否认表示的,视为当事人的承认。

当事人在法庭辩论终结前撤回承认并经对方当事人同意,或者有充分证据证明其承认行为是在受胁迫或者重大误解情况下作出且与事实不符的,不能免除对方当事人的举证责任。

第九条 下列事实,当事人无需举证证明:

(一)众所周知的事实;

(二)自然规律及定理;

(三)根据法律规定或者已知事实和日常生活经验法则,能推定出的另一事实;

(四)已为人民法院发生法律效力的裁判所确认的事实;

(五)已为仲裁机构的生效裁决所确认的事实;

(六)已为有效公证文书所证明的事实。

前款(一)、(三)、(四)、(五)、(六)项,当事人有相反证据足以推翻的除外。

第十条 当事人向人民法院提供证据,应当提供原件或者原物。如需自己保存证据原件、原物或者提供原件、原物确有困难的,可以提供经人民法院核对无异的复制件或者复制品。

第十一条 当事人向人民法院提供的证据系在中华人民共和国领域外形成的该证据应当经所在国公证机关予以证明,并经中华人民共和国驻该国使领馆予以认证,或者履行中华人民共和国与该所在国订立的有关条约中规定的证明手续。

当事人向人民法院提供的证据是在香港、澳门、台湾地区形成的,应当履行相关的证明手续。

第十二条 当事人向人民法院提供外文书证或者外文说明资料,应当附有中文译本。

第十三条　对双方当事人无争议但涉及国家利益、社会公共利益或者他人合法权益的事实,人民法院可以责令当事人提供有关证据。

第十四条　当事人应当对其提交的证据材料逐一分类,对证据材料的来源、证明对象和内容作简要说明、签名盖章、注明提交日期,并依照对方当事人人数提出副本。

人民法院收到当事人提交的证据材料,应当出具收据,注明证据的名称、份数和页数以及收到的时间,由经办人员签名或者盖章。

二、人民法院调查收集证据

第十五条　《民事诉讼法》第六十四条规定的"人民法院认为审理案件需要的证据",是指以下情形:

(一)涉及可能有损国家利益、社会公共利益或者他人合法权益的事实;

(二)涉及依职权追加当事人、中止诉讼、终结诉讼、回避等与实体争议无关的程序事项。

第十六条　除本规定第十五条规定的情形外,人民法院调查收集证据,应当依当事人的申请进行。

第十七条　符合下列条件之一的,当事人及其诉讼代理人可以申请人民法院调查收集证据:

(一)申请调查收集的证据属于国家有关部门保存并须人民法院依职权调取的档案材料;

(二)涉及国家秘密、商业秘密、个人隐私的材料;

(三)当事人及其诉讼代理人确因客观原因不能自行收集的其他材料。

第十八条　当事人及其诉讼代理人申请人民法院调查收集证据,应当提交书面申请。申请书应当载明被调查人的姓名或者单位名称、住所地等基本情况、所要调查收集的证据的内容、需要由人民法院调查收集证据的原因及其要证明的事实。

第十九条　当事人及其诉讼代理人申请人民法院调查收集证据，不得迟于举证期限届满前七日。

人民法院对当事人及其诉讼代理人的申请不予准许的，应当向当事人或其诉讼代理人送达通知书。当事人及其诉讼代理人可以在收到通知书的次日起三日内向受理申请的人民法院书面申请复议一次。人民法院应当在收到复议申请之日起五日内作出答复。

第二十条　调查人员调查收集的书证，可以是原件，也可以是经核对无误的副本或者复制件。是副本或者复制件的，应当在调查笔录中说明来源和取证情况。

第二十一条　调查人员调查收集的物证应当是原物。被调查人提供原物确有困难的，可以提供复制品或者照片。提供复制品或者照片的，应当在调查笔录中说明取证情况。

第二十二条　调查人员调查收集计算机数据或者录音、录像等视听资料的，应当要求被调查人提供有关资料的原始载体。提供原始载体确有困难的，可以提供复制件。提供复制件的，调查人员应当在调查笔录中说明其来源和制作经过。

第二十三条　当事人依据《民事诉讼法》第七十四条的规定向人民法院申请保全证据，不得迟于举证期限届满前七日。

当事人申请保全证据的，人民法院可以要求其提供相应的担保。

法律、司法解释规定诉前保全证据的，依照其规定办理。

第二十四条　人民法院进行证据保全，可以根据具体情况采取查封、扣押、拍照、录音、录像、复制、鉴定、勘验、制作笔录等方法。

人民法院进行证据保全，可以要求当事人或者诉讼代理人到场。

第二十五条　当事人申请鉴定，应当在举证期限内提出。符合本规定第二十七条规定的情形，当事人申请重新鉴定的除外。

对需要鉴定的事项负有举证责任的当事人，在人民法院指定的期限内无正当理由不提出鉴定申请或者不预交鉴定费用或者拒不提供相关材料致使对案件争议的事实无法通过鉴定结论予以认定的，应当对该事实承担举证不能的法律后果。

第二十六条 当事人申请鉴定经人民法院同意后,由双方当事人协商确定有鉴定资格的鉴定机构、鉴定人员,协商不成的,由人民法院指定。

第二十七条 当事人对人民法院委托的鉴定部门作出的鉴定结论有异议申请重新鉴定,提出证据证明存在下列情形之一的,人民法院应予准许:

(一)鉴定机构或者鉴定人员不具备相关的鉴定资格的;

(二)鉴定程序严重违法的;

(三)鉴定结论明显依据不足的;

(四)经过质证认定不能作为证据使用的其他情形。

对有缺陷的鉴定结论,可以通过补充鉴定、重新质证或者补充质证等方法解决的,不予重新鉴定。

第二十八条 一方当事人自行委托有关部门作出的鉴定结论,另一方当事人有证据足以反驳并申请重新鉴定的,人民法院应予准许。

第二十九条 审判人员对鉴定人出具的鉴定书,应当审查是否具有下列内容:

(一)委托人姓名或者名称、委托鉴定的内容;

(二)委托鉴定的材料;

(三)鉴定的依据及使用的科学技术手段;

(四)对鉴定过程的说明;

(五)明确的鉴定结论;

(六)对鉴定人鉴定资格的说明;

(七)鉴定人员及鉴定机构签名盖章。

第三十条 人民法院勘验物证或者现场,应当制作笔录,记录勘验的时间、地点、勘验人、在场人、勘验的经过、结果,由勘验人、在场人签名或者盖章。对于绘制的现场图应当注明绘制的时间、方位、测绘人姓名、身份等内容。

第三十一条 摘录有关单位制作的与案件事实相关的文件、材料,应当注明出处,并加盖制作单位或者保管单位的印章,摘录人和其他调查人员应当在摘录件上签名或者盖章。

摘录文件、材料应当保持内容相应的完整性，不得断章取义。

三、举证时限与证据交换

第三十二条　被告应当在答辩期届满前提出书面答辩，阐明其对原告诉讼请求及所依据的事实和理由的意见。

第三十三条　人民法院应当在送达案件受理通知书和应诉通知书的同时向当事人送达举证通知书。举证通知书应当载明举证责任的分配原则与要求、可以向人民法院申请调查取证的情形、人民法院根据案件情况指定的举证期限以及逾期提供证据的法律后果。

举证期限可以由当事人协商一致，并经人民法院认可。

由人民法院指定举证期限的，指定的期限不得少于三十日，自当事人收到案件受理通知书和应诉通知书的次日起计算。

第三十四条　当事人应当在举证期限内向人民法院提交证据材料，当事人在举证期限内不提交的，视为放弃举证权利。

对于当事人逾期提交的证据材料，人民法院审理时不组织质证。但对方当事人同意质证的除外。

当事人增加、变更诉讼请求或者提起反诉的，应当在举证期限届满前提出。

第三十五条　诉讼过程中，当事人主张的法律关系的性质或者民事行为的效力与人民法院根据案件事实作出的认定不一致的，不受本规定第三十四条规定的限制，人民法院应当告知当事人可以变更诉讼请求。

当事人变更诉讼请求的，人民法院应当重新指定举证期限。

第三十六条　当事人在举证期限内提交证据材料确有困难的，应当在举证期限内向人民法院申请延期举证，经人民法院准许，可以适当延长举证期限。当事人在延长的举证期限内提交证据材料仍有困难的，可以再次提出延期申请，是否准许由人民法院决定。

第三十七条　经当事人申请,人民法院可以组织当事人在开庭审理前交换证据。

人民法院对于证据较多或者复杂疑难的案件,应当组织当事人在答辩期届满后、开庭审理前交换证据。

第三十八条　交换证据的时间可以由当事人协商一致并经人民法院认可,也可以由人民法院指定。

人民法院组织当事人交换证据的,交换证据之日举证期限届满。当事人申请延期举证经人民法院准许的,证据交换日相应顺延。

第三十九条　证据交换应当在审判人员的主持下进行。

在证据交换的过程中,审判人员对当事人无异议的事实、证据应当记录在卷;对有异议的证据,按照需要证明的事实分类记录在卷,并记载异议的理由。通过证据交换,确定双方当事人争议的主要问题。

第四十条　当事人收到对方交换的证据后提出反驳并提出新证据的,人民法院应当通知当事人在指定的时间进行交换。

证据交换一般不超过两次。但重大、疑难和案情特别复杂的案件,人民法院认为确有必要再次进行证据交换的除外。

第四十一条　《民事诉讼法》第一百二十五条第一款规定的"新的证据",是指以下情形:

(一)一审程序中的新的证据包括:当事人在一审举证期限届满后新发现的证据;当事人确因客观原因无法在举证期限内提供,经人民法院准许,在延长的期限内仍无法提供的证据。

(二)二审程序中的新的证据包括:一审庭审结束后新发现的证据;当事人在一审举证期限届满前申请人民法院调查取证未获准许,二审法院经审查认为应当准许并依当事人申请调取的证据。

第四十二条　当事人在一审程序中提供新的证据的,应当在一审开庭前或者开庭审理时提出。

当事人在二审程序中提供新的证据的,应当在二审开庭前或者开庭审理时提出;二审不需要开庭审理的,应当在人民法院指定的期限内提出。

第四十三条　当事人举证期限届满后提供的证据不是新的证据的,人民法院不予采纳。

当事人经人民法院准许延期举证,但因客观原因未能在准许的期限内提供,且不审理该证据可能导致裁判明显不公的,其提供的证据可视为新的证据。

第四十四条　《民事诉讼法》第一百七十九条第一款第(一)项规定的"新的证据",是指原审庭审结束后新发现的证据。

当事人在再审程序中提供新的证据的,应当在申请再审时提出。

第四十五条　一方当事人提出新的证据的,人民法院应当通知对方当事人在合理期限内提出意见或者举证。

第四十六条　由于当事人的原因未能在指定期限内举证,致使案件在二审或者再审期间因提出新的证据被人民法院发回重审或者改判的,原审裁判不属于错误裁判案件。一方当事人请求提出新的证据的另一方当事人负担由此增加的差旅、误工、证人出庭作证、诉讼等合理费用以及由此扩大的直接损失,人民法院应予支持。

四、质　　证

第四十七条　证据应当在法庭上出示,由当事人质证。未经质证的证据,不能作为认定案件事实的依据。

当事人在证据交换过程中认可并记录在卷的证据,经审判人员在庭审中说明后可以作为认定案件事实的依据。

第四十八条　涉及国家秘密、商业秘密和个人隐私或者法律规定的其他应当保密的证据,不得在开庭时公开质证。

第四十九条　对书证、物证、视听资料进行质证时,当事人有权要求出示证据的原件或者原物。但有下列情况之一的除外:

(一)出示原件或者原物确有困难并经人民法院准许出示复制件或者复制品的;

（二）原件或者原物已不存在，但有证据证明复制件、复制品与原件或原物一致的。

第五十条　质证时，当事人应当围绕证据的真实性、关联性、合法性，针对证据证明力有无以及证明力大小，进行质疑、说明与辩驳。

第五十一条　质证按下列顺序进行：

（一）原告出示证据，被告、第三人与原告进行质证；

（二）被告出示证据，原告、第三人与被告进行质证；

（三）第三人出示证据，原告、被告与第三人进行质证。

人民法院依照当事人申请调查收集的证据，作为提出申请的一方当事人提供的证据。

人民法院依照职权调查收集的证据应当在庭审时出示，听取当事人意见，并可就调查收集该证据的情况予以说明。

第五十二条　案件有两个以上独立的诉讼请求的，当事人可以逐个出示证据进行质证。

第五十三条　不能正确表达意志的人，不能作为证人。

待证事实与其年龄、智力状况或者精神健康状况相适应的无民事行为能力人和限制民事行为能力人，可以作为证人。

第五十四条　当事人申请证人出庭作证，应当在举证期限届满十日前提出，并经人民法院许可。

人民法院对当事人的申请予以准许的，应当在开庭审理前通知证人出庭作证，并告知其应当如实作证及作伪证的法律后果。

证人因出庭作证而支出的合理费用由提供证人的一方当事人先行支付，由败诉一方当事人承担。

第五十五条　证人应当出庭作证，接受当事人的质询。

证人在人民法院组织双方当事人交换证据时出席陈述证言的，可视为出庭作证。

第五十六条　《民事诉讼法》第七十条规定的"证人确有困难不能出庭"，是指有下列情形：

（一）年迈体弱或者行动不便无法出庭的；

（二）特殊岗位确实无法离开的；

（三）路途特别遥远，交通不便难以出庭的；

（四）因自然灾害等不可抗力的原因无法出庭的；

（五）其他无法出庭的特殊情况。

前款情形，经人民法院许可，证人可以提交书面证言或者视听资料或者通过双向视听传输技术手段作证。

第五十七条　出庭作证的证人应当客观陈述其亲身感知的事实。证人为聋哑人的，可以其他表达方式作证。

证人作证时，不得使用猜测、推断或者评论性的语言。

第五十八条　审判人员和当事人可以对证人进行询问。证人不得旁听法庭审理；询问证人时，其他证人不得在场。人民法院认为有必要的，可以让证人进行对质。

第五十九条　鉴定人应当出庭接受当事人质询。

鉴定人确因特殊原因无法出庭的，经人民法院准许，可以书面答复当事人的质询。

第六十条　经法庭许可，当事人可以向证人、鉴定人、勘验人发问。

询问证人、鉴定人、勘验人不得使用威胁、侮辱及不适当引导证人的言语和方式。

第六十一条　当事人可以向人民法院申请由一至二名具有专门知识的人员出庭就案件的专门性问题进行说明。人民法院准许其申请的，有关费用由提出申请的当事人负担。

审判人员和当事人可以对出庭的具有专门知识的人员进行询问。

经人民法院准许，可以由当事人各自申请的具有专门知识的人员就有案件中的问题进行对质。

具有专门知识的人员可以对鉴定人进行询问。

第六十二条　法庭应当将当事人的质证情况记入笔录，并由当事人核对后签名或者盖章。

五、证据的审核认定

第六十三条　人民法院应当以证据能够证明的案件事实为依据依法作出裁判。

第六十四条　审判人员应当依照法定程序,全面、客观地审核证据,依据法律的规定,遵循法官职业道德,运用逻辑推理和日常生活经验,对证据有无证明力和证明力大小独立进行判断,并公开判断的理由和结果。

第六十五条　审判人员对单一证据可以从下列方面进行审核认定:

(一)证据是否原件、原物,复印件、复制品与原件、原物是否相符;

(二)证据与本案事实是否相关;

(三)证据的形式、来源是否符合法律规定;

(四)证据的内容是否真实;

(五)证人或者提供证据的人,与当事人有无利害关系。

第六十六条　审判人员对案件的全部证据,应当从各证据与案件事实的关联程度、各证据之间的联系等方面进行综合审查判断。

第六十七条　在诉讼中,当事人为达成调解协议或者和解的目的作出妥协所涉及的对案件事实的认可,不得在其后的诉讼中作为对其不利的证据。

第六十八条　以侵害他人合法权益或者违反法律禁止性规定的方法取得的证据,不能作为认定案件事实的依据。

第六十九条　下列证据不能单独作为认定案件事实的依据:

(一)未成年人所作的与其年龄和智力状况不相当的证言;

(二)与一方当事人或者其代理人有利害关系的证人出具的证言;

(三)存有疑点的视听资料;

(四)无法与原件、原物核对的复印件、复制品;

(五)无正当理由未出庭作证的证人证言。

第七十条 一方当事人提出的下列证据,对方当事人提出异议但没有足以反驳的相反证据的,人民法院应当确认其证明力:

(一)书证原件或者与书证原件核对无误的复印件、照片、副本、节录本;

(二)物证原物或者与物证原物核对无误的复制件、照片、录像资料等;

(三)有其他证据佐证并以合法手段取得的、无疑点的视听资料或者与视听资料核对无误的复制件;

(四)一方当事人申请人民法院依照法定程序制作的对物证或者现场的勘验笔录。

第七十一条 人民法院委托鉴定部门作出的鉴定结论,当事人没有足以反驳的相反证据和理由的,可以认定其证明力。

第七十二条 一方当事人提出的证据,另一方当事人认可或者提出的相反证据不足以反驳的,人民法院可以确认其证明力。

一方当事人提出的证据,另一方当事人有异议并提出反驳证据,对方当事人对反驳证据认可的,可以确认反驳证据的证明力。

第七十三条 双方当事人对同一事实分别举出相反的证据,但都没有足够的依据否定对方证据的,人民法院应当结合案件情况,判断一方提供证据的证明力是否明显大于另一方提供证据的证明力,并对证明力较大的证据予以确认。

因证据的证明力无法判断导致争议事实难以认定的,人民法院应当依据举证责任分配的规则作出裁判。

第七十四条 诉讼过程中,当事人在起诉状、答辩状、陈述及其委托代理人的代理词中承认的对己方不利的事实和认可的证据,人民法院应当予以确认,但当事人反悔并有相反证据足以推翻的除外。

第七十五条 有证据证明一方当事人持有证据无正当理由拒不提供,如果对方当事人主张该证据的内容不利于证据持有人,可以推定该主张成立。

第七十六条 当事人对自己的主张,只有本人陈述而不能提出其他相关证据的,其主张不予支持。但对方当事人认可的除外。

第七十七条　人民法院就数个证据对同一事实的证明力,可以依照下列原则认定:

(一)国家机关、社会团体依职权制作的公文书证的证明力一般大于其他书证;

(二)物证、档案、鉴定结论、勘验笔录或者经过公证、登记的书证,其证明力一般大于其他书证、视听资料和证人证言;

(三)原始证据的证明力一般大于传来证据;

(四)直接证据的证明力一般大于间接证据;

(五)证人提供的对与其有亲属或者其他密切关系的当事人有利的证言,其证明力一般小于其他证人证言。

第七十八条　人民法院认定证人证言,可以通过对证人的智力状况、品德、知识、经验、法律意识和专业技能等的综合分析作出判断。

第七十九条　人民法院应当在裁判文书中阐明证据是否采纳的理由。

对当事人无争议的证据,是否采纳的理由可以不在裁判文书中表述。

六、其　　他

第八十条　对证人、鉴定人、勘验人的合法权益依法予以保护。

当事人或者其他诉讼参与人伪造、毁灭证据,提供假证据,阻止证人作证,指使、贿买、胁迫他人作伪证,或者对证人、鉴定人、勘验人打击报复的,依照《民事诉讼法》第一百零二条的规定处理。

第八十一条　人民法院适用简易程序审理案件,不受本解释中第三十二条、第三十三条第三款和第七十九条规定的限制。

第八十二条　本院过去的司法解释,与本规定不一致的,以本规定为准。

第八十三条　本规定自 2002 年 4 月 1 日起施行。2002 年 4 月 1 日尚未审结的一审、二审和再审民事案件不适用本规定。

　　本规定施行前已经审理终结的民事案件,当事人以违反本规定为由申请再审的,人民法院不予支持。

　　本规定施行后受理的再审民事案件,人民法院依据《民事诉讼法》第一百八十四条的规定进行审理的,适用本规定。

参 考 文 献

1. 黄茂荣：《法学方法与现代民法》，中国政法大学出版社 2001 年版，第 472—482 页。

2. 谭玲、胡丹缨："物业管理相关问题再探析"，载《现代法学》，2006 年第 6 期。

3. 谢家瑾主编：《物业管理条例释义》，知识产权出版社 2003 年版，第 94 页。

4. 夏善胜主编：《物业管理法》，法律出版社 2004 年版，第 141—142 页。

5. 王家福主编：《物业管理条例释解》，中国物价出版社 2003 年版，第 116 页。

6. 周珂主编：《物业管理法教程》，法律出版社 2004 年版，第 148—149 页。

7. 朱瑰君："论物业管理合同关系"，载《当代法学》，2001 年第 7 期。

8. 徐海燕：《区分所有建筑物管理的法律问题研究》，法律出版社 2007 年版，第 264 页。

9. 陈华彬：《现代建筑物区分所有权制度研究》，法律出版社 2007 年版。

10. 徐海燕：《区分所有建筑物管理的法律问题研究》，法律出版社 2009 年版。

11. 刘文清：《物业服务合同实务研究》，法律出版社 2007 年版。

12. 奚晓明主编：《物业管理纠纷》，法律出版社 2007 年版。

13. 崔建远主编：《合同法》，法律出版社 2003 年版。

14. 李飞："物业服务合同的性质辨析"，北大法律信息网。

15. 陈文："物业服务合同若干法律问题研究"，《现代法学》，2004 年第 2 期。

16. 曾祥生："物业服务合同性质辨析——兼谈无名合同有名化问题"，《南昌大学学报》,2007 年第 3 期。

17. 关淑芳:"物业管理合同的性质及其法律适用",《当代法学》,2007 年第 4 期。

18. 姚辉、段睿:"物业服务合同履行的相关法律问题研究",《法学论坛》, 2010 年第 1 期。

19. 盛永彬、刘树桥主编:《人民调解实务》,中国人民政法大学出版社 2015 年版。

20. 盛永彬、刘树桥主编:《人民调解员工作手册》,中国法制出版社 2003 年版。

21. 胡泽君主编:《人民调解教程》,中国人民政法大学出版社 2004 年版。

22. 李刚主编:《人民调解概论》,中国检察出版社 2004 年版。

23. 邱星美、王秋兰:《调解法学》,厦门大学出版社 2008 年版。

24. 戴建庭:《民事纠纷解决机制研究》,吉林大学出版社 2007 年版。

25. 何兵:《现代社会的纠纷解决》,法律出版社 2003 年版。

26. 宋朝武等:《调解立法研究》,法律出版社 2003 年版。

27. 吴卫军、樊斌等:《现状与走向:和谐社会视野中的纠纷解决机制》,中国 检察出版社 2006 年版。

28. 彭芙蓉、冯学智:《反思与重构人民调解制度研究》,中国政法大学出版 社 2013 年版。

29.《简明不列颠百科全书》(第 7 卷),中国大百科全书出版社 1986 年版。

30.【美】伦斯特罗姆著,贺卫方等译:《美国法律辞典》,中国政法大学出版 社 1998 年版。

31.【美】戈尔丁著,齐海滨译:《法律哲学》,三联书店 1987 年版。

32. 范愉、李浩:《纠纷解决——理论、制度与技能》,清华大学出版社 2010 年版。

33. 范愉:《非诉讼纠纷解决机制》,中国人民大学出版社 2000 年版。

34.【英】科特维尔著,潘大松译:《法律社会学导论》,华夏出版社 1989 年版。

35. 江伟:《民事诉讼法》(第3版),高等教育出版社2007年版。

36. 崔卓兰:《行政法学》,吉林大学出版社1998年版。

37. 顾培东:《社会冲突与诉讼机制》,法律出版社2004年版。

38. 【美】科赛著,孙立平等译:《社会冲突的功能》,华夏出版社1988年版。

39. 【日】棚濑孝雄著,王亚新译:《纠纷的解决与审判制度》,中国政法大学出版社2004年版。

40. 【美】迈克尔·D.贝勒斯著,张文显等译:《法律的原则——一个规范的分析》,中国大百科全书出版社2004年版。

41. 【美】博登海默著,邓正来译:《法理学——法哲学及其方法》,中国政法大学出版社1999年版。

42. 卓泽渊:《法的价值论》,法律出版社2006年版。